능력 요약설교 Ⅳ
(사도행전 ~ 고린도전서)

피종진 목사 지음

예루살렘

예루살렘은
하나님이 선택하신 곳으로
이스라엘 백성들은 예루살렘에 올라갈 때
기쁨으로 찬양하며 나아갔습니다.
또한 예루살렘은
그리스도의 신부된 교회를 예시하기도 하며,
하늘나라 자체를 나타냅니다.

도서출판 예루살렘은
이 땅에서 하나님을 사랑하며
하나님 말씀대로 순종하며 살기를 원하는
청소년, 성도, 목회자들을 문서로
섬기기를 원합니다.
이를 위하여 기도하며 정성을 다하여
기획, 편집, 출판하고 있습니다.

추천사

　사도행전의 역사는 성령충만한 주의 제자들이 피묻은 그리스도의 복음을 전함으로 일어난 부흥의 행전을 기록하고 있습니다. 예수 그리스도의 십자가와 부활의 복음은 황무지에서 장미꽃이 피어나듯, 한 영혼 한 영혼의 가슴마다 생명의 역사로 일어난 기쁨과 평안과 죄용서의 감격을 누리게 했습니다.
　하나님의 말씀은 힘이 있어 사람들의 심령 골수를 쪼개고도 남음이 있는 능력이 있습니다. 그렇기 때문에 하나님의 말씀 앞에 서면 어느 누구도 변화되지 않은 사람이 없습니다. 하지만 그 말씀을 전하는 설교자의 영적 태도가 매우 중요합니다.
　베드로와 요한 그리고 주님의 제자들은 평범한 사람들이었습니다. 그러나 그들이 성령에 충만하여 복음을 전했을 때, 그들을 잘 아는 사람들은 깜짝 놀라지 않을 수 없었습니다.
　이처럼 성령의 은혜에 사로잡혀 전하는 메시지는 능력이 있습니다. 듣는 자들에게 큰 회개와 헌신을 하게 합니다. 하나님의 은혜와 능력에 붙잡힌 바 된 설교자를 하나님은 찾고 계십니다.
　오늘 한국교회의 위기는 강단의 위기라고 말합니다. 강단의 위기는 곧 목회자의 위기요, 성도들의 삶의 위기로 직결됩니다. 성도들의 삶의 위기는 교회가 세상의 빛과 소금의 역할을 감당하는 영향력의 상실로 이어집니다.
　한국 복음주의의 대표적인 부흥사인 피종진 목사님의 능력요약 설교집이 목회자들에게는 강단의 위기를 벗어나게 하는 참고서가 되고, 성도들에게는 말씀의 능력을 사모하며 그 능력으로 승리하는 삶을 살도록 돕는 양서가 되기를 바랍니다.

한국대학생선교회 총재
김준곤

추천사

요즘 우리는 한국교회 강단의 위기를 말합니다. 그것은 한국교회 목회자들이 너무도 많은 설교를 매주간 하도록 강요받는 목회환경 탓도 있지만 설교의 내용이 사람의 귀를 즐겁게 하려는데 초점이 맞추어지는 데도 있습니다.

설교는 하나님의 말씀을 풀어서 전하는 것입니다. 하나님은 예레미야서에서 "너는 내 입같이 될 것이라"(렘 15:19)고 말씀하셨습니다. 설교자는 하나님의 대언자라는 뜻입니다. 그만큼 설교는 목회자의 권위와 직결되어 있습니다. 좋은 설교는 많은 연구와 기도를 전제합니다.

차제에 피종진 목사가 성경 전체에 걸쳐 요약 메시지를 엮어 목회자들의 설교 준비에 도움을 주는 설교집을 내게 되어 목회자 뿐만 아니라 부흥사, 신학생, 평신도들에게 참고가 될 줄 알아 추천하는 바입니다.

총신대학교 총장
김의환

머리말

토마스 칼라일(Tomas Carlye)의 "세계의 운명은 설교자에게 있다"라고 한 말이 기억납니다. 이는 설교가 사람의 심령과 삶에 얼마나 큰 영향을 미치고 있는지를 잘 표현한 말입니다.

모든 설교자가 경험하듯이 저 역시 30여년간의 긴 세월을 설교(說敎)의 사명(使命) 속에 묻혀 살아오면서 그 소중함을 절감(切感)하였기에 앉으나 서나, 길을 걸어가거나 멀고 먼 선교여행 길에서나 어느 한 순간도 긴장되지 않은 적이 없었습니다. 이는 설교자라면 누구나 공통된 심정일 것입니다.

저는 금번 목양지인 남서울중앙교회 강단과 부흥사역 현장에서, 방송 스튜디오와 대학 강단에서 그리고 이 지구촌을 스물여섯 바퀴를 돌게하시며 천국복음을 전하게 하신 말씀 중에서 간추려「능력요약설교 Ⅰ~Ⅴ」를 내놓게 되었습니다.

이 책을 출판하면서 먼저 저에게 말씀전파의 귀한 사명을 주셔서 들어 써주시는 우리 하나님께 무한한 감사와 영광을 돌립니다. 그리고 국내·외에서 저를 불러 부흥성회를 인도하도록 배려해 주신 2천여 교회의 목회자 님들과 특히 남서울 중앙교회 온 성도님들이 30여년간 눈물과 기도와 온갖 충성으로 저의 사역을 도와 주신데 대하여 또한 감사를 드립니다.

특히 본 설교집이 목회자, 부흥사, 전도사, 신학생들에게는 설교준비에 참고가, 평신도들에게는 구원의 확신과 성령의 뜨거운 능력을 체험하는 축복의 말씀이 되기를 간절히 기도합니다.

끝으로 항상 저를 위해 기도를 쉬지 않으시는 어머니 권금순 권사님, 생사고락을 같이하며 동역하는 아내 이성자 사모와 사랑하는 자녀들에게도 감사한 마음 그지 없습니다. 또한 정성을 다해 출판에 힘써주신 예루살렘 출판사 윤회구 사장님과 직원 여러분에게도 감사를 드립니다.

이 책을 접하는 모든 분들께 우리 주님의 은혜와 평강이 넘치시기를 간절히 기도합니다. 아멘

주후 1999년 4월
서울 남서울중앙교회 목양실에서
피종진 목사

목차

추천사/ 김준곤 / 3
추천사/ 김의환 / 4
머리말/ 5

사도행전 편
✸

- 행 1:4 ············· 예수님의 삼대 분부 ····························· 16
- 행 1:4 ············· 인생을 향하신 주님의 삼대 명령 ············ 19
- 행 1:4-8 ·········· 성령으로 세계를 받으리라 ····················· 22
- 행 1:4-11 ········ 예수님의 분부와 약속 ··························· 24
- 행 1:6-8 ·········· 권능 받은 자의 삶 ································ 27
- 행 1:6-8 ·········· 예수 그리스도의 증인 ··························· 29
- 행 1:8 ············· 성령충만의 체험적 증거 ························ 31
- 행 2:1-4 ·········· 초대교회의 모범 ·································· 34
- 행 2:1-4 ·········· 성령의 위력(1) ···································· 36
- 행 2:1-8 ·········· 다락방 문화를 창조하자 ························ 40
- 행 2:5-13 ········ 성도의 변화 ·· 42
- 행 2:17 ············ 성령 역사의 세 계단 ····························· 44
- 행 2:22-27 ······· 예수님을 소유하자 ······························· 47
- 행 2:37-47 ······· 우리가 어찌할꼬 ·································· 50
- 행 2:37-42 ······· 세례받은 자의 삶 ································ 52
- 행 2:38-41 ······· 세례의 의미 ·· 54
- 행 2:40 ············ 초대교회의 부흥운동 ···························· 56
- 행 2:40 ············ 부흥운동의 4대 요소 ···························· 58

- 행 2:40-47 ······· 더하여지는(+) 교회 ····························· 62
- 행 2:41-47 ······· 건강한 성도의 4대 요소 ······················ 64
- 행 2:42-47 ······· 성령 받은 자의 삶 ····························· 66
- 행 2:42-47 ······· 부흥을 가져 오는 필수 요건 ················ 68
- 행 3:1-10, 16 ····· 믿음의 근거 ······································ 71
- 행 3:1-10 ·········· 성도가 마땅히 지녀야 할 3대 소유 ······· 73
- 행 3:1-10 ·········· 나사렛 예수 그리스도 이름의 권세 ······· 75
- 행 4:5-12 ·········· 핍박과 승리 ······································ 78
- 행 4:5-21 ·········· 용기 있는 자의 삶 ····························· 80
- 행 4:12 ············· 신앙생활의 정의 ································ 82
- 행 4:13-22 ········ 영전(靈戰)에서의 승리의 비결 ············· 84
- 행 4:19-21 ········ 강하게 산 사람 ································· 87
- 행 4:23-37 ········ 승리를 위한 우리의 자세 ···················· 90
- 행 4:28-31 ········ 성령 충만의 현장 ······························· 92
- 행 4:31-37 ········ 큰 은혜를 얻은 자 ····························· 95
- 행 5:14-16 ········ 성령받은 베드로 ································ 97
- 행 5:41 ············· 성도의 참된 기쁨 ····························· 100
- 행 6:3 ··············· 주님의 일에 합당한 사람 ··················· 103
- 행 7:54-60 ········ 스데반 집사의 신앙 인격 ··················· 106
- 행 9:3 ··············· 예수님을 만난 사울 ·························· 108
- 행 10:1-3 ·········· '온 집으로 더불어' 축복 ···················· 111
- 행 10:1-8 ·········· 모범된 가장(家長) ····························· 114

- 행 10:23-33 …… 고넬료 가정의 은혜받은 비결 ………………… 116
- 행 10:28-35 …… 하나님은 어떤 분이신가? ………………… 118
- 행 10:30-33 …… 모범적인 사람들 ………………………… 120
- 행 11:21 ………… 그리스도인의 사명 ……………………… 122
- 행 11:24 ………… 성령님과 전도의 사역 …………………… 125
- 행 12:5-15 ……… 더 큰 응답 ………………………………… 128
- 행 13:1-3 ………… 안디옥 교회의 모범 ……………………… 131
- 행 13:20-23 …… 하나님의 일꾼 …………………………… 133
- 행 13:22 ………… 하나님의 마음에 합한 사람(1) …………… 135
- 행 13:21-23 …… 하나님의 마음에 합한 사람(2) …………… 138
- 행 16:25 ………… 옥중에서 드려진 바울의 기도 …………… 141
- 행 16:25-34 …… 복된 가정 ………………………………… 144
- 행 16:35-40 …… 기도의 위력 ……………………………… 146
- 행 17:16-31 …… 하나님은 어떤분이신가? ………………… 148
- 행 18:8 …………… 회장당 그리스보의 가정 ………………… 151
- 행 20:17-27 …… 바울의 모범 ……………………………… 153
- 행 20:17-26 …… 사도 바울의 생애 ………………………… 155
- 행 20:17-38 …… 모범된 삶을 산 사람 ……………………… 157
- 행 20:23 ………… 바울의 사명관 …………………………… 160
- 행 20:24 ………… 오직 한 길 ………………………………… 163
- 행 27:9-11 ……… 위기 시대가 필요로 하는 사람 …………… 166
- 행 27:9-26 ……… 인생 항해의 비결 ………………………… 168

· 행 27:13 ·········죽음이 생명으로 바꾸어진 사람들 ··············170
· 행 27:18-34 ······위기 상황에서의 모범된 사람 ····················173
· 행 27:21-26 ······극한 위기 상황속에서 꼭 필요한 사람 ··········175
· 행 28:1-10 ········하나님의 사랑 ···································178
· 행 28:11-15 ······새로운 출발 ·····································180

로마서 편

*

· 롬 1:1-7 ·········우리주 예수 그리스도 ·························182
· 롬 1:16 ···········바울의 신앙관 ···································184
· 롬 1:28 ···········마음에 하나님을 모시자 ·······················187
· 롬 2:6 ············영혼속에 즐거움을 누릴 자 ····················190
· 롬 5:1-11 ·········믿음으로 의롭다 하심을 얻은 자의 복 ·········193
· 롬 5:9 ············예수로 말미암은 신앙의 소득 ··················195
· 롬 6:6 ············자신을 십자가에 못박자 ·······················198
· 롬 6:12-14 ········은혜 아래 있는 사람 ··························201
· 롬 6:12-23 ········인생의 근본문제 ································203
· 롬 6:15-23 ········하나님께 감사하리로다 ·························205
· 롬 8:1 ············참된 자유 ···208
· 롬 8:1 ············성령 충만과 내적사역 ··························211

- 롬 8:1 ············너를 해방하였음이라(1) ····················· 214
- 롬 8:1-2 ·········너희를 해방하였음이라(2) ·················· 217
- 롬 8:6 ············영의 생각과 육신의 생각················· 219
- 롬 8:9 ············주의 성령이 임한 자······················ 222
- 롬 8:12-14········육을 좇는 생활과 영을 좇는 생활········· 224
- 롬 8:13 ···········신자의 영적생활(1) ······················· 227
- 롬 8:13 ···········신자의 영적생활(2) ······················· 231
- 롬 8:14 ···········하나님의 영으로 인도함을 받는 사람(1) ······· 234
- 롬 8:14-28········하나님의 영으로 인도함을 받는 사람(2) ······· 237
- 롬 8:26 ···········성령께서 성도를 위하여 행하시는 역사········ 239
- 롬 8:31-34·······성도를 향한 주님의 관심···················· 243
- 롬 8:37 ···········성도가 이겨야 할 대상······················ 245
- 롬 9:21 ···········하나님의 삼대 주권·························· 248
- 롬 9:27-29········남은 자들·································· 251
- 롬 9:27-33········기도하면 된다······························ 255
- 롬 9:30 ···········믿음의 소득································ 257
- 롬 11:1-5 ········하나님의 약속 ···························· 260
- 롬 12:1-2 ········그리스도인의 자세 ························ 262
- 롬 12:1-2 ········몸을 산 제물로 드리자······················ 264
- 롬 12:1-2 ········하나님이 기뻐하시는 제사··················· 266
- 롬 12:1-3 ········하나님의 소원······························ 268
- 롬 12:11-13 ······성도의 생활 원칙··························· 270

- 롬 13:1-7 ········· 성도의 국가관 ································· 272
- 롬 13:11 ··········· 주 재림을 맞는 신앙 준비 ················· 274
- 롬 13:11-14 ······ 종말의 시대와 우리의 각성 ················ 277
- 롬 13:11-14 ······ 시기를 바로 알고 살자 ······················ 280
- 롬 13:11-14 ······ 빛의 갑옷을 입자 ···························· 282
- 롬 13:11-14 ······ 현대적 경건의 삶 ···························· 284
- 롬 13:11-14 ······ 주 재림을 기다리는 성도의 자세 ········· 286
- 롬 13:11-14 ······ 밤이 깊고 낮이 가까왔으니 ················ 289
- 롬 14:16-17 ······ 하나님 나라에 대한 신앙적인 도전 ······ 291
- 롬 15:1-3 ········· 강한자의 삶 ··································· 293
- 롬 15:1-6 ········· 참된 형제 사랑 ······························· 296
- 롬 15:12-13 ······ 소망의 하나님 (1) ··························· 298
- 롬 15:13 ··········· 소망의 하나님 (2) ··························· 301
- 롬 15:13 ··········· 소망을 넘치게 하라 ························· 304
- 롬 15:18 ··········· 두 가지 질서 ································· 308

고린도전서 편
✱

- 고전 1:7 ··········· 은사 충만 ······································ 311
- 고전 1:7-8 ········ 모든 은사에 부족함이 없게 하라 ········· 314

- 고전 1:20 ········· 예와 아니요 ····························· 317
- 고전 1:20 ········· 아멘의 진수 ···························· 320
- 고전 1:26-31 ····· 천국 백성의 축복 ····················· 323
- 고전 2:4 ·········· 성령의 위력(2) ························ 325
- 고전 3:11-12 ····· 영적 성장의 비결 ····················· 327
- 고전 3:16-17 ····· 성도는 하나님의 성전이다 ·········· 330
- 고전 4:1 ·········· 모범된 일꾼 ···························· 332
- 고전 5:8 ·········· 누룩없는 떡 ···························· 335
- 고전 6:12-20 ····· 하나님께 영광돌리는 삶 ············· 338
- 고전 6:19 ········· 주의 영이 함께하는 사람 ············ 340
- 고전 6:9 ·········· 인간의 육체 가운데 역사하시는 하나님 ········ 343
- 고전 6:15-20 ····· 성령의 전(殿)으로서의 삶 ··········· 346
- 고전 7:17-24 ····· 삶의 마땅한 법칙 ····················· 348
- 고전 9:24-27 ····· 경기에 승리자가 되는 비결 ········· 350
- 고전 9:24-27 ····· 전진하는 신앙생활을 위한 성도의 자세 ···· 353
- 고전 10:1-13 ····· 역사의 교훈 ···························· 355
- 고전 10:31-33 ···· 그리스도 안에서 필요한 사랑의 법칙 ······ 358
- 고전 10:31-33 ···· 크리스천의 존재 목적 ················ 360
- 고전 10:31-33 ···· 성도의 삶의 목표 ····················· 362
- 고전 11:1 ········· 나는 누구를 닮아가는가? ············ 366
- 고전 12:13 ········ 성령 세례가 주는 신령적 축복 ······ 368
- 고전 12:13 ········ 성령 세례의 축복 ····················· 371

- 고전 13:12, 13 ···· 사랑 ·· 374
- 고전 13:9-13 ···· 부활 신앙 ··· 378
- 고전 14:20 ········ 지혜에 장성한 사람 ······························ 380
- 고전 15:1-19 ···· 그리스도 부활의 증거 ··························· 383
- 고전 15:17-20 ···· 그리스도 부활의 의미 ························· 385
- 고전 15:51-58 ···· 부활의 축복 ··· 387
- 고전 15:51-58 ···· 예수 부활의 3대 승리 ·························· 389
- 고전 15:57 ········ 위대한 승리 ·· 393
- 고전 15:57-58 ···· 흔들리지 않는 신앙 ································ 396
- 고전 15:57-58 ···· 예수 승리 ·· 398

능력 요약설교 Ⅳ

(사도행전 ~ 고린도전서)

예수님의 삼대 분부
(사도행전 1:4)

예수님께서 부활하신 후 최후로 분부하신 세 가지 말씀은 우리 기독교의 기초를 구축하는 가장 중요한 명령이라고 볼 수 있다. 그러면 예수님께서 분부하신 세 가지 내용이 무엇이며, 또 그 나타내신 의의가 무엇인가에 대해서 말씀을 통해 은혜를 받자.

첫째, 주님의 분부는 예루살렘을 떠나지 말라고 하신 말씀이다.

사도행전 1:4에 "사도와 같이 모이사 저희에게 분부하여 가라사대 예루살렘을 떠나지 말고 내게 들은 바 아버지의 약속하신 것을 기다리라"고 하였는데, 그러면 예수님께서 사도들을 향하여 무엇 때문에 예루살렘을 떠나지 말라고 하였으며, 그 이유는 무엇일까?

성소는 인간이 하나님께 예배하는 거룩한 집이며, 만민들이 하나님께 나아가 기도하는 집으로써 하나님은 주의 백성들을 그 성소에서 만나주셨고 그들의 경배를 받아 축복하여 주셨다.

옛날 노아는 방주에서, 모세는 성막에서, 솔로몬은 성전에서, 오늘날 우리들은 교회에서 하나님께 경배하며 하나님을 만나게 되는 것이다. 우리들이 받들어 섬기는 교회들은 주님께서 피흘려 세워주신 주님의 몸이며 그의 백성들을 만나주시는 성별된 처소인 것이다. 그러므로 교회를 가까이 하는 자는 주님을 가까이 하는 자이며, 교회를 받들어 충성하는 자는 바로 주님께 충성하는 것이 된다.

우리는 주일을 맞이할 때마다 주님의 몸된 교회로 나가서 주의 거룩한 날을 성수하며 경배하는 자가 되어야 한다. 그리고 수요 기도회, 새벽 기도회, 철야 기도회까지도 참예하는 자가 된다면 여러분의 신앙은 급속도로 성장하게 됨을 체험할 수가 있다.

그리고 예루살렘을 떠나지 말라고 한 이유는 예루살렘은 주님의 약속이 부여 되어 있는 언약의 처소이기 때문이다. 예수님은 제자들에게 말씀하시기를 예루살렘을 떠나지 말고 내게 들은 바 아버지의 약속하신 것을 기다리라고 하였다. 이 약속은 바로 성령을 받게하여 주시겠다는 약속이다. 또한 주님께서 함께 하여 주셔서 허락하신 바를 다 이루어주시겠다는 약속이다.

여기 '약속'이란 말 '에판겔리아'($\epsilon\pi\alpha\gamma\gamma\epsilon\lambda\iota\alpha$)라는 말의 뜻은 '미리 알리다, 엄명하다, 선포하다'의 뜻을 가지고 있다. 하나님은 저들에게 분명히 예루살렘을 떠나지 않는 자에게 큰 은혜를 내려 주실 것을 미리 알려주셨고 선포하신 것이다. 그리고 예수님은 하나님의 약속하신 성령이 임할 때까지 예루살렘을 떠나지 말고 기다리라고 하였다. 여기 '기다린다'는 말은 '페리메노'($\pi\epsilon\rho\iota\mu\epsilon\nu\omega$)라는 말로써 '머물러 있으라'는 뜻을 가지고 있다. 우리 인간은 항상 하나님의 약속 위에 머물러 있어야 한다. 참된 신앙이란 바로 하나님의 약속을 굳게 믿고 그 위에 머물러서 기다리는 것을 말하는 것이다. 하나님은 언제나 인간들이 하나님의 약속에 대한 기대와 소망을 가지고 그를 의지하며 그를 앙망하는 것을 기뻐하시며, 또한 하나님의 약속을 굳게 믿고 기다리는 자에게는 반드시 좋은 것을 주시는 하나님이시다.

그리고 예루살렘을 떠나지 말라고 하신 이유는 주님께서는 그들에게 사명의 길을 부여하실 때 사도행전 1:8에 보면 제일 먼저 예루살렘을 첫 번 순위로 말씀하셨으며, 주님은 그들로 하여금 사명자가 되라고 말씀하시면서 사명자가 있는 예루살렘을 떠나지 말라고 하였다. 인간이 하나님을 위하여 사명에 머물러 있는 순간은 바로 하나님께서 역사하는 순간이 되는 것이다.

둘째, 주님의 분부는 성령으로 세례를 받으라는 말씀이다.
성령의 세례는 주님을 믿고 영접한 자가 받는 하나님의 특별하신 은총이다. 본문에 기록한 '성령으로'라는 말은 성령 안에 머물러 있는 상태를 말하는 것이다. 인간이 육에 치우쳐 살다가도 성령의 세례를 받게 되면 성령 안에 자기의 지, 정, 의, 모든 요소가 성령에 잡히게 되며 그 안에서 머물러 살게 되는 것이다.

사도행전 1:5에 기록되어 있는 '세례'라는 말의 뜻은 '적신다, 씻는다,

담근다'라는 뜻을 가진 말인데, 즉 성령의 세례를 받게 되면 인간의 악한 생각, 헛되고 부정한 모든 요소들이 성령의 능력으로 소멸되고 성령 안에서 의와 평강과 화평을 이루게 될 뿐 아니라 하나님의 전능하신 권능의 손 아래 능력있는 삶을 살아가게 되는 것이다.

인간의 삶이란 역부족의 연속 상황 속에서 스스로 눈물지며 울부짖다가 비로소 성령을 받고, 성령을 받는 순간부터 샘솟듯 솟아나는 능력의 에너지로 말미암아 생동감이 넘치는 승리의 삶을 살아가게 되며 참으로 하나님 앞에 소망이 넘치는 삶을 살아가게 되는 것이다. 그런고로 주님은 성령의 세례를 받되 충만히 받으라고 말씀하셨고, 또한 우리 가운데서 크게 역사하고 또 크게 들어 쓰시는 것이다.

셋째, 주님의 분부는 땅끝까지 이르러 내 증인이 되라고 말씀하신 것이다.

'증인'이란 말은 '말튜스'(μάρτυς)라는 말 즉 '순교자'라는 뜻을 가진 말이다. 우리가 복음을 증거하기 위하여서는 순교의 정신, 일사각오의 정신을 가지고 나서야 한다. 온 인류의 영혼을 위한 집념이 참으로 우리 마음속에 용광로처럼 불타 올라야 한다.

신학자요, 철학자이며, 의사요, 음악가인 슈바이처 박사는 그의 신앙의 덕망이 온 프랑스를 매혹시키고 있었으나 그는 영혼을 위한 불타는 집념을 가지고 흑암대륙 아프리카로 건너가서 주님의 복음을 전하여 수많은 불쌍한 아프리카의 영혼들을 주님께로 인도하고 찬란한 발자취를 남긴 것을 찾아볼 수 있다.

사랑하는 성도 여러분, 주님은 지금도 우리에게 말씀하신다. 너희는 성령과 약속과 사명이 부여돼 있는 예루살렘을 떠나지 말고 성령의 세례를 받고 땅끝까지 복음의 증인이 되라고 말씀하고 계시는 것이다.

인생을 향하신 주님의 삼대 명령
(사도행전 1:4)

주님의 3대 명령 첫째, 내게로 오라. 둘째, 받으라. 셋째, 가서 역사하라고 하신 말씀 중에 둘째 번 받으라는 말씀을 통하여 은혜를 나누고저 한다. 우리 하나님은 항상 인간에게 주시기를 기뻐하시며, 또한 하나님께서 주시는 것을 우리가 받을 때 기뻐하시는 하나님이시다.

첫째, 하나님은 우리에게 성령의 충만함을 받으라고 하셨다.

주님께서 사도와 같이 모이셨을 때 저들에게 분부하시기를 예루살렘을 떠나지 말고 내게 들은 바 아버지의 약속하신 것을 기다리라. 요한은 물로 세례를 베풀었으나 너희는 몇날이 못되어 성령으로 세례를 받으리라고 하셨는데 '성령으로 세례를 받으리라'고 하신 말씀은 엔-프뉴마티 빠티스테-세스데($\dot{\epsilon}\nu\ \pi\nu\epsilon\dot{\nu}\mu\alpha\tau\iota\ \beta\alpha\pi\iota\sigma\theta\dot{\eta}\sigma\epsilon\sigma\theta\epsilon$) 즉 성령을 충만히 받는 것을 의미하는 말이다.

요한복음 20:22 말씀에 제자들이 예수님께서 십자가에 못박혀 돌아가신 후 유대인들이 두려워 문을 닫고 모여 앉아 벌벌 떨고 있을 때 예수님께서 부활하신 몸으로 그들 가운데 나타나셔서 말씀하시기를 "너희에게 평강이 있을지어다"라고 하시고 저희를 향하여 숨을 내쉬며 "성령을 받으라"고 하셨다. 에베소서 5:18에는 "술취하지 말라 이는 방탕한 것이니 오직 성령의 충만함을 받으라"고 하였다. 성령의 충만함을 받으려면, 어떻게 해야 하나?

1) 성령의 충만함을 받기 위해서는 죄를 회개해야 한다.

죄는 하나님과 인간과의 관계를 단절케 하고 평안과 기쁨을 송두리채 빼앗아간다. 그러나 인간이 예수님의 십자가 앞에 굴복하여 자기의 지은 죄를 회개할 때 하나님은 긍휼과 자비를 베푸시며 용서와 평안을 주실 뿐 아니라 사도행전 2:37에 사도 베드로는 모여든 수많은 군중들이 마음에 찔림을 안고 "형제들아 우리가 어찌할꼬"하고 부르짖을 때에 "너희가 회개하여 각각 예수 그리스도의 이름으로 세례를 받고 죄 사함을 얻으라 그리하면 성령을 선물로 받으리라"(행 2:38)고 말하였다. 우리 하나님은 자기 죄를 회개하는 자에게 성령으로 충만케 하여 주시는 것이다.

2) 성령의 충만함을 받기 위해서는 열심히 기도해야 한다.

오순절 날에 마가의 다락방에 모인 120문도는 열흘 동안 열심히 기도하는 중에 불같은 성령이 임하여 저희가 다 성령의 충만함을 받게 되었고 하나님의 큰 권능이 저들에게 임하여진 것이다.

능력의 사람 스펄전은 자기의 영적 능력을 낳게 하는 비결을 이야기 할 때 무릎을 꿇고 땀을 흘려 기도하는데 있다고 하였다. 리빙스턴도 성령의 놀라우신 역사로 말미암아 한 집회에 500명씩이나 주님께로 돌아오는 놀라운 역사에 대하여 말하기를 집회가 열리기 전날밤 한 밤을 세워가며 철야기도 하는데 있다고 하였다. 덩컨 제임스도 한번 기도에 13시간씩 꿇어앉아 기도하는 데서 얻어진 성령의 충만으로 능력있는 설교를 하게 되어 큰 부흥을 일으켰고, 능력의 사람 피니도 집회 전날밤 하루종일 숲속에 들어가 응답받기까지 금식하며 간절히 기도하는 중 성령으로 충만케 되어 수많은 영혼을 예수 그리스도 앞으로 인도하게 되었던 것이다.

사도행전 4:29,30에는 "주여 이제도 저희의 위협함을 하감하옵시고 또 종들로 하여금 담대히 하나님의 말씀을 전하게 하여 주옵시며 손을 내밀어 병을 낫게 하옵시고 표적과 기사가 거룩한 종 예수의 이름으로 이루어지게 하옵소서"라고 기도하며 빌기를 다 하였을 때 "모인 곳이 진동하더니 무리가 다 성령이 충만하여 담대히 하나님의 말씀을 전하니라"고 하였다.

3) 성령의 충만함을 받기 위해서는 하나님의 말씀을 들어야 한다.

에베소서 1:13 말씀에 "진리의 말씀 곧 너희의 구원의 복음을 듣고 그 안에서 또한 믿어 약속의 성령으로 인치심을 받았으니"라고 하였다. 엠마오로 가던 두 제자는 주님의 말씀을 풀어 주실 때 그들이 심령이 뜨거워졌고, 사도행전 10:44 말씀에는 하나님의 종 베드로가 고넬료의 가정에 들어가 말씀을 증거할 때 성령의 충만함이 말씀을 듣는 모든 사람에게 임하셨던 것이다. 우리 하나님은 모든 사람들이 성령이 충만함을 받기 원하시며 또한 명하신 것이다.

둘째, 하나님은 우리에게 사명을 받으라고 하셨다.

하나님은 애굽에서 신음하는 이스라엘 민족의 구원을 위하여 호렙산 가시떨기 불꽃 가운데서 이드로의 양을 치던 모세를 불러 사명을 부여하셨고, 아벨모흘라 산중에서 농사에 조력하던 엘리사를 불러 하나님의 사명을 부여하셨다. 또한 갈릴리 바다에서 고기잡던 어부 베드로와 세관에 앉아 집무하던 세리 마태와 기독교를 박해하던 사도 바울까지 불러 주의 사명을 부여하셨다. 하나님께서는 지금 이시간 여러분을 향하여서도 하늘의 귀중한 사명을 부여하고 계시며, 몸된 교회의 기둥이 되며 예루살렘과 유대와 사마리아와 땅끝까지 이르러 내 증인이 되라고 말씀하시고 계신다.

셋째, 하나님은 우리에게 축복을 받으라고 하셨다.

하나님은 여러분이 영육간에 잘되시기를 기뻐하시며 한없으신 축복을 내려주시고 계시는 하나님이다. 히브리서 6:14 말씀에 "내가 반드시 너를 복주고 복주며 너를 번성케하고 번성케 하리라"고 하였다. 요한 사도를 통하여 "사랑하는 자여 네 영혼이 잘됨같이 네가 범사에 잘되고 강건하기를 내가 간구하노라"고 하였다. 하나님은 천지 만물과 인간을 하나님의 형상대로 창조하시고 그들에게 복을 주셨다고 하였다.

친애하는 성도 여러분! 이시간 우리 하나님께서 여러분의 영육을 잘되게 하시며 범사에 축복케 하심이 넘치기를 바라며 하나님께서 받으라고 허락하신 모든 것을 여러분의 소유로 삼으시기 바란다. 여러분은 지금 무엇이 필요한가? 주 예수 그리스도 안에서 얼마든지 보여주시는 신령한 모든 은혜가 여러분 위에 충만하기를 주님의 이름으로 축원한다.

성령으로 세례를 받으라
(사도행전 1:4-8)

예수님께서는 제자들에게 "예루살렘을 떠나지 말고 내게 들은 바 아버지의 약속하신 것 즉 성령을 기다리라"고 말씀하시고 "요한은 물로 세례를 베풀었으나 너희는 몇 날이 못되어 성령으로 세례를 받으리라"(5절)고 말씀하셨다. 예수님은 왜 제자들에게 성령으로 세례를 받으라고 말씀하셨을까? 말씀을 상고하면서 함께 은혜를 나누고자 한다.

첫째, 하나님의 약속하신 것을 이루시기 위함이다.

"사도와 같이 모이사 저희에게 분부하여 가라사대 예루살렘을 떠나지 말고 내게 들은 바 아버지의 약속하신 것을 기다리라"(4절). 여기에서 '아버지의 약속하신 것'은 성령 강림에 관한 약속이다. 예수님은 십자가에 달리시기 전날 밤에 제자들에게 보혜사 성령에 관한 말씀을 하셨다. "내가 아버지께로서 너희에게 보낼 보혜사 곧 아버지께로서 나오시는 진리의 성령이 오실 때에 그가 나를 증거하실 것이요"(요 15:26). 하나님은 구약시대에 요엘 선지자를 통하여 만민에게 성령을 부어 주시겠다고 약속하셨고(욜 2:28-29), 신약시대에도 모든 육체에 성령을 부어 주시겠다고 약속하셨다(행 2:17). 성령을 받기 전의 예수님의 제자들은 예수님을 정치적인 메시야로 착각하여 "주께서 이스라엘 나라를 회복하심이 이때니이까?"라고 질문했다. 그러나 예수님은 그들에게 성령 받을 것을 강조하셨다. 우리는 다 성령을 충만히 받아야 나라와 개인의 모든 문제가 회복될 줄 믿는다. "만군의 여호와께서 말씀하시되 이는 힘으로 되지 아니하며 능력으로 되지 아니하고 오직 나의 신으로 되느니라"(슥 4:6).

둘째, 하나님의 권능을 받게 하기 위함이다.

"오직 성령이 너희에게 임하시면 너희가 권능을 받고"(8절). 여기에서 '권능'이란 하나님의 능력을 의미한다. 성령이 역사하면 하나님의 능력이 함께한다. 하나님의 나라는 말에 있지 아니하고 오직 능력에 있다(고전 4:20)고 했다.

성령으로 세례를 받지 못한 사람은 무기력한 삶을 살 수밖에 없다. 성령은 사탄의 세력을 정복할 수 있는 능력이 있다. 또 성령은 담대히 복음을 전하게 하는 능력이 있다. "빌기를 다하매 모인 곳이 진동하더니 무리가 다 성령이 충만하여 담대히 하나님의 말씀을 전하니라"(행 4:31). 예수님의 제자들도 하나님이 약속하신 성령으로 세례를 받고 능력을 받아 하나님의 말씀을 전했을 때 3,000명, 5,000명이 회개하고 예수를 믿게 되었던 것이다. 예수님이 제자들에게 성령으로 세례를 받게 하신 이유는 하나님의 권능을 받게 하기 위해서였다.

셋째, 전도의 사명을 다하게 하기 위함이다.

"오직 성령이 너희에게 임하시면 너희가 권능을 받고 예루살렘과 온 유대와 사마리아와 땅 끝까지 이르러 내 증인이 되리라 하시니라"(8절). 여기에서 '증인'이란 주에 관해 보고 들은 바를 증거할 뿐만 아니라 주를 위하여 순교까지도 각오한 자를 말한다.

성령이 임하면 그리스도의 증인이 된다고 했다. 성령은 곧 복음 사역의 주체이다. 기독교의 가장 큰 사명은 복음 전파이다. 교회의 가장 큰 사명은 전도이다. 우리는 내가 믿는 예수를, 내가 만난 예수를 다른 사람에게 전해야 한다. 마가복음 16:15에 보면 "너희는 온 천하에 다니며 만민에게 복음을 전파하라"고 말씀했다.

예수님의 제자들은 성령을 받고서 예수의 증인으로 살았다. "이 예수를 하나님이 살리신지라. 우리가 다 이 일에 증인이로다"(행 2:32). 우리는 한 영혼이 천하보다 귀하다는 사실을 알고 전도하는 일을 지체하지 말고 담대하게 불타는 사명감을 가지고 해야한다.

사랑하는 성도 여러분! 사탄의 세력은 점점 더 강해지고 있다. 하나님이 만민에게 부어 주시겠다고 약속하신 성령을 충만히 받고 하나님의 권능을 받아 주님 오시는 그 날까지 전도의 사명을 다하는 성도 여러분이 되시기를 주의 이름으로 축원한다.

예수님의 분부와 약속
(사도행전 1:4-11)

예수님은 우리 인간에게 다음과 같이 세 가지를 분부하셨다. 그것은 ① 예루살렘을 떠나지 말라 ② 아버지의 약속하신 것을 기다리라 ③ 내 증인이 되라는 것이다. 이 분부는 해도 되고 안 해도 되는 것이 아니라 구원받은 주의 백성으로서 생명을 내걸고 반드시 이행해야 되는 것이다. 또한 예수님께서는 분부를 이행하는 자에게 세 가지를 약속하셨다.

1. 예수님의 분부

첫째, 예루살렘을 떠나지 말라.
여기에서 예루살렘은 교회를 상징한다. 예루살렘을 떠나지 말라고 하신 이유는,
① 성전이 있는 곳이기 때문이다. 하나님은 구약시대에나 신약시대에나 성전을 통해서 역사하시는 것을 볼 수 있다. 다니엘서 6:10에 보면 "다니엘이 자기 집에 돌아가서는 그 방의 예루살렘으로 향하여 열린 창에서 전에 행하던 대로 하루 세 번씩 무릎을 꿇고 기도하며 그 하나님께 감사하였더라"고 말씀했고, 시편 27:4에는 "나로 내 생전에 여호와의 집에 거하여 여호와의 아름다움을 앙망하며 그 전에서 사모하게 하실 것이라"고 말씀했다.
② 사명이 부여되어 있는 곳이기 때문이다. 예수님은 예루살렘에서 제자들에게 사명을 부여하시고 그곳으로부터 유대, 사마리아 그리고 땅끝까지 복음이 전파되게 하셨다. 우리 성도들이 항상 교회를 사랑하는 마음은 하나님이 주신 큰 믿음의 선물인 줄 믿으시기 바란다.

둘째, 아버지의 약속하신 것을 기다리라.
아버지의 약속하신 것은 성령을 의미한다. 기다리는 것은 ① 믿음의 행

위이다. 신뢰가 있어야 기다리게 된다. 성경에는 엄청난 하나님의 약속들이 기록되어 있는데, 이 약속을 믿고 기다리는 사람만이 소유할 수 있는 것이다.

② 기도의 행위이다. 하나님의 약속이 이루어지기를 원한다면 하나님 앞에 기도해야 된다. 시편 37:7에 보면 "여호와 앞에 잠잠하고 참아 기다리라 자기 길이 형통하며 악한 꾀를 이루는 자를 인하여 불평하여 말지어다"라고 말씀했다.

③ 사모하는 마음의 표현이다. 우리가 하나님께 대하여 그 은혜를 사모하고 그의 응답을 사모하고 그의 도우심을 사모하는 마음을 가질 때 하나님의 역사가 함께 할 줄 믿는다.

셋째, 내 증인이 되라.

주님의 가장 큰 지상 명령은 바로 주님을 증거하는 것이다. 우리는 두 가지 증인이 되어야 한다.

① 복음의 증인이 되어야 한다. "저는 예수님의 복음을 받고 구원을 받았고, 축복도 받았으며 큰 기쁨을 체험했습니다. 당신도 예수님의 복음을 받아 들여 구원과 축복을 받고 큰 기쁨을 체험하세요" 이렇게 증거해야 된다. "이 복음은 모든 믿는 자에게 구원을 주시는 하나님의 능력이 됨이라"(롬 1:16)고 말씀했다. 이 복음은 씨앗과 같아서 떨어지면 없어지는 것이 아니라 반드시 열매를 맺게 되어 있다.

② 예수 그리스도에 대한 증인이 되어야 한다. 우리는 내가 만난 예수를 다른 사람에게 전하여 그들도 만나게 해주어야 한다. 사도 바울은 우리를 그리스도의 편지(고후 3:3)라고 했다. 우리를 보는 사람이 우리를 보고 예수를 읽어야 된다. 우리는 예수 믿는 것을 부끄러워하지 말고 어디를 가서 무엇을 하든지 예수 믿는 것을 자랑스럽게 나타내야 된다(마 10:32, 33).

2. 분부를 행하는 자에 대한 약속

첫째, 성령으로 세례를 받으리라.

"요한은 물로 세례를 베풀었으나 너희는 몇 날이 못되어 성령으로 세례를 받으리라"(행 1:5). 이것은 하나님이 우리 인간에게 주신 선물 중에 가장 큰 선물이다. 왜냐하면 우리가 성령으로 말미암아 예수를 믿게 되었고 거듭나서 하나님의 자녀가 되어 하나님의 도우심을 받을 수가 있기 때문이다. 물세례는 죄사함을 받고 예수님과 접붙힘을 받는 세례이다. 성령세례는 하나님의 거룩하신 능력을 받는 세례이다. 우리는 성령세례를 받아야 능력있는 그리스도인이 될 수 있다.

둘째, 권능을 받으리라.

"오직 성령이 너희에게 임하시면 너희가 권능을 받고"(행 1:8). 이 권능은 ① 사명을 감당케 하는 권능이다. 하나님의 성령으로 봉사할 때 즐거운 마음으로 사명을 잘 감당할 수 있다.

② 세상을 이기는 권능이다. 예수님께서 세상을 이기셨으니(요 16:33) 우리도 이길 수 있다.

③ 사탄을 이기는 권능이다. 이 세상은 악령이 강하게 역사하는 곳이다. 그러므로 우리는 믿지 않는 자와 멍에를 같이 하지 말아야 한다(고후 6:14).

④ 시험을 이기는 권능이다. 말세에는 시험의 때가 온다고 했다(계 3:10). 우리가 예수님의 분부를 이행할 때 이러한 권능을 받을 수 있다.

셋째, 귀신과 질병을 내어 쫓는 권세를 주시리라.

"믿는 자들에게는 이런 표적이 따르리니 곧 저희가 내 이름으로 귀신을 쫓아내며 새 방언을 말하며 뱀을 집으며 무슨 독을 마실지라도 해를 받지 아니하며 병든 사람에게 손을 얹은즉 나으리라 하시더라"(막 16:17, 18).

사랑하는 성도 여러분! 예루살렘을 떠나지 말고 아버지의 약속하신 것을 기다리며 증인이 되라고 하신 예수님의 분부를 잘 이행하여 성령으로 세례를 받고 권능을 받아 귀신과 질병을 내어쫓는 권세를 베푸는 능력있는 그리스도인이 되시기를 주의 이름으로 축원한다.

권능 받은 자의 삶
(사도행전 1:6-8)

"오직 성령이 너희에게 임하시면 너희가 권능을 받고"(행 1:8). 예수 믿는 사람은 누구나 다 권능을 받았다. 왜냐하면 예수를 믿게 된 그 자체가 성령의 권능에 의해서 된 것이기 때문이다. '권능'이라는 말은 헬라어의 어원을 살펴보면 '힘, 세력, 능력'이라는 뜻이 있다.

그러면 권능 받은 자는 어떠한 삶을 살게 되는가에 대해서 말씀의 은혜를 나누고자 한다.

첫째, 권능 받은 자는 세상과 마귀를 이기는 삶을 살게 된다.

우리는 하나님이 주신 권능을 활용하기만 하면 얼마든지 세상과 마귀를 이길 수 있다. 요한일서 5:4에 보면 "대저 하나님께로서 난 자마다 세상을 이기느니라 세상을 이긴 이김은 이것이니 우리의 믿음이니라"고 말씀했다. 또 요한일서 2:15에 보면 "이 세상이나 세상에 있는 것들을 사랑치 말라 누구든지 세상을 사랑하면 아버지의 사랑이 그 속에 있지 아니하니"라고 말씀했다. "이는 세상에 있는 모든 것이 육신의 정욕과 안목의 정욕과 이생의 자랑이니 다 아버지께로 좇아온 것이 아니요 세상으로 좇아온 것이라. 이 세상도 그 정욕도 지나가되 오직 하나님의 뜻을 행하는 이는 영원히 거하느니라"(요일 2:16, 17).

퇴폐 문화와 향락 문화가 엄습하고 있는 이 때에 우리는 성령의 권능을 받고 죄악된 모든 것을 이겨야 된다.

둘째, 권능 받은 자는 사명을 위한 삶을 살게 된다.

우리가 능력을 받게 되면 그 날부터는 머리 속에 사명에 관한 것이 지배하게 된다. 이와 같이 하나님 앞에 사명의 지배를 받을 때만이 권능 받은 자의 삶으로써 힘차게 전진할 수 있는 줄 믿으시기 바란다. 권능을 받으면 "예루살렘(교회)과 유대(민족)와 사마리아(이방인)와 땅끝(세계)까지"라는 단계가 있다. 우리는 하나님의 은혜를 받으면 제일 먼저 교회를 위해서 봉사해야 된다.

사명을 주신 하나님께서 감당할 수 있는 능력도 함께 주신 줄 믿으시기 바란다. 모세는 사람을 죽인 살인죄를 범했지만 호렙산에서 사명을 받고 하나님의 능력이 그의 손을 통해 역사하시는 것을 체험했으며, 그 후에 이스라엘 민족의 위대한 지도자가 되었다.

디모데전서 1:12에 보면 "나를 능하게 하신 그리스도 예수 우리 주께 내가 감사함은 나를 충성되이 여겨 내게 직분을 맡기심이니"라고 말씀했다. 그리스도 예수께서 감당할 수 있는 능력을 주신다.

셋째, 권능 받은 자는 표적과 기사가 따른 삶을 살게 된다.

예수 믿는 사람에게는 표적이 따른다. 사도행전 8:12, 13에 보면 빌립이 전도할 때 표적과 큰 능력이 나타났다. "빌립이 하나님 나라와 및 예수 그리스도의 이름에 관하여 전도함을 저희가 믿고 남녀가 다 세례를 받으니 시몬도 믿고 세례를 받은 후에 진심으로 빌립을 따라 다니며 그 나타나는 표적과 큰 능력을 보고 놀라니라".

넷째, 권능 받은 자는 소망이 넘치는 삶을 살게 된다.

우리에게는 하늘에 쌓아둔 소망(골 1:5)과 복스러운 소망(딛 2:13)이 있다. "소망 중에 즐거워하며 환난 중에 참으며 기도에 항상 힘쓰며"(롬 12:12).

"소망의 하나님이 모든 기쁨과 평강을 믿음 안에서 너희에게 충만케 하사 성령의 능력으로 소망이 넘치게 하시기를 원하노라"(롬 15:13).

사랑하는 성도 여러분! 우리는 모두 권능을 받았다. 권능받은 자 답게 세상과 마귀를 이기고 사명을 위해 살기를 바란다. 표적과 기사가 따르는 삶, 소망이 넘치는 삶을 살아 항상 승리하는 성도 여러분이 되시기를 예수 이름으로 축원한다.

예수 그리스도의 증인
(사도행전 1:6-8)

"하나님이 세상을 이처럼 사랑하사 독생자를 주셨으니 이는 저를 믿는 자마다 멸망치 않고 영생을 얻게 하려 하심이니라"(요 3:16). 신앙에는 빈부귀천이 없다. 누구든지 예수를 믿으면 영생의 축복을 누리며 살 수 있다. 그러므로 신앙의 사람은 기적을 창출해낸다.

예수님께서는 승천하시기 직전에 사랑하는 제자들에게 선교의 사명을 주셨다. "오직 성령이 너희에게 임하시면 너희가 권능을 받고 예루살렘과 온 유대와 사마리아와 땅 끝까지 이르러 내 증인이 되리라"(행 1:8). 그러면 우리가 예수 그리스도의 증인이 되기 위해서는 어떻게 해야 하는가에 대해서 말씀을 상고하면서 함께 은혜를 나누고자 한다.

첫째, 성령에 이끌려서 생활해야 한다.

사람이 일평생 살면서 무엇에 이끌려서 사느냐 하는 것은 매우 중요하다. 어떤 사람은 학문에 이끌려서 살고, 어떤 사람은 황금만능주의에, 어떤 사람은 명예에 이끌려서 산다. 그러나 이러한 것들이 우리를 하늘 나라로 인도해 주지는 못한다. 우리가 오직 성령에 이끌려서 생활하게 될 때에 하나님께서 우리를 하늘 나라로 인도해 주시고, 지상 생활에서도 영육간에 범사에 주실 줄 믿는다. 예수님께서는 공생애를 시작하기 전에 40일 동안 금식기도하시고 광야에서 마귀에게 세 가지 시험을 받았다. 그 시험의 내용을 보면 세 가지 모두 인간의 약한 부분을 이용한 시험이었다. 예수님은 성령의 이끌림을 받아 이 세 가지 시험에서 모두 승리했다. 마귀는 우리의 약한 부분을 통해 우리를 시험한다. 그러나 성령의 능력으로 이끌어 달라고 기도하면 승리할 수 있다.

둘째, 능력 받고 신앙생활을 해야 한다.

"오직 성령이 너희에게 임하시면 너희가 권능을 받고"(8절). 예수님의 열두 제자 가운데는 3년씩이나 예수님을 따라 다녔지만 권능 받기 이전에는 예수님을 세 번씩이나 모른다고 부인했고, 자기들의 육신의 생명에 위협이 오게 될 때에는 다 주님을 모른다고 부인했다. 그러나 예수님께서 부활 승천하신 후 성령을 받고 난 이후에는 이 제자들이 예수님을 위해서 생명을 바칠 수 있을 정도로 신앙관과 인생관이 변화되어 있었다. 그러므로 우리도 성령의 권능을 힘입어 신앙생활을 해야 한다. '권능'이란 원어에 보면 '폭발'이라는 뜻이 있다. 다시 말하면 하나님으로부터의 인격적인 힘과 초월적인 힘을 나타내는 말로써 하나님의 능력을 의미한다. 베드로와 열한 사도들은 성령의 능력을 받고 유대인들과 예루살렘에 사는 모든 사람들에게 복음을 전했을 때 회개의 역사가 일어났으며, 앉은뱅이가 고침 받고, 구원받는 사람이 날마다 더했으며, 옥에 갇히면서도 담대히 복음을 전할 수 있었다.

셋째, 예수 그리스도의 증인답게 살아야 한다.

증인을 잘못 서게 되면 패가망신한다. 세상 보증은 믿져 봤자 본전이지만 예수의 보증을 서게 되면 하늘 나라의 상급이 예비되어 있다. '증인'이라고 하는 말은 원어에 보면 '순교자'라는 뜻이 있다. 예수 그리스도를 위해서 증인이 되라는 것은 순교자가 되라는 것이다. 그래서 스데반은 돌에 맞아 순교했고, 베드로는 십자가에 거꾸로 매달려 순교했으며, 야고보는 목베임을 당하여 순교했다. 또 증인이 되라는 말은 전도하라는 뜻이다. 우리는 민족이나 인종, 신분 등에 관계없이 우리의 가족을 비롯하여 이웃과 모든 사람에게 예수 그리스도의 복음을 전해야 한다. 우리가 예수 그리스도의 증인답게 살려면 우리 자신이 한 알의 밀알이 되어 죽어져야 한다. "한 알의 밀이 땅에 떨어져 죽지 아니하면 한 알 그대로 있고, 죽으면 많은 열매를 맺느니라"(요 12:24).

사랑하는 성도 여러분! 성령에 이끌려서 능력받고, 예수 그리스도의 증인답게 살아 가정과 이웃과 나라와 세계를 복음화 시킬 수 있는 성도 여러분이 되시기를 주의 이름으로 축원한다.

성령충만의 체험적 증거
(사도행전 1:8)

예수님께서 승천하시기 전에 사랑하는 제자들에게 사명을 주시면서 성령의 충만함을 받으라고 명하셨다. 성도들이 이 세상에서 살아갈 때 성령의 충만함을 받아야 우리에게 맡겨주신 일을 감당할 수 있다. 그러면 성령충만의 체험적 증거가 무엇인지 세 가지로 나누어서 은혜를 받자.

첫째, 성령충만의 체험적 증거는 영적인 모든 갈증이 해갈되어지는 것이다.
예수님께서 말씀하시기를 "누구든지 목마르거든 내게로 와서 마시라 나를 믿는 자는 성경에 이름과 같이 그 배에서 생수의 강이 흘러나리라"(요 7:38-39)고 하였는데, 여기 생수의 강은 그를 믿는 자의 받을 성령을 가리켜 말씀하신 것이다.

인간이 성령의 생수를 마시기 전에는 영혼의 목마름과 성령의 갈증이 영원히 해갈되어지지 않으며 헛되고 헛된 것에 방황하다가 인생 최후의 순간을 맞이할 수 밖에 없게 되는 것이다.

성도 여러분, 여러분은 혹 영혼의 참 기쁨과 성령의 역사로 생수처럼 넘치게 하시는 강같은 평화를 아직도 체험하지 못하고 번민과 괴로움, 갈증과 목마름 속에서 방황하지는 않는가? 여러분도 성령의 충만함을 받으실 수가 있다. 지금 주님의 빛 앞에 조명을 받아 어두움의 일을 과감하게 벗어 버리고 성령의 임재를 사모하라. 주의 성령은 언제나 여러분과 함께 하시기를 원하시며 예수 그리스도를 통한 구속의 은혜와 보혜사 성령의 충만하신 은혜를 여러분 위에 넘치게 하여 주시기를 원하시고 계신다.

누구든지 성령의 충만함을 받으면 영적갈증은 해갈되고 강물처럼 넘치는 성령의 기쁨이 차고 넘치게 되는 것이다.

둘째, 성령충만의 체험적 증거는 하나님의 권능이 나타나게 되는 것이다.
사도행전 1:8에 "오직 성령이 너희에게 임하시면 너희가 권능을 받고 예루살렘과 유대와 사마리아와 땅끝까지 이르러 내 증인이 되리라"고 하였는데, 이 말씀은 즉 성령이 임하신 곳에는 능력이 나타나게 되며 그 능력에 의하여 복음이 전파되게 되는 것이다. 많은 사람들이 능력있는 봉사를 하며, 능력있는 기도를 하며, 능력있는 찬송을 부르며, 능력있는 전도를 하고 있는 것은 바로 성령의 은혜를 받았기 때문인 것이다.

인간 육체의 구성 중에는 연약성, 부패성, 잔인성, 포악성, 명예성, 자만성, 음행과 원수 맺는 것, 분쟁과 시기하는 것, 분냄과 당짓는 것, 분리함과 이단 투기함과 술취함, 무질서와 방탕, 이런 것들이 인간 육체 안에 잠재하여 있는 것이다. 그런고로 우리가 이 모든 악한 사탄의 쓰레기들을 철저히 회개함으로 성령의 불로 소멸해 버리고 주 예수 그리스도의 십자가 보혈로 씻어 버림받게 되는 순간 약속하신 보혜사, 성령충만의 역사가 환난과 시험도 이길수 있는 능력의 사람이 되어지게 하는 것이다. 지금은 은혜시대, 교회시대, 성령의 시대로써 남녀노소, 빈부귀천, 동서남북, 오대양 육대주에 요엘선지자의 예언한 성령충만의 역사가 불길처럼 일고 있다.

성도 여러분, 우리 다함께 성령충만, 말씀충만, 은사충만으로 무장하고 세상과 마귀의 권세에서 승리자가 되는 능력 있는 삶을 살아가자.

셋째, 성령충만의 체험적 증거는 놀라운 생활의 변화가 일어나게 된다.

어둡던 영안은 열리게 되고 갈급한 심령은 생수의 기쁨으로 넘치게 되며 이전에 즐기던 죄악된 생활은 아름다운 신앙 생활로 온전히 바꾸어지게 되는 것이다. 이런 자들이 모인 곳에는 찬송과 기도가 끊이지 않으며 감사와 기쁨이 충만하게 되어지고 존경과 사랑이 넘치게 되는 것이다.

인간의 생활속에는 두 가지 지배적인 조류가 흐르고 있는데 그 하나는 성령의 역사이고, 또 하나는 사탄의 역사인 것이다. 사탄의 지배를 받는 자들은 현세적이요, 육체적이며, 이기적이요, 열등의식, 부정의식으로 남을 정죄하며 비판하기를 좋아하게 된다.

유명한 설교자인 스펄전은 말하기를 "남을 해롭게 말하기 위해 돌아다니는 자의 혀에는 마귀가 있고 남의 말을 잘 들어 주는 자의 귀에도 마귀가 있다."고 하였다.

그러나 성령충만, 은혜충만으로 넘치는 자들은 영육의 생활속에서 놀라운 변화가 일어나게 됨으로 말미암아 이전에 즐기던 모든 것들이 저주스럽고 무가치하게 보여지며 이전의 원수도 친구로 변해지게 되며 육을 따라 살던 모든 생활이 영의 지배를 받아 살게 되는 것이다.

이전에 고통스럽던 번민들은 소망의 즐거움으로 바꾸어지게 되며 멸망의 두려움은 구원의 찬송으로 바꾸어지게 되고 불평과 악담은 축복과 감사로 바꾸어지게 되는 것이다. 이런 자들에게는 성령의 아름다운 열매가 수없이 맺히게 되어지고 하늘의 권세와 축복이 넘치게 되며 기적과 역사가 매사의 일들속에 일어나게 됨을 체험하게 되는 것이다.

성도 여러분, 이 세상 고난의 물결이 제 아무리 거칠고 사탄의 시험이 태풍같다 할지라도 성령의 뜨거운 불길의 조명이 비추어지는 곳에는 갈급한 영혼속에 생수의 강이 흐르게 되고 초자연적인 능력의 기적을 체험하게 될뿐 아니라 영육의 생활속에 놀라운 변화가 일어나게 되어 하늘의 기쁨과 소망으로 가득 채워지게 되는 것이다. 할렐루야!

초대교회의 모범
(사도행전 2:1-4)

이 세상에는 세월의 흐름과 함께 변하는 것도 있고 영원히 변치 않는 것도 있다. 진리는 영원히 변치 않는다. 신앙 생활은 바로 하나님의 변치 않는 진리의 범주 안에 다 연결되어 있다. 교회는 신앙생활의 기초가 되는 곳으로 하나님의 진리 안에서 예나 지금이나 변함이 없어 존속되어 왔다.

본문에 보면 하나님의 진리를 왜곡되게 하는 종말의 시대에 살고 있는 우리 성도들에게 가장 귀감이 되는 교회가 나온다. 이 교회는 모든 교회의 기초가 되는 오순절 마가 다락방에 세워진 초대교회이다.

첫째, 초대교회는 성령이 충만한 교회였다.

"저희가 다 성령의 충만함을 받고 성령이 말하게 하심을 따라 다른 방언으로 말하기를 시작하니라"(행 2:4).

교회가 아무리 잘 갖추어지고 조직이 잘 되어 있어도 성령이 그 가운데 개입되어 있지 않으면 마치 휘발유 없는 자동차와 같다. 반드시 교회는 성령의 불이 늘 타오르고 있어야 된다.

"그 후에 내가 내 신을 만민에게 부어 주리니"(욜 2:28). 초대교회에 성령을 주신 하나님께서는 우리에게도 부어 주실 것을 약속하셨다.

우리나라에도 최초에 평신도 몇 사람이 성령의 불을 받아 성령의 각성 운동을 촉구하기 위해 조직된 영신회가 있는데 목사, 사모, 장로, 의사, 교사, 군인, 경찰, 청소년 영신회 등 누룩처럼 번져가고 있다.

둘째, 초대교회는 합심하여 기도에 전혀 힘쓴 교회였다.

"저희가…기도하기를 전혀 힘쓰느니라"(행 2:42).

우리는 기도없이 신앙생활을 할 수 없다. 마귀가 제일 무서워하는 사람은 기도하는 사람이다. 반면에 마귀가 제일 멸시하고 이용하는 사람은 기도하지 않는 사람이다. 우리가 하나님 앞에 기도하는 순간만은 가장 안전한 순간이고, 마귀가 가장 두려워 하는 순간이다.
왜 성도들에게 종종 위험한 일이나 괴로운 일이 생기는지 아는가? 곧 하나님께 부르짖으라는 신호이다. 죤 칼빈은 "하루에 두 시간 이상 기도하지 않는 날은 마귀에게 지는 날이다."라고 말했다.

셋째, 초대교회는 말씀 위에 굳게 심어진 교회였다.
"저희가 사도의 가르침을 받아…"(행 2:42).
지금 이단들이 전 세계적으로 얼마나 극성을 부리고 있는 줄 아는가? 말씀이 없으면 넘어진다.
말씀 위에 구원관이 세워지고, 말씀 위에 교회관이 세워지며, 말씀 위에 신앙관이 바로 세워지기를 축원한다.

넷째, 초대교회는 성전에 모이기를 힘쓴 교회였다.
"날마다 마음을 같이 하여 성전에 모이기를 힘쓰고"(행 2:46).
우리는 성전을 중심으로 모이기를 힘쓰는 성도가 되어야 한다. 하나님의 구원은 예수 그리스도의 이름으로 선포되는 동시에 피흘려 세워 주신 교회를 통해서 이 땅에 주의 나라를 이룩하여 선포하는 줄 믿으시기 바란다. 교회를 사랑하고 가까이 하며 늘 아끼는 성도 여러분이 되시기 바란다.

다섯째, 초대교회는 사랑과 기쁨이 충만한 교회였다.
"집에서 떡을 떼며 기쁨과 순전한 마음으로 음식을 먹고 하나님을 찬미하며…"(행 2:46-47).
교회는 항상 사랑과 기쁨이 충만해야 된다. 세익스피어는 말하기를 "마음이 유쾌하면 종일 걸을 수도 있지만 마음이 괴로우면 십리길도 지쳐버린다."라고 말했다.

사랑하는 성도 여러분! 성령이 충만하고 합심하여 전혀 기도에 힘쓰며, 말씀 위에 굳게 심어지고, 성전에 모이기를 힘쓰며, 사랑과 기쁨이 충만한 초대교회의 신앙을 본받아 교회의 사명을 잘 감당하는 성도 여러분이 되시기를 예수 이름으로 축원한다.

성령의 위력(1)
(사도행전 2:1-4)

지금 온 세계는 핵폭발의 위험속에 직면하고 있으며 50억의 인류는 스스로가 만든 살인무기의 공포속에 떨고 있다. 그러나 하나님은 이 핵무기 미사일보다 더 위력있고 귀한 무기를 오늘 우리에게 부어주셨으니 이것이 바로 성령의 폭탄이다. 이 성령의 폭탄이 오순절 마가의 다락방에서 폭발되었듯이 오늘 우리 심령속과 우리 한국 교회 위에 폭발되기를 축원한다.

우리 기독교의 역사는 성령의 역사와 함께 성장해 왔고 구원의 복음이 전파되어 왔다. 이 놀라운 성령의 역사가 예루살렘과 유대와 사마리아와 땅끝까지 복음의 역사와 함께 폭발되어 왔으며, 지금은 우리 대한민국을 기점하여 아시아와 유럽과 아메리카와 오스트레일리아, 아프리카에 폭발되고 있다. 그러면 이 성령의 역사는 어떠한 위력을 가지고 있는가에 대하여 크게 세 가지로 구분하여 말씀드리겠다.

첫째, 성령의 위력은 파괴력과 소멸력을 가지고 있다.
1) 위대한 성령의 역사가 일어나는 곳에는 사탄의 권세가 파괴된다.

사탄은 하나님과 인류의 최대의 대적으로서 생명과 평화를 위협하며 자유와 안녕 질서를 파괴하고 불안과 공포, 질병과 고통, 내란과 분열, 폭동과 소요, 심판과 멸망의 처소로 이끌어 나가는 무서운 악의 세력인 것이다. 그런고로 베드로전서 5:8-9에 "근신하라 깨어라 너희 대적 마귀가 우는 사자같이 두루 다니며 삼킬자를 찾나니 너희는 믿음을 굳게하여 저를 대적하라"고 하였다.

오늘날 많은 사람들이 악령의 지배를 받고 있다. 이 악의 영의 지배를 받는 자들은 악한 영에 포로가 되어 많은 사람들이 악령의 지배를 받고 있다. 이 악한 영의 지배를 받는 자들은 악한 영에 포로가 되어 세월이 흐를수록 더욱 더 악한 자가 되어지며 거짓, 궤휼, 술수, 묘사, 전쟁, 살인, 분열, 파괴의 원흉이 되어질 뿐 아니라 영혼의 가치도 인간의 존엄성도 무참하게 말살시켜 버리다가 스스로 멸망에 빠져버리고 말게 되는 것이다. 그런고로 성령의 폭발적인 위력은 사탄의 권세를 파괴시켜 버리고 자유와 평화, 기쁨과 소망, 구원과 영생을 소유하게 하여 주시는 것이다.

2) 성령은 인간의 죄악된 육성을 파괴시킬 뿐 아니라 인간의 악한 성품을 소멸시켜 주신다.

오순절 마가 다락방에 모여 기도하던 제자들은 폭발적인 성령의 역사와 함께 교만과 혈기, 분쟁과 시기, 절망과 두려움, 나태와 무질서가 이순간에 파괴되고 능력있는 불의 사자들이 되어 복음전파의 기수들이 되었던 것이다.

우리 인간은 누구나 타락되고 부패된 죄악성을 가지고 있다. 성령께서는 바로 이러한 인간의 부패된 육성을 파괴시키고 악한 성품을 소멸하실 뿐 아니라 물과 성령으로 거듭나게 하시어 하늘 나라의 거룩하신 백성이 되게 하여 주시는 것이다. 성도 여러분, 오순절 마가 다락방에 임하였던 성령의 불길이 지금 이 시간에도 역사하고 계심을 믿으시기 바란다. 강하고 바람 같은 성령, 불같은 성령의 역사가 임하셔서 육이 죽고 영이 사는 소생의 역사가 일어나기를 주님의 이름으로 축원한다.

둘째, 성령의 위력은 폭발력과 전진력을 가지고 있다.

1) 성령은 복음을 전세계로 폭발시킨다.

사도행전 1:8에 "오직 성령이 너희에게 임하시면 너희가 권능을 받고 예루살렘과 온 유대와 사마리아와 땅끝까지 이르러 내 증인이 되리라"고 하였는데, 이 말씀은 성령의 역사로 말미암아 복음이 전세계 각지역으로 확장될 것을 말씀하신 것이다.

예수님의 말씀대로 오순절에 예루살렘 마가의 다락방에 일어났던 성령의 역사는 복음을 전세계로 확대시켜 예루살렘에서부터 온 유대와 사마리아 팔레스타인, 독일, 영국, 미국으로 번져 오늘날은 아시아 한국에서 폭발되고 있는 것이다. 이제 우리는 이 복음을 들고 전 세계를 향하여 힘차게 나아가야 하겠으며 이 지구상의 마지막 한 사람이 복음을 받는 그날까지 만족하지 말고 복음전선 선교대열에 전국 교회가 하나로 뭉쳐 힘차게 전진해야 하겠다.

2) 성령의 역사는 바다의 모래처럼 믿는 자의 수를 폭발시킨다.

마가의 다락방에 모인 120명이 한데 모여 기도하는 중 약속의 성령을 받은 후 하루만에 믿는 자의 수가 3천이나 더하게 되었으며 4천명, 5천명 셀 수 없는 허다한 무리로 기적의 숫자는 날로 증가되어 세계 도처에 구원받은 수가 기하급수로 늘어났고 우리 한국교회는 100년전 뿌려진 복음의 씨가 싹이 나고 열매를 맺어 오늘에 와서는 1천만명을 향해 육박하는 하나님의 기적이 일어나게 된 것이다. 할렐루야!

우리는 여기서 만족하지 말고 복음에 빚진 사명을 자각하고 민족과 세계 복음화의 선교대열에 주역이 되도록 뜻과 마음을 한데 모아 줄기차게 전진해야 하겠다. 특히 북한 동포를 구원하기 위하여 우리 한국교회는 끊임없이 기도해야 하겠으며, 북한선교가 기필코 이루어져서 북녘땅 흑암의 장막이 광명의 세계로 바꾸어지도록 성령의 역사에 의지하며 기도해야 하겠다. 이 모든 일들이 힘으로 되지 아니하며 능으로 되지 아니하되 오직 성령으로 이룩될 것을 확실히 믿는다.

3) 또한 성령의 역사는 영적 부흥을 불길처럼 폭발시킨다.

예루살렘 마가의 다락방에서 일어났던 오순절의 역사는 잠자던 영혼을 일깨웠고 놀라운 은사를 체험하게 하였으며 한 사람 한 사람 심속속에 풍성한 생명이 약동하는 영적체험이 일어나게 하였던 것이다. 그리하여 이 영적 부흥은 마가 다락방에서 사마리아로 사마리아에서 에베소로 에베소에서 가이사랴로 가이사랴에서 세계로 번져지게 되었다.

특히 중세기에 이르러 존 칼빈과 말틴 루터를 통해 일어난 진리운동과 1625년 스츄왈톤을 통하여 스코틀랜드 전역에 일어난 성령운동, 리빙스톤을 통하여 일어난 영적부흥운동, 웨슬레, 웨필트를 통해 영국 전역에 일어난 성령운동과 1727년 진센돌프를 통해 일어난 독일의 부흥운동, 1734년 미국, 에드워드를 통해 노스템튼에서 일어나기 시작한 미국의 부흥운동은 불길처럼 번져 New-England로 번져가게 되었다.

그리고 America Indian의 땅에는 브레이너드를 통해 성령의 불길이 폭발되었고 1783년에는 미국 예일대학에서, 1778년에는 펜실바니아주에서 1798년에는 뉴욕에서, 1796년에는 메사츄세스에서 성령운동이 일어나게 되었다.

또한 1821년에는 법률가였던 촬스 피니가 산에 들어가 기도하던 중 성령충만함을 받고 마음의 평화를 얻어 전 미국에 성령의 불길을 일으키게 되었으며, 1871년 이후에 디엘 무디(D.L Moody)가 생키와 같이 성령충만함을 받아 미국 전역을 복음화의 불길로 사로잡기 시작하였던 것이다.

이와 같이 성령은 전세계를 향해 땅끝까지 복음을 폭발시켰으며 믿는자의 수를 바다 모래알 처럼 많이 일으켰던 것이다. 그리고 성령께서는 불길처럼 영적 부흥을 폭발시켰을 뿐 아니라 성령의 권능 받아 능력있게 역사하는 종들을 수없이 일어나게 하시며 하나님의 대역을 끊임없이 감당하게 하여 주셨고 수없는 역사가 일어나게 하여 주셨던 것이다.

특히 하나님은 우리 한국을 사랑하셔서 100년 전 심어주신 복음의 씨앗이 결실되게 하였고 1907년 1월 8일에는 장대현교회에서 1,500여명이 함께 모여 길선주 목사님의 인도하에 집회가 계속되는 중 성령의 놀라우신 역사가 폭발케 되어 전교우들이 다 일어서서 눈물을 흘리며 자기의 죄를 자복하는 순간 참예한 모든 무리가 다 성령의 충만함을 받게 되었고, 당시 전 교회들은 영원구원, 양심회복, 자유민족의 자각, 계명운동에 힘을 기울여 당시 100만명 구령운동 전도의 물결이 전국으로 번지기 시작하였던 것이다. 이로 말미암아 민족은 무지에서 깨어나기 시작하였고 애국애족의 사상은 가슴마다 심어지게 되었다.

그 이후 한국교회는 김익두 목사님과 이성봉 목사님을 선두로 하여 일어난 성령의 역사는 폭풍처럼 전국 강산으로 번져지게 되어 오늘에 와서는 이루 셀 수 없는 능력의 종들과 성도들이 우후 죽순처럼 일어나게 되어 교회마다 기도원마다 금식기도, 단식기도, 눈물로 부르짖는 기도대열속에 성경공부 전도운동이 가슴마다 불이 붙어 민족과 세계 복음화를 위한 사명의 가치를 높이 들고 힘차게 전진하고 있는 것이다.

다락방 문화를 창조하자
(사도행전 2:1-8)

하나님께서는 천지창조의 사역을 마치시고 인간에게 문화창조 대사명을 부여하셨다. "생육하고 번성하여 땅에 충만하라. 땅을 정복하라…모든 생물을 다스리라" 그런데 아름다운 문화를 전개해야 될 인간들이 창세기 3장에 보면 범죄문화를 전개하여 실락원 문화를 낳았고, 창세기 4장에 보면 살인문화를 전개하여 하나님을 떠나는 문화가 전개되는 등 오늘까지 범죄문화가 계속되고 있다.

오늘 본문에 보면 신약교회, 새로운 문화가 시작되고 있다. 구약 창세기 11장에 나오는 인류의 평화와 통일을 인간의 힘으로 인본주의적으로 건설하려고 하는 거대한 바벨의 문화에 비해서 사도행전 2장에 등장한 이 초라한 문화는 하나님의 절대주권에 의지한 문화로 탄생되고 있다.

사도행전 2장에 나타나는 다락방문화는 물량의 힘, 집단의 힘, 기술의 힘으로 절대자에게 도전하고자 하는 군중들이 모인 바벨의 문화와는 달리 오직 성령 충만으로 권능을 받고자 하는 무리들이 모인 문화이다. 이 문화는 다양성이 있는 문화요(행 2:3), 새로운 언어의 문화이다(행 2:4-8). 그러면 다락방 문화란 구체적으로 어떠한 문화인가에 대해서 말씀의 은혜를 나누고자 한다.

첫째, 아침을 향해서 달려가는 문화이다.

우리 기독교 문화는 과거의 구습을 좇으며 지는 해를 향해서 달려가는 문화가 아니라 찬란하게 밝아오는 아침 태양을 향해서 달려가는 문화이다. 이와 같이 되려면 사도들의 가르침을 받아야 한다. "저희가 사도의 가르침을 받아"(행 2:42). 사도들의 가르침이 없는 교회는 새로운 문화를 창조할 수가 없다.

온갖 박해와 순교속에서도 제자의 수가 늘어나고 왕성했던 초대교회도 구제하는 일로 인하여 사도들이 하나님의 말씀 전하는 것을 소홀히 했을 때 교회 안에 내분이 생겼던 것을 사도행전 6장에서 보게 된다. 교회 안에는 항상 하나님의 말씀이 살아 역사해야 다락방 문화를 창조할 수 있는 것이다.

둘째, 두려움을 아는 문화이다.

"사람마다 두려워하는데"(행 2:43). 초대교회에는 하나님을 두려워하는 가운데 사도들로 인하여 기사와 표적이 많이 나타났으며 모든 성도들이 모든 물건을 서로 통용하고, 또 재산과 소유를 팔아 각 사람의 필요를 따라 나눠주는 일이 있게 되었다. 현대는 하나님 두려운 줄을 모르는 시대라고 한다. 하나님 두려운 줄 모르는 교회 지도자, 하나님 두려운 줄 모르는 나라의 지도자, 공직자, 하나님 두려운 줄 모르는 크리스천들이 많은 이 시대, 참으로 회개가 시급한 때이다.

셋째, '우리'가 있는 공동체 문화이다.

"기쁨과 순전한 마음으로"(행 2:46). 이 마음이 있었기에 초대교회 성도들은 하나님을 찬미하며 또 온 백성에게 칭송을 받았다(행 2:47). 그들은 교회 밖에서도 칭찬을 받았다. 칭찬을 받는 교회는 성장한다. 전도와 선교의 문이 열린다. 교회가 칭찬을 받을 때 사회를 변화시킬 수 있게 된다(행 2:47).

그런데 현대는 이기주의, 물질만능주의, 향락문화 등으로 순전한 마음이 점점 사라져가고 있다. 우리는 다락방 문화를 창조하기 위하여 순전한 마음을 간직해야 한다.

사랑하는 성도 여러분! 초대교회 성도들이 다락방 문화를 창조할 수 있었던 것은 그들에게 새로운 문화창조의 꿈과 새 언어(그리스도) 그리고 성령 충만함이 있었기 때문이다. 우리도 초대 교회 성도들 처럼 새로운 문화창조의 새 언어 그리고 성령 충만함을 가져 제2의 다락방 문화를 창조할 수 있기를 주님의 이름으로 축원한다.

성도의 변화
(사도행전 2:5-13)

예수님은 갈릴리 가나 혼인잔치집에서 물로 포도주가 되게하는 처음 표적을 행하셨다(요 2:1-11). 이것은 곧 기독교는 변화의 종교라는 점을 교훈해 주고 있는 것이다. 인간에게는 육의 세계와 영의 세계가 있다. 예수님을 영접하지 아니한 자들은 육의 세계만을 추구하다가 허탈감에 빠지곤 하지만 이미 예수님을 구주로 영접한 자들은 성령으로 거듭나 육의 세계에 머무르지 않고 영의 세계를 추구하는 변화의 체험이 있을 것이다.

오늘 본문에 보면 오순절에 성령이 임했을 때 제자들의 세 가지 변화된 모습을 발견할 수 있다.

첫째, 신분상의 변화이다.

사도행전 2:5(세계 각 나라에서 모인 무리들)과 사도행전 2:2(하늘로부터 성령이 임한 사람들)에 보면 두 종류의 사람들이 나온다. 세계 각 나라에서 모인 무리들은 각각 자기의 방언으로 제자들의 말하는 것을 듣고 다 놀라 기이히 여겼다. 그리고 '새 술이 취하였다'고 하면서 제자들을 조롱했다.

육으로 난 자와 영으로 난 자는 바로 이와같은 차이가 있다. 성령으로 거듭남을 받았던 제자들에게는 신분상의 변화가 있었던 것이다. "너희가 전에는 어두움이더니 이제는 주 안에서 빛이라 빛의 자녀들처럼 행하라"(엡 5:8). 예수님을 영접하기 전에는 어두움의 자녀였지만 예수님을 영접한 그 순간부터는 빛의 자녀 곧 하나님의 자녀로 신분상의 변화가 있게 되는 것이다. "영접한 자 곧 그 이름을 믿는 자들에게는 하나님의 자녀가 되는 권세를 주셨으니"(요 1:12). "각양 좋은 은사와 온전한 선물이 다 위로부터 빛들의 아버지께로서 내려오나니"(약 1:17). 이와 같이 신분상의 변화가 있는 자들에게는 하늘나라에 들어가는 특권이 보장된다.

둘째, 위치상의 변화이다.

제자들은 성령받기 전에는 땅에 속한 자들이었다. 그들은 예수님을 따라다니면서도 의심이 있었고, 자리다툼을 하게 되었으며, 혈기를 부리게 되었고, 예수님을 배반하여 팔았으며 예수님을 부인했던 자들이었다. 그러나 성령받은 후에는 하늘에 속한 자로 변화되어 세계 각국에 흩어져 담대하게 복음을 전하다가 순교하게 되었던 것이다.

"첫 사람은 땅에서 났으니 흙에 속한 자이거니와 둘째 사람은 하늘에서 나셨느니라"(고전 15:47). "내가 진실로 진실로 너희에게 이르노니 내 말을 듣고 또 나 보내신 이를 믿는 자는 영생을 얻었고 심판에 이르지 아니하나니 사망에서 생명으로 옮겼느니라"(요 5:24). 예수님을 영접한 자들은 곧 하늘에 속한 자이다. 땅에 속한 자에서 하늘에 속한 자로 위치가 변화된 것이다. 그러므로 우리의 시민권은 하늘에 있다(빌 3:20).

셋째, 용도상의 변화이다.

"저희가 다 성령의 충만함을 받고 성령이 말하게 하심을 따라 다른 방언으로 말하기를 시작하니라"(행 2:4). 여기에서의 방언이라는 말에는 은사적인 방언과 인간이 사용하는 생활속의 새 방언이라는 두 가지 의미가 내포되어 있다.

제자들은 성령 충만을 받고서 새롭게 쓰임을 받았다. 모든 족속에게 복음을 전파하는데 그들의 몸이 사용되어지게 되었다. 우리도 성령충만을 받고서 새롭게 변화되어야 하겠다. 욕하는 말이 칭찬하는 말로, 저주하는 말이 축복하는 말로, 한숨쉬는 것이 찬송으로, 탄식이 기도로, 원망·불평하는 말이 감사하는 말로, 부정된 말이 긍정된 말로 변화되어야 한다. 뿐만 아니라 우리의 모든 언행 심사에도 용도상의 변화가 일어나야 한다.

사랑하는 성도 여러분! 거룩한 성례식을 통하여 오순절에 제자들이 성령 충만을 받고서 세 가지 변화가 일어난 것처럼 예수 그리스도를 구주로 영접하고 신분상, 위치상, 용도상의 세 가지 변화가 일어나기를 바라며 이미 예수 그리스도를 영접한 자들은 빛의 자녀들처럼 행하여 복음에 합당한 삶을 사시기를 주의 이름으로 축원한다.

성령 역사의 세 계단
(사도행전 2:17)

하나님께서 주전 800년전 요엘선지를 통하여 "내가 내 신을 만민에게 부어 주리니"라고 예언하신 말씀이 있는데, 여기 만민이란 말은 '코올 하암밈'(כָּל הָעַמִּים)이라는 말로써 즉 말세에는 성령을 부어 주시되 구약시대와 같이 특수한 사람들만이 성령을 받게 하는 것이 아니라 인종과 지역과 남녀노소의 차별이 없이 전세계 인류는 누구든지 하나님의 성령받을 권한과 특권이 부여 되어진 사실을 말씀하신 것이다.

특히 사도행전 2:17에는 모든 육체들이 말세에 부어 주시는 성령을 받게 되며 자녀들은 예언을 하게 되고 젊은이는 환상을 보게 되며 늙은이는 꿈을 꾸게 된다고 하였는데, 이 말씀은 성령 역사의 세 계단을 교훈해 주기도 하는 것이다. 그러면 성령 역사의 세 계단이 무엇인가에 대하여 구체적으로 말씀을 드리겠다.

첫째, 성령 역사의 첫째 계단은 자녀들이 예언하는 계단이다.

여기 '자녀'란 말은 히브리어의 '벤'(בֵּן)이라는 말로써 영적 중생으로 갓 태어난 어린 상태를 말하는 것이다.

① 이 시기는 영적 과거의 발자취가 전혀 없는 모든 것의 출발점으로써 기쁨도 연단도 실패도 승리도 경험해 보지 못한 영적으로 갓태어난 신생아의 과정인 것이다.

② 이 시기는 모든 것에 신기와 기쁨으로 가득채워진 새 출발의 과정이다. 성도가 처음 은혜를 받고나면 과거에 전혀 맛보지 못했던 기쁨과 평강으로 넘치게 되며 모든 것에 새로운 경험을 하게 되는 것이다.

③ 이 시기는 모든 것을 새롭게 설정하는 출발점이 되기도 한다. 본문에 자녀들이 예언한다는 말인 헬라어의 프로페투오($προφητεύω$)라는 말은 '미래를 설계한다' '확신한다' '선포한다'의 뜻을 가진 말로써 인간이 영적 중생으로 갓 태어나게 되면 미래에 대해 영적인 확신과 하늘처럼 높고 푸

른 소망이 안겨지게 되는 것이다.
  그러나 이 시기에 한 가지 주의할 점은 영적으로 새로 태어나기는 했으나 모든 것에 새로운 출발점으로 아직도 말하는 것이나 생각하는 것이 어린 아이와 같고(고전 13:11), 실수하기도 쉬운 시기이며, 교만하여 넘어지기도 쉬운 시기이니 매사에 경성하며 겸손한 자세로 말씀위에 굳게 세운 신앙의 틀을 바로 잡아 나아가야 하는 것이다.

둘째, 성령 역사의 둘째 계단은 젊은이가 환상을 보는 계단인 것이다.

  여기 젊은이란 푸르고 활기찬 청년기를 말하는 것으로서 신앙의 성장기를 의미하기도 하는 것이다. 성령은 중생의 역사로 말미암아 영적 신생아를 태어나게 하실 뿐만 아니라 그 갓태어난 신앙을 왕성하도록 성장케 하며 젊고 활기차게 생동하는 신앙으로 이끌어 주시는 것이다.
  특히 사도행전 2:17에 젊은이는 환상을 본다고 기록하였는데 여기 환상이란 말 헬라어의 '호라시스'($ὅρασις$)라는 말은 ① Vison이란 말인데 신앙이 성장하게 되면 좁은 마음은 넓어지게 되고 작은 꿈은 크게 되며 좁은 시야는 넓게 되는 것이다. 하나님은 크고 위대하시기 때문에 우리의 작은 믿음과 옹졸한 마음을 기뻐하지 않는다.
  그런고로 창세기 13:14에 보면 하나님께서 아브라함에게 말씀하시기를 "너는 눈을 들어 너 있는 곳에서 동서남북을 바라보라 보이는 땅을 내가 너와 네 자손에게 주리니 영원히 이르리라"고 하였다. 그리고 하나님은 "네 입을 넓게 열라" "말뚝을 넓게 꽂으라" "그릇을 많이 빌려오너라" "마음을 강하게 하라" 등의 말씀으로 항상 성도의 마음에 Vison을 심어 주신 것을 보게 된다.
  그리고 환상을 본다는 말은 ② 체험한다는 뜻을 가진 말이다. 성도가 성령세례를 받게되면 머리로 알고 부분적으로 알던 것을 영으로 체험하게 되며 확고 부동한 신앙위에 견고히 서게 됨으로 놀라운 승리와 전진을 체험하게 되는 것이다.
  그리고 환상을 본다는 말은 ③ 관록을 가진다. ④ 실제적인 것을 본다. ⑤ 깨닫는다 등의 뜻을 가진 말로써 신앙의 실제적인 수 많은 성령의 체험적인 역사속에 세워지는 단계가 되기도 하는 것이다.

셋째, 성령 역사의 셋째 계단은 늙은이는 꿈을 꾸게 되는 과정인 것이다.

사도행전 2:17 말씀에 "너희의 늙은이들은 꿈을 꾸리라"고 하였는데, 여기에서 늙은이란 노쇠하여 쇠퇴된 시기를 말하는 것이 아니고 성령충만의 역사로 말미암아 ① 신앙의 본이 되어진 성숙한 과정을 말하는 것이다.

디모데전서 4:12 말씀에 "오직 말과 행실과 사랑과 믿음과 정절에 대하여 믿는 자에게 본이 되어라"고 말씀하였다. 그리고 이 과정은 ② 성령 충만의 역사로 말미암아 많은 열매가 맺혀진 과정을 말하는 것이다.

성령의 역사는 인간으로 하여금 입술의 열매, 전도의 열매, 성령의 아홉 가지 열매를 맺게 하며 ③ 상급받는 신앙과 ④ 축복받는 신앙으로 성장시켜 주시는 것이다.

그리함으로 늙은이는 꿈을 꾸게 되는데 여기 꿈이란 Sweet Dreem 즉 성령충만의 역사와 승리로 말미암은 보람과 행복한 신앙의 단꿈을 의미하는 것이다. 사도 바울은 신앙의 유아기와 청년기를 거쳐 장성한 신앙에 이른 후 기쁨과 소망이 넘치는 승리의 찬가를 부르기를 "내가 선한 싸움을 싸우고 달려갈 길을 마치고 믿음을 지켰으니 이제 후로는 나를 위하여 의의 면류관이 예비되었다"고 하였다(딤후 4:7-8).

사랑하는 성도 여러분, 우리 모두 요엘 선지자가 예언한 성령으로 충만함을 받아 물과 성령으로 거듭난 자 되고 청년같은 신앙의 비전을 가지고 성숙한 신앙의 열매를 맺는 사랑하는 성도 여러분이 되시기를 주님의 이름으로 축원한다. 할렐루야!

예수님을 소유하자
(사도행전 2:22-27)

인생에게 있어 가장 소중한 것이 무엇이냐고 묻는다면 많은 사람들이 대답하기를 돈, 명예, 권세, 향락, 기술, 기업, 부귀, 공명, 지력, 체력, 불노장수라고 말할 것이다. 그러나 하나님은 우리에게 밝히 말씀하시기를 주 예수 보다 더 귀한 분은 이 세상에 없으며, 이 세상 명예와 인생이 즐겨하는 모든 것도 주 예수 그리스도와는 바꿀 수도 없고, 우리가 영원히 소유하고 기뻐할 영원한 생명이 되시는 분이 주님이심을 나타내고 있다.

그런고로 예수님을 잃은 자는 천하를 잃은 자이며, 예수님을 소유한 자는 영원한 생명과 천국을 소유한 자가 되는 것이다. 그러면 이 귀하신 예수님은 어떠한 분이시며, 예수님을 소유한 자에게는 어떠한 일을 나타내 주시는가에 대해서 여섯 가지 내용으로 은혜를 함께 나누고자 한다.

첫째, 예수님은 그를 영접한 자에게 구원의 은혜를 베푸시는 주님이시다.

사도행전 2:21에 "누구든지 주의 이름을 부르는 자는 구원을 얻으리라"고 하였고, 요한복음 1:12에는 "영접하는 자 곧 그 이름을 믿는 자들에게는 하나님의 자녀가 되는 권세를 주셨으니"라고 하였다. '예수'라는 뜻은 구원이라는 뜻으로써 '그가 자기 백성을 저희 죄에서 구원하여 주시는 자'란 뜻을 가지고 있다. 예수님은 인류를 구원하시기 위하여 십자가의 고난을 참으시고 온 인류의 죄악을 친히 담당하여 주심으로서 온 인류의 구원 문제를 해결하여 주신 것이다.

둘째, 예수님은 하늘과 땅의 권세를 가지시고 큰 권능과 기사와 표적을 베풀어 주시는 주님이시다.

사도행전 2:22에 "하나님께서 나사렛 예수로 큰 권능과 기사와 표적을 너희 가운데서 베푸사 너희 앞에서 그를 증거하셨느니라"고 하였다. 예수님은 하늘과 땅의 권세를 가지시고 사탄의 권세와 악의 세력을 멸하시며,

병든 자를 일으키시고 죽은 자를 살리시며 눈먼 자를 보게 하시며 가난한 자에게 복음이 전파되게 하시며, 죄악으로 포로된 자에게 자유함을 베풀어 주시는 주님이신 것이다. 주님의 크고 이 위대하신 능력은 믿는 자 한 사람 한 사람 누구에게나 받게 하여 주시며 역사하여 주시는 것이다.

셋째, 예수님은 사망의 고통과 형벌의 결박을 풀어주시는 주님이신 것이다.

요한복음 5:24 말씀에 "내가 진실로 진실로 너희에게 이르노니 내 말을 듣고 또 나 보내신 이를 믿는 자는 영생을 얻었고 사망에서 생명으로 옮겼느니라"고 하였다. 본문에 보면 베드로가 이스라엘 무리들에게 예수 그리스도를 증거하며 외치기를 "너희가 법 없는 자들의 손을 빌어 못박아 죽였으나 하나님께서 사망의 고통을 풀어 살리셨으니 이는 그가 사망에게 매여 있을 수 없음이라"(행 2:23-24)고 하였다. 예수님께서는 자신이 사망에 매이지 아니하시고 그 사망의 고통에서 승리하신 것과 같이 그를 소유한 모든 자에게도 사망의 고통을 풀어주시며 사망의 해를 받지 않게 하여 주시는 것이다.

넷째, 예수님은 그를 소유한 자 모든 자에게 육체를 희망에 거하게 하여 주시는 주님이시다.

사도행전 2:25 말씀에 "내가 항상 내 앞에 계신 주를 뵈었음이여 나로 요동치 않게 하기 위하여 그가 내 우편에 계시도다 이러므로 내 마음이 기뻐하였고, 내 입술도 즐거워하였으며 육체는 희망에 거하리니…"라고 하였다. 타락한 육체, 범죄한 육체, 흙에서 왔다가 흙으로 돌아갈 무가치한 육체이지만 주 예수 그리스도를 영접하고 소유한 자는 성령이 거하시는 거룩한 전이 되게 하시며, 하나님께서 받으시고 기뻐하시는 산제물이 되게(롬 12:1) 하실 뿐 아니라 그리스도의 지체로서(고후 6:15) 의의 병기가 되어 몸으로 하나님께 영광을 돌리도록 역사해 주시는 것이다.

고린도전서 6:19-20 말씀에 보면 "너희 몸은 너희가 하나님께로부터 받은바 너희 가운데 계신 성령의 전인 줄을 알지 못하느냐 너희는 너희 것이 아니라 값으로 산 것이 되었으니 그런즉 너희 몸으로 하나님께 영광을 돌리라"고 하였다. 그리스도를 위해 사는 육체들은 마음에 기쁨이 넘치게 되고, 입술에는 찬송이 있게 되고 육체는 희망에 거하게 되는 것이다. 친애하는 성도 여러분! 초로같은 인생의 한 과정을 주님의 고귀한 십자가를 감사하게 지고 남은 일생 주님의 영광 위하여 귀하게 쓰임 받는 여러분 되시기를 주님의 이름으로 축원한다.

다섯째, 예수님은 그를 믿는 모든 자들의 영혼을 음부에 버리지 아니하시고 썩음을 당치 않게 하시는 주님이시다.

주님께서 말씀하시기를 "두려워 말라 나는 처음이요 나중이니 곧 산 자라…볼찌어다 이제 세세토록 살아 있어 사망과 음부의 열쇠를 가졌노라"고 하였다(계 1:17-18). 하나님은 우리 영혼이 음부에 떨어지는 것을 기뻐하지 않으신다. 그것은 하나님께서 우리의 영혼을 심히 사랑하시기 때문인 것이다. 예수님께서 십자가에 달리실 때에도 함께 달린 행악자 중 한 사람이 자기의 범한 죄로 당연히 멸망을 받아야 할 죄인이었지만 "예수여 당신의 나라에 임하실 때에 나를 생각하소서" 하고 주님의 구원을 호소하는 순간 주님께서는 그를 외면하지 아니하시고 "내가 진실로 네게 이르노니 오늘 네가 나와 함께 낙원에 있으리라"고 하였다.

여섯째, 예수님은 인생들로 하여금 영원한 생명의 길에서 기쁨이 충만하게 하시는 주님이시다.

사도행전 2:28 말씀에 "주께서 생명의 길로 내게 보이셨으니 주의 앞에서 나로 기쁨이 충만하게 하시리로다"라고 하였다. 주님은 우리에게 기쁨을 넘치게 하여 주신다. 그러나 그 기쁨은 우리가 생명의 길로 행할 때에만 누려지게 되는 것이다. 주님이 주시는 이 기쁨이요, 말로 하늘의 기쁨이요, 영혼의 기쁨이며, 영원한 생명의 기쁨인 것이다.

친애하는 성도 여러분! 여러분 마음속에 근심과 슬픔, 고통과 괴로움이 있는 자가 있는가? 지금 곧 그리스도를 당신의 중심에 영접하고 참생명의 길로 방향을 돌이키라. 주님은 지금 곧 여러분의 마음속에 구원의 선물과 하늘의 권세와 영혼의 기쁨을 생수같이 솟아나게 하심을 믿는다.

우리가 어찌할꼬
(사도행전 2:37-47)

'우리가 어찌할꼬' 하는 이 말은 오늘 이 지구상에 사는 종말의 모든 인생들의 입으로 노래처럼 흘러 나오는 말이다. 많은 사람들이 인생살이의 무거운 짐들, 해결할 수 없는 사건들, 불안과 공포, 근심 걱정되는 모든 일을 안고 상담자를 찾기도 하고, 하나님 앞에 부르짖기도 하는 것이다.

오늘 본문의 배경을 보면 한 때 용기를 잃고 두려워했던 주님의 제자들이 오순절에 마가 다락방에서 주님이 약속하신 성령을 받고 새 힘이 솟아나게 되었다. 그래서 저들의 외침을 통하여 듣는 사람들의 마음속에 성령의 불이 임하기 시작했고, 강퍅한 마음들이 녹아지고 어두운 심령들 속에 하늘의 광명의 세계를 바라보게 되는 영안이 뜨여지게 되었다. 그때 베드로의 설교를 듣던 무리들이 이구동성으로 "형제들아! 우리가 어찌할꼬"라고 외쳤던 것이다.

사도 베드로는 오늘 본문 가운데 네 가지 해결책을 제시해 주고 있다.

첫째, 지은 죄를 회개하여 죄사함을 받아야 한다.

사도 베드로는 두 가지 죄를 지적해 주었다. 하나는 예수 그리스도를 십자가에 못박은 죄이고, 다른 하나는 예수 그리스도를 구주로 영접하지 아니한 죄였다. 예수님이 십자가에 못박히게 된 배경을 보면, 유대 풍습에 명절을 당하면 백성의 구하는 대로 죄수 하나를 놓아 주는 전례가 있었는데, 바라바와 예수 이 둘 중에 누구를 놓아 주었으면 좋겠느냐고 빌라도 총독이 백성들에게 물었을 때 온 이스라엘 백성들은 바라바를 놓아주고 예수를 십자가에 못박게 하라고 소리질렀다. 이와 같이 예수를 십자가에 못박은 죄로 인하여 이스라엘은 2,000년 동안 나라를 잃고 유리하게 되었고, 600만명이 학살당하게 되었다. 예수님을 십자가에 못박은 죄가 이렇게 무섭고 중하다고 하는 사실을 저들이 실감하게 된 것이다. 그래서 베드로는 너희가 예수를 십자가에 못박은 죄를 회개하라고 했다.

또한 예수 그리스도를 구주로 영접하지 아니한 죄를 회개하라고 했다. 요한복음 1:12에 보면 "영접하는 자 곧 그 이름을 믿는 자들에게는 하나님의 자녀가 되는 권세를 주셨으니"라고 말씀했다.

둘째, 예수 그리스도의 이름으로 세례를 받아야 한다.

세례를 하나의 의식으로만 생각하면 안된다. 성부와 성자와 성령의 이름으로 구속에 생명이 있고 영생과 죄사함이 있다. '세례'라는 말은 헬라어의 어원을 보면 '담근다, 씻는다'라는 뜻으로 '옛 사람의 장사'를 의미한다. 우리는 세례를 받는 순간에 신분상으로 변화를 받는다. 그러므로 골로새서 2:12에 보면 "너희가 세례로 그리스도와 함께 장사한 바 되고 또 죽은 자들 가운데서 그를 일으키신 하나님의 역사를 믿음으로 말미암아 그 안에서 함께 일으키심을 받았느니라"라고 말씀했다. 세례는 해당만 된다면 지체하지 말고 빨리 받을수록 유익이 된다.

셋째, 성령을 선물로 받아야 한다.

우리가 죄를 회개하고 세례를 받아 신분이 변화되었을 때 하나님께서 성령의 충만함을 준다. "오직 성령이 너희에게 임하시면 너희가 권능을 받고"(행 1:8). 우리가 성령 충만을 받을 때 능력있게 복음을 전할 수 있고, 하나님의 사명을 잘 감당할 수 있으며 어떠한 환난과 핍박이 와도 능히 이길 수 있게 된다.

넷째, 패역한 세대에서 구원을 받아야 한다.

구원에는 세 가지가 있다. ① 마음의 구원(심적 구원) ② 육체적인 구원(생활속의 구원) ③ 영혼의 구원(영적 구원) 사도들의 말씀을 듣던 무리들은 말씀의 은혜를 받고 ① 서로 교제하게 되었고 ② 기쁨이 충만했으며 ③ 기적이 많이 나타났고 ④ 생활에 복이 임하여 핍절한 사람이 없게 되었다.

사랑하는 성도 여러분! 지은 죄를 각각 회개하여 죄사함을 받고 예수 그리스도의 이름으로 세례를 받아 성령을 선물로 받으며, 패역한 세대에서 구원을 받아 종말시대에 어떠한 환난과 핍박이 닥쳐오더라도 승리하는 성도 여러분이 되시기를 주의 이름으로 축원한다.

세례받은 자의 삶
(사도행전 2:37-42)

세례는 하나님이 예수 그리스도를 믿는 자에게 주시는 특별한 선물로서 인간의 모든 죄를 씻고 새로운 사람이 되겠다는 표로 행하는 기독교의 기본 예식이다. 초대교회의 세례는 예수 그리스도의 이름으로 행하여졌다. 그러면 세례의 영적인 의미와 삶에 대해서 함께 은혜를 나누고자 한다.

첫째, 세례는 죄를 회개하고 자복하는 예식이다.

"저희가 이 말을 듣고 마음에 찔려 베드로와 다른 사도들에게 물어 가로되 형제들아 우리가 어찌할꼬 하거늘 베드로가 가로되 너희가 회개하여 각각 예수 그리스도의 이름으로 세례를 받고…"(37, 38절上). 하나님의 구원의 은총이 있기 전에 우리는 반드시 죄에 대한 애통함이 있어야 한다. 다시 말해서 세례는 모든 죄를 회개하고 자복하는 예식이다.

우리는 왜 죄를 회개하고 자복해야 될까?

① 죄는 하나님과 인간 사이를 갈라놓는다. 그래서 사람이 죄를 자꾸 범하면 하나님과 점점 멀어진다. ② 죄는 형통함이 없게 한다. "자기의 죄를 숨기는 자는 형통치 못하나 죄를 자복하고 버리는 자는 불쌍히 여김을 받으리라"(잠 28:13). ③ 죄는 평안을 빼앗아간다. "주의 진노로 인하여 내 살에 성한 곳이 없사오며 나의 죄로 인하여 내 뼈에 평안함이 없나이다"(시 38:3). ④ 죄는 영혼에 화가 있게 한다. "그들의 안색이 스스로 증거하며 그 죄를 발표하고 숨기지 아니함이 소돔과 같으니 그들의 영혼에 화가 있을진저"(사 3:9). ⑤ 죄는 질병이 생기게 한다. "그후에 예수께서 성전에서 그 사람을 만나 이르시되 보라 네가 나았으니 더 심한 것이 생기지 않게 다시는 죄를 범치 말라 하시니"(요 5:14). ⑥ 죄는 고생이 곁에 따르게 한다. "파멸과 고생이 그 길에 있어"(롬 3:16). ⑦ 죄는 심판과 멸망이 오게 한다. "이미 도끼가 나무 뿌리에 놓였으니 좋은 열매 맺지 아니하는 나무마다 찍어 불에 던지우리라"(마 3:10). 그러므로 하나님은 이런 모든 죄를 사함받게 하기 위해서 죄를 회개하고 자복하는 거룩한 세례예식을 베

풀게 하신 것이다.

둘째, 세례는 죄사함을 받는 예식이다.

"너희가 각각 예수 그리스도의 이름으로 세례를 받고 죄사함을 얻으라" (38절). '죄사함을 받는다' 라는 말은 우리 죄가 주님의 십자가로 옮겨져서 주님이 우리를 대신하여 형벌과 고통을 당하여 주심으로 말미암아 죄를 용서받는다는 것이다. 이사야 53:11에 보면 "그가 자기 영혼의 수고한 것을 보고 만족히 여길 것이라 나의 의로운 종이 자기 지식으로 많은 사람을 의롭게 하며 또 그들의 죄악을 친히 담당하리라"고 말씀했다.

우리가 하나님 앞에 회개하고 자복한 죄는 하나님께서 기억치 아니하신다고 했다. "나 곧 나는 나를 위하여 네 허물을 도말하는 자니 네 죄를 기억지 아니하리라"(사 43:25). "저희 죄와 저희 불법을 내가 다시 기억지 아니하리라"(히 10:17).

우리가 악한 길에서 돌이키고, 불의한 생각을 버리고 하나님께 나아가면 하나님께서 우리를 긍휼히 여기시고 널리 용서해 주신다(사 55:7).

셋째, 성령을 선물로 받는 예식이다.

"세례를 받고 죄사함을 얻으라 그리하면 성령을 선물로 받으리니"(38절). 마태복음 3:16에 보면 "예수께서 세례를 받으시고 곧 물에서 올라오실새 하늘이 열리고 하나님의 성령이 비둘기같이 내려 자기위에 임하심을 보시더니"라고 말씀했다. 그러면 세례받은 자는 어떻게 살아야 할까요? ① 말씀운동이 일어나야 한다. "사도의 가르침을 받아"(42절) ② 사랑 운동이 일어나야 한다. "서로 교제하며 떡을 떼며"(42절) ③ 선교공동체를 이루어야 한다. "하나님을 찬미하며 온 백성에게 칭송을 받으니 주께서 구원받는 사람을 날마다 더하게 하시니라"(행 2:47).

사랑하는 성도 여러분! 세례는 죄를 회개하고 자복하며, 죄사함을 받고, 성령을 선물로 받는 예식이다. 세례받은 자는 말씀운동, 사랑운동, 기도운동이 일어나야 하고, 선교공동체를 이루어야 한다. 세례받은 자의 삶을 살아가시기를 주의 이름으로 축원한다.

세례의 의미
(사도행전 2:38-41)

우리 교회에서는 1년에 두 차례 세례식을 갖는다. 세례는 학습을 받은 후 6개월 후에 받게 된다. 학습은 만 14세 이상되고, 믿은 지 6개월 이상 되고, 신앙이 독실한 자가 받게 된다. 부모님의 신앙으로 유아세례를 받은 자는 세례 받는 시기에 입교 예식을 거치면 된다. '세례' 라는 말은 '물로 씻어 깨끗하게 하다' 라는 뜻이다. 본문에 보면 베드로가 많은 무리들에게 설교를 하면서 회개를 촉구함과 동시에 세례를 받고 죄사함을 받으라고 말씀했다. 그러면 세례의 의미란 무엇인가에 대해서 말씀을 상고하면서 함께 은혜를 나누고자 한다.

첫째, 더러운 죄에서 사함을 받고 깨끗하게 되는 것이다.

"베드로가 가로되 너희가 회개하여 각각 예수 그리스도의 이름으로 세례를 받고 죄 사함을 얻으라 그리하면 성령을 선물로 받으리니…"(38). 인간은 나면서부터 아담과 하와가 지은 원죄를 가지고 태어났다. 그래서 하나님께서 지난 날의 죄를 씻어주시기 위해서 세례를 베풀게 하셨다. "이제는 왜 주저하느뇨 일어나 주의 이름을 불러 세례를 받고 너의 죄를 씻으라 하더라"(행 22:16). 이 세상에서 제일 더러운 것은 죄이다. 우리는 죄를 무서워하고 더러워할 줄 알아야 한다. 죄를 짓게 되면 평안이 없어지고(잠 28:13), 병도 오며(요 5:14), 고통이 따르고(시 32:3), 지옥불에 던져진다(마 3:10). 예수를 믿고 회개하며 세례를 받으면 죄사함을 얻게 된다.

둘째, 예수님의 제자로 삼는 예식이다.

"그 말을 받는 사람들은 세례를 받으매 이 날에 제자의 수가 삼천이나 더하더라"(41절). 예수님이 세례를 베풀게 하신 이유는 모든 족속으로 예수님의 제자를 삼게 하기 위해서이다. "그러므로 너희는 가서 모든 족속으로 제자를 삼아 아버지와 아들과 성령의 이름으로 세례를 주고…"(마 28:19). 제자란 절대적인 선생에게 예속되는 것이다. 우리가 예수님의 제자가 되면 주님께서 우리의 모든 것을 책임져 주신다. 그러므로 우리는 내가 만난 예수를 다른 사람에게도 만나게 해주어야 한다. 베드로는 복음을 전하여 3,000명이나 세례를 받고 예수님의 제자가 되게 했다.

셋째, 성령의 세례를 받게 하는 과정이다.

"베드로가 가로되 너희가 회개하여 각각 예수 그리스도의 이름으로 세례를 받고 죄 사함을 얻으라 그리하면 성령을 선물로 받으리니…"(38). 예수님께서도 세례를 받으실 때 하늘이 열리고 성령이 비둘기같이 임하셨다. "예수께서 세례를 받으시고 곧 물에서 올라 오실새 하늘이 열리고 하나님의 성령이 비둘기 같이 내려 자기 위에 임하심을 보시더니…"(마 3:16). 하나님은 세례를 받는 자에게 성령을 선물로 주시겠다고 약속하셨다. 물세례는 죄악에서 벗어나 하나님의 자녀가 되는 예표라고 할 때, 성령세례는 하나님의 능력과 권세와 은사를 받아 주님의 일을 잘 감당할 수 있게 해주신다.

넷째, 구원받은 예표이다.

"또 가라사대 너희는 온 천하에 다니며 만민에게 복음을 전파하라 믿고 세례를 받는 사람은 구원을 얻을 것이요 믿지 않는 사람은 정죄를 받으리라"(막 16:15-16). 예수님을 믿고 세례를 받는 사람은 구원을 받는다고 약속했다. 그러므로 우리는 모든 사람에게 때를 얻든지 못 얻든지 힘써 복음을 전해야 한다(딤후 4:2).

사랑하는 성도 여러분, 세례의 의미를 기억하면서 오늘 세례를 받는 분은 항상 구원의 은혜에 감사하면서 신앙생활을 잘하고, 이미 세례 받은 분은 열심히 복음을 전하여 여러분을 통하여 많은 사람이 세례를 받고 예수님의 제자가 되게 하시기를 주의 이름으로 축원한다.

초대교회의 부흥운동
(사도행전 2:40)

오늘은 '초대교회의 부흥운동'이라는 제목으로 주님의 크신 은혜를 함께 나누고자 한다. 초대교회가 그토록 부흥된 것은

첫째, 초대교회 성도들이 전적으로 성령의 능력을 의존하는데서 일어나게 되었다.

사도행전에 나타난 모든 역사는 전부가 성령의 역사이며 성령의 개입이 없는 사건은 하나도 없다. 저들의 신앙생활도 성령의 사로잡힌 생활이었고, 모두가 성령의 지시를 순종한 생활이었다. 그런고로 저들은 한결같이 성령의 감동없이는 생각을 품지 아니하였고, 성령의 지시 없이는 행동을 취하지를 아니하였다. 그런고로 성경학자들은 사도행전을 가리켜 성령행전이라고 말하기도 한다.

성령은 교회의 설립자일 뿐 아니라 교회의 주관자이며, 교회의 부흥을 가져다 주는 기본 원동력이 되기도 한다. 성령은 교회의 부흥을 가져오기 위하여 믿는 자를 일으키시며 또한 사명자를 일으키신다. 베드로가 한번 외칠 때에 삼천명이나 주를 믿고 주께로 돌아오게된 사건도 오직 성령의 역사인 것이며, 예루살렘교회와 유대와 갈릴리와 사마리아교회와 안디옥교회가 평안하여 든든히 서게 된 것도 모두가 성령의 역사였던 것이다.

초대교회나 지금 교회나 주님께서 피흘려 값주고 사신 동일한 교회이기 때문에 언제나 교회 안에는 성령의 불길이 항상 내주하고 계심을 믿어야 한다. 그런고로 교회는 항상 무엇을 하든지 전적으로 성령의 능력을 의지하고 성령의 역사하심을 사모할 때에 교회 부흥은 일어나게 되는 것이다.

둘째, 초대교회의 부흥은 말씀이 강하게 선포되는데서 일어났다.

본문 40절 말씀에 "여러 말로 확증하며 권하여 가로되 너희가 이 패역한 세대에서 구원을 받으라 하니 그 말을 받는 사람들은 세례를 받으매 이 날

에 제자의 수가 삼천이나 더하더라"고 하였다. 위의 말씀에서 '여러 말로 확증하였다'는 말은 말씀의 강한 선포를 뜻하는 말씀인 것이며, "이 패역한 세대에서 구원을 받으라"고 한 것은 바울이 선포한 말씀의 내용이었던 것이다.

사도들은 어디를 가나 말씀을 강력하게 선포했으며, 또한 말씀이 선포되는 곳마다 성령의 놀라운 역사가 말씀을 듣는 모든 심령들속에 불같이 폭발했던 것이다. 사도행전 10:44에도 사도 베드로가 고넬료의 가정에서 말씀을 선포할 때에 성령님의 뜨거운 역사가 말씀 듣는 무리들에게 임하심으로 방언을 말하며 하나님 높임을 들음이라고 하였다.

사도행전 2:37에도 베드로가 십자가에 못박히신 예수님을 증거할 때 성령님의 역사가 말씀을 듣는 모든 사람들의 마음속에 임하심으로 저들이 마음에 찔림을 받아 사도들에게 외치기를 "형제들아 우리가 어찌할꼬"하며 애통하기를 시작하였던 것이다.

사랑하는 성도 여러분, 행여나 여러분 가운데 말씀이 없음으로 기갈을 당한 사람은 안계시는가? 아모스 8:11에 보면 "내가 기근을 땅에 보내리니 양식이 없어 주림이 아니며 물이 없어 갈함이 아니요 여호와의 말씀을 듣지 못한 기갈이라"고 아모스 선지자는 예언하였다. 오늘 우리는 다같이 내 아버지께서 주시는 생명의 양식으로 다 배불리 먹고 영생함을 얻어야 하며 또한 이 메마르고 삭막한 세상 방방곡곡에 생명의 말씀이 강하게 선포되어야 하겠으며 말씀의 부흥이 일어나야 하겠다.

셋째, 초대교회의 부흥은 전혀 기도하는데서 일어났다.

초대교회 성도들은 오직 모이면 기도하고 헤어지면 전도하였고 기도로 능력받아 성령으로 역사했던 위대하고 아름다운 신앙의 발자취를 남겨 놓게 되었던 것이다. 이 땅위에서 기도보다도 더 위대한 것은 없다.

스코틀랜드의 잔낙스(John Knox)는 하나님께 기도하기를 "주여 스코틀랜드를 구원하여 주옵소서. 그렇지 않으면 죽음을 주옵소서."라고 기도하였는데, 이 기도는 수십개의 사단병력보다도 더 위대한 것이었다고 기록하였다.

기도는 참으로 ① 하늘을 향하는 자세이며 ② 하나님의 뜻에 순종하는 응답의 행위이며 ③ 하나님의 기적을 유도케하는 가이드가 되는 것이다.

그런고로 기도없이 말만하는 자는 빈깡통 소리만 울리는 방해군으로 둔갑하는 자가 되기 쉬우며 기도없이 감정만 앞세우는 자는 신앙을 병들게 하고 단합을 깨뜨리는 자가 되며 기도 없이 계획만 세우는 자는 엄청난 과오와 죄를 범하는 부류를 범하게 되고 인본주의에 떨어지고 마는 것이다.

초대교회 성도들은 오직 기도가 호흡이 되었고 생활이 되었다. 그런고로 하나님은 그들의 복음사역에 ① 표적과 기적이 끊임없이 일어나게 하였고 ② 백성들에게는 칭송을 받게 하였으며(행 2:47), ③ 하나님의 손은 그들에게 항상 떠나지 아니하였다(행 11:21). 그리고 교회는 날마다 부흥되게 되었고 성령의 불길은 날마다 번져가게 되었던 것이다(행 2:47). 사랑하는 성도 여러분, 진실로 기도는 우리의 호흡이며 등불이다. 우리 다 같이 기도의 불길을 한데 모아 오순절인 부흥의 불길이 우리의 심령에서 핵 미사일처럼 폭발되어야 하겠다.

넷째, 초대교회의 부흥은 사도의 가르침을 잘 받아 드리는데서 일어났다.

사도행전 2:42 말씀에 "저희가 사도의 가르침을 받아 서로 교제하며"라고 하였다. 초대교회 성도들은 사도의 가르침을 잘 받았다. 그들은 사도의 가르침을 주님을 대신한 가르침인줄 알았고 또한 그들은 사도의 가르침에 대하여 전적으로 순종하며 자신의 생활속에 실천하였기 때문에 신앙이 급성장하게 되었고, 또한 순수한 복음신앙에서 이탈되지 아니하였으며 믿음의 선한 교제가 모든 사람과 더불어 이루어지게 되었던 것이다.

사랑하는 성도 여러분, 우리는 지금 인구 폭발시대, 핵 전쟁의 위험시대, 물질만능시대, 과학 만능의 기계 문명으로 포화상태에 이른 격동하는 시대를 살아가고 있다. 그러나 시대가 변하고 생활의식 구조가 변화되었다고 해서 진리나 신앙의 본질이 변화되는 것은 결코 아니다. 우리는 초대교회의 뜨거운 성령의 불길과 말씀의 위력과 기도의 열기와 진리의 가르침을 바로 받아 초대교회의 부흥의 불길을 온세계로 일으켜 나가는 여러분 되시기를 주님의 이름으로 축원한다.

부흥운동의 4대 요소
(사도행전 2:40)

메마른 사막에 시냇물이 흐르고 시들어진 초목들이 소생함을 입듯이 우리의 영적생활에는 언제나 리바이블(Revival)의 역사 즉 부흥운동이 계속되어야 하며 날마다 불붙듯 일어나는 번영의 역사가 끊이지 않아야 한다. 겨자씨 하나가 큰 나무를 이루고 작은 불티 하나가 온 지면을 불 사르듯이 개인의 믿음생활도 가정의 신앙성장도 교회의 부흥역사도 끊임없이 치솟아야 한다. 그러면 성경에 나타난 이러한 부흥역사는 무엇을 통하여 일어났으며, 또한 어떻게 성장하였는가에 대하여 네 가지 요소를 말씀드리겠다.

첫째, 부흥운동은 하나님 앞에 인정받는 자들로서 인적 구성이 잘 이루어지는 데서 일어나게 된다.

예수님은 공생애의 역사를 착수하시기 전에 먼저 열두 제자의 선택과 조직을 완료하고, 그들에 대한 영적 훈련과 규모있고 절도 있는 실천 신학을 받게 하였던 것이다.

하나님은 인간에게 하늘의 일을 맡기시되 먼저 그 일을 능히 감당할 수 있는 훌륭한 그릇이 되어지기까지 연단과 시련, 역경과 고난을 통한 훈련을 받게도 하시는 것이다. 하나님은 이스라엘 민족을 애굽의 신음생활에서 젖과 꿀이 흐르는 가나안 땅으로 인도해낼 모세를 세우실 때에도 미디안 광야의 40년간 기나긴 훈련을 받게 하였으며, 사도 바울은 아라비아 광야에서 3년간의 훈련이 있은 후 큰 그릇이 된 것을 보게 된다.

가정이 잘되자면 어진 아내와 덕망있는 남편 효도하는 자식으로 구성되어져야 하며 교회가 잘되고 부흥되자면 바나바와 바울같은 신앙적인 인물들이 수없이 일어나야 하는 것이다. 사도행전 11:24에 보면 "바나바는 착한 사람이요 성령과 믿음이 충만한 자라 이에 큰 무리가 주께 더하더라"고 하였다.

사랑하는 성도 여러분, 하나님은 하나님의 나라에 쓸모있는 일꾼을 찾고 계신다. 우리가 비록 깨어지기 쉬운 질그릇같은 인간이라 할지라도 당나귀 턱뼈를 붙잡아 블레셋을 치신 능력 있는 하나님께 붙잡힘 받기만 한다면 주님의 몸된 교회를 부흥시키는 귀한 멤버가 될 수 있게 되는 것이다.

둘째, 부흥운동은 전적으로 하나님께 매어달려 기도하는데서 일어나게 되는 것이다.

읽어드린 본문 사도행전 2:42에 보면 기도하기를 전혀 힘썼다고 하였다. 그들은 기도없이 말을 하지 아니하였고, 기도 없이는 어떠한 행동도 앞세우지를 아니하였다. 기도는 주님의 뜻을 순종하는 자세이며 하나님의 기적을 유도케하는 영적 자세인 것이다. 하나님은 하나님의 사람들이 큰 일을 수임받을 때일수록 먼저 기도를 시켰다.

사도행전 1:4 이하에 보면 사도들로 하여금 예루살렘을 떠나지 말고 아버지의 약속하신 성령을 기다리며 기도하라고 명령하셨는데, 제자들은 주님의 말씀대로 어려운 상황속에 처하여 있으면서도 예루살렘을 떠나지 아니하고 마가의 다락방에 모여 전적으로 매어달려 기도하게 되었다. 열흘째 되는 날 성령의 충만함을 받아 예루살렘과 유대와 사마리아와 온 세상 땅 끝까지 이르러 주의 복음을 전파하게 되었으며 하나님의 크고 소중한 그릇이 되었던 것이다.

기도의 불길이 이는 곳에는 인종과 지역을 초월하여 어느 곳에서나 부흥의 불길이 일어나게 되는 것이다. 사랑하는 성도 여러분, 기도의 입을 넓게 열라. 그리하면 하나님은 반드시 여러분에게 응답하여 주시며 넘치게 채워 주시게 되는 것이다.

셋째, 부흥운동은 사랑의 뜨거운 교제가 있음으로 일어나게 되는 것이다.

사도행전 2:42의 말씀에 "저희가 사도의 가르침을 받아 서로 교제하며 떡을 뗐다"고 하였다. 교제라는 말은 신약성경에 16회나 나타나 있는 말로 코이노니아(κοινωνία)즉 유사성 결혼 등의 뜻을 나타낸 말인 것이다. 그러므로 성도가 이와같이 아름다운 교제를 가질 때 부흥운동이 일어나게 되는 것이다.

초대교회 성도가 한 몸과 한 뜻이 되어 서로가 뜨거운 사랑으로 교제할 수 있었던 것은 한 성령으로 세례를 받아 오직 성령으로 하나가 되었기 때문인 것이다. 인간의 육성이란 시기, 분쟁, 술수, 모사, 당을 짓고 분리하며 혈기, 분노, 투기하는 것들로 가득 채워져 있기 때문에 이러한 혈육으로는 참된 사랑의 교제가 이룩될 수가 없으며 부흥운동을 전개하여 나갈수가 없는 것이다. 오직 성령의 역사만이 사랑의 교제가 이룩될 수가 있으며 부흥운동이 일어나게 되는 것이다.

그리고 성도가 사랑의 교제를 이룰수 있는 또 한 길은 그리스도 안에서 한 지체가 되어짐으로 이룩될 수 있는 것이다. 그리스도 안에 있는 자들은 그리스도를 머리로 하여 피차 한 지체가 되어졌기 때문에 사랑의 교제를 이루어질 수 있게 된다. 그리고 믿음으로 하나 될 때 사랑의 교제가 이루어지며 그리스도 안에서 한 소망을 가지게 될 때 사랑의 교제가 이루어지게 되는 것이다. 초대교회는 이와 같이 사랑의 교제가 이루어지게 되었음으로 부흥의 역사가 끊임없이 일어나게 된 것이다.

넷째, 초대 교회의 부흥은 성령사역의 불같은 역사로 말미암아 일어나게 되었다.

이 놀라운 성령의 역사는 믿는 자를 일으켰으며 능력있는 사명자를 일어나게 하였으며, 예루살렘과 유대와 사마리아와 땅끝까지 복음을 전파하게 하였고 교회를 설립 부흥케 하였던 것이다. 성령의 불이 있는 곳에는 언제나 부흥의 역사가 일어나게 되는 것이다.

부흥의 역사로 하나님 앞에 인정 받는 자들로 인적 구성이 잘 이루어졌으며, 그들이 전적으로 하나님께 매달려 기도하고, 사랑의 뜨거운 교제가 있으며, 성령사역의 불같은 역사로 이루어졌다. 한국의 교회마다 그리고 전세계의 모든 교회에 초대교회와 같은 부흥의 역사가 일어나길 축원한다.

더하여지는(+) 교회
(사도행전 2:40-47)

초대교회는 양적으로, 질적으로, 물질적으로도 날로 더하여지는 교회였다. "너희가 이 패역한 세대에서 구원을 받으라 하니 그 말을 받는 사람들은 세례를 받으매 이 날에 제자의 수가 삼천이나 더하더라"(행 2:40, 41). "믿고 주께로 나오는 자가 더 많으니 남녀의 큰 무리더라"(행 5:14). 초대교회는 어떻게 하여 이와 같이 날로 더하여지는 교회가 되었을까?

첫째, 성령의 역사가 함께 하였기 때문이다(행 2:4).

성령은 교회의 창시자요, 교회의 주관자이며 교회를 부흥하게 하는 원동력이다. "온 유대와 갈릴리와 사마리아 교회가 평안하여 든든히 서가고 주를 경외함과 성령의 위로로 진행하여 수가 더 많아지니라"(행 9:31). 그래서 하나님께서는 교회를 향하여 항상 성령을 부어 주기를 원하고 계신다.

에베소서 5:18에 보면 "술 취하지 말라 이는 방탕한 것이니 오직 성령의 충만을 받으라", 데살로니가전서 5:19에는 "성령을 소멸치 말며" 갈라디아서 5:16에는 "너희는 성령을 좇아 행하라"고 말씀했다. 이 말씀대로 우리가 성령을 충만히 받고, 성령을 소멸하지 않고, 성령을 따라 행할 때 비로소 날로 더하여 지는 역사가 일어날 줄 믿는다.

둘째, 사도의 가르침을 받아 서로 교제하였기 때문이다(행 2:42).

사도의 가르침이란 곧 하나님의 말씀을 의미한다. 초대 교회는 강단에서 순수한 복음이 전파되었다. 그리고 온 성도들은 그 순수한 복음을 기쁨으로 받아서 그 복음안에서 서로 교제했다. 하나님의 말씀은 살았고 운동력이 있어(히 4:12) 그들의 생활을 변화시켰다. 열왕기하 22:8 이하에 보면 요시야왕때에 '힐기야'라고 하는 대제사장이 있었는데, 그가 어느날 성전에서 율법책을 발견하여 서기관 사반에게 주었다. 사반은 왕에게 이 사실을 보고 하고 왕의 앞에서 율법 책을 읽으매 왕에게 회개의 역사가 일어났다. 그리하여 온 유다백성들로 하여금 이방신상을 불사르게 하고 하나님께로 돌아오게 했다.

셋째, 기도하기를 전혀 힘썼기 때문이다(행 2:42).

'전혀'라는 말은 '전문으로'라는 뜻이다. 우리 예수 믿는 사람이 전문으로 해야 할 것이 하나 있다면 그것은 바로 기도이다. 예수 믿는 사람은 누구나 기도의 전문가가 되어야 한다. 길을 가면서도 대화 중에도, 꿈속에서도 기도하는 자가 되어야 한다. 모세가 위대하게 된 것은 그의 기도때문이었다. 사람도 대화속에 정이 오가고 오해가 풀어지며, 모든 일이 형통하게 되어지듯이 기도에 힘쓰는 사람들은 하나님과의 영적대화가 항상 있기 때문에 날로 더하여지는 역사가 일어날 줄 믿는다.

넷째, 성전에 모이기를 힘썼기 때문이다(행 2:46).

우리는 하늘나라를 본점으로 삼고, 교회를 지점으로 삼고, 가정은 분점으로 삼아 살아가야 한다. 성전에 모이기를 힘쓸 때 우상들이 사라지고 귀신들이 도망간다. "너희가 전심으로 여호와께 돌아오려거든 이방신들과 아스다롯을 너희 중에서 제하고 너희 마음을 여호와께로 향하여 그만 섬기라"(삼상 7:3). 난로가를 가까이 할 수록 점점 몸이 따뜻해 지듯이 성전을 가까이 할 수록 주님의 따뜻한 사랑을 함께 나눌 수 있다. "내가 이 반석 위에 내 교회를 세우리니 음부의 권세가 이기지 못하리라"(마 16:18).

다섯째, 담대히 하나님의 말씀을 전했기 때문이다(행 4:31).

전도하는 교회, 전도하는 가정, 전도하는 성도가 하나님의 살아계신 역사를 체험하게 된다. "교회는 그의 몸이니"(엡 2:7). "귀 있는 자는 성령이 교회들에게 하시는 말씀을 들을지어다"(계 2:7). 교회를 통해서 복음을 전할 때 구원의 역사가 일어난다. 우리는 한 영혼이 천하보다 귀하다는 것을 알고 우리의 몸과 시간과 물질을 복음 전하는 일에 투자해야 되겠다.

성도 여러분, 초대교회 성도들처럼 성령의 충만함을 받고, 사도의 가르침을 받아 서로 교제하며, 기도하기를 힘쓰며, 성전에 모이기를 힘쓰며 담대히 복음을 전하여 날마다 부흥하는 교회와 성도가 되기를 축원한다.

건강한 성도의 4대 요소
(사도행전 2:41-47)

　육신이 건강해야 모든 하고자 하는 일을 차질없이 수행할 수 있듯이 영적으로도 건강한 사람이라야 하나님께서 맡겨 주신 귀한 사명을 잘 감당해 나갈 수 있다. 그러면 영적으로 건강한 성도가 되기 위한 4대 요소가 무엇인가에 대해서 말씀을 상고하면서 함께 은혜를 나누고자 한다.

첫째, 영의 양식이 풍족하게 갖추어져 있어야 한다.
　영의 양식은 곧 하나님의 말씀이다. 초대교회 성도들은 하나님의 말씀을 열심히 배워 영의 양식이 풍족하게 갖추어져 있었다. "저희가 사도의 가르침을 받아…"(42절). 영의 양식이 풍족하게 갖추어져 있을 때 영력이 나타나는 삶을 살 수 있다.

　교회의 가장 큰 사명중에 하나는 하나님의 말씀을 선포하고 그 말씀으로 성도들을 훈련시키는 것이다. 히브리서 4:12에 보면 "하나님의 말씀은 살았고 운동력이 있어 좌우에 날선 어떤 검보다도 예리하여 혼과 영과 및 관절과 골수를 찔러 쪼개기까지 하며 또 마음의 생각과 뜻을 감찰하나니…"라고 말씀했다. 성경은 인생을 거듭나게 하고, 자유롭게 하며, 믿음의 사람으로 만들어 주고, 거룩한 삶을 안내해 주며, 병든 영육을 치유시켜 주고, 인생에게 복을 받게 한다.

둘째, 아름다운 교제를 형성하는 공동체를 이루어야 한다.
　우리는 개체의 인간으로 존재하고 있지만 그리스도 안에서 하나의 공동체이다. 우리 인체내에 많은 자체가 있지만 따로 따로 분리되어 있으면 아무 소용이 없듯이 우리 성도들도 마찬가지이다. 하나님은 그리스도의 몸된 교회를 통해서 믿음의 한 권속을 이루게 하셨다.

　아름다운 교제를 형성하는 공동체를 이루려면 ① 교회를 중심한 공동체를 이루어야 한다. 초대교회 성도들은 본문 46절에 날마다 마음을 같이하여 성전에 모이기를 힘썼다고 했다. ② 성령을 중심한 공동체를 이루어야 한다. "평안의 매는 줄로 성령의 하나되게 하신 것을 힘써 지키라"(엡 4:3). ③ 믿음과 소망과 사랑의 공동체를 이루어야 한다.

셋째, 끊임 없는 기도를 해야 한다.

예수님은 "시험에 들지 않게 깨어 있어 기도하라"(마 26:41)고 말씀했고, 사도 바울은 "쉬지말고 기도하라"(살전 5:17)고 했다. 죽은 사람은 호흡을 못한다. 건강한 사람은 호흡을 잘한다. 기도는 영적인 호흡이다. 우리는 하나님앞에 영적인 기도의 호흡과 잘 이루어져야 한다. 우리는 교회에서나 생활현장에서 기도의 호흡의 리듬이 깨어져서는 안된다.

우리가 정상적인 기도의 리듬을 맞추기 위해서는 ① 기도 생활에 전념해야 한다. 초대교회 성도들은 본문 46절에 기도하기를 전혀 힘썼다고 했다. ② 중대한 문제가 있을 때는 금식기도를 해야 한다. "나의 기뻐하는 금식은 흉악의 결박을 풀어 주며…"(사 58:6). ③ 제물이 있는 기도를 해야 한다(대상 21:26). ④ 믿음의 기도를 해야 한다(약 5:15). ⑤ 감사의 기도를 해야 한다(빌 4:6).

넷째, 반드시 선교와 구제를 실천하며 살아야 된다.

초대교회 성도들은 구제를 실천하며 살았다. 사도행전 4:20에 보면 "우리는 보고 들은 것을 말하지 아니할 수 없다"고 했고, 본문 45절에 보면 "재산과 소유를 팔아 각 사람의 필요를 따라 나눠주고…"라고 말씀했다.

선교는 ① 잃어버린 자를 찾아가는 것이다. "인자의 온 것은 잃어버린 자를 찾아 구원하려 함이니라"(눅 19:10). "너희는 온 천하에 다니며 만민에게 복음을 전파하라"(막 16:15). ② 잃어버린 자를 찾아 만나는 것이다. 요한복음 4:6에 보면 예수님이 수가성에서 사마리아 여인을 만나 복음을 전한 사실을 볼 수 있다. ③ 사탄의 결박에서 해방시켜 주는 것이다. "예수께서 열두 제자를 불러 모으며 병을 고치는 능력과 권세를 주시고"(눅 9:1).

사랑하는 성도 여러분! 아름다운 교제를 형성하는 공동체를 이루며 끊임없는 기도를 하고, 반드시 선교와 구제를 실천하는 삶을 살아 항상 영적으로 건강한 성도 여러분이 되시기를 주의 이름으로 축원한다.

성령 받은 자의 삶
(사도행전 2:42-47)

예수를 구주로 믿는 사람은 곧 성령을 받은 자이다. "성령으로 아니하고는 누구든지 예수를 주시라 할 수 없느니라"(고전 12:3). 우리가 성령을 받았기 때문에 예수를 구주로 믿게 된 것이다. 초대교회의 성도들은 본문에 보면 성령을 받되 충만히 받았다. 이들은 성령을 충만히 받은 후 어떠한 삶을 살았으며 성령을 받은 우리는 어떠한 삶을 살아야 되는가에 대해서 본문을 상고하면서 함께 은혜를 나누고자 한다.

첫째, 계속적인 신앙교육을 이어나가야 한다.

"저희가 사도의 가르침을 받아"(42절). 초대교회 성도들은 사도의 가르침을 잘 받았다. 사도바울은 디모데에게 "너는 배우고 확신한 일에 거하라"(딤후 3:14)라 말했다. 우리가 신앙생활을 잘하기 위해서는 계속적인 신앙 교육이 필요한 것이다. 계속적인 신앙교육을 올바로 이어나가려면 ① 설교말씀을 잘 들어야 한다. "믿음은 들음에서 나며 들음은 그리스도의 말씀으로 말미암았느니라"(롬 10:17). ② 성경을 매일 읽어야 된다. 성경을 통해서 자신을 살펴 볼 수 있고, 성경을 통해서 천국을 바라볼 수 있다.

둘째, 성도의 신령한 교제가 끊어지지 말아야 된다.

"서로 교제하며"(42절). 이 성도의 교제는 사도신경 중에도 나온다. "성도가 서로 교통하는 것과…" 성도의 교제가 끊어지면 기형적 신자가 되고 만다. 교회는 한 지체이기 때문이다. 성도간에 서로 나누어야 할 교제는 ① 믿음의 교제이다. "네 믿음의 교제가 우리 가운데 있는 선을 알게 하고 그리스도께 미치도록 역사하느니라"(몬 1:6). 우리는 서로 믿음을 격려해 주고 이끌어 주어야 한다. ② 사랑의 교제이다. "마음을 같이 하여 같은 사랑을 가지고…"(빌 2:2). 성도는 서로 미워하거나 원망하거나 남을 업신여겨서는 안된다. 언제나 사랑이 넘쳐야 된다. ③ 신령한 교제이다. 모여서 기도하고, 모여서 찬송하는 것이다.

셋째, 열정과 전문적인 기도가 생활화 되어야 한다.

"기도하기를 전혀 힘쓰니라"(42절). 기도는 곧 성도의 전문적인 과업이다. "빌기를 다하매"(행 4:31). "쉬지 말고 기도하라"(살전 5:17). "정신을 차리고 근신하여 기도하라"(벧전 4:7) "성령받기를 기도하니"(행 8:15) "시험에 들지 않기를 기도하라"(눅 22:40) 이와 같은 말씀들은 곧 열정적이고 전문적으로 기도할 것을 강조한 말씀들이다.

넷째, 성전을 중심으로 모이는 열성이 지속되어야 한다.

"날마다 마음을 같이하여 성전에 모이기를 힘쓰고"(46절). 성전은 영적인 가정과 같다. 육의 가정을 통해서 쉼을 얻고 기쁨을 누리듯이 오늘날 교회는 영혼의 쉼을 얻고 주께로 부터 기쁨을 공급받는 곳이다. "모이기를 폐하는 어떤 사람들의 습관과 같이 하지 말고 오직 권하여 그 날이 가까움을 볼수록 더욱 그리하자"(히 10:25).

다섯째, 구원받는 사람을 날마다 더하게 해야 된다.

"하나님을 찬미하며 또 온 백성에게 칭송을 받으니 주께서 구원받는 사람을 날마다 더하게 하시니라"(47절). 이것이 우리의 가장 큰 사명이다. 말세에 사는 성도들에게 주님이 주신 최후의 지상명령은 "너희는 온 천하에 다니며 만민에게 복음을 전파하라"(막 16:15)는 것이다. 우리의 삶을 통해서 구원받는 사람을 날마다 더하게 해야 되겠다.

사랑하는 성도 여러분! 초대교회 성도들의 삶을 본받아 성령 받은 자 답게 계속적인 신앙교육을 이어나가고 성도간에 신령한 교제를 나누며 열정과 전문적인 기도로 생활하고, 성전을 중심으로 모이는 열성을 지속하여 구원받는 사람이 날마다 더하게 하는 삶을 사시기를 주의 이름으로 축원한다.

부흥을 가져 오는 필수 요건
(사도행전 2:42-47)

하박국 선지자는 하나님께 기도하기를 "주의 일을 이 수년내에 부흥케 하옵소서"라고 기도하였으며, 하나님께서는 이 거대한 부흥역사를 역사의 흐름속에 계속하여 나타내 주시고 계시며 또한 이 거대한 부흥운동은 전 세계 교회의 공동관심사이며 하나님께서 기뻐하시는 거룩한 뜻인 것이다. 이 놀라운 부흥역사가 에스겔 골짜기의 마른 해골떼들에게 생기로 들어가게 하심으로 큰 군대가 되는 역사가 일어났듯이 우리 심령에도 크게 일어나야 되겠으며 질적으로 양적으로 거대한 불길이 일어나야 되겠다.

또한 우리는 이 놀라운 부흥의 역사가 우리 한국 교회와 세계 각처에 일어나고 있음을 하나님께 할렐루야 감사하지 않을 수 없는 것이다. 그러면 이 부흥을 가져 오는 필수요건이 무엇인가에 대하여 성경에 나타내신 내용을 네 가지로 말씀 드리겠다.

첫째, 부흥을 가져오는 필수 요건은 간절한 기도이다.

갈멜산 엘리야의 제단의 불의 역사도 마가다락방의 오순절 역사도 모두가 기도하는데서 일어났던 것이다. 사도행전 2:42 말씀에 "저희가 사도의 가르침을 받아 서로 교제하며 떡을 떼며 기도하기를 전혀 힘쓰니라"고 하였으며, 사도행전 4:31에는 "빌기를 다하매 모인 곳이 진동하더니 무리가 다 성령이 충만하였다"고 하였다.

능력이 충만했던 스펄전은 말하기를 "자기에게 능력이 일어나는 비밀은 무릎을 꿇고 하나님께 기도하는데 있다"고 하였다. 교회를 위해 기도하는 사람은 그 마음속에 먼저 부흥의 불길을 받게 되는 것이다. 기도하는 것은 우리가 하나님을 향하여 문을 개방하는 것과 같은 것이다.

'바클레이'는 말하기를 "우리가 하나님의 선물을 받아 드리도록 우리 자신을 개방하기 전에는 하나님께서 특별히 주시는 성령의 선물을 받을 수 없다"고 하였다. 그런고로 기도하는 자에게 은혜의 문이 열리게 되며 성령의 충만한 역사가 임하게 되고 큰 부흥의 역사가 일어나게 되는 것이다.

둘째, 부흥을 가져오는 필수 요건은 회개의 역사이다.

회개의 역사가 터지는 곳에 부흥의 역사가 일어나게 되는 것이다. 사도행전 2:38에서 베드로는 "너희가 회개하여 각각 예수 그리스도의 이름으로 세례를 받고 죄사함을 얻으라 그리하면 성령을 선물로 받으리라"고 하였다.

오순절의 성회는 바로 회개를 촉구하는 모임이었다. 하나님은 인간이 어떠한 죄를 범했을 지라도 그 지은 죄를 깊이 뉘우치고 통회하고 자복하며 그 죄에서 돌이키면 사유하심을 베푸시며, 동이 서에서 먼것 같이 죄를 멀리 옮겨주시며 주홍같이 붉은 죄라도 눈과 같이 회게하여 주며, 진홍같이 붉을지라도 양털같이 회게 하여 주시는 것이다.

하나님은 인간이 회개한 죄에 대해서는 기억지도 아니하시겠다고 하였다. 회개는 바로 사람으로 하여금 하나님께 대한 새로운 태도요, 사죄는 하나님이 인간의 심령에 일으키는 새로운 은혜의 관계가 되는 것이다.

셋째, 부흥을 가져오는 필수 요건은 말씀의 역사이다.

참 부흥의 기초는 하나님의 말씀인 것이다. 말씀에 기초되지 않는 역사는 기독교의 부흥이 아니다. 예수님의 제자들은 열심으로 성경 말씀을 상고함으로써 하나님의 뜻을 알게 되었고 심령이 뜨거워지게 되었다.

우리가 하나님의 말씀을 읽고 깨달을 때 우리의 심령은 뜨거워지며 부흥의 불길은 일어나게 되는 것이다. 하나님의 말씀은 곧 사람의 마음속에 확신을 가져다 주는 생명의 활력소인 것이다.

믿음이 참으로 귀한 것이나 그 믿음도 하나님의 말씀을 들음에서 출발이 되는 것이다. 로마서 10:17에 "믿음은 들음에서 나며 들음은 그리스도의 말씀으로 말미암는다"고 하였다.

우리가 한가지 알아야 할 것은 오순절의 성령강림은 제자들이 기다린 공로의 댓가에서 주어진 것이 아니고 하나님과 예수님의 약속(행 1:4)의 말씀에 의하여 성취된 것이다.

로이드 죤스(Lioyd-Jones)는 그의 저서인 '아우토리티'(Authority)에서 말하기를 "기독교의 권위는 예수 그리스도이시다 그는 최종 계시자요 또 성경이니 성경은 계시의 기록"이라고 말하였다. 즉 하나님의 말씀은 부흥의 기초이며 또한 활력소가 되는 것이다. 그런고로 우찌무라 간조는 말하기를 "우리로 하여금 성경을 말하게 하라 그리하면 성경은 교회를 부흥케 하리라"고 말하였다.

넷째, 부흥의 필수 요건은 성령의 역사인 것이다.

오순절에 임한 위대한 성령의 역사는 확고부동한 신약적 부흥의 기본이 되었으며 오순절에 강림한 성령의 은혜는 지금도 우리 가운데 역사하고 계심을 믿으시기 바란다.

K. 스킬드(K. skilder)는 그가 오순절에 강림한 성령에 관한 설교를 할때 "오! 20세기 인생들이여 너희는 성령이 위에서 오시는 것을 믿지 않는구나"라고 탄식을 하기도 하였다.

성령의 역사는 언제든지 우리 마음속에 하나님의 조건을 이루기만하면 위대한 성령의 역사는 그곳에 임하여 부흥을 일으켜 주시는 것이다.

하나님은 부흥을 원하고 계신다. 잠든 신앙이 깨어 일어나고 나태한 자가 충성된 자가 되고 주님을 멀리한 자가 주님 품안에 돌아오게 되고 육체를 따라 살던 자가 성령을 따라 살게 되며 세상 썩어질 것만 위해 살던 자가 주님 위해 살게 되고 기도와 전도에 열심의 불이 붙게 되며 말씀과 성령의 충만한 생활속에 위대한 신앙의 길을 걸어가며 주 찬양, 주 영광, 신앙의 불길, 부흥의 불길이 영원히 타오르는 승리의 삶을 사는 자가 되는 것이다.

믿음의 근거
(사도행전 3:1-10, 16)

믿음이란 히브리어의 어원을 살펴보면 ① 지탱한다 ② 기댄다 ③ 기초를 둔다라는 뜻이고, 또 헬라어의 어원을 살펴보면 ① 자신을 포기하고 의탁한다 ② 모든 것을 받아들인다라는 뜻이다. 그러면 성전 미문에서 구걸하던 앉은뱅이가 믿음으로 일어난 기적의 사건을 중심으로 믿음은 어떻게 생기는가에 대해서 말씀의 은혜를 나누고자 한다.

첫째, 믿음은 기도할 때 생긴다.

사도행전 3장은 앉은뱅이가 일어난 기적의 사건이 기록되어 있는데, 이 사건이 일어나기까지의 동기는 바로 기도였다. "제 구시 기도 시간에"(행 3:1) 하나님의 대역사는 기도를 시작하려고 하는 그 순간부터 시작되고, 기도를 진행할 때 일어나며, 빌기를 다하매 모인 곳이 진동했다고 하는 사도행전 4:31 말씀과 같이 응답될 때까지 기도할 때 성취되는 줄 믿으시기 바란다. 기도는 마지막 응답이 이루어질 때까지 계속해야 된다.

죠지 뮬러는 기도의 능력이 많은 분이었다. 그는 평생에 기도해서 응답을 받지 못한 것이 별로 없다고 기록했다. 그러나 살아 생전에 단 한 가지만 응답이 없었다고 한다. 그 기도는 그의 친구의 아들이 예수 믿게 해 달라는 기도였다. 그러나 그 아들은 죠지뮬러의 장례식때 드디어 예수님을 영접하게 되었다고 한다.

둘째, 믿음은 예수로 말미암아 생긴다.

믿음의 기초는 곧 예수 그리스도이다. 그러므로 우리가 예수 믿고 병고침 받고 응답 받으며 사업이 번창하게 되었으면 예수님께 영광을 돌려야 한다. 그러나 사도행전 12:23에 보면 헤롯은 영광을 하나님께 돌리지 않고 자기가 차지하므로 주의 사자가 곧 치니 충이 먹어 죽었다고 했다. 충이 먹었다는 것은 질병이 침투했다는 것이다. 우리는 예수로 말미암아 모든 것이 되어진 것을 감사하고 모든 영광을 예수님께 돌려 드리는 우리의 삶이 되어야 한다. 믿음은 노력으로 되는 것이 아니다. 예수님을 자꾸 가까이 하고 예수 이름을 자꾸 부르며, 예수님을 자꾸 받아 들이고 예수님께 모든 것을 맡기며, 자나 깨나 예수 생각에 잠겨 있을 때 믿음이 자신도 모르는 사이에 불일듯 일어나는 줄 믿으시기 바란다.

셋째, 믿음은 갈망하고 사모하는데서 생긴다.

본문 5절에 보면 앉은뱅이가 베드로와 요한에게 무엇을 얻을까 하여 바라 보았다고 말씀했다. 믿음은 곧 갈망하고 사모하는 데서 생기는 것이다. 베드로와 요한이 앉은뱅이에게 '우리를 보라'고 했을 때 바라보지 않았다면 기적을 체험하지 못했을 것이다. "너희는 더욱 큰 은사를 사모하라 내가 또한 제일 좋은 것을 너희에게 보이리라"(고전 12:31).

넷째, 믿음은 말씀을 듣는 중에 생긴다.

사도행전 4:4에 보면 "말씀을 들은 사람 중에 믿는 자가 많으니"라고 말씀했다. 앉은뱅이도 베드로의 외치는 음성을 들었다. '예수의 이름에' 대한 소식을 듣고, '나사렛 예수의 이름으로 걸으라' 하는 메시지를 들었다. 이때 만일 앉은뱅이가 믿음이 없었다면 일어나지 못했을 것이다. 그러나 앉은뱅이는 이 말씀을 듣는 순간 믿음이 생겼기 때문에 일어나 걸을 뿐만 아니라 뛰기도 하며 하나님을 찬미했던 것이다.

"그러므로 믿음은 들음에서 나며 들음은 그리스도의 말씀으로 말미암았느니라"(롬 10:17). 믿음은 들음에서 난다. 여러분이 자꾸 말씀을 듣다 보면 자신도 모르게 믿음이 자라는 줄 믿으시기 바란다.

사랑하는 성도 여러분! 성전 미문 밖에 있던 앉은뱅이가 믿음을 통해서 일어나 걷고 뛰며 성전 안으로 들어가면서 하나님을 찬미하는 기적을 체험한 것처럼 여러분도 기도와 예수 그리스도로 말미암아 갈망하고 사모하며 하나님의 말씀을 듣는 중에 이러한 믿음의 기적을 체험할 수 있기를 예수 이름으로 축원한다.

성도가 마땅히 지녀야 할 3대 소유
(사도행전 3:1-10)

우리가 이 세상을 살아가는데는 꼭 가지고 있어야 할 필수품이 있기 마련이다. 의식주, 가전제품, 휴대품, 건강, 지식, 삶의 지혜…등등 마찬가지로 우리는 성도로서 꼭 지녀야 될 세 가지 필수품이 있다. 오늘 본문에 보면 베드로가 이것을 가지고 승리했고, 나면서 앉은뱅이 된 사람을 일으켜 하나님께 영광을 돌렸으며 큰 인물이 된 사실을 볼 수가 있다. 그러면 베드로가 지닌 세 가지는 무엇인가에 대해서 말씀을 상고하면서 함께 은혜를 나누고자 한다.

첫째, 베드로는 항상 기도를 소유하고 살았다.

"제 구 시 기도 시간에 베드로와 요한이 성전에 올라갈새…"(행 3:1). 하나님의 역사는 기도하는 시간에, 기도하는 사람에게, 기도하는 자리에 기도하는 대상에게 나타나는 줄 믿으시기 바란다. 기도는 곧 성도의 필수품이다. 베드로는 시간을 정해 놓고 기도했다. 기도시간은 하나님과의 약속시간이다. 다니엘은 하루 세 차례씩 성전을 향하여 창문을 열고 시간을 정해놓고 기도했으며(단 6:10), 다윗은 시편 22:2에 보면 "내가 낮에도 부르짖고 밤에도 잠잠치 아니하오나…"하고 밤낮으로 기도했고, 한나는 사무엘상 1:12에 "그가 여호와 앞에 오래 기도하는 동안에 엘리가 그의 입을 주목한즉…"하고 오래 기도했다. 우리가 기도할 때 영이 맑아져 육성이 영성으로 변화되고, 근심이 변하여 기쁨이 오고 질병이 물러가고 건강하게 되며, 마귀가 물러가고 성령이 역사한다. 그러므로 우리는 항상 깨어서 기도하고(눅 21:36), 쉬지말고 기도하며(살전 5:17), 기도 쉬는 죄를(삼상 12:23) 범치 말아야 한다.

둘째, 베드로는 항상 예수의 이름을 소유하고 살았다.

"베드로가 가로되 은과 금은 내게 없거니와 내게 있는 것으로 네게 주노니 곧 나사렛 예수 그리스도의 이름으로 걸으라"(행 3:6). 우리는 이 세상 끝날까지 항상 예수의 이름을 소유하고 살아야 된다. 베드로는 예수의 이름만이 인류를 구원할 수 있다고 했다. "다른 이로서는 구원을 얻을수 없나니 천하 인간에 구원을 얻을만한 다른 이름을 우리에게 주신 일이 없음이니라"(행 4:12). 예수의 이름은 ① 만민을 구원하고 "아들을 낳으리니 이름을 예수라 하라 이는 그가 자기 백성을 저희 죄에서 구원할 자이심이라 하니라"(마 1:21). ② 기도의 응답을 받게 하며 "내 이름으로 무엇이든지 내게 구하면 내가 시행하리라"(요 14:14). ③ 귀신을 쫓아내고 "믿는 자들에게는 이러한 표적이 따르리니 곧 저희가 내 이름으로 귀신을 쫓아내며…"(막 16:17). ④ 병을 낫게 하는 "저희가 내 이름으로…병든 사람에게 손을 얹은즉 나으리라"(막 16:17, 18) 능력이 있다. 우리가 예수의 이름을 의지하고 영화롭게 하며 자랑하고 증거할 때에 하나님의 역사가 나타난다.

셋째, 베드로는 항상 믿음을 소유하고 살았다.

베드로는 예수 이름으로 걸으라고 말할 때에 앉은뱅이가 일어나리라고 믿었다. 그때에 하나님의 역사가 일어났던 것이다. 우리가 믿음을 바로 가지면 놀라운 기적이 일어난다. 우리가 소유해야 할 믿음은 ① 견고한 믿음 "깨어 믿음에 굳게 서서 남자답게 강건하여라"(고전 16:13). ② 충만한 믿음 "믿음과 성령이 충만한 사람 스데반과…"(행 6:5). ③ 큰 믿음 "이에 예수께서 대답하여 가라사대 여자야 네 믿음이 크도다 네 소원대로 되리라 하시니 그 시로부터 그의 딸이 나으니라"(마 15:28). ④ 거짓없는 믿음 "경계의 목적은 청결한 마음과 선한 양심과 거짓이 없는 믿음으로 나는 사랑이거늘…"(딤전 1:5). ⑤ 부요한 믿음 "내 사랑하는 형제들아 하나님이 세상에 대하여는 가난한 자를 택하사 믿음에 부요하게 하시고…"(약 2:5)이다. 죤 칼빈은 말하기를 '믿음속에는 그리스도가 계신다'고 했다. 우리가 이러한 믿음을 소유할 때 하나님의 역사를 체험할 수 있다.

사랑하는 성도 여러분! 항상 기도와 예수의 이름과 믿음을 소유하고 살아 베드로와 같이 능력을 행하는 성도가 되시기를 주의 이름으로 축원한다.

나사렛 예수 그리스도 이름의 권세
(사도행전 3:1-10)

본문에 기록된 대로 사도 베드로와 요한의 손을 통하여 나타난 '나사렛 예수 그리스도 이름의 권세'가 어떻게 역사하였는지 살펴보면서 우리 모두 크고 작은 일체의 사건들, 문제들을 몽땅 그 이름 앞에 내어 맡기고 해결받으시기를 주님의 이름으로 간절히 부탁드린다.

첫째, 앉은뱅이의 삶을 완전히 청산케 해주었다.

항상 정한 기도를 하는 기도의 사도 베드로와 요한은 그 날도 제9시 (오후 3시경) 기도 시간에 예루살렘 성전으로 기도하러 가고 있었다. 마침 성전 미문에서 나면서부터 앉은뱅이어서 다른 사람의 도움으로 그곳까지 와서 항상 구걸하는 거지를 만나게 되었다. 이 거지는 여느 때와 마찬가지로 베드로와 요한이 성전으로 들어가고 있을 때도 구걸을 하였다. 그러나 사도 베드로는 "우리를 보라 은과 금은 내게 없거니와 내게 있는 것으로 네게 주노니 곧 나사렛 예수 그리스도의 이름으로 걸으라"고 외치며 그의 오른손을 잡아 일으켰다. 그랬더니 발과 발목이 곧 힘을 얻고 뛰어서 걷기도 하고 뛰기도 하며 하나님을 찬미하는 놀라운 기적이 일어났다.

나면서부터 앉은뱅이 된 거지, 외관상으로 장엄하고 화려하며 수많은 사람들이 모여드는 아름다운 성전 미문에 앉아서 오고가는 많은 사람들에게 구걸하면서 하루하루를 연명해오는 거지, 그는 사람들이 메고 왔다(행 3:2)고 했고, 나이는 40여세(행 4:22)라고 했다.

선천적인 불구자로 한 번도 일어서 보지 못하고 40년이라는 장구한 세월을 남에게 의존하여 구걸만하며 살았으니 그의 삶은 이루 말할 수 없이 처절한 삶이었을 것이며, 어쩌면 모든 것을 포기하고 죽지 못해 사는 삶으로 전락한 아주 불쌍한 사람이었던 것이다.

그런데 여기에 기적이 일어났다. 기도의 사람 베드로가 외친 "은과 금은 내게 없거니와 내게 있는 것으로 네게 주노니 곧 나사렛 예수 이름으로 걸으라"는 말씀과 동시에 나타난 하나님의 능력이 앉은뱅이된 자의 오른손을 잡아 일으키니 그야말로 앉은뱅이의 삶을 완전히 청산한 건강한 상태의 사람으로 변했던 것이다.

그리고 지금까지 나약했던 좌절의 늪을 헤어나지 못했던 그가 베드로의 그 위대한 능력의 외침에 스스로 순종하며 소망을 가지고 사도의 내민 손을 붙잡고 일어났다는 것과 어쩌면 창조주 하나님을 원망만하며 살았을 그가 걸어도 보고 뛰어도 보며 하나님을 찬양한 대 변화는 육체뿐만 아니라 정신까지도 완전한 사람으로 바뀌었다는 것이다.

여기서 우리가 한 가지 교훈을 찾는다면 하나님께서는 하나님의 위대한 사업을 위해서는 진실한 하나님의 사람을 사용하신다는 사실과 기회라는 것은 항상 있는 것이 아니므로 주어진 기회를 진지하게, 그리고 열정적으로 용기를 가지고 붙잡아야 된다는 사실이다.

둘째, 성전으로 들어갈 수 있는 자격자로 변화시켰다.

구약 성경(레 21:18, 23)이나 유대 문서의 몇몇 곳에는 불구자들은 성전에 들어갈 수 없는 자로서 규정되어 있다. 그들은 죄인으로 취급당하였기 때문에 성전에 들어가는 것만 거부당한 것이 아니라 하나님의 백성이 누리는 영적인 교제에도 참여할 수 없었으며, 따라서 자동적으로 사람들로부터 소외되었던 존재이기도 했다.

그런데 성전 밖 미문에서 구걸하던 앉은뱅이 거지가 40여년의 비참했던 삶에서 '나사렛 예수 그리스도 이름의 권세'의 능력으로 자유함을 받아 건강한 사람으로 완치되었기 때문에 이제는 얼마든지 성전에 들어갈 수 있는 자격자가 된 것이다. 그런고로 그는 가족에게나 이웃, 친지들에게 자랑하려고 달려가고 싶기도 했겠지만 먼저 사도들과 함께 성전으로 들어갔던 것이다. 때를 따라 돕는 은혜의 보좌 앞에 담대히 나갈 수 있는 놀랍고도 크신 축복을 소유하게 된 것이다.

죽은 것과 다를 바 없었던 생명력 없는 삶, 자신의 앞날을 계획해 볼 엄두도 내지 못했던 막막한 처지, 성전 밖 미문에서 동전 몇 닢을 구걸하며 성전 밖만 겨우 바라볼 수 밖에 없었던 그가 예수 그리스도의 권능을 체험하게 되었고 영혼의 구원까지 받는 새로운 인생으로 변화되었다는 사실은 최상 최대의 축복이 아닐 수 없다.

40여년이란 긴 세월을 따가운 주위의 시선과 귀찮아 할 수 밖에 없는 가족들의 냉대 속에서도 자기가 할 수 있는 일이라곤 오직 성전 미문에서 구걸하는 일 이상 더 할 수 없었던 그 많은 절망의 날들을 용케도 인내하면서 살아왔기에 기도의 사람들을 만날 수 있었던 것이며, '나사렛 예수 그리스도 이름의 권세'의 능력을 몸소 체험하였을 뿐만 아니라 바라만 보던 성전, 들어갈 수 없는 불구자, 죄인 취급받았던 서러움이 일순간에 사라지고 이제는 떳떳하게 성전 안에 들어갈 수 있게 된 것이다.

셋째, 하나님을 찬미하는 자로 변화시켰다.

지금까지 성전 미문에 앉아 구걸 밖에 할 수 없는 자신을 비관하기도 했을 것이고 낳은 부모에 대한 원망과 창조주 하나님께 대한 불만도 많이 했을 것이다. 더욱이 육적인 일에 급급한 나머지 영적인 일은 꿈도 꾸지 못했을 것이다. 그러나 이제 그는 '나사렛 예수 그리스도 이름의 권세'의 능력을 베드로와 요한을 통하여 체험하였고 또한 예수를 영접할 수 있게 되었던 것이다.

'찬미'란 성령의 기쁨과 환희로 마음과 영혼의 평화가 넘치는 자만이 할 수 있는 최고의 축복인 것이다. 그런고로 여호와를 찬양하는 자에게는 시온에서 복을 주신다(시 134:1, 3)고 했다.

사랑하는 독자 여러분! '나사렛 예수 그리스도 이름의 권세' ① 죄를 사함 받게 한다(눅 2 4:47). ② 구원을 얻게 한다(롬 10:13). ③ 능력이 나타난다(막 16:17, 18). 그리고 그 이름을 믿는 자에게는 능력을 주시며(막 16:17), 귀신도 항복할 수 있게 하시며(눅 10:17), 표적과 기사를 이루게 하신다(행 4:30)고 했으며, 구원자(마 1:21)로 역사하신다고 했다.

그런고로 개인적으로 가정적으로 국가적으로 또는 도덕적으로, 윤리적으로, 정치적으로, 경제적으로 도저히 치유될 수 없다고 생각하는 것들이 있는가? '나사렛 예수의 이름'으로 일어나라. 그 이름의 권세로만이 성령이 역사하여 치유된다.

핍박과 승리
(사도행전 4:5-12)

6월은 구국기도의 달이다. 우리나라는 많은 수난 속에서 성장한 민족이고, 기독교 2000년 역사는 순교의 피로 얼룩진 바톤을 이어 받았다. 개인의 신앙도 환난과 핍박속에서 견고해진 것을 볼 수 있다.

본문에 보면 베드로가 예수의 이름으로 앉은뱅이를 성전 미문에서 일으켰다. 그 때에 예루살렘에는 큰 소동이 벌어졌는데 두 가지 양상이 나타났다. 한쪽에서는 하나님께 영광을 돌리며 기뻐하였고, 다른 한쪽에서는 오히려 베드로를 향해서 '네가 뉘 이름으로 이 일을 행하였느냐?' 라고 하면서 핍박을 가했다. 그러나 베드로는 담대하게 너희들이 십자가에 못박은 나사렛 예수의 이름으로 이 일을 행하였다고 말했다.

오늘 이 베드로의 모습은 오늘날 기독교인들의 일면을 보여주고 있다. 우리가 이 땅에서 그리스도인으로 생활하려고 하면 때때로 핍박을 받을 때가 있다. 그러면 왜 기독교인이 핍박을 받는가에 대해서 주님의 은혜를 함께 나누고자 한다.

첫째, 육으로 난 자가 성령으로 다시 나게 되었기 때문이다.

"그 때에 육체를 따라 난 자가 성령을 따라 난 자를 핍박한 것 같이 이제도 그러하도다"(갈 4:29).

여러분과 저는 육으로 난 인간이 예수 그리스도를 믿음으로 말미암아 영으로 다시 난 줄 믿는다. 우리는 성령으로 다시 난 자이기 때문에 핍박을 받게 된다. 오늘 이 세대를 가리켜서 폭력의 세대라고 말하고 있다. 베드로는 영으로 난 사람으로써 영적인 사역을 이루었을 때 육으로 난 자들이 폭력으로 핍박했다.

그러나 우리가 분명히 믿는 것은 '핍박'이란 절대로 성도들에게 불행한 요소가 아니다. 스코틀랜드 신학자 러드피디는 "핍박이란 믿는 자로 하여금 천국의 잔치집으로 끌어올려 주는 절차일 뿐이다"라고 말했고, 독일의 신학자 랑케는 "성도를 핍박하는 악인의 손이 아무리 강하고 길다 할지라도 성도를 구원하시는 하나님의 손은 그보다 더 길고 굳세다"라고 말했다.

로마서 8:9에 "만일 너희 속에 하나님의 영이 거하시면 너희가 육신에 있지 아니하고 영에 있나니 누구든지 그리스도의 영이 없으면 그리스도의 사람이 아니라"고 말씀한 것처럼 우리는 언제나, 어디를 가든지 성령을 마음속에 모시고 살아야 된다. 그러면 육이 도전을 받아도 기쁨과 감사가 넘치게 될 줄 믿는다.

둘째, 그리스도 예수 안에서 경건하게 살고자 하기 때문이다.

"무릇 그리스도예수 안에서 경건하게 살고자 하는자는 핍박을 받으리라"(딤후 3:12). '경건'이란 헬라어로 풀이하면 ① 헌신(하나님께 몸을 바침) ② 참되고 진실한 생활 ③ 하나님께 대한 열심이란 의미가 있다. 다시 말하면 하나님을 믿고 그 뜻에 순종하며 사는 생활이 곧 경건한 생활이다. 그러므로 마귀는 자기들 생활 중에 벗어나는 생활을 싫어한다.

시편 4:3에 보면 "여호와께서 자기를 위하여 경건한 자를 택하신 줄 너희가 알지어다"라고 했고, 딤전 4:8에 "육체의 연습은 약간의 유익이 있으나 경건은 범사에 유익하니 금생과 내생에 약속이 있느니라"라고 했으며, 베드로후서 2:9에는 "주께서 경건한 자는 시험에서 건지시고…"라고 말씀했다.

셋째, 천국을 상속 받은 자이기 때문이다.

"형제들아 너희들은 이삭과 같이 약속의 자녀라"(갈 4:28).

이삭은 약속의 자녀이었기 때문에 하갈의 자녀 이스마엘에게 핍박을 받았다. 우리는 하나님의 자녀로서 천국을 약속받은 자이기 때문에 세상에서 핍박을 받는다. 그러나 기뻐해야 될 줄 믿는다.

사랑하는 성도 여러분! 주님의 재림이 가까운 이 마지막때에 주님의 백성으로서 어떠한 핍박과 환란속에서도 승리하면서 저 높은 곳을 향하여 힘차게 전진하는 성도들이 되시기를 예수 이름으로 축원한다.

용기 있는 자의 삶
(사도행전 4:5-21)

서는 자가 걸을 수 있고, 뛰는 자가 승리할 수 있다는 말이 있다. 우리가 이 세상을 살아가자면 많은 준비와 장비가 갖추어야 한다. 특별히 영적 생활을 하는 성도가 이 세상을 살아가려면 무엇보다도 용기있는 삶이 필요하다. 성경에 보면 많은 사람들이 어려운 역경과 환경속에서도 좌절하지 않고 용기를 가지고 위대한 하나님의 사역을 감당한 것을 볼 수 있다. 초대 교회 성도들의 아름다운 모습 중의 하나는 용기 있는 삶을 산 것이다.

그러면 용기있는 자의 삶은 어떠한 삶인가에 대해서 말씀을 상고하면서 함께 은혜를 나누고자 한다.

첫째, 성령충만으로 무장하는 삶이다.

사도 베드로는 복음을 전하는 자를 핍박하던 시대에 성전 미문에서 40년 동안 구걸하던 앉은뱅이를 고쳐 주고서 제사장들과 사두개인들에게 "너희가 무슨 권세와 뉘 이름으로 이 일을 행하였느냐?"고 도전을 받았다. 그때 그는 성령이 충만하여 조금도 두려워 하거나 낙심하지 않고 그들에게 "백성의 관원과 장로들이…"(8절) 하고 대답했다. 성령충만으로 무장하면 ① 권능을 받는다. "오직 성령이 너희에게 임하시면 너희가 권능을 받고…" (행 1:8). 이 권능을 인간이 이 땅위에서 가질 수 없는 영적권세 곧 하늘의 권세를 의미한다. ② 무엇이든지 하나님께서 가능하게 하여 주신다. "이는 힘으로도, 능으로도 되지 아니하며 오직 나의 신으로 되느니라"(슥 4:6). ③ 담대한 사람이 되어진다. "무리가 다 성령이 충만하여 담대히 하나님의 말씀을 전하니라"(행 4:31). 스데반은 성령이 충만하여 돌에 맞아 순교하기까지 하나님의 말씀을 담대히 전했다. 우리는 성령충만으로 무장하여 성령충만한 생활을 지속해야 한다.

둘째, 예수 그리스도의 이름으로 행하는 삶이다.

제사장들과 성전 맡은 자와 사두개인들이 사도들을 가운데 세우고 "너희가…뉘 이름으로 이 일을 행하였느냐?"라고 물었을 때 베드로는 "너희가 십자가에 못박고 하나님이 죽은 자 가운데서 살리신 나사렛 예수 그리스도의 이름으로 이 사람이 건강하게 되어 너희 앞에 섰느니라. 이 예수는 너희 건축자들의 버린 돌로서 집 모퉁이의 머릿돌이 되었느니라. 다른 이로서는 구원을 얻을 수 없나니 천하 인간에 구원을 얻을 만한 다른 이름을 우리에게 주신 일이 없음이니라"(10-12절)라고 대답했다. 얼마나 담대했는가? 그 때 당시는 예수 그리스도의 이름을 선포하는 자들을 모조리 잡아다가 죽이는 시대였다. 우리가 무슨 일을 하든지 예수 이름으로 행할 때 주님께서 보장해 주는 줄 믿으시기 바란다 "내 이름으로 무엇이든지 내게 구하면 내가 시행하리라"(요 14:14).

셋째, 사탄의 제자와 환경의 지배에서 굴하지 않는 삶이다.

40년동안 성전 미문에서 구걸하던 앉은뱅이가 예수 이름으로 일어나 걸은 소문이 예루살렘에 사는 모든 사람에게 알려지게 되자 이 소문이 민간에 더 퍼지지 못하게 하려고 베드로와 요한을 불러 "도무지 예수의 이름으로 말하지도 말고, 가르치지도 말라"(18절)라고 했을 때 베드로와 요한은 저들의 경계에 굴하지 않고 "하나님 앞에서 너희 말 듣는 것이 하나님 말씀 듣는 것보다 옳은가 판단하라. 우리는 보고 들은 것을 말하지 아니할 수 없다"(19, 20절)라고 대답했다. 용기있는 자의 삶은 이와같이 사탄의 제자와 환경의 지배에서도 굴하지 않는 삶인 것이다. 우리 앞에 아무리 큰 어려움이 있을지라도 하나님이 계심을 믿으시기 바란다.

사랑하는 성도 여러분! 사도 바울은 고린도후서 4:8, 9에 "우리가 사방으로 우겨쌈을 당하여도 싸우지 아니하며, 답답한 일을 당하여도 낙심하지 아니하며, 핍박을 받아도 버린 바 되지 아니하며, 거꾸러 뜨림을 당하여도 망하지 아니하고…"라고 말씀했다. 용기있는 자의 삶은 곧 성령충만으로 무장하고, 예수 그리스도의 이름으로 행하며, 사탄의 제자와 환경의 지배에서도 굴하지 않는 삶인 것이다. 천국문에 이르는 그 순간까지 이러한 용기 있는 자의 삶을 사시기를 주의 이름으로 축원한다.

신앙생활의 정의
(사도행전 4:12)

"다른 이로서는 구원을 얻을 수 없나니 천하 인간에 구원을 얻을 만한 다른 이름을 우리에게 주신 일이 없음이니라"(행 4:12). 이 말씀을 마음속에 항상 지니고 산다면 신앙생활을 하는데 흔들리지 않을 것이다. 우리가 하나님과 더욱더 가까워지고 진리 안에 영적으로 깊이 들어가는 신앙생활을 할 때에 하나님의 형상의 본체가 나타난다. 마태복음 5:8에 보면 "마음이 청결한 자는 복이 있나니 저희가 하나님을 볼 것임이요"라고 말씀했다. 그러면 신앙생활이란 무엇인가에 대해서 말씀을 상고하면서 함께 은혜를 나누고자 한다.

첫째, 신앙생활이란 확신(確信)이다.

신앙이란 하나님의 말씀을 통해서 오는 것이다. 하나님의 말씀을 통해서 오지 않는 것은 미신이요, 우상이다. 우리는 하나님의 말씀을 듣고, 믿고, 받고, 갖고, 알아야 한다. 이 다섯 가지를 확신하는 자는 신앙이 확실한 자라고 말할 수 있다. 로마서 10:14에 보면 "듣지도 못한 이를 어찌 믿으리요?"라고 말씀했다. 믿음은 교회에 나와서 하나님의 말씀을 자꾸 들을 때 생긴다(롬 10:17) 우리가 하나님의 말씀을 잘 들으려면 귀가 열려야 한다. 그래서 누가복음 8:8에 보면 "들을 귀 있는 자는 들을 지어다"라고 말씀했고, 요한계시록 2:7에는 "귀 있는 자는 성령이 교회들에게 하시는 말씀을 들을지어다"라고 말씀했다.

들을 귀가 열려 하나님의 말씀을 듣고 믿음이 생기면 더 큰 은혜를 받고 싶은 마음이 생긴다. 그래서 부흥회에 참석하기도 하고 기도원에 가서 금식기도도 하는 것이다. 그런데 받는 것도 좋지만 받은 것에 대한 가치를 알아야 한다. 알고 믿는 신앙은 생명있는 신앙이다. 구원은 하나님이 주시고 우리는 예수를 믿음으로 구원을 받는다. 요한복음 3:16-17에 보면 "하나님이 세상을 이처럼 사랑하사 독생자를 주셨으니 이는 저를 믿는 자마다 멸망치 않고 영생을 얻게 하려 하심이니라. 하나님이 그 아들을 세상에 보내신 것은 세상을 심판하려 하심이 아니요 저로 말미암아 세상이 구원을 받게 하려 하심이라"고 말씀했다. "주 예수를 믿으라. 그리하면 너와 네 집이 구원을 얻으리라"(행 16:31).

둘째, 신앙생활이란 중생(衆生)이다.

중생이란 사람만 할 수 있는 특권이다. 짐승에게는 영이 없고 사람에게만 영이 있기 때문이다. 그래서 인간을 가리켜 만물의 영장이라고 한다. 창세기 1:28에 보면 하나님이 인간에게 생육하고 번성하여 땅을 정복하고 모든 생물을 다스리라고 말씀했다.

사람이란 삶적인 존재이다. 시편 49:20에 보면 "존귀에 처하나 깨닫지 못하는 사람은 멸망하는 짐승같도다"라고 말씀했다. 아무리 멋있는 것 같아도 하나님을 알지 못하고 삶적인 존재를 깨닫지 못하는 사람은 짐승과 같다는 것이다. 삶적 존재는 곧 새 생명의 시작이다. 새 생명이란 죽었던 기능이 살아나는 것이다. 창세기 2:7에 보면 "여호와 하나님이 흙으로 사람을 지으시고 생기를 그 코에 불어 넣으시니 사람이 생령이 된지라"고 말씀했다. 그러나 이 생기는 아담과 하와가 하나님이 금한 선악과를 따먹어 불순종한 결과로 기능을 상실하게 되었다. 이 죽었던 기능은 성령을 통해서 말씀과 기도생활을 할 때 회복될 수 있다.

다시 말해서 중생이란 영원한 생명이신 예수 그리스도의 인적이 심기워지는 것을 의미한다. 고린도후서 3:17에 보면 "주는 영이시니 주의 영이 계신곳에 자유함이 있느니라"고 말씀했다. 우리가 성령충만을 받으면 영의 지배를 받아서 자유함이 있는 것이다. 우리는 거듭나서 우리의 인격이 예수를 닮아가기까지 성숙한 신앙생활을 해야 한다(엡 4:15).

사랑하는 성도 여러분! 신앙생활이란 하나님의 말씀을 굳게 믿고 성령으로 거듭나서 예수 그리스도의 인격을 닮아가는 것이다. 이와 같이 확고한 신앙관을 가지고 항상 승리하는 성도 여러분이 되시기를 주의 이름으로 축원한다.

영전(靈戰)에서의 승리의 비결
(사도행전 4:13-22)

본문에 보면 초대교회 베드로와 요한은 많은 주의 사역을 행하고 또 예수를 누구보다 잘 믿은 사도들이었다. 또한 초대교회 성도들은 신약시대에 가장 위대한 신앙의 모범을 보인 신앙의 발자취를 남겼다. 그럼에도 불구하고 그들은 많은 핍박을 받고 환난속에서 견디어 왔던 것을 보게 된다.

우리가 한가지 알 것은 '핍박'이라고 하는 것은 절대로 불행한 것이 아니라는 사실이다. 영국의 G.허버트는 말하기를 "폭풍이 참나무 뿌리를 더욱 깊고 견고하게 만들어주듯 핍박은 신앙의 뿌리를 더욱 깊고 견고하게 만들어 줄 뿐이다"라고 했다.

그러면 그 당시 기독교인들이 왜 핍박을 받았고, 핍박자들은 그들을 어떻게 핍박했으며, 그들은 어떻게 핍박을 이겼는가에 대해서 말씀을 드리겠다.

1. 왜 기독교인이 핍박을 받았는가?

첫째, 예수님과 함께 있었던 자였기 때문이다.

13절에 보면 예수와 함께 있었던 일이 베드로에게는 핍박의 원인이 되었다. 마귀가 가장 싫어하는 것은 하나님의 백성들이 예수와 함께 하는 것이다. 우리 성도들이 가장 안전하고 하나님 앞에 영광된 시간은 바로 하나님과 함께하는 시간인줄 믿는다. 그러나 우리가 한 가지 알 것은 주님과 함께 하는 일 때문에 때로는 핍박을 받을 때도 있다.

둘째, 기적과 이적을 예수의 이름으로 나타냈기 때문이다.

14절과 16절에 보면 베드로와 요한이 유명한 표적을 나타낸 일로 인하여 소동이 일어났다. 저들이 손을 내밀어 병든 자가 일어나게 되고, 예수 이름으로 일어나라 말씀만 해도 앉은뱅이가 일어나게 되었다. 그러므로 모든 핍박하는 자들이 저들을 가두고 매로 때리고 집중적으로 박해를 하게 된 것을 보게 된다.

사랑하는 성도 여러분! 그러나 오늘 예수 믿는 우리는 분명히 예수의 이름으로 온갖 기적이 일어나는 줄 믿는다.

셋째, 많은 사람들이 하나님께 영광을 돌리게 되었기 때문이다(21).

사도행전 3장에 보면 앉은뱅이를 일으켰을 때 많은 사람들이 그가 본래 성전미문에 앉아서 구걸하던 앉은뱅이인 것을 알기 때문에 '저 사람이 어떻게 걷기도 하고 뛰기도 하며 하나님을 찬미할 수 있을까' 하면서 그것을 본 사람들은 다 살아계신 하나님께 영광을 돌렸다고 말씀했다. 그러므로 박해하는 사람들은 저들을 핍박했다.

우리가 주님의 영광을 위해서 살려고 하면 극의 두 가지 와 닿는 것이 있다. 악한 마귀는 어떻게 하든지 우리를 통하여 하나님의 영광을 나타내지 못하게 하기 위하여 핍박과 환난을 가져다 준다. 그러나 하나님의 성령은 우리를 통하여 하나님의 영광을 나타낼 수 있도록 항상 도와주고 계신 줄 믿는다. 우리는 모든 삶의 목적을 '하나님의 영광'에 두어야 한다.

2. 핍박자들은 어떻게 핍박했는가?

첫째, 예수의 이름으로 말함을 금지시켰다(18절).

마귀가 제일 무서워하는 것은 예수의 이름이다. 예수의 이름은 우리에게 승리를 주고, 기도의 응답을 받게 하며, 축복을 주기 때문이다. 베드로가 성전 미문에 앉아 구걸하던 앉은뱅이에게 "은과 금은 내게 없거니와 내게 있는 것으로 네게 주노니 곧 나사렛 예수의 이름으로 걸으라" 하고 오른손을 잡아 일으키니 앉은뱅이가 벌떡 일어났다. 예수의 이름은 곧 병든자를 일으킬 뿐만 아니라 예수의 이름을 부르는 자는 구원을 받게 한다.

둘째, 위협과 협박으로 피박했다(21절).

사탄은 하나님의 백성을 위협하고 협박하고 두려움을 가져다 준다. 그러나 예수 그리스도의 복음은 평화와 사랑과 용서와 승리를 주는 줄 믿는다.

3. 저들은 어떻게 이 핍박을 이겼는가?

첫째, 믿음으로 이겼다.

13절에 보면 저들은 대제사장 앞에서 기탄없이 믿음으로 담대하게 예수를 증거했던 것을 볼 수 있다.

둘째, 예수의 이름으로 이겼다.

18절에 보면 도무지 예수의 이름으로 말하지도 말고 가르치지도 말라고 했는데 저들은 담대하게 예수의 이름으로 복음을 전하여 승리했다.

셋째, 하나님의 영광을 목적으로 끝까지 나아갈 때 이겼다.

저들은 죽으나 사나 주의 영광을 위해서 충성하고 헌신하며 온 마음과 생명을 다 드렸다.

사랑하는 성도 여러분! 오늘 이세상은 영적인 전쟁터와 같다. 이단, 용의 권세, 적그리스도, 공산주의, 죄악, 가난과 질병의 세력에서 믿음과 예수의 이름으로 승리하여 하나님께 영광 돌리는 성도들이 되시기를 예수의 이름으로 축원한다.

강하게 산 사람
(사도행전 4:19-21)

아미엘은 말하기를 '산다는 것은 끊임없이 이겨나가는 것을 말하다'라고 하였다. 인생이 한 세상 살아가는 동안에 승리하며 강하게 살아가는 인생도 있고, 나약해서 쓰러지며 실패와 낭패속에 한 세상을 허덕이며 살다가 허무하게 끝을 맺는 실패의 인생도 있다.

오늘 읽어드린 성경말씀에 보면 본래 학문이 없었고 어리석고 약한 자로서 천히 여김을 받았던 베드로가 뭇 백성들과 관원 앞에서 권능과 이적을 나타내며 담대하고 강하게 그리스도를 전파할 뿐 아니라 사두개인과 서기관들에게 결박을 당하여 복음 전파에 제재를 당하면서까지라도 추호의 약함을 느끼지 아니하고 힘있게 복음을 외친 사실을 찾아 볼 수가 있다. 그럼 베드로나 사도 바울 등 수많은 신앙의 인물들이 어떻게 하여 강하게 산 사람이 되었는가에 대하여 세 가지 내용을 말씀드리겠다.

첫째, 강하게 산 사람은 진리의 말씀을 가지고 있었기 때문이다.

진리의 말씀을 가지는 사람은 강한 삶을 살아갈 수가 있다. 그런고로 사도 바울은 에베소서 6:17에 "성령의 검 곧 하나님의 말씀을 가지라"고 하였다. 말씀은 곧 진리요, 생명이며, 성도들의 영적 위대한 무기인 것이다. 하나님은 이 귀한 말씀으로 천지만물을 만드셨으며(창 1:1-5), 또한 그의 능력의 말씀으로 만물을 붙드시고 계시는 것이다(히 1:3).

히브리서 4:12 말씀에 "하나님의 말씀은 살았고 운동력이 있어 좌우에 날선 어떤 검보다 예리하며 혼과 영과 및 관절과 골수를 찔러 쪼개기까지 하며 또 마음의 생각과 뜻을 감찰한다"고 하였고, 빌립보서 2:16에는 생명의 말씀을 밝혀 나의 다름질도 헛되지 않는다고 하였다. 또한 골로새서 3:16에는 "그리스도의 말씀이 너희속에 풍성히 거하여 모든 지혜로 피차 가르치라"고 하였으며, 하나님의 말씀을 지키는 자는 시험의 때를 면케함을 받는다고(계 3:10) 말씀하였다.

또한 하나님의 말씀을 순종하면 축복을 받아 어디를 가든지 형통하게 되며(신 28:1-14) 하나님의 말씀을 소유하고 있으며 무엇을 구하든지 응답을 받게 되는 것이다. 그런고로 하나님의 말씀을 가진 자는 결코 실패가 있을 수 없을 뿐만 아니라 강하고 능력있는 자가 되어 하나님의 역사를 크게 나타내는 자가 될 수 있는 것이다.

둘째, 강하게 산 사람은 예수의 이름 권세를 가지고 있었기 때문이다.

여기 권세라는 말은 히브리어 '오-즈'(ﬡ)라는 말이나 '에코우시아' (ἐξουσία)라는 말에서 나타낸 뜻 그대로 '세력' '위엄' '권력' '법률' 등을 의미하는 말이다. 마태복음 28:18에 보면 "하늘과 땅의 모든 권세를 내게 주셨다"고 말씀하셨고, 다니엘 6:26에는 "그 권세는 무궁한 것이라"고 하였다. 예수 그리스도의 권세 앞에는 천하가 굴복하게 되며 아무도 이길 자가 없는 것이다.

그런고로 예수님은 제자들에게 명하시기를 하늘과 땅의 모든 권세를 내게 주셨으니 그러므로 너희는 가서 모든 족속으로 제자를 삼으라고 하였으며, 아버지와 아들과 성령의 이름으로 세례를 주고 주님께서 분부한 모든 것을 가르쳐 지키게 하라고 하였다. 또한 마가복음 16:17에는 주님의 이름으로 귀신을 쫓아내게 하였으며, 새 방언을 말하며 뱀과 독의 해함에서 보호를 받으며, 병든 사람에게 손을 얹을 때 예수님의 이름으로 고침을 받는 역사가 일어날 것을 말하였다. 그런고로 주님은 항상 그의 택하신 백성들에게 예수님의 이름 권세를 주어 승리하게 하였으며, 주님의 위대한 대사업을 능히 감당하고도 남음이 있도록 역사해 주시고 계시는 것이다.

사랑하는 성도 여러분, 예수님의 이 높고 크신 이름 권세가 여러분과 함께 역사하심을 믿으시기 바란다. 이 크신 이름 권세를 소유한 자만이 강하게 삶을 살아갈 수가 있다.

베드로는 제 구시 기도 시간에 성전을 향하여 올라가다가 성전 미문에 앉자 구걸하던 앉은뱅이를 향하여 "은과 금은 내게 없거니와 내게 있는 것으로 내게 주노니 곧 나사렛 예수 그리스도의 이름으로 걸으라"고 하였다. 그때 앉은뱅이는 곧 발과 발목에 힘을 얻게 되었고 뛰어서서 걸으며 하나님께 영광을 돌리게 되었던 것이다. 여기서 베드로가 말한 "내게 있는 것"이라는 말에 크게 유의하시기 바란다. 베드로에게는 은과 금이 소중했던 것이 아니라 예수님의 이름이 소중했던 것이다.
　친애하는 성도 여러분, 행여나 여러분 중에 예수님의 이름보다도 금과 은을 더 필요로 하고 그것을 더 소중히 여기는 분은 계시지 않는가? 그렇다면 여러분의 생애에는 성전 미문에서 일어난 기적을 기대할 수가 없다. 지금 곧 여러분은 지체하지 말고 금과 은보다도 예수님을 더욱 구하라.
　지금 당신의 모든 문제 가운데 가장 우선적이고 필요한 것은 예수님의 이름을 소유하는 것이다. 그리고 베드로와 같이 금과 은은 내게 없을 지라도 내게 소유하고 있는 나사렛 예수의 이름을 곧 활용하면, 살아계신 하나님의 온갖 기적의 역사가 여러분과 함께 하시게 되며 어떠한 역경과 고달픈 삶을 살아왔다 할지라도 바로 이순간부터 여러분의 삶은 새롭게 전환되어 강한 삶으로 바꾸어질 수가 있는 것이다.

셋째, 강하게 산 사람은 성령의 불을 가지고 있었기 때문이다.

　에베소서 3:16에 성령으로 말미암아 속사람이 능력으로 강하게 되어짐을 위하여 기도한 말씀을 볼 수 있다. 성령은 우리의 속사람과 영육의 삶을 강하게 만들어 주는 것이다. 성령의 불을 받은 사람은 다 강한 사람이 되었고 위대하고 큰 그릇이 되어졌던 것을 찾아 볼 수 있다. 스데반은 돌무더기 속에 몸이 깨어져 피투성이가 되어 순교를 당할 때에도 달려드는 무리 앞에서 하늘을 우러러 바라보고 기도를 드리며 뭇사람들에게 예수님을 담대히 증거할 수 있었던 것은 그에게 성령이 충만하였기 때문이다. 사도행전 7:54에 보면 "저희가 이 말을 듣고 마음에 찔려 이를 갈거늘 스데반이 성령이 충만하여 하늘을 우러러 주목하여 하나님의 영광과 및 예수께서 하나님 우편에 서신 것을 보노라"고 하였다.
　이와 같이 성령이 충만한 사람은 환난이 와도 핍박이 와도 슬픔이 와도 죽음이 와도 두려워하거나 주저하지 아니하고 뒤돌아 보거나 좌우로 치우치지 아니하고 강하고 담대하며 굳세고 절도있기 살아가게 되는 것이다. 사랑하는 성도 여러분, 이 환난 풍파 많은 세상에서 오늘도 진리의 말씀을 굳게 붙잡고 예수님의 귀하신 이름 권세를 소유하며 성령의 불을 담아가지고 승리하며 살아가자. 할렐루야!

승리를 위한 우리의 자세
(사도행전 4:23-37)

"어찌하여 열방이 분노하며 족속들이 허사를 경영하였는고 세상의 군왕들이 나서며 관원들이 함께 모여 주와 그 그리스도를 대적하도다"(25, 26절). 우리가 사는 이 시대는 긴박하여 긴장감이 감돌게 하고 있다. 세계 정세는 하루하루 변해가고 있다. 이러한 소용돌이 속에서 우리는 신앙인으로서 어떻게 이 세상을 승리하며 살아가야 될까요?

특별히 본문에 보면 사도들 시대에 많은 이방 종교와 사탄의 역사로 말미암아 사도들과 예수를 믿는 그리스도인들이 박해를 당하고 어려움을 겪었다. 심지어 예수의 부활을 증거하지 못하게 하고 예수의 구원의 복음을 전하지도 못하게 했다. 그러면 승리를 위한 우리의 자세가 무엇인가에 대해서 말씀을 상고하면서 함께 은혜를 나누고자 한다.

첫째, 성령충만으로 하나님의 능력을 소유해야 한다.

"이에 베드로가 성령이 충만하여 가로되 백성의 관원과 장로들아…"(행 4:8). 성도의 가장 큰 무기는 성령충만이다. 사도행전 1:8에 보면 성령이 임하시면 권능을 받는다고 말씀했다. 사도들은 큰 권능으로 주 예수의 부활을 증거했다(33절). 이 시대에 신앙을 지켜나갈 신앙인으로서 우리에게 참으로 중요한 것은 성령이 충만하여 생각하고, 말을 해야 하며 행동을 해야 한다. 우리의 힘으로는 한계점에 도달하게 되지만 성령의 힘으로는 모든 것을 할 수 있다. 사도 바울은 성령충만을 체험한 이후에 "내게 능력 주시는 자 안에서 내가 모든 것을 할 수 있느니라"(빌 4:13)고 말했고, 에베소교회를 향하여 "술취하지 말라 이는 방탕한 것이니 오직 성령의 충만을 받으라"(엡 5:18)고 말했다. 성령이 나를 주장하게 하고 그 성령에 의해서 내가 사용이 되면 하나님이 강하게 우리 가운데 역사하여 주신다.

둘째, 열심있는 전도자가 되어야 한다.

"우리는 보고 들은 것을 말하지 아니할 수 없다"(행 4:20). 베드로와 요한은 예수의 부활을 증거하지 못하게 하고, 구원의 복음을 전하지 못하게 하는 많은 대적들 앞에서 담대하게 복음을 전했다. 우리가 승리자가 되려면 열심있는 전도자로서 복음의 나팔을 불어야 한다. 마귀는 복음의 나팔을 불지 못하도록 역사한다. 전도하지 못하도록 바쁘게 만들고, 전도할 기회를 막아 버린다. 전도에는 생명을 내걸어야 한다. 사도들이 생명의 위협에도 불구하고 담대히 복음을 전했을 때 "말씀을 들은 사람 중에 믿는 자가 많으니 남자의 수가 약 오천이나 되었더라"(행 4:4)고 기록되어 있다. 복음에는 구원의 능력이 나타난다. 전도는 기독교인의 사명이다. 우리는 때를 얻든지 못얻든지 열심히 복음을 전하는 자가 되어야 한다(딤후 4:2).

셋째, 기도하기를 힘써야 한다.

"빌기를 다하매 모인 곳이 진동하더니 무리가 다 성령이 충만하여 담대히 하나님의 말씀을 전하니라"(행 4:31). 사도들은 성령충만 받기 이전에도(행 1:14), 성령충만을 받은 후에도(행 2:42), 사명을 받은 이후에도(행 4:31) 계속적으로 기도하기를 힘썼다. 계속적인 기도생활을 할 때 성령충만을 받게 되고 표적과 기사가 나타나며 귀신들이 쫓겨나고, 믿지 않는 자가 구원받는 승리의 역사가 일어난다. 초대교회 성도들이 기도하기를 힘썼을때 환난과 핍박이 가해지는 어려운 상황속에서도 더욱 큰 능력과 소망으로 말미암아 승리할 수 있었다. 우리도 기도하기를 힘쓸때 어떠한 상황속에서도 승리할 줄 믿는다.

사랑하는 성도 여러분! 성령 충만으로 하나님의 능력을 받고, 열심있는 전도자가 되며, 기도하기를 힘써서 죄악 세상과 더불어 승리하는 성도 여러분이 되시기를 주의 이름으로 축원한다.

성령 충만의 현장
(사도행전 4:28-31)

31절에 보면 초대교회때 사도들과 모인 무리들이 하나님께 간절히 기도하였더니 모인 곳이 진동하더니 무리가 다 성령이 충만하여 담대히 하나님의 말씀을 증거했다고 했다. 그러면 이와같은 놀라운 성령충만의 역사는 어떠한 곳에 임하였는가에 대해서 본문에서 나타낸 세 가지 요점을 상고하며 함께 은혜를 나누고자 한다.

첫째, 성령충만의 역사는 사명을 위하여 일하는 곳에 임하였다.
하나님께서 성령을 부어 주실 이 자리는 사도들이 하나님의 사명을 위하여 모인 자리였다. 저들이 모인 것은 하나님의 뜻하신 바에 의한 일을 행하며 역사하기 위함이었으며, 또한 사명을 위해 열심으로 기도하기 위하여 모였던 것이다. 무리가 하나님의 이름을 위하여 모이는 것은 매우 귀한 일이다. 그리고 하나님을 위하여 모이며 일할 때 한 가지 중요한 것은 먼저 기도하며 주 예수의 이름으로 행하여야 하는 것이다. 기도하지 않고 일하는 것은 마치 일하는 종이 주인과 한마디 의논도 하지 않고 제 마음대로 주인 일을 하는 것과 같은 것이다. 하나님의 일을 위한 중요한 자세는 먼저 하나님께 기도 드림으로써 하나님과 영적 교통을 이루어야 하는 것이다.

예수님께서도 천국 복음을 전하시며 병든 자를 일으키시며 귀신을 쫓아내시며 십자가로 온 인류를 구원하시는 온갖 역사를 행하시기 전에 먼저 한적한 곳을 찾아 기도를 드리심으로 우리에게 기도의 본을 몸소 보여 주신 것이다. 기도는 하나님의 심오한 뜻을 발견하는 유일의 행위이며, 하나님의 일을 능히 감당할 수 있게 하는 활력소가 되는 것이다.

그런고로 뉴톤은 말하기를 나는 '망원경으로 천리밖 먼 곳을 볼 수가 있다. 그러나 하나님께 고요히 기도하는 시간에는 그보다 더욱 먼 하늘나라를 볼 수 있다'고 하였다. 친애하는 성도 여러분, 이 세상을 살아가는 동안에 여러분은 무엇을 위하여 살아갈 수 있기를 원하는가? 우리는 하나님을 위해 일하다가 가야 하겠다. 우리가 하나님의 일을 잘 감당하기 위해서는 무엇보다도 진실되고 간절한 마음으로 기도하는 생활을 계속해야 하며 주의 일에 열심을 다해야 한다. 그리할 때 성령충만의 역사는 바로 여러분 위에 항상 넘치게 되는 것이다.

둘째, 성령충만의 역사는 그리스도를 위한 고난과 박해가 있는 곳에 임하였다.

사도행전 4:29 말씀에 보면 "주여 이제도 저희의 위협함을 하감하여 주시옵소서"라고 기도하였다. 주님은 저들의 고난을 기억하시고 성령으로 충만케 하여 주셨으며 감당할 수 있는 능력을 부어 주셨던 것이다. 기독교 역사는 박해속에 성장해 온 역사이며 숫한 수난속에 승리해 온 역사인 것이다. 사도행전 9:4 말씀에 보면 예수님께서 사울에게 "사울아 사울아 네가 어찌하여 나를 핍박하느냐"라고 하였으며, 사도행전 8:1 말씀에는 예루살렘에 있는 교회에 큰 핍박이 나서 사도 외에는 다 유대와 사마리아와 모든 땅으로 흩어졌다고 하였다. 그러나 하나님은 그들이 가는 곳마다 큰 승리를 나타나게 하였으며, 환난과 핍박 중에서도 낙심하지 아니하고 신앙을 굳게 지킬 수 있게 되었던 것은 성령님의 놀라우신 역사가 그들과 함께 하였기 때문인 것이다.

우리 한국교회도 과거 6·25동란으로 말미암아 수많은 성도들이 북한공산 치하에서 자유대한을 찾아 피난을 오게 되었고, 때를 같이하여 한국 전 지역에는 교회마다 성령운동의 뜨거운 역사가 일어나게 되었으며 계속되는 부르짖음과 전도운동, 말씀운동, 기도운동, 신앙운동이 메아리치게 되어 오늘날에 와서는 천만을 육박하는 놀라운 부흥운동이 한국 강단에 일어나게 되었던 것이다.

이와같이 성령충만의 역사는 안일주의, 물질주의, 향락주의 세속주의, 인본주의, 이성주의 속에 일어나는 것이 아니고 오직 주님의 십자가를 지고 하나님 중심, 말씀 중심, 교회 중심, 은혜 중심, 오직 신본주의로 나아갈 때에 하나님의 놀라우신 역사는 강력하게 임하시는 것을 믿는다.

미국에는 기독교의 저력이 밑바침이 되어 오늘의 강대국으로 건설한 것을 역력히 볼수 있다. 그러나 근대에 와서는 미주나 구라파의 기독교는 물질문명 바벨탑 아래 십자가의 빛이 가리워지고 청교도의 신앙정신이 멀어져감을 안타깝게 바라보지 않을 수 없다. 저는 유럽과 서구를 왕래하면서 분명히 바라볼 수 있었던 것은 유럽과 미주의 신앙열이 약해지는 반면 우리 한국교포 성도들이 전 세계에 정착하면서 새벽기도, 철야기도, 금식기도, 단식을 장악하는 모습을 바라보며 하나님께 한없는 영광을 돌리는 바이다.

친애하는 성도 여러분, 여러분은 주님을 위하여 지금 무엇을 하고 계시는가? 죄악의 안일을 취하는 것보다 차라리 십자가의 고난을 더욱 즐겨하며 기뻐하는 여러분이 되시기를 주님의 이름으로 축원한다.

셋째, 성령충만의 역사는 하나님의 말씀을 증거하는 곳에 임하였다.

사도행전 4:29 말씀에 "종들로 하여금 담대히 하나님의 말씀을 전하게 하여 주옵시며"라고 기도하였는데, 4:31절에 내려가서 보면 저들이 기도하고 원한대로 모인 곳이 진동하더니 무리가 다 성령으로 충만하여 담대히 하나님의 말씀을 전하였다고 하였다. 하나님은 성경말씀을 기록하실 때에도 성령의 영감으로 기록하게 하였으며, 말씀이 전파될 때에도 성령충만의 역사로 증거하게 하여 주시는 것이다.

주님은 항상 복음을 전하는 여러분의 입이 열려지기를 원하시며 여러분의 입을 통하여 하나님의 복음이 담대히 전파되기를 원하고 계시는 것이다. 만일 여러분이 복음을 위하여 입을 열기만 하면 성령님은 즉시 여러분의 입을 능력있게 만들어 주시며 외치는 곳곳마다 어둡고 죄악된, 부패된 곳들이 성령충만의 현장으로 바꾸어지게 되는 것이다.

큰 은혜를 얻은 자
(사도행전 4:31-37)

우리는 항상 주의 은혜 가운데에서 살아가게 된다. 오늘 본문 말씀에는 초대교회 성도들이 하나님의 은혜를 받게 된 동기와 은혜받은 자들의 삶의 모습이 나타나 있다.

1. 은혜받게 된 동기

첫째, 합심으로 기도했기 때문이다.

"빌기를 다하매 모인 곳이 진동하더니 무리가 다 성령이 충만하여 담대히 하나님의 말씀을 전하니라"(행 4:31). 하나님은 언제나 기도하는 사람들 속에 임하여 주시고 그 기도에 귀를 기울여 주시며 응답의 은혜를 베풀어 주신다. 어느 시대나 기도하는 민족, 기도하는 가정, 기도하는 교회, 기도하는 성도에게는 하나님의 역사가 그 위에 임하였다.

둘째, 사도들이 큰 권능을 받았기 때문이다.

"사도들이 큰 권능으로 주 예수의 부활을 증거하니 무리가 큰 은혜를 얻어"(행 4:33). 예수 믿는 사람들은 다 지도자이다. "너희는 온 천하에 다니며 만민에게 복음을 전파하라"(막 16:15). "너희는 가서 모든 족속으로 제자를 삼아"(마 28:19). 지도자의 역할을 잘 감당하려면 사도들처럼 큰 권능을 받아야 한다.

셋째, 예수의 부활을 증거했기 때문이다.

예수의 부활을 증거했다는 것은 예수께서 인류의 죄악을 위하여 십자가에 못박혀 돌아가시고 3일만에 살아나셔서 승리하신 생명의 주님을 증거했다는 것이다. 우리 기독교는 무덤의 종교가 아니라 부활의 종교이며, 생명의 종교이다. 그래서 부활의 주님을 체험했던 초대교회 사도들이 부활의 주님을 힘 있게 증거할 때 하나님의 은혜의 역사가 일어났던 것이다.

2. 은혜를 얻은 자의 생활

첫째, 새로운 공동체의 신앙으로 한 마음과 한 뜻이 되어졌다.

은혜를 받은 사람은 하나되는 하나님의 역사가 일어난다. 주를 믿는 믿음이 하나되었고, 주를 사랑하는 마음이 하나되었고, 주를 위하는 수고가 하나되어졌다. 우리도 함께 수고하며 함께 서로 돕는 것을 기뻐해야 된다. 언제나 남을 나보다 낫게 여기고 하나님의 성령으로 하나된 것을 힘써 지키며 평화로운 삶이 주님 오실 때까지 지속되기를 축원한다.

둘째, 자신들의 삶의 목적이 하나님을 위한 것임을 깨닫게 되었다.

"우리 중에 누구든지 자기를 위하여 사는 자가 없고 자기를 위하여 죽는 자도 없도다. 우리가 살아도 주를 위하여 살고 죽어도 주를 위하여 죽나니 그러므로 사나 죽으나 우리가 주의 것이로다"(롬 14:7,8).

사도 바울은 자기 삶의 목적이 하나님께 있다고 했다. 그리고 자기의 소유주도 하나님이라고 말했다. 예수 믿고 구원 받은 이후에는 주님이 우리를 피로 값주고 사셨기 때문에 우리는 주님의 것이 된 것이다. 우리는 삶의 목적을 하나님께 두어서 하나님을 위해서 살아가야 된다.

셋째, 자신의 물질을 공유하며 살았다.

"믿는 무리가 한 마음과 한 뜻이 되어 모든 물건을 서로 통용하고 제 재물을 조금이라도 제 것이라 하는 이가 하나도 없더라"(행 4:32). 세익스피어는 말하기를 "물질이 있는 곳에 마음이 있고, 마음이 있는 곳에 영혼이 있고, 영혼이 있는 곳에 하나님이 있고, 하나님이 있는 곳에 천국이 있다"라고 말했다. 우리는 하나님의 은혜 가운데 많은 사람을 함께 도우며 살아가야 된다.

사랑하는 성도 여러분! 초대교회 성도들처럼 합심으로 기도하여 큰 권능을 받고 예수의 부활을 담대하게 전하며, 주님을 믿고 사랑하며 주님을 위해서 수고하는 일에 하나가 되어 가난한 자들을 도와 주고 하나님의 영광을 위해서 은혜 받은 자의 삶을 살아가는 성도 여러분이 되시기를 주님의 이름으로 축원한다.

성령받은 베드로
(사도행전 5:14-16)

베드로는 어부출신으로 갈릴리 바다에서 고기를 잡다가 주님의 부르심을 받게 되었으며, 또한 그는 즉시 그물을 버려두고 주님을 따르기 시작하였다. 그러나 베드로는 성격이 급한데다가 중한 실수를 거듭하게 되었는데 예수님께서 겟세마네 동산에서 기도하실 때에도 깨어 있어 함께 기도하자고 하였으나 오히려 그는 졸며 자다가 혈기만 가득하여 칼을 빼어들고 제사장의 종 말고의 오른쪽 귀를 잘랐고, 예수님께서 로마군병에게 결박을 당하여 끌려 가실 때에도 예수님의 제자 신분을 감추어 버렸을 뿐 아니라 문을 지키는 여종에게까지 예수님을 모른다고 부인하며, 저주까지 하였으며, 다시 갈릴리 바다로 돌아가서 과거에 버렸던 그물을 꺼내어 고기를 잡는 데까지 변질되고 말았던 것이다.

그러나 갈릴리 바다에서 밤새도록 고기를 잡지 못해 수고하고 애쓰던 베드로는 부활하신 예수님의 부르심을 받게 되어 120명 성도들과 함께 마가 다락방에서 열심으로 기도하는 중 열흘만에 성령의 뜨거운 성령의 불세례를 받고 대변화를 일으키게 되었으니 그때부터 베드로는 옛날의 실패한 베드로가 아니라 하나님의 놀라운 권능속에 사로잡힌 능력의 베드로가 되었던 것이다. 그러면 성령받은 베드로는 어떠한 사람이었는가에 대해서 네 가지로 나누어 말씀드리겠다.

첫째, 성령받은 베드로는 하나님의 말씀을 불의 능력으로 전파하게 되었다.

베드로는 원래 무식했던 사람이요, 말의 재간도 없었던 어리석은 사람이었으나 성령이 충만해진 그 순간부터 그의 입에서는 권세와 능력이 나타나게 되었고, 또한 능력있는 설교에 감동을 받은 수많은 사람들이 주님께로 돌아오게 되었는데 심지어는 하루에 삼천명씩 오천명씩이나 믿고 돌아오는 역사가 나타났을 뿐 아니라 사도행전 5:14 말씀에 보면 "믿고 주께로 나아오는 자가 더 많으니 남녀의 큰 무리더라"고 말했다.

19세기의 미국과 세계를 변혁시킨 미국의 디엘 무디도 1837년 2월 5일 노스필리에서 여섯째 아들로 태어나 구두방의 직공노릇을 하면서 무식하기 짝이 없는 데다가 말재간이 너무 없어서 열마디를 말하면 여덟마디의 말은 실수하는 자였다. 그러나 1855년 4월 21일 홀튼 양화점 구두방 뒷 창고방에서 무릎을 꿇고 기도하는 중 성령의 놀라운 불세례를 받게 되므로 말씀의 권능이 나타나게 되어 복음을 전하는 중 그에게 전도를 받은 자만 오천만명이 되었고 예수를 믿기로 작정한 자만도 백만명이나 되는 기적을 거듭하게 되었던 것이다.

　친애하는 성도 여러분! "오직 성령이 너희에게 임하시면 너희가 권능을 받고 예루살렘과 온 유대와 사마리아와 땅끝까지 이르러 내 증인이 되리라"고 하였다. 이 놀라운 성령의 역사는 오늘도 믿는 자 한 사람 한 사람 속에 역사하시고 함께하심로 말미암아 둔탁한 입술을 능력있게 사용하시어 땅끝까지 복음을 전하도록 역사하여 주시는 것이다.

둘째, 성령받은 베드로는 이적의 역사를 나타내게 되었다.

　베드로가 기도하기 위하여 성전에 들어갈 때에 구걸하는 앉은뱅이를 만나 "은과 금은 내게 없거니와 내게 있는 것으로 네게 주노니 곧 나사렛 예수 그리스도 이름으로 걸으라"고 그의 오른손을 잡아 일으킬 때 그 앉은뱅이에게 하나님의 기적이 나타나서 발과 발목에 힘을 얻고 걷기도 하고, 뛰기도 하며, 하나님께 영광을 돌리게 되었던 것이다.

　베드로는 이를 시발점으로 하여 중풍병자 애니아를 고치게 되었으며, 숱한 과부들을 구제했던 착한 다비다가 죽었을 때 베드로는 시체가 있는 다락방에 올라가 모든 사람을 다 내어 보내고 하나님께 무릎을 꿇고 기도하고 돌이켜 시체를 향하여 "다비다야 일어나라" 할 때 죽었던 다비다가 살아나게 되었으며, 빌립보에서 전도할 때 귀신에게 사로잡혀 소리친 소녀에게 예수의 이름으로 고쳐 주었던 사실을 보게 된다. 그리고 허다한 병든 사람들과 더러운 귀신에게 괴로움을 받던 수많은 사람들을 나사렛 예수 그리스도의 이름으로 고쳐 주었다.

셋째, 성령받은 베드로는 주님의 몸된 교회를 반석 위에 세우는 거대한 사역자로 쓰임을 받게 되었다.

예수님은 베드로를 향하여 "너는 베드로라 네가 이 반석위에 내 교회를 세우리니 음부의 권세가 이기지 못하리라"고 하였는데 베드로라는 뜻은 '반석'이라는 뜻을 가지고 있다. 예수님께서는 베드로의 신앙고백을 통하여 반석과 같이 견고하며 음부의 권세가 이기지 못하는 주님의 몸된 교회를 세우게 하셨고, 또한 사역하게 하신 것이다. 마귀는 교회를 해치고 넘어뜨리며, 시험케 하나 성령받은 사람은 언제나 한결같이 교회를 사랑하고 받들어 섬기며, 온갖 충성을 다하여 교회의 부흥과 유익을 가져오게 하며, 화평과 사랑을 심어 아름다운 결실을 맺는 자가 되는 것이다.

넷째, 성령받은 베드로는 가는 곳마다 성령의 불길을 일으켰다.

오순절 마가 다락방에 임했던 성령의 불길을 베드로는 가는 곳마다 일으키게 된 것이다. 베드로는 모든 모여든 군중들을 향하여 "너희가 허락한 예수 그리스도의 이름으로 세례를 받고 죄사함을 얻으라 그리하면 성령을 선물로 받으리라"고 외치면서 성령운동을 전세계를 향해 전개하는 중 그가 외칠 때마다 수천, 수만 군중들이 성령의 놀라운 역사로 말미암아 "내가 어찌할꼬" 하나님께로 돌아오는 역사가 일어나게 되었던 것이다.

그리고 사도행전 10:44 말씀에 하나님이 베드로를 강권적으로 고넬료의 가정에 보내어 말씀을 듣는 사람들에게 성령의 세례를 받게 하심으로 이방 사람에게까지 방언을 말하게 하며, 하나님의 높임을 말하게 하신 것을 보게 된다. 하나님의 거대한 성령의 역사는 지금 여러분 가운데도 역사하고 계신다. 인간이 이 성령의 놀라운 역사에 참여하기 전에는 참 영혼의 평화가 깃들 수가 없다.

수가성 우물가의 여인처럼 헛되고 허무한 것에 지치고 속이 갈급해져 예수를 믿는 모든 심령들 속에 참된 평화가 넘치는 것은 주의 영이 함께 하여 주시기 때문이다. 그런고로 요한 웨슬레는 그의 임종시에 남긴 말이 "나의 생애의 가장 좋았던 것이 하나님의 신이 나와 함께 하였던 것"이라고 말했다. 오순절 마가의 다락방에 임했던 성령의 역사가 여러분의 마음 속에 역사하심으로 주님의 놀라운 큰 능력이 함께하시기를 기원한다.

성도의 참된 기쁨
(사도행전 5:41)

신령한 은혜를 체험한 초대교회 사도들은 환경과 지역 그리고 주어진 여건을 초월하여 넘치는 기쁨과 뜨거운 감사가 언제나 끊이지 아니하였다. 이것은 바로 성도가 누릴 참된 기쁨이 무엇인가를 보여준 선구자적인 신앙의 모습인 것이다. 그러면 오늘은 성도가 누릴 참된 기쁨은 무엇에 의하여 누려지는가에 대하여 네 가지를 상고하면서 은혜를 함께 나누도록 하겠다.

첫째, 성도의 참된 기쁨은 그리스도를 위하여 능욕을 받을 때 누려지게 된다.

사도행전 5:40 말씀에 보면 "저희가 옳게 여겨 사도들을 불러들여 채찍질하며 예수의 이름으로 말하는 것을 금하고 놓으나 사도들은 그 이름을 위하여 능욕받는 일에 합당한 자로 여기심을 기뻐하였다"고 하였다. 여기서 '능욕'이란 말은 '아티마조' ($\dot{\alpha}\tau\iota\mu\acute{\alpha}\zeta\omega$) 즉 '수치와 망신, 굴욕과 멸시'를 말하는 것이며, 그리고 '합당하게 생각했다'는 말은 '카타시오' ($\kappa\alpha\tau\alpha\xi\iota\acute{o}\omega$) 즉 '가치있는 일로 여긴다'는 말인 것이다.

사도들은 참 신앙의 길을 걷는 동안 박해와 핍박이 따랐다. 그러나 사도들은 그리스도의 이름을 위해 받는 이 모든 수치와 멸시를 가치있는 일로 여겼기 때문에 추호도 실망하거나 낙심하지를 아니하고 오히려 기쁨이 더하여 졌으며 감사함이 넘치게 되었던 것이다. 이것이 바로 성도의 참된 기쁨인 것이다.

성도는 언제나 박해속에서도 기뻐할 수 있다. 그것은 다만 하늘의 위로와 하늘에서 내려주시는 상이 크시기 때문이다. 마태복음 5:11에 "나를 인하여 너희를 욕하고 핍박하고 거짓으로 너희를 거스려 모든 악한 말을 할 때에는 너희에게 복이 있나니 기뻐하고 즐거워하라 하늘에서 너희 상이 큼이라"고 하였고, 베드로는 말하기를 "오직 너희가 그리스도의 고난에 참예하는 것으로 즐거워하라 이는 그의 영광을 나타내실 때에 너희로 즐거워하고 기뻐하게 하려함이니라"(벧전 4:13)고 하였다.

둘째, 성도의 참된 기쁨은 구원의 기쁜 소식을 전파하는 데 있는 것이다.

사도들은 복음을 전파할 때마다 박해와 고난이 따랐으며 심지어는 예수 그리스도의 이름으로 말하는 것을 금지당하기도 하였지만, 그들은 날마다 기쁜 마음으로 성전에 있든지 집에 있든지 예수는 그리스도라 가르치기와 전도하기를 쉬지 아니 했다고 사도행전 5:40에 기록하였다.

전도는 복음의 씨앗을 뿌리는 것이며, 가르치는 것은 잘 자라도록 돌보며 키우는 것을 의미한다. 사도들은 이 두 가지를 조화있게 병행하여 천하보다 귀한 영혼을 하나님 앞으로 구원해 내는데 조금도 게으르지 아니하였다. 성도는 결코 복음을 전하는 일에 추호도 게을리하여서는 아니된다. 전도는 주님의 지상 명령이며 성도의 최고의 사명이기 때문이다. 성도가 복음을 전파할 때 예수님께서도 하늘의 천군 천사들 앞에서 그 삶을 인정하시며 기뻐하시고 불같은 성령을 언제나 부어 주시는 것이다. 성도가 은혜를 받고서도 복음을 전하지 아니하면 사탄이 그 사람에게 역사하게 된다.

어느 교회를 막론하고 교회 안에서 진실되이 일하는 사람은 말이 없으며 언제나 긍정적인 자세로 전진한다. 그러나 일하지 않는 사람은 그 마음이 허망해지고 어두움이 덮이여 사탄의 도구가 됨으로 일만 만들어내고 말썽만 부리게 된다. 초대교회 성도들은 매를 맞아가면서도 복음을 전하였고 자기의 사명에 충성을 다함으로 기쁨이 넘쳤다. 인간의 기쁨이란 얻었을 때 감정이요, 인간의 슬픔이란 잃었을 때 감정이라는 말이 있듯이 성도가 예수님의 지상 최대의 명령이신 복음을 전하며 사명을 감당할 때 하나님께서 주시는 기쁨이 물밀듯이 넘치게 되는 것이다. 달리는 자전거는 넘어지지 아니하고 쓰는 칼에는 녹이 슬지 않고 흐르는 물에는 이끼가 끼지를 아니하는 것과 마찬가지이다.

셋째, 성도의 참된 기쁨은 하나님의 말씀을 깨닫고 그 말씀을 순종할 때 임하게 되는 것이다.

하나님의 말씀은 인생의 발에 등불이며 인생의 길에 빛이 되는 것이다(시 119:105). 말씀이 있는 곳에 생명이 있고 영생이 있다. 예수님은 말씀하시기를 "너희가 성경에서 영생을 얻는 줄 생각하고 성경을 상고하거니와

이 성경이 곧 내게 대하여 증거하는 것이로다"(요 5:39)라고 하였다. 신앙은 반드시 말씀의 뿌리가 있어야 비가 내리고 창수가 나고 바람이 불어 그 집에 부딪히되 무너지지를 아니하며 마귀가 시험하여 넘어뜨리지 못하게 되는 것이다. 성도가 말씀이 없으면 뼈대없는 집과 같이 허물어지며 정신구조와 사고방식이 허망하여져서 마귀의 역사와 하나님의 뜻을 분간하지 못하며 드디어는 그 신앙이 무너지고 마는 것이다.

미국 세다빌연합교회에 성도 한 분이 젖소 120마리를 사육하는 중 어느 날 갑자기 막사에 불이 붙어 환하게 타오르자 120마리의 소떼가 잠결에 밖으로 다 뛰어 나오게 되었다. 그러나 그중 30마리의 소는 나왔던 자리에서 불속으로 다시 뛰어 들어가 타 죽은 일이 있었다. 성도 여러분 30마리의 소는 왜 불속으로 다시 뛰어들어 갔을까요? 그것은 소가 연기를 먹고 흥분에 도취되어 결국 판단이 흐려졌기 때문이다.

이와 같이 말씀이 없는 사람은 사탄의 흑암속에 사로잡혀 판단력을 잃게 됨으로 기쁨도 축복도 생명까지도 잃어 버리고 말게되는 것이다. 친애하는 성도 여러분 여러분은 항상 하나님의 말씀에 사로잡혀 그 말씀을 깨달아 순종함으로 하나님의 기쁨이 충만하시기를 주님의 이름으로 축원한다.

넷째, 성도의 기쁨은 물과 성령으로 거듭난 영적인 기쁨인 것이다.

육신의 즐거움이란 지극히 짧고 부분적인 기쁨이나 영적인 기쁨은 강물처럼 맑고 깊으며 영원한 기쁨인 것이다. 이 기쁨은 어느 누구도 빼앗을 수가 없으며 아무도 가로막지 못하는 하늘의 기쁨인 것이다. 초대교회의 사도들과 성도들은 능욕과 핍박을 받으면서도 담대히 주님의 복음을 기쁨으로 전하였으며 하나님의 말씀을 깨달고 오직 그 말씀대로 순종하며 살아 가게 되었는데 이것은 바로 성령으로 거듭난 영적 기쁨이 충만하였기 때문이다.

주님의 일에 합당한 사람
(사도행전 6:3)

이 세상에는 긴급하고 중요한 일이 많이 있다. 그러나 하나님의 일보다 더 중요한 일은 없다. 왜냐하면 하나님을 위한 일, 그 자체는 바로 생명에 관한 일이기 때문이다. 그런고로 고린도전서 15:58에 "내 사랑하는 형제들아 견고하며 흔들리지 말며 항상 주의 일에 더욱 힘쓰는 자들이 되라"고 하였다. 이와같이 귀중한 주님의 일을 하기 위해서는 또한 주님의 일에 합당한 사람이 되어야 한다. 그러면 어떠한 자가 주님의 일에 합당한 사람이 될 수 있는가에 대해서 네 가지를 말씀드리겠다.

첫째, 주님의 일에 합당한 사람은 성령이 충만한 자가 되어야 한다.
주님의 일꾼이 되는 첫째 조건은 바로 성령충만이다. 사도행전 6:3에 초대교회가 일꾼을 선택할 때 성령충만을 제일 첫째의 조건으로 지적한 것을 보게 된다. 성령이 없는 사람은 그리스도의 사람이 될 수도 없을 뿐 아니라(롬 8:9) 하나님의 귀중한 사역을 인간의 힘으로는 감당할 수가 없는 것이다. 그런고로 예수님은 제자들에게 당부하기를 예루살렘을 떠나지 말고 아버지의 약속하신 성령을 기다리라고 하였고, 오직 성령이 너희에게 임하시면 너희가 권능을 받게 된다고 하였다.

한국교회의 위대한 순교자이신 주기철 목사님은 "성령을 받아야 밀까불듯하는 환난을 이길 수 있다"고 하였고, 프랑스의 작가 발레소(Valles)는 "성령은 하나님의 말씀을 듣는 자들의 마음 속에 들어가 신앙을 창조해 내고 사람들의 마음 문을 열어 하나님의 말씀을 듣도록 역사하여 주신다"고 하였다. 성경에 나타난 인물이나 하나님께서 크게 쓰신 인물들은 모두가 성령이 충만한 사람들이었다.

사도행전 7:55에 나타난 스데반도 성령이 충만하여 하늘을 우러러 주목하였고, 베드로도 성령이 충만하여 담대히 하나님의 말씀을 증거한 내용이 사도행전 4:8에 기록되어 있다. 그러므로 주님의 일에 합당한 자가 되자면 반드시 성령이 충만한 자라야만 하는 것이다.

둘째, 주님의 일에 합당한 사람은 믿음이 충만한 자가 되어야 한다.

믿음은 구원받은 조건이며 기적의 관문이다. 하나님의 일은 많은 이론을 전개함으로써 이루어지는 것이 아니라 믿음의 역사로 성취되어지는 것이다. 안디옥교회에 파송한 바나바에 대해서 칭찬하기를 "바나바는 착한 사람이요 성령과 믿음이 충만한 자라"고 하였고 이에 큰 무리가 주께 더하였다고 하였다. 믿음이 있는 곳에는 그리스도가 계시고 믿음이 있는 곳에는 하나님의 기적이 있게 된다. 믿음은 보지 못하는 것들의 증거이며 바라는 것들의 실상이기 때문이다(히 11:1). 베드로는 "믿음으로 말미암아 하나님의 능력으로 보호하심을 입었다"고 하였고(벧전 1:5), 야고보는 믿음의 기도는 병든 자를 구원한다고 하였다(약 5:15).

하나님의 일꾼의 제일되는 조건은 바로 믿음이다. 믿음이 있는 자에게는 성령의 역사가 있게 되며, 하나님의 모든 응답의 역사가 나타나게 된다. 그런고로 믿음이 없는 세계는 생명이 없는 마네킹이며 향기 없는 조화에 불과한 것이다. 요한복음 20:27에 보면 믿음 없고 의심 많은 도마에게 예수님께서 말씀하시기를 "네 손가락을 이리 내밀어 내 손을 보고 네 손을 내밀어 내 옆구리에 넣어보라 그리고 믿음 없는 자가 되지 말고 믿는 자가 되라"고 하였다. 이는 바로 하나님의 일꾼된 도마에게 가장 필요한 것은 믿음이기 때문이다.

셋째, 주의 일에 합당한 사람은 지혜가 충만한 자가 되어야 한다.

초대교회가 일꾼을 선정할 때에 자격 조건에 제시된 것이 지혜였다. 사도행전 6:3에 "형제들아 너희 중에 성령과 지혜가 충만하여 칭찬 듣는 일곱을 택하라 우리가 이 일을 저희에게 맡기겠다"고 하였다. 지혜는 성령의 아홉 가지 은사 중에 제일 첫째가 되는 것으로서 판단의 기능 또는 깨달음 등의 뜻을 가진 말이다. 그리고 이 말의 보다더 깊은 의미는 헬라어의 '소피아'($\sigma o \phi ί a$)라는 말로써 하나님의 계시 즉 말씀의 은사임을 나타내기도 한다. 인간의 모든 판단기능은 하나님의 말씀으로 말미암아야 하며 성령의 은사적인 지혜이어야만 하는 것이다. 하나님은 지혜로우신 하나님으로써

(롬 16:27) 누구든지 하나님께 지혜를 구하기만 하면 샘물이 솟아나듯 지혜의 샘이 흐르게 하시며 성령과 말씀의 영감으로 충만히 채워주시는 것이다. 그런고로 야고보서 1:5에 "너희 중에 누구든지 지혜가 부족하거든 모든 사람에게 후히 주시고 꾸짖지 아니하시는 하나님께 구하라 그리하면 주시리라"고 하였다.

넷째, 주님의 일에 합당한 사람은 칭찬듣는 사람이 되어야 한다.

위에서 지적한대로 사도행전 6:3에 일꾼되는 조건 중에 하나가 칭찬듣는 사람이라고 하였다. '칭찬'이라는 말은 히브리어의 '빠-라크' (בָּרַךְ)라는 말로서 다양한 의미를 지니고 있는 말인데, 존경과 축하드릴만 하며 인정과 신용할만 하며 아름답고 선한 일에 칭송을 드리는 것을 의미하는 말인 것이다.

하나님의 일꾼은 반드시 하나님과 모든 사람 앞에서 칭찬받는 사람이 되어야 하는 것이다. 그러나 이 칭찬은 외형적이거나 인간적이어서는 아니된다. 성령과 지혜와 믿음과 사랑이 충만함으로 나타내지는 결과이어야만 한다. 사도 바울은 고린도교회에 파송한 일꾼들에 대하여 "너희에게 한 형제를 보내었으니 이 사람은 복음으로써 모든 교회에서 칭찬을 받는 자"라고 하였다.

사랑하는 성도 여러분, 오늘날 교회와 국가 그리고 가정과 사회에서는 참신한 일꾼을 부르고 있다. 오늘도 성령과 믿음이 충만하고 지혜가 충만하여 하나님과 사람 앞에서 칭찬 받는 귀한 일꾼이 되기를 주님의 이름으로 축원한다. 할렐루야.

스데반 집사의 신앙 인격
(사도행전 7:54-60)

스데반 집사는 성경에 열두 사도와 같이 사도의 반열에 있었던 분도 아닌 평범한 집사였다. 그러나 스데반 집사의 신앙 인격은 어느 시대 사람에게나 귀감이 되는 아름다운 신앙의 발자취를 남겼다. 스데반은 어떠한 신앙인격을 소유했는가 말씀을 상고하면서 함께 은혜를 나누고자 한다.

첫째, 스데반은 믿음이 충만한 자였다.

"믿음과 성령이 충만한 사람 스데반…"(행 6:5). '믿음이 충만하다'는 말은 '믿음이 가득차 있다. 믿음이 잠겨 있다'라는 뜻이다. 스데반 집사는 항상 믿음이 가득차 있었다. 우리는 이 땅에 살면서 믿음이 얼마나 귀한 것을 안다. 존 칼빈은 "믿음 속에는 그리스도가 계신다"라고 말했다. 또한 '강한 믿음은 강한 사람을 만든다' '믿음의 수준이 곧 축복의 수준이다'라는 말도 있다. 믿음이 있는 곳에 기적과 역사가 나타난다.

둘째, 스데반은 성령이 충만한 자였다.

"스데반이 성령이 충만하여…"(행 7:55). '성령이 충만하다'는 말은 '성령이 가득찼다'는 뜻이다. 오늘 우리는 그릇과 같기 때문에 무언가가 우리 자신에게 채워져 있어야 된다. 성령이 안 채워지면 여러 가지 세상 것들로 채워지게 된다. 하나님의 성령으로 채워지게 되면 다른 것들이 다 쫓겨나간다. 성령충만은 바로 기쁨이요, 축복이며, 평강이요, 영광이며, 한없는 능력이요, 생명이다. 스가랴 4:6에 보면 "이는 힘으로 되지 아니하며 능으로 되지 아니하고 오직 나의 신으로 되느니라"고 말씀했다.

셋째, 스데반은 은혜와 권능이 충만한 자였다.

"스데반이 은혜와 권능이 충만하여 큰 기사와 표적을 민간에 행하니…"(행 6:8). 은혜가 함께 하는 곳에는 하나님의 권능이 수반된다. 은혜에는 예수 믿고 구원받은 구원의 은혜, 기도하여 성령충만을 받는 신령적 은혜, 생활 속에 주님이 축복해 주시는 생활의 은혜가 있다. 스데반은 은혜와 권능이 충만했다. '권능'이란 말은 '권세, 세력'이라는 뜻이다. 은혜 속에 사는 사람은 권능이 나타나는데 큰 기사와 표적을 행하게 된다.

넷째, 스데반은 하늘을 우러러 보며 산 자였다.

"스데반이…하늘을 우러러 주목하여…"(행 7:55). 우리 인간은 땅에 속하여 살고 있기 때문에 땅만 보고 살 때가 많다. 땅은 발로 밟고 살지만 하늘은 머리와 연결되어 있다. 그래서 땅은 우리가 발로 밟아 정복해야 되고 하늘은 우러러 보아야 한다. 골로새서 3:2에 보면 "위엣 것을 생각하고 땅엣것을 생각지 말라"고 말씀했다. 스데반은 하늘에 촛점을 맞추고 살았기 때문에 세상에 관한 것을 이길 수가 있었다. 그가 하늘을 우러러 주목하는 순간에 예수님께서 하나님의 우편에 서신 것을 보게 되었던 것이다.

다섯째, 스데반은 예수를 증거하며 산 자였다.

"보라 하늘이 열리고 인자가 하나님 우편에 서신 것을 보노라"(행 7:56). 그는 예수님을 똑바로 보고 만났으며 자기가 보고 만난 예수님을 다른 사람에게 전했다. 우리는 우리가 만난 예수님을 증거하며 살아야한다.

여섯째, 스데반은 기도하며 산 자였다.

"저희가 돌로 스데반을 치니 스데반이 부르짖어 가로되 주 예수여 내 영혼을 받으시옵소서 하고 무릎을 꿇고 크게 불러 가로되 주여 이 죄를 저들에게 돌리지 마옵소서"(행 7:59-60). 스데반은 돌에 맞아 죽어가면서도 예수님처럼 하나님께 기도했다. 스데반은 평생을 기도하며 살았다. 우리도 기도할 때 인성이 영성으로, 교만이 겸손으로, 혈기가 온유로 변화되는 것이다. 성내기를 더디하게 되고 인내하며 원수도 사랑하게 된다.

성도 여러분! 스데반 집사의 신앙인격을 본받아 그리스도인답게 항상 믿음과 성령이 충만하고 은혜와 권능이 충만하여 하늘을 우러러 보며, 예수를 증거하며, 기도하며 살아가는 자가 되기를 주의 이름으로 축원한다.

예수님을 만난 사울
(사도행전 9:3)

인간이 누구를 만나느냐에 따라서 그의 성장과정이 달라지게 되고 인간이 누구에게 예속되느냐에 따라서 그에게 주어지는 가치관이 달라지게 되는 것이다. 오늘 읽어드린 본문 말씀에 보면 초대교회에 기독교를 극렬하게 반대하고 기독인들을 모조리 잡아 해치려던 사울이라고 하는 청년이 다메섹 도상에서 큰 음성과 빛 가운데 나타나신 예수님을 만나게 되는 순간 그 자리에서 꺼꾸러져 회개하게 되었고 새 사람이 되어 사도 바울로 변화된 사건을 찾아볼 수가 있다. 이는 바로 예수님을 만나게 되는 자들의 변화되는 모습을 보여주는 말씀인 것이다.

그러면 예수님을 만난 사울은 어떠한 모습으로 변화되었는가에 대해 네 가지 모습을 상고하면서 주님의 은혜가 우리 모두에게 임하여지기를 기원한다.

첫째, 예수님을 만난 사울은 영적 신분과 소속이 바꾸어지게 되었다.

인간은 날 때부터 죄와 허물로 죽었던 인생이며, 죄와 사탄의 종으로 하나님의 심판아래 놓여 있게 된 인생이다. 그런고로 에베소서 2:1에 "허물과 죄로 죽었던 너희를 살리셨도다"라고 하였다. 사울이 예수님을 핍박하고 기독인들을 박해한 것은 바로 그 마음에 어두운 사탄이 역사하였기 때문이며 그를 강퍅하고 잔인한 불의의 병기로 사용하였기 때문인 것이다.

오늘날도 수많은 사람들의 마음속에는 죄와 허물로 가득히 채워져 있으며 사탄의 역사와 궤휼로 말미암아 얼마나 많은 사람들이 지옥으로 끌려가고 있는지 말로다 할 수가 없는 것이다. 그러나 기독교를 극렬하게 반대하고 하나님께 역행하던 사울같은 악한 자라 할지라도 예수님을 영접하게 되면 그 마음에 변화를 가져오게 되며 예수 그리스도 안에 있는 생명의 법이 죄와 사망의 법에서 해방을 받게 되고 영적 신분과 소속이 근본적으로 바꾸어지게 되는 것이다.

둘째, 예수님을 만난 사울은 생활의 주인이 바꾸어지게 되었다.

인간은 누구나 세 가지 유형 중에서 한 가지에 꼭 예속되어 있는 것을 알아야 한다. 어떤 자는 사탄에게 포로가 되어 사탄의 지배 아래 행하는 자가 있고, 또 어떤 자는 자신이 자기 자신의 주인이 되어 육욕의 욕구대로 살아가는 자가 있으며, 어떤 자는 주님이 자신의 주인이 되어 성령의 인도하심을 따라 살아가는 자가 있는 것이다.

본문에 기록된 사울은 불행하게도 사탄의 지배를 받아 하나님께 대한 도전과 그리스도인에 대한 박해를 극렬하게 전개하여 왔지만 다메섹 도상에서 주님을 만난 이후부터는 그를 지배하고 불의의 병기로 사용했던 사탄은 쫓겨나게 되고 주님께서 그 안에 계심으로 말미암아 그의 주인은 온전히 예수님으로 바꾸어지게 된 것이다. 이는 바로 양심의 변화이며, 생활의 변화인 것이다. 악을 행하고도 양심의 가책이 없는 사람은 멸망 직전에 있는 영적 중환자이며 양심의 의식이 살상된 자인 것이다.

우리 인생은 누구나 생명의 조명을 받아야하며 생명의 주인이 바꾸어져야한다. 그런고로 영국의 여류 소설가 엘리오트(Eliot)는 말하기를 "양심의 가책의 시작은 새 생명의 시작이다"라고 하였다. 바로 예수님을 만나는 자는 양심에 꽃이 피게 되고 생활의 주인이 예수님으로 바꾸어지게 되는 것이다.

셋째, 예수님을 만난 사울은 사명관이 바꾸어지게 되었다.

사울이 주님을 만나기 전까지는 스데반의 순교시에도 기독교의 박해자로 앞장서서 진두지휘한 자이며, 심지어는 다메섹에 있는 기독교인마저 예루살렘으로 잡아 오려고 달려가다가 홀연히 하늘에 빛이 저를 둘러 비추이므로 땅에 엎드려졌을 때 주님이 그에게 나타나 책망하시기를 "사울아 사울아 네가 어찌하여 나를 핍박하느냐 나는 네가 핍박하는 예수라"고 하신 주님의 말씀을 듣는 순간 그의 인생은 일대 변혁이 일어나게 되었으며 사울이 변하여 사도 바울로 변화받게 되었다.

이로부터 그는 이 놀랍고 귀중한 구원의 복음을 전파하기 위해 소아시아 일대를 세 차례나 돌면서 생명의 복음을 전파하였으며, 이 복음을 위해 최후에는 순교까지 하게 되었던 것이다.

사랑하는 성도 여러분, 주 예수 그리스도는 어제나 오늘이나 동일하시다. 누구든지 예수 그리스도를 영접하기만 하면 지난 날의 인생은 장사되어 지고 주님의 복음을 위한 놀라운 하늘의 영광된 사명이 부여되어지는 것이다.

넷째, 예수님을 만난 사울은 인생의 가치가 바꾸어지게 되었다.

불의의 병기가 의의 병기로 바꾸어지게 되었고 그리스도를 박해하는 자가 그리스도를 전파하는 존귀한 그릇으로 바꾸어지게 된 것이다. 사랑하는 성도 여러분, 예수 그리스도 언제나 과거를 묻지 않는다.

과거의 깡패 불량청년 어거스틴(Augustine)을 변화시켜 주신 주님, 과거에 도박왕 술 주정뱅이가 평생토록 의료 선교에 귀중하게 쓰임받은 낫생 제랄드처럼 과거의 깡패를 오늘에 성자로 사용하시기도 하고 과거에 탕자와 고멜같은 인간들도 하나님의 의의 병기로 사용하여 주시는 것이다.

인간에게 중요한 것은 과거에 어떻게 살았느냐 하는 것이 문제가 아니라 오늘에 바로 이시간 주님을 만났느냐 하는 것이 가장 중요한 문제인 것이다.

사랑하는 성도 여러분, 예수님을 만난 사울은 영적 신분과 생활의 주인이 바뀌어지고 사명관이 바뀌어지고 인생의 가치가 바뀌어져 바울이 된것처럼 오늘도 내일도 주님과 함께 먹고 마시며 사도 바울처럼 주님의 귀한 사명자가 되어지기를 주님의 이름으로 축원한다.

'온 집으로 더불어' 축복
(사도행전 10:1-3)

오늘 본문에 기록된 고넬료의 가정은 온 집으로 더불어 신앙으로 살아온 가정으로써 모범적인 가정이다. 역사상에 기록된 개인적인 위대한 신앙인은 찾아 볼 수 있지만 이처럼 가정이 전적으로 더불어 신앙생활을 잘한 가정은 그리 흔하지 않다.

가정의 달을 맞아 우리 모두의 가정이 온 집으로 더불어 복을 받는 사람마다 소유하며 주리기 어려운 특별한 하나님의 축복과 은혜를 받는 신앙의 가정이 되시기를 바란다. 그러면 고넬료가 어떠한 삶을 살았기에 '온 집으로 더불어' 축복을 받게 되었는가 살펴보기로 하겠다.

첫째, 고넬료는 먼저 하나님을 경외하는 삶을 살았다.

'하나님께 대한 경외'는 피조물인 인격이 창조주 하나님께 대한 응답이며 또한 하나님을 바로 알고 있는 자만이 할 수 있는 의무인 것이므로 그 마음에 이르기를 하나님이 없다 하는 어리석은 사람에게는 도무지 있을 수가 없는 자세일 것이다. 그런고로 당시 이방인으로써 하나님을 경외하였던 고넬료는 하나님의 특별한 은총을 입은 사람이었으며, 또한 한 가정의 가장으로서 경건한 삶으로 그 가족을 잘 지도하여 가족적인 구원을 받게 한 사건의 중심 인물이 되었으며 그 친구들까지도 구원받게 하여 성령을 체험케하는 '가이사랴의 오순절'의 중요한 의미를 가지는 사건을 일으켰던 것은 하나님의 큰 축복인 것이다.

이와같이 한 사람의 올바른 모범적인 신앙생활은 가정뿐만 아니라 그곳에 모였던 무리들 특히 이방인에게 처음으로 집단적으로 성령을 체험케 한 역사의 밑거름이 된 것이다. 여호와를 경외하는 것이 하나님의 축복을 받는 근거가 되며 단란한 가정을 이루는 기본조건이 된다. 또한 잠언 22:4절에는 "여호와를 경외함의 보응은 재물과 영광과 생명이라" 했다.

둘째, 백성을 많이 구제하는 삶을 살았다.

사도행전 9:36에는 욥바에 사는 다비다(도르가)라는 선행과 구제하는 일이 많았던 여제자의 사건이 기록되어 있다. 그런데 그 여인이 그만 죽었다. 그때 그 여인의 생전에 그녀의 도움을 받고 살았던 많은 과부들이 룻다에서 전도하고 있는 성령이 충만한 사도 베드로를 간청하여 모셔다가 베드로 사도로 하여금 기도하여 살아나도록 부탁하였다. 이때 베드로의 기도의 결과 죽었던 다비다가 다시 사는 놀라운 기적이 일어나게 되었으며, 이 기적을 본 온 욥바 사람들이 주께 돌아와 구원받는 역사가 일어나게 되었다.

오늘 본문에 나타난 고넬료도 그의 구제가 하나님 앞에 상달하여 하나님의 기억하신 바가 되었다고 하였으니 이는 모두가 구제는 기도 응답의 지름길이며 하나님의 축복을 받는 아름다운 행위임을 증명하는 것이다. 성경은 "주는 것이 받는 것보다 복이 있다"(행 20:35)고 하였고, "가난한 자를 불쌍히 여기는 것은 여호와께 꾸이는 것이니 그 선행을 갚아 주시리라"(잠 19:17)고 하였다. 더욱 식민지 유대인의 재물을 토색 했어야 했을 당시 로마의 장교인 고넬료가 오히려 자기 것을 가지고 이스라엘 사람들을 구제하였다는 것은 하나님의 복을 받을 만한 모범된 자세인 것이다.

셋째, 하나님께 항상 기도하는 삶을 살았다.

쉬지않고 항상 기도해야 함은 사도 바울을 통하여 우리에게 주신 하나님의 뜻이며 천국 시민된 자의 삶의 기본 자세인 것이다. 더욱 분주한 현대를 살아가는 우리 현대인들은 일이 많고 바쁠수록 기도를 더욱 많이 해야 한다. 왜냐하면 기도는 시간의 낭비가 아니라 일의 능률을 올리는 활력소가 되어 오히려 시간을 절약케 하는 가장 지혜로운 도구인 것이기 때문이다.

고넬료는 분명한 군대장교의 생활 속에서도 규례를 따라 매일 정기적인 기도를 3번씩 드리는데 소홀함이 없었던 기도의 사람이었다. 시편 기자는 "젊은 사자는 궁핍하여 주릴지라도 여호와를 찾는 자는 모든 좋은 것에 부족함이 없으리라"(시편 34:10)고 하였다. 진실로 지상에서 가장 유능한 사람들은 기도에 대해서 이야기하는 사람이 아니고 기도하는 사람인 것이다.

항상 기도하는 기도의 사람에게는 하나님의 최대의 선물인 성령을 선물로 받게 되는 것이다.

그러면 고넬료 한 사람의 이같은 경건된 삶은 어떤 축복이 임하게 되었는가? 고넬료의 '많은 구제', '항상 기도'는 하나님께 바쳐진 재물의 향기처럼 하나님의 보좌 앞에 상달되고 하나님의 기억하신 바가 되어 응답되었던 것이다.

고넬료의 기도를 들으신 하나님은 성령받은 사도 베드로를 청할 것을 환상 중에서 명하셨고, 성령의 지시에 의하여 즉각 고넬료의 초청에 응한 베드로는 예수가 십자가에서 죽으시고 3일만에 부활하심으로 우리의 구세주 메시야가 되시며 장차 심판의 주로 재림하신다는 명백하고도 순수한 복음 진리를 확실하게 그곳에 모인 무리들에게 전하니 그곳에 모인 일가와 모든 친구들이 그 말씀을 듣는 중에 성령이 임하는 놀라운 부흥성회가 개최되어 참으로 이방인에게 오순절 마가 다락방의 역사가 나타났던 것이다. 한 사람의 경건된 신앙생활은 땅에 떨어져 죽은 밀알처럼 드디어 많은 열매를 맺고야 말았던 것이다.

우리 모두가 고넬료처럼 경건된 신앙생활로 '온 집으로 더불어'의 축복을 받자. 불안한 정치, 경제, 사회, 학원가가 성령받은 우리로 인하여 더불어 하나님의 축복을 받는 역사가 일어나도록 일어나 깨어 기도하자.

모범된 가장
(사도행전 10:1-8)

가정은 하나님이 주신 제2의 천국이다. 오늘 본문에 보면 모범된 고넬료의 가정이 나온다. 고넬료는 이방인이었고 그의 가정은 예루살렘에서 멀리 떨어진 가이사랴에 살고 있었으며, 또 매우 바쁜 이달리야 군대의 백부장이었기 때문에 모범된 가장이 될 만한 여건을 갖추고 있지 못했다. 그럼에도 불구하고 그는 모범된 가장(家長)으로서의 역할을 다했다. 우리 각자가 '가정의 책임자'라고 생각하고 하나님의 말씀에 귀를 기울여 보시기 바란다. 그러면 고넬료는 어떻게 해서 모범된 가장으로서의 사명을 다했는가에 대해서 말씀을 상고하면서 함께 은혜를 나누고자 한다.

첫째, 고넬료는 경건의 모범을 보인 자이다.

"그가 경건하여 온 집으로 더불어 하나님을 경외하며"(2절). 여기에서 '경건'이란 말은 '하나님께 예배드리다'는 뜻으로 고넬료는 하나님께 예배드리는 생활로써 항상 하나님과 연결된 삶을 살았다. 성경에 보면 예배드리는 자세에 대해서 다음과 같이 규정해 놓았다. ① 감사함으로 예배를 드려야 한다. "내가 주의 성전을 향하여 경배하며 주의 인자하심과 성실하심을 인하여 주의 이름에 감사하오리니"(시 138:2). ② 찬양으로 예배를 드려야 한다. "내가 전심으로 주께 감사하며 신들 앞에서 주께 찬양하리이다"(시 138:1). ③ 제물과 예물을 그에게 드려야 한다. "여호와께서 자기를 애굽에 알게 하시리니 그 날에 애굽인이 여호와를 알고 제물과 예물을 그에게 드리고 경배할 것이요"(사 19:21). ④ 신령과 진정으로 예배드려야 된다. "하나님은 영이시니 예배하는 자가 신령과 진정으로 예배할지니라"(요 4:24).

둘째, 고넬료는 선교에 모범을 보인 자이다.

고넬료는 온 가정을 구원했다. 예수님의 최대의 지상명령은 복음을 전파하는 것이다. "너희는 온 천하에 다니며 만민에게 복음을 전파하라"(막 16:15). 복음은 목사나 전도사 등 특별한 사람만 전하는 것이 아니다. 하나님의 자녀는 누구든 복음을 전해야 한다. 삶의 현장이 곧 선교지라고 생각하고 복음을 전하시기 바란다. 디모데후서 4:2에 보면 "너는 말씀을 전파하라 때를 얻든지 못 얻든지 항상 힘쓰라"고 말씀했다. 또 듣든지 안듣든지 복음을 전하면 하나님께서 그분에 대해서 책임을 지신다. 우리는 땅 끝까지 전하는 선교의 사명을 다하는 자가 되어야 한다.

셋째, 고넬료는 가정의 영적인 책임을 지는 본을 보인 자이다.

"그가 경건하여 온 집으로 더불어 하나님을 경외하며 백성을 많이 구제하고"(2절). 우리는 내 가정의 영혼의 영적 책임을 진 자라고 하는 생각을 잊어서는 안된다. 가정에서 아직 예수 믿지 않는 자가 있으면 먼저 믿은 자로써 가정의 영적 책임을 지고 기도하며 예수님을 믿게 하도록 노력해야 한다. 사도행전 16:31에 보면 "주 예수를 믿으라 그리하면 너와 네 집이 구원을 얻으리라"고 말씀했다. 한 번 권유해서 안 듣는다고 절대 포기하지 말고 인내하며 지혜롭게 계속해서 권유해 보라. 언젠가는 주님 품으로 돌아올 것이다. 어떤 분은 기도한 지 10년만에 응답받은 분도 있고, 20년만에 응답받은 분도 있다.

넷째, 고넬료는 생활의 본을 보인 자이다.

"백성을 많이 구제하고 하나님께 항상 기도하더니"(2절). 고넬료는 영적으로 기도생활에, 사회적으로는 구제하는 일, 즉 선한 일에 본이 되었다. 가정에서 부모는 자녀에게, 자녀는 부모에게 서로 생활의 본이 되어야 한다. 특히 항상 기도하는 생활과 구제하는 생활에 본을 보이시기 바란다. 잠언 11:24, 25에 보면 "흩어 구제하여도 더욱 부하게 되는 일이 있나니 과도히 아껴도 가난하게 될 뿐 아니라 구제를 좋아하는 자는 풍족하여질 것이요 남을 윤택하게 하는 자는 윤택하여지리라"고 말씀했다.

사랑하는 성도 여러분! 고넬료와 같이 예배드리기를 힘쓰고 선교와 가정 구원 그리고 생활에 본을 보여 모범된 가장(家長)이 다 되시기를 주의 이름으로 축원한다.

고넬료 가정의 은혜받은 비결
(사도행전 10:23-33)

가정은 작은 교회이며 사회의 기초가 된다. 그래서 우리 교회에 소속된 성도들은 하늘에 소속된 백성임과 동시에 여러분의 가정은 작은 교회로써 하나님 앞에 영광을 돌리는 처소가 되는 것이다. 그러므로 가정은 반드시 하나님의 축복속에 유지되어야 한다. 왜냐하면 하나님의 축복이 단절되어 있는 가정은 언제나 비극의 환난이 감당할 수 없는 조수처럼 밀려오기 때문이다. 하나님의 축복속에 유지되는 가정이 되려면 하나님의 은혜가 늘 가정과 연결이 되어야 한다. 성경에 나타난 많은 은혜가 연결된 가정 중에 대표되는 가정은 고넬료의 가정이라 할 수 있다.

그러면 그 고넬료의 가정은 어떻게 해서 하나님의 은혜를 받게 되었는가에 대해서 하나님의 말씀을 상고해보겠다.

첫째, 경건하여 온 집으로 하나님을 섬겼다(행 10:2).

오늘날 우리의 가정에서 갖추어야 될 것이 많이 있지만 가장 기본적으로 구비해야 할 것은 경건이다. 고넬료의 가정은 경건이 구비되어 온 집으로 하나님을 섬기는 가정, 온 가정이 예수 믿는 가정이 되었다. 이 경건이란 '하나님께 대한 믿음과 그 뜻을 순종하는 마음가짐의 자세'를 뜻한다. 경건한 가정은 반드시 하나님이 주인이 되어주시고 생명이 되어 주셔서 역사해 주실 줄 믿는다. 하나님이 주인이 된 가정은 만세반석 위에 세운 집과 같아서 절대로 무너지지 않는다.

둘째, 백성을 많이 구제하였다(행 10:4).

고넬료는 사업가가 아닌 군인이었고 유대인이 아닌 이방인으로써 매우 바쁜 생활을 하는 사람이었지만, 그는 얼마나 많이 구제했는지 그 구제가 하나님 앞에 상달되었다고 했다(행 10:4). 하나님은 구제하는 것을 참으로 기뻐하신다. 그래서 그는 환상 중에 하나님의 음성을 듣고 욥바에 사람을 보내어 하나님의 종 베드로를 초청해서 축복을 받게 되었다.
　잠언 11:24절에 보면 "흩어 구제하여도 더욱 부하게 되는 일이 있나니 과도히 아껴도 가난하게 될 뿐이니라"고 말씀했다. 우리는 예수 그리스도의 복음을 받지 못한 자에게 손을 펼쳐서 나보다 더 어려운 자들을 찾아 함께 살고 함께 먹고 마시면서 주어야 된다. 열심으로 모여서 예배드린 후에는 뿔뿔이 흩어져서 구제에 힘썼던 초대교회 성도들처럼 구제에 힘쓰는 성도 여러분들이 되시기를 주님의 이름으로 축원한다.

셋째, 항상 기도했다(행 10:2).

　고넬료는 항상 기도하다가 환상을 보게 되었으며 하나님의 음성을 듣게 되었다(행 10:30-32). 그런데 이상한 일은 고넬료와 그의 집에 초청되어 온 베드로가 각각 다른 장소에서 기도를 했는데 거의 같은 시간에 기도의 응답을 받은 사실이다. 기도와 역사는 한 사람이 하는 것보다 둘이 서로 함께 기도할 때 더욱 강하게 나타난다. 기도하는 시간은 곧 하나님과 교통하는 시간인 줄 믿는다.

넷째, 열심으로 하나님의 말씀을 들었다(행 10:44).

　고넬료와 그의 가정에 모인 사람들은 열심으로 하나님의 말씀을 듣고 있었는데 그 때 성령이 고넬료와 그 가족과 거기에 참여한 모든 사람에게 충만하게 임했다. 오늘 우리 성도들도 고넬료의 가정처럼 하나님의 말씀을 열심히 듣는 중에 성령이 충만하게 임하는 가정이 되시기를 바란다.

　사랑하는 성도 여러분! 여러분의 가정도 고넬료의 가정처럼 경건하여 온 가족이 하나님을 잘 섬기고 어려운 가운데 처한 사람들을 많이 구제하여 하나님께서 약속한 축복을 받으며 항상 하나님께 기도하고 열심히 하나님의 말씀을 듣는 가정이 되어서 당대 뿐만 아니라 자손대대로 축복받는 신앙의 유산을 물려주는 가정이 되시기를 주님의 이름으로 축원한다.

하나님은 어떤 분이신가?
(사도행전 10:28-35)

하나님이 누구이신가에 대해서 바로 대답할 수 있고, 바로 믿을 수 있는 사람은 하늘과 땅의 모든 권세와 축복을 누릴 수 있는 자이다. 하나님께서는 베드로에게 '각색 네발 가진 짐승과 기는 것과 공중에 나는 것'들이 들어 있는 큰 보자기 환상을 보여 주시면서 "일어나 잡아 먹으라"고 말씀했다. 그때 베드로가 "주여, 그럴 수 없나이다. 속되고 깨끗지 아니한 물건을 내가 언제든지 먹지 아니하였나이다"라고 대답하자 하나님께서 "깨끗케 하신 것을 네가 속되다 하지 말라"고 말씀해 주셨다. 그러면 여기에서 주는 교훈이 무엇이고, 하나님은 어떠한 분인가에 대해서 말씀을 상고하면서 함께 은혜를 나누고자 한다.

첫째, 만민의 하나님이시다.

구약 율법시대에는 오직 아브라함의 자손들 즉 이스라엘 백성들에게만 선민의 특권과 자격을 부여했다.

그러나 신약 은혜시대에 와서는 비록 이스라엘 백성들뿐만 아니라 온 인류에게 만민의 하나님으로서 누구든지 저를 믿으면 구원을 받고 하나님의 자녀가 되는 권세를 부여한다는 사실이다. 예수 그리스도를 믿으면 하나님의 자녀가 된다. "영접하는 자 곧 그 이름을 믿는 자들에게는 하나님의 자녀가 되는 권세를 주셨으니"(요 1:12). 로마서 8:16에 보면 "성령이 친히 우리 영으로 더불어 우리가 하나님의 자녀인 것을 증거하시나니"라고 말씀했다. 그래서 누구든지 예수를 믿으면 멸망치 않고 영생을 얻게 하시는 하나님이시다. "하나님이 세상을 이처럼 사랑하사 독생자를 주셨으니 이는 저를 믿는 자마다 멸망치 않고 영생을 얻게 하려 하심이니라"(요 3:16).

둘째, 구제와 기도를 응답해 주시는 하나님이시다.

"고넬료가 주목하여 보고 두려워 가로되 주여 무슨 일이니이까? 천사가 가로되 네 기도와 구제가 하나님 앞에 상달하여 기억하신 바가 되었으니"(행 10:4). 31절에도 "말하되 고넬료야, 하나님이 네 기도를 들으시고 네 구제를 기억하셨으니"라고 말씀했다. 기도는 하나님과 직결된 영적 관계이고, 구제는 사람과 더불어 올바른 관계를 맺는 것이다. 하나님은 비록 이방인이었지만 평상시 구제와 기도를 많이 했던 고넬료에게 축복해 주셨다. 하나님은 구제를 우리에게 명령하셨다. "땅에는 언제든지 가난한 자가 그치지 아니 하겠으므로 내가 네게 명하여 이르노니 너는 반드시 네 경내 네 형제의 곤란한 자와 궁핍한 자에게 네 손을 펼지니라"(신 15:11). 하나님은 우리가 지극히 작은 자에게 냉수 한 그릇 대접하는 것도 다 기억하신다고 말씀했다. 구제하면 하나님께서 풍족하게 해주시고(잠 11:24, 25), 넘치도록 안겨 주시며(눅 6:38), 질병도 치료해 주신다(눅 11:41).

셋째, 외모를 취하지 아니하시고 중심을 보시는 하나님이시다.

"베드로가 열을 입어 가로되 내가 참으로 하나님은 사람의 외모를 취하지 아니하시고 각 나라 중 하나님을 경외하며 의를 행하는 사람은 하나님이 받으시는 줄 깨달았도다"(34, 35절). 유대인들은 외모(외식, 형식, 율법)을 중요시했다. 그러나 하나님은 외모보다 중심을 더 중요시 하시는 분이다. 사무엘상 16:7에 보면 "여호와께서 사무엘에게 이르시되 그 용모와 신장을 보지 말라. 내가 이미 그를 버렸노라. 나의 보는 것은 사람과 같지 아니하니 사람은 외모를 보거니와 나 여호와는 중심을 보느니라"고 말씀했다. 베드로는 이러한 하나님을 고백하면서 이방인 고넬료와 그 가정에 모인 자들에게 복음을 전했다. L. B 리턴은 '아름다운 얼굴이 추천장이라고 한다면 아름다운 마음은 신용장이다' 라는 말을 했다.

사랑하는 성도 여러분! 하나님은 만민의 하나님이 되시고, 구제와 기도를 응답해 주시며, 사람의 외모를 보지 아니하시고 중심을 보시는 하나님이시다. 이러한 하나님을 아직 믿지 않는 모든 자들에게 힘써 전하시는 성도 여러분이 되시기를 주의 이름으로 축원한다.

모범적인 사람들
(사도행전 10:30-33)

모범이라는 말은 참 좋은 말이다. 모범이란 본을 받아야 될 대표성을 가지고 있는 말이다. 우리는 주위에서 모범 학생, 모범 공무원, 모범 운전사 등 모범적인 사람들을 볼 수 있다. 특별히 우리는 신앙인으로서 신앙에 모범적인 사람이 되어야 한다. 그러면 어떠한 사람이 신앙에 모범적인 사람인가에 대해서 말씀을 상고하면서 함께 은혜를 나누고자 한다.

첫째, 기도에 모범된 사람이다.

"고넬료가 가로되, 나흘 전 이맘때까지 내 집서 제 구 시 기도를 하는데 홀연히 한 사람이 빛난 옷을 입고 내 앞에 서서"(행 10:30). 고넬료는 기도하는 중에 하나님의 신령한 은혜를 체험하게 되었다. 고넬료는 그의 생활 전체가 기도생활의 연속이었다. "그가…하나님께 항상 기도하더니"(행 10:2). 또 때로는 특별한 목적을 가지고 시간을 정해 놓고 기도를 했다. 우리는 시간이 있을 때만, 어려운 일이 있을 때만 기도해서는 안된다. 신앙생활에서 가장 중요한 것은 기도이다. 우리가 기도할 때 하나님을 만나는 역사가 있다. "만일 마음을 다하고 성품을 다하여 그를 구하면 만나리라"(신 4:29). 응답의 역사가 있다. "무엇이든지 기도하고 구하는 것은 받은 줄로 믿으라…"(막 11:24). 또 치료의 역사가 있게 되리라. "믿음의 기도는 병든 자를 구원하리니 주께서 저를 일으키시리라"(약 5:15).

둘째, 구제에 모범된 사람이다.

"그가 경건하여 온 집으로 더불어 하나님을 경외하며, 백성을 많이 구제하고"(행 10:2). 고넬료는 구제를 많이 했다. 하나님은 구제에 모범된 사람에게 엄청난 축복을 주신다. "주라, 그리하면 너희에게 줄 것이니 곧 후히 되어 누르고 흔들어 넘치도록 하여 너희에게 안겨 주리라"(눅 6:38). 또 질병에서 치료를 받게 해주신다. "오직 그 안에 있는 것으로 구제하라.

그리하면 모든 것이 너희에게 깨끗하리라"(눅 11:41). 여기에서 '깨끗하리라'는 말은 '질병에서 치료해준다'는 뜻이다. 마태복음 8:3에 보면 "예수께서 손을 내밀어 저에게 대시며 가라사대, 내가 원하노니 깨끗함을 받으라 하신대 즉시 그의 문둥병이 깨끗하여진지라"고 말씀했다. 또한 자손에게까지 복을 주신다고 약속하셨다(시 37:25).

셋째, 예배에 모범된 사람이다.

"내가 곧 당신에게 사람을 보내었더니 오셨으니 잘하였나이다. 이제 우리는 주께서 당신에게 명하신 모든 것을 듣고자 하여 다 하나님 앞에 있나이다"(행 10:33). 고넬료는 예배에 모범된 사람이었다. 모범된 예배를 드리려면 ① 은혜를 사모하는 마음이 있어야 한다. ② 주의 종을 환영하는 마음이 있어야 한다. ③ 미리 준비하는 마음이 있어야 한다. ④ 자신이 하나님 앞에 있다는 사실을 믿는 믿음이 있어야 한다. 아브라함은 모범된 예배를 드리다가 하나님의 놀라운 축복을 받았다. 하나님은 신령과 진정으로 예배하는 모범된 자를 찾으신다고 말씀했다(요 4:23).

넷째, 성령충만에 모범된 사람이다.

"베드로가 이 말 할 때에 성령이 말씀 듣는 모든 사람에게 내려오시니"(행 10:44). 베드로가 하나님의 말씀을 전할 때에 그 말씀을 듣는 모든 사람에게 성령충만한 역사가 일어났다. 가장 모범된 사람은 성령이 충만한 성도이다. 성령충만한 역사는 회개할 때, 열심히 기도할 때, 간절히 사모하는 마음으로 말씀을 들을 때, 열심히 찬송을 부를 때 일어났다. 오순절에 마가 다락방에 모인 성도들이 하나님의 말씀을 듣고 하나님께 간절히 기도했을 때 성령충만한 역사가 일어났다. "저희가 다 성령의 충만함을 받고 성령이 말하게 하심을 따라 다른 방언으로 말하기를 시작하니라"(행 2:4).

사랑하는 성도 여러분! 신앙에 모범적인 사람은 기도와 구제, 예배와 성령충만에 모범된 사람이다. 신앙에 모범된 성도 여러분이 다 되시기를 주의 이름으로 축원한다.

그리스도인의 사명
(사도행전 11:21)

하나님께서는 죄로 인하여 죽을 수 밖에 없는 우리를 구원하시고 그의 백성으로 삼아주셨다. 그리고 거듭난 그리스도인들에게 사명을 주셨다. 우리에게 맡겨주신 사명이 무엇인지 함께 나누며 은혜를 받자.

첫째, 그리스도인의 사명은 땅끝까지 복음을 전파하여 멸망받을 인류의 영혼을 구원해 내야한다.

하나님은 2천년 동안 부름받은 하나님의 사람들을 통하여 피와 땀과 눈물로 얼룩진 복음의 바톤을 이어받게 하였으며, 또 이 복음을 전파하게 하였다. 만일 이땅에 복음을 전파해 준 자가 없었다면 어느 누구도 복음을 들을 수가 없었으며, 따라서 우리 그리스도인들이 이 기쁜 구원의 복음소식을 전하지 않는다면 이땅 위에 수많은 영혼들이 복음을 듣지도 알지도 못하여 영원한 멸망에 처하고 말것이다.

사도행전 11:19 이하에 보면 스데반 집사의 순교 이후에 수많은 성도들이 베니게와 구브로, 그리고 안디옥 등지에 복음을 전하였고, 예루살렘교회는 바나바를 안디옥까지 보내어 복음을 전파한 내용이 기록되어 있다. 은혜받은 초대교회가 크게 부흥된 것도 성령의 권능으로 구원의 복음을 폭발시켰기 때문이다. 전도는 주님의 지상명령이며 하나님의 나라를 확장시키는 수단인 것이다. 영혼을 사랑하며 주님을 사랑하는 자는 누구나 전도하게 되며 예수 그리스도를 힘있게 전파하게 된다.

그런고로 W. N. L. 영안은 말하기를 "전도는 영혼을 사랑하는 행위요 주님을 사랑하는 증거"라고 하였다. 오늘날 미국이 짧은 역사에도 불구하고 세계적인 나라가 되어진 것은 세계만방에 그리스도를 전파하는 일에 앞장섰기 때문이다. 그리스도인의 가장 큰 사명은 사회 개혁이 아니라 영혼 구원으로써 사회속에 하나님의 나라가 임하게 하는 것이다. 우리 한국교회의 가장 큰 사명중의 하나는 민족의 가슴마다 그리스도를 심고 세계

만방에 그리스도의 복음을 수출하는데 있는 것이다.

선교사 엘반카스는 아프리카 선교를 위해 외치기를 "비록 천명의 선교사가 희생되더라도 아프리카 선교를 중단해서는 안된다"고 하였다. 그렇다. 그리스도인들이 복음을 전하는 사명을 다하기 위해서는 헌신이 따라야 하며 때로는 생명까지도 희생을 각오해야만 한다. 그러나 우리가 확신하는 것은 복음을 전파하는 자들의 배후에는 주님의 권능의 손이 함께 하시며 (행 11:21) 승리와 보상이 따르게 되는 것이다.

둘째, 그리스도인의 사명은 믿음과 착한 행실로 그리스도의 영광을 나타내야 한다.

예수님은 그리스도인을 향해 "너희는 세상의 빛이라"(You are the light of the world)고 하였고, "너희 착한 행실을 보고 하늘에 계신 너희 아버지께 영광을 돌리게 하라"고 하였다(마 5:16). 달은 비록 빛을 발할 수 없는 암체(暗體)이지만 햇빛의 조명을 받음으로 캄캄한 밤을 비추어 밝게 하여 주듯이 그리스도인은 반드시 그리스도의 조명을 받아야 하며 또한 그 빛을 만민들에게 비춰 주어야 한다. 그리스도인의 착한 행실은 주님의 빛의 모형이며 많은 사람들이 하나님을 발견하게 되고 하늘에 계신 하나님 앞에 영광을 돌리게 되는 것이다.

안디옥교회가 크게 부흥된 것도 바나바와 같은 착하고 성령과 믿음이 충만한 사람이 있었기 때문인 것이다. 이 사실에 대하여 사도행전 11:24에 기록하기를 "바나바는 착한 사람이요 성령과 믿음이 충만한 자라 이에 큰 무리가 주께 더하더라"고 하였다. 여기 '착한 사람'(Good man)이라고 한 말은 선하게 좋은 사람, 의롭고 관대한 사람, 너그럽고 유익한 사람, 그리고 악의가 없는 사람, 원수가 없는 사람 등의 뜻을 가진 말이다. 하나님은 착한 사람에게 신령한 일을 맡기시며 수 많은 영혼을 맡겨주신다. 또한 하나님은 착한 일을 시작하게 하시며 그 행한 말을 꼭 이루게 하시는 하나님이시다.

바울은 빌립보서 1:6 "너희 속에 착한 일을 시작하신 이가 그리스도 예수의 날까지 이루실 줄을 우리가 확신한다"고 하였고, 에베소서 5:9에는 "빛의 열매는 모든 착함과 의로움과 진실함에 있느니라"(The fruit of the spirit is all goodness, righteousness, and truth)고 하였다. 이와 같이 믿음 안에서의 착한 행실은 모든 사람 앞에서 그리스도의 영광을 나타내게 되는 성도의 마땅한 도리인 것이다.

셋째, 그리스도인의 사명은 하나님과의 끊임없는 대화로 말미암아 하나님의 뜻을 바로 알고 순복해야 한다.

우리는 나의 뜻이 하나님의 뜻인 줄을 착각하고 행하는 오류를 범치 말아야 한다. 오늘날 많은 사람들이 자신의 생각이 하나님의 생각인줄로 착각함으로 하나님과 상관이 없는 일에 열심을 기울이며 사는 자들도 볼 수가 있다. 우리의 생활 속에서 가장 중요한 것 중의 하나는 무엇을 하든지 하나님의 뜻에 합당한 일을 행하며 살아가는 것이다.

다윗은 하나님께 기도하기를 "나의 하나님이여 내가 주의 뜻을 행하기를 즐기오니 주의 법이 나의 심중에 있나이다"(시 40:8)라고 하였다. 우리가 주의 뜻을 찾아 행하자면 하나님과의 끊임없는 대화속에서만이 이루어질수 있다. 인간이 비록 육성을 가지고 있지만 주님과의 계속되는 기도속에서 영이 맑아짐을 체험하게 되고, 육성이 영성에게 사로잡힘을 받게됨으로 하나님의 뜻을 바로 알 뿐만 아니라 그뜻에 복종하며 살수 있게 되는 것이다. 사도 베드로는 "선을 행함으로 고난 받는 것이 하나님의 뜻일진대 악을 행함으로 고난받는 것 보다 나으니라"고 하였고(벧전 3:17), 요한일서 2:17에는 "이 세상도 그 정욕도 지나가되 오직 하나님의 뜻을 행하는 이는 영원히 거하느니라"고 하였다.

사랑하는 성도 여러분, 진실로 우리는 ① 땅끝까지 복음을 전파하여 멸망받을 인류의 영혼을 구원해 내야 하겠으며, ② 믿음과 착한 행실로 그리스도의 영광을 나타내며, ③ 하나님과의 끊임없는 대화로 말미암아 하나님의 뜻을 바로 알고 그의 뜻에 절대 순종하며 살아가야 하겠다. 그리함으로 이 세상에서 하늘나라 횃불이 되어 주님께 영광돌리며 살아 가는 여러분이 되시기를 기원한다.

성령님과 전도의 사역
(사도행전 11:24)

주님께서 승천하시기 전 제자들에게 마지막으로 부탁하시면서 성령이 임하면 예루살렘과 사마리아와 땅끝까지 이르러 내 증인이 되라고 하셨다. 성령과 전도사역의 관계를 말씀을 통해서 함께 은혜를 받자.

첫째, 성령님은 전도자를 일으켜 세우신다.
사도행전 1:8에 "오직 성령이 너희에게 임하시면 너희가 권능을 받고 예루살렘과 온 유대와 사마리아와 땅 끝까지 이르러 내 증인이 되리라"고 하였다. 성령이 임한 자는 누구든지 세계를 향한 능력있는 전도자가 되며 성령님의 놀라우신 사역을 체험하게 되는 것이다. 오늘 읽어드린 본문에 보면 성령님의 역사로 말미암아 바나바를 전도자로 일으켜 세워 큰 무리를 주께로 돌아오게 한 내용이 기록되어 있는데 바나바는 착한 사람이라고 하였다. 즉 성령님은 바나바를 착한 전도자로 만들어 쓰셨다(행 11:24).

성경에 기록되어 있는 '착하다'는 말은 헬라어의 '아가도스'($\dot{\alpha}\gamma\alpha\theta o\varsigma$)라는 말로서 선하고 유익하다는 말이다. 누구든지 성령을 받게되면 선하고 유익한 그릇이 되어진다. 믿는 자가 믿지 않는 사람들에게 전도하자면 반드시 다른 사람에게 은혜를 끼칠 수 있는 선하고 유익한 사람이 되어져야 하는 것이다. 그런고로 마태복음 5:16 말씀에 "저희로 너희 착한 행실을 보고 하늘에 계신 너희 아버지께 영광을 돌리게 하라"고 하였다.

이와같이 성령님은 바나바로 하여금 ① 착한 사람으로 쓰셨을 뿐 아니라 ② 성령이 충만한 전도자로 만들어 쓰셨다. 전도자는 반드시 성령이 충만해야 한다. 성령이 충만한 자는 사명감이 불타오르게 되고 능력 있게 복음을 전파하게 되는 것이다. 그런고로 하나님은 복음 전파를 위탁한 120문도들을 마가 다락방에 모아 놓고 먼저 성령충만을 체험케 한 후 가는 곳마다 능력있게 복음을 전파하게 하였다.

17세기 영국을 복음으로 뒤집어 놓은 요한 웨슬레도 처음에는 무능하기 짝이 없었고 폐병 3기까지 앓게 된 연약한 그릇이였지만, 그가 1738년 5월 24일 저녁 밤 9시 15분 무겁고 괴로운 마음으로 올드스케이트가에서 열린 조그만한 천막집회에 찾아가 앉아 있는 중 성회를 인도하는 설교자가 말틴 루터의 로마서 주석 서문을 읽으며, 하나님께서 예수 그리스도를 믿는자의 마음속에 일으키시는 변화에 대한 대목을 읽어나갈 때에 갑자기 뜨거운 성령의 불길이 요한 웨슬레의 전신을 사로잡게 되었다. 그 후부터 웨슬레는 엄격주의, 외식주의에서 벗어나 구원과 성령을 확실히 체험하고 큰 변화를 가져오게 되었던 것이다. 그 당시의 일어난 일에 대하여 역사가 레케는 말하기를 "올드스케이트의 한 조그마한 집회에서 일어난 이 사건은 영국 역사의 새로운 기운을 창조하였다"고 하였다. 그리고 영국의 수상 로이드 죠지는 말하기를 "요한 웨슬레는 앵글로 잭슨이 낳은 세계적인 종교지도자이며 인류사회에 새로운 정신적 생명을 던져준 위대한 자"이라고 감탄했다. 이와 같이 성령님은 누구에게나 사모하고 준비한 자에게 충만하게 부어 주시어 크고 위대한 전도자가 되게 하여 주시는 것이다.

그리고 ③ 성령님은 믿음이 충만한 전도자로 만들어 준다. 사도행전 11:24에 보면 전도자 바나바에 대해서 "바나바는 착한 사람이요 성령과 믿음이 충만한 자라"라고 하였다. 복음은 반드시 믿음으로 증거되어야 한다. 그러할 때 복음의 역사가 총알처럼 힘있게 전파되게 되며 성령의 폭발적인 역사가 일어나게 되는 것이다.

둘째, 성령님은 전도자에게 특별한 권능을 입혀주신다.

사도행전 5:12에 보면 사도들의 손으로 민간에게 표적과 기사가 많이 나타나게 하셨는데 ① 병을 고치는 능력을 주었다. 예수님의 사역도 천국복음을 전파하실 때 백성 중에 모든 병과 약한 것과 고통에 걸린 자, 귀신들린 자, 간질하는 자, 중풍병자 등 이 모든 병들을 고쳐 주시었다. 하나님은 이 모든 권능을 복음을 전파하는 모든 자에게도 나타내게 하시어 살아계신 하나님을 증거하게 하셨고 질병에 시달리는 모든 자들에게 하나님의 전능을 믿게 하시는 것이다.

그리고 하나님은 전도자에게 ② 귀신을 내어 쫓는 권세를 주셨다. 마가복음 16:17에 보면 저희가 내 이름으로 귀신을 쫓아내라고 하였고, 사도행전 5장에는 베드로가 복음을 전파할 때 귀신에게 괴로움을 당하는 자를 데려오니 다 나음을 얻었다고 하였다. 귀신은 인간을 괴롭히고 고통을 줄뿐 아니라 사망의 구렁텅이로 이끌고 들어가는 더러운 영인 것이다.

전도는 바로 이러한 어두운 권세와 사탄의 속박에서 구원해 내는 것이기 때문에 하나님은 전도 자에게 귀신을 내어 쫓는 능력을 주어 그들을 그리스도 앞으로 이끌어 오게 하시는 것이다.

뿐만 아니라 전도자에게는 ③ 절대적인 보호를 받게 하여 주신다. 사도행전 28:3에 보면 바울이 전도여행 중 맬리데섬에서 나무를 모아다가 불을 질러 추위를 녹히고 있는데 독사 하나가 뜨거움을 인하여 뛰쳐나와 바울의 손을 물고 있었다. 토인들은 바울이 죽는 줄로 알고 있었으나 아무런 해함이 없게 된 것을 보고 바울은 신이라고까지 하였다. 이는 바로 전도자를 눈동자처럼 보호하여 주심을 보여준 일이었다.

셋째, 성령님은 전도자에게 반드시 열매를 맺게하여 주신다.

하나님은 전도자의 입술에 권세를 주셨기 때문에 그 말에나 뿌린 씨앗에 열매를 맺게하여 주는 것이다. 그러면 전도자가 맺는 열매는 무엇인가? 첫째는 구령의 열매이다. 사도행전 5:14에 베드로가 외칠 때 믿고 주께 나오는 자가 더 많으니 남녀의 큰 무리라고 하였다. 이는 바로 전도자가 맺게 된 구령의 열매인 것이다. 둘째 열매는 교회가 평안하여 든든히 서가게 하여 주신다. 사도행전 9:31에 보면 교회가 든든하여 평안히 서 가게 되었다고 하였다. 그리고 전도자에게는 핍절한 사람이 없었다고 했다. 성령은 언제나 복음이 전파되는 곳에는 풍성함이 있게 하였고 핍절한 삶을 살지 아니하도록 축복하여 주셨다.

더 큰 응답
(사도행전 12:5-15)

기독교는 순교와 박해 속에 성장했다. 초대교회시대에 헤롯왕이 유대인들의 환심을 사서 자신의 정치적 기반을 굳게 하기 위해 교회를 심히 박해하기 시작했다. 그래서 야고보를 칼로 죽이고 베드로까지 잡아 옥에 가두어 죽이려고 하자 성도들이 교회에 모여 베드로를 위해 간절히 하나님께 기도했다. 그 때에 하나님께서 그들의 기도를 들으시고 그들이 기도한 것보다 더 큰 응답으로 역사해 주셨다. 우리가 매일 매일의 생활 가운데 가장 우선적이고 기본적인 것으로 생명과 같이 귀중히 여겨야 될 것은 기도인 줄 믿으시기 바란다. 그러면 초대교회 성도들에게 임한 더 큰 응답이란 무엇인가에 대해서 말씀을 상고하면서 함께 은혜를 나누고자 한다.

첫째, 홀연히 주의 사자가 베드로 곁에 섰다.

초대교회 성도들은 사도 베드로가 옥에 갇혔을 때 두려워하거나 흩어지지 않고 교회에 모여서 베드로를 위해 간절히 하나님께 기도했다. "이에 베드로는 옥에 갇혔고 교회는 그를 위하여 간절히 하나님께 빌더라"(5절). 그때에 하나님께서는 그들의 기도를 들으시고 홀연히 주의 사자가 나타나 베드로 곁에 서서 도와주게 하셨다. "홀연히 주의 사자가 곁에 서매…"(7절). 여기에서 '홀연히'라고 하는 말은 '조금도 지체하지 않고, 급히, 신속하게'라는 뜻이다. 하나님은 기도하는 자를 신속하게 도와 주신다. 주님이 우리 곁에서 계실 때 우리는 안전한 보호를 받을 수 있다.

디모데후서 4:17에 보면 "주께서 내 곁에 서서 나를 강건케 하심은 나로 말미암아 전도의 말씀이 온전히 전파되어 이방인으로 듣게 하려 하심이니 내가 사자의 입에서 건지웠느니라"고 말씀했고, 사도행전 27:23에 보면 바울이 유라굴로 광풍을 만나 죽게 될 위기에 처했을 때 "나의 속한 바 곧 나의 섬기는 하나님의 사자가 어제밤에 내 곁에서 서서 말하되 바울아 두려워 말라"고 말씀했다.

둘째, 베드로가 갇힌 옥중에 광채가 비취어졌다.

예수를 만나기 전에 이 세상 생활은 감옥 생활과 같다. 베드로전서 2:9에 보면 너희를 어두운데서 불러내어 그의 기이한 빛에 들어가게 하셨다고 말씀했고, 전도서 5:15, 17에 보면 "저가 모태에서 벌거벗고 나왔은즉 그 나온대로 돌아가고 수고하며 얻은 것을 아무것도 손에 가지고 가지 못하리니…일평생을 어두운데서 먹으며 번뇌와 병과 분노가 저에게 있느니라"고 말씀했다.

우리는 빛되신 예수님의 조명을 받아 살아야 한다. "나는 세상의 빛이니 나를 따르는 자는 어두움에 다니지 아니하고 생명의 빛을 얻으리라"(요 8:12). 우리가 기도할 때에 암흑과 같은 세계에서 생명의 빛을 조명받을 수 있다. "흑암에 행하던 백성이 큰 빛을 보았고 사망의 그늘진 땅에 거하던 자에게 빛이 비취도다"(사 9:2). 초대교회 성도들이 베드로를 위해 기도했을 때 베드로가 갇힌 옥중에 광채가 비취어졌다. "옥중에 광채가 조요하며…"(7절).

셋째, 베드로의 손에 매여 있던 쇠사슬이 풀어졌다.

"또 베드로의 옆구리를 쳐 깨워 가로되 급히 일어나라 하니 쇠사슬이 그 손에서 벗어지더라"(7절). 베드로 자신도 이 상황을 보고 깜짝 놀라 환상인 줄 알았다. "베드로가 나와서 따라 갈째 천사의 하는 것이 참인줄 알지 못하고 환상을 보는가 하니라"(9절).

우리가 기도할 때에 우리를 결박한 모든 쇠사슬이 풀어지게 되는 줄 믿는다. 시편 116:16에 보면 "주께서 나의 결박을 푸셨나이다"라고 말씀했고, 이사야 58:6에 보면 "나의 기뻐하는 금식은 흉악의 결박을 풀어주며 멍에의 줄을 끌러주며 압제 당하는 자를 자유케 하며 모든 멍에를 꺾는 것이 아니겠느냐"고 말씀했고, 나훔 1:13에 보면 "이제 네게 지운 그의 멍에를 내가 깨뜨리고 너의 결박을 끊으리라"고 말씀했다. 초대교회 성도들이 기도했을 때 베드로의 손에 매여 있던 쇠사슬이 풀어졌던 것처럼 우리도 기도할 때에 죄악과 질병, 사탄, 가난, 두려움, 실패등의 쇠사슬이 풀어질 줄 믿는다.

넷째, 옥에 있던 베드로가 하나님의 권능으로 옥 밖으로 나와 성도들 곁에 있게 되었다.

옥에 있던 베드로가 하나님의 권능으로 옥 밖으로 나와 마리아 집의 대문을 두드렸을 때 로데라는 계집아이가 나와 베드로의 음성인 줄 알고 너무 기뻐서 이 소식을 전하자 기도하던 성도들이 그 말을 믿지 못할 정도로 놀라운 기도의 응답이 이루어졌다. "저회가 말하되 네가 미쳤다 하나 계집아이는 힘써 말하되 참말이라 하니 저회가 말하되 그러면 그의 천사라 하더라"(15절). 하나님은 성도들이 기도할 때 이와 같이 더 좋은 것, 더 큰 것으로 응답해 주신다. 솔로몬이 지혜를 구했을 때 하나님께서는 그에게 부귀와 명예, 장수까지 주셨다. "주는 이제 내게 지혜와 지식을 주사 이 백성 앞에서 출입하게 하옵소서…하나님이 솔로몬에게 이르시되…내가 네게 지혜와 지식을 주고 부와 재물과 존영도 주리니…"(대하 1:10-12)

사랑하는 성도 여러분! 초대교회 성도들이 베드로를 위해 합심해서 간절히 기도했을 때 하나님께서 더 큰 응답으로 역사해 주심을 믿고 항상 기도하는 생활을 성실히 잘 이행하는 성도 여러분이 되시기를 예수 이름으로 축원한다.

안디옥 교회의 모범
(사도행전 13:1-3)

안디옥교회는 예루살렘교회가 유대교의 대대적인 박해로 인해 성도들이 투옥을 당하고 순교를 당하는 등 이로 인해 뿔뿔히 흩어진 성도들이 모여서 세워진 교회로써 짧은 역사 속에서 모범을 보인 교회였다. 그러면 안디옥 교회의 모범이 무엇인가에 대해서 말씀을 상고하면서 함께 은혜를 나누고자 한다.

첫째, 훌륭한 일꾼들이 많이 배출된 교회였다.

"안디옥 교회에 선지자들과 교사들이 있으니 곧 바나바와 니게르라 하는 시므온과 구레네 사람 루기오와 분봉왕 헤롯의 젖동생 마나엔과 및 사울이라"(1절). 여기에 등장된 이 인물들은 모두 훌륭한 일꾼들이다. 훌륭한 일꾼이란 예수 믿는 그 날로부터 능동적이고 긍정적인 사고방식을 가지고 신앙생활을 하는 사람이다. 예수 믿는 그 날부터 '나는 크리스챤이다, 나는 하나님의 일꾼이다. 하나님이 나를 택해 주셨다' 이러한 사명감을 가지고 열심으로 하나님의 일을 하면서 신앙생활을 하는 사람은 하나님의 은혜를 빨리 체험하고 신앙이 빨리 성장하는 것을 볼 수 있다. 반면에 10년, 20년을 예수 믿어도 하나님의 일을 하지 않는 성도는 신앙이 병들거나 미지근한 상태에 있는 것을 본다. 그래서 예수님은 마태복음 28:19에 "그러므로 너희는 가서 모든 족속으로 제자를 삼으라"고 말씀했다. 우리가 교회를 위해서 열심히 기도하고, 봉사하며, 전도하고, 충성을 다할 때 모범된 교회, 훌륭한 일꾼들이 될 수 있다.

둘째, 성령이 통치하는 교회였다.

"주를 섬겨 금식할 때에 성령이 가라사대"(2절). 모범된 교회는 성령의 통치를 받는 교회이다. 우리가 주를 섬기는데 있어서 '내 뜻, 내 의견, 내 경험, 내 방법'을 앞세워서는 안된다. 성령의 지배를 받을 때만이 하나님의 역사가 일어난다. 우리는 오직 성령의 인도를 받아야 한다. 우리 인간이 아무리 남보다 뛰어난 재능과 경험이 있다 할지라도 성령을 능가할 수는 없다. 그래서 우리가 성령의 통치를 받기 위해서는 '성령이여, 나를 지배하여 주옵소서'라고 기도해야 한다. 안디옥 교회는 오직 성령의 지배를 받아 일사불란하게 움직였던 것을 볼 수 있다. 성령은 곧 중생력, 생명력, 폭발력, 전진력, 축복력 등을 가지고 있다. "오직 하나님이 성령으로 이것을 우리에게 보이셨으니 성령은 모든 것 곧 하나님의 깊은 것이라도 통달하시느니라"(고전 2:10).

셋째, 주를 섬겨 금식하며 기도하는 교회였다.

"주를 섬겨 금식할 때에 성령이 가라사대 내가 불러 시키는 일을 위하여 바나바와 사울을 따로 세우라 하시니 이에 금식하며 기도하고 두 사람에게 안수하여 보내니라"(2-3절). 우리 생활 가운데에는 먼저 할 일과 나중에 할 일, 비중을 크게 둘 일과 작게 둘 일이 있다. 우리는 주를 섬기는 일에 우선 순위를 두어야 한다. "너희는 먼저 그의 나라와 그의 의를 구하라 그리하면 이 모든 것을 너희에게 더하시리라"(마 6:33). 안디옥 교회 성도들이 주를 섬겨 금식하며 기도하는 일에 전심전력 했을 때 ① 성령의 지시가 임하게 되었다. ② 주의 일이 많이 생기게 되었다. "부지런하여 게으르지 말고 열심을 품고 주를 섬기라"(롬 12:11). ③ 하나님의 사명자가 일어나게 되었다. 그래서 바나바와 바울을 선교사로 파송하게 되었다.

사랑하는 성도 여러분! 안디옥 교회는 훌륭한 일꾼들이 많이 배출되고 성령이 통치하는 교회였으며, 주를 섬겨 금식하면서까지 기도하는 모범된 교회였다. 우리도 이 모범된 교회를 본받아 모범된 교회가 되고, 모범된 성도 여러분이 되시기를 예수 이름으로 축원한다.

하나님의 일꾼
(사도행전 13:20-23)

본문 말씀은 비시디아 안디옥에서 사도 바울이 예수님을 증거하는 설교를 하는 가운데 사무엘상 16:6-13의 말씀을 인용하여 이새의 아들 다윗을 설명하는 말씀이다. 여기에 보면 이새의 아들 중에서 이스라엘의 새로운 왕을 세우시는 하나님의 종 사무엘의 사역이 기록되어 있다. 하나님께서 사무엘을 통하여 다윗에게 기름을 부어 왕으로 인치신 다음에 이 사람은 내 마음에 합한 사람이라고 증거해 주셨다. 이 말씀과 같이 지금 이시대에는 다윗과 같이 하나님의 뜻에 합한 일꾼이 절대적으로 필요하다. 이새에게는 8명의 아들이 있다. 그 가운데에는 출중한 아들들도 있었을텐데, 일곱 형제를 모두 제하고 막내인 소년 다윗을 하나님께서 이스라엘의 새로운 임금, 새로운 일꾼으로 선택하신 데에는 반드시 하나님의 경륜과 이유가 있을 것이다. 그러면 왜 하나님께서 다윗을 그 많은 형제 가운데서 선택하셔서 인치시고 기름 부으셔서 하나님의 일꾼으로 삼으셨는가에 대해서 말씀을 상고하면서 함께 은혜를 나누고자 한다.

첫째, 다윗은 열심있는 사람이었다.

하나님께서 사무엘을 통해서 사울을 폐하시고 다윗으로 하여금 이스라엘의 왕으로 세우실 때 다윗은 기쁨의 춤을 추는 열심을 보였다. 뿐만 아니라 그는 매사에 적극적이고 긍정적이며, 진취적인 열심을 보였다. 우리도 하나님의 뜻에 합한 일꾼이 되기 위해서는 다윗과 같이 열심있는 사람이 되어야 하겠다. 주님께서는 요한계시록 3:15, 16에 차지도 아니하고 더웁지도 아니한 라오디게아교회를 향하여 책망했다. 우리는 주님을 위해서 항상 열심을 내되 무엇보다도 중요한 열심은 하나님의 복음을 전파하는 선교에 대한 열심을 내야되겠다. "너는 말씀을 전파하라 때를 얻든지 못 얻든지 항상 힘쓰라"(딤후 4:2). "부지런하여 게으르지 말고 열심을 품고 주를 섬기라"(롬 12:11).

둘째, 다윗은 순종하는 사람이었다.

순종의 생활은 우리 성도들에게 있어서 가장 중요한 미덕 가운데 하나이다. '역천자(逆天者)는 망(亡)하고 순천자(順天者)는 흥(興)한다'는 고사숙어가 있듯이 하나님의 뜻을 순종해야만 나라가 잘되고, 사회가 잘되며, 가정도 잘되고, 개인도 잘 된다. 우리 그리스도인들은 하나님께 순종하는 것은 물론이요, 사람에게도 순종을 해야 된다. 자식은 부모에게, 학생은 스승에게, 성도는 교역자에게, 국민은 국가나 정부에게 주 안에서 순종해야 된다. 순종하는 가운데 질서가 유지된다. 다윗은 순종을 잘하다가 이스라엘의 왕이 되었다.

셋째, 다윗은 믿음의 사람이었다.

히브리서 11:1-2에 보면 "믿음은 바라는 것들의 실상이요 보지 못하는 것들의 증거니 선진들이 이로써 증거를 얻었느니라"고 말씀했다. 믿음에 대한 확실한 증거를 얻어야만 하나님의 종으로써의 사명을 잘 감당할 수 있는 것이다. 히브리서 11:6에 보면 "믿음이 없이는 기쁘시게 못하나니 하나님께 나아가는 자는 반드시 그가 계신 것과 또한 그가 자기를 찾는 자들에게 상주시는 이심을 믿어야 할지니라"고 말씀했다. 히브리서 11:4이하에 보면 믿음으로 승리한 선진들을 소개하면서 32절에 보면 "내가 무슨 말을 더하리요 기드온, 바락, 삼손, 입다와 다윗과 사무엘과 및 선지자들의 일을 말하려면 내게 시간이 부족하리로다"라고 말씀했다.

신앙은 불가능을 가능으로 바꾸게 하고(마 17:14-20), 인간에게 평안과 소망을 주며, 인간으로 하여금 의롭다함을 얻게 하는 것이다. 우리는 순수하고 복음적인 신앙을 소유해야 되겠다.

사랑하는 성도 여러분! 다윗과 같이 하나님의 뜻에 합한 일꾼이 되면 하나님께서 아브라함에게 주신 축복을 오늘날도 베풀어 주신다. 아브라함이 받은 축복은 ① 신앙의 축복 ② 건강의 축복 ③ 물질의 축복 ④ 자손의 축복이었다. 여러분도 다윗과 같이 열심있는 사람, 순종하는 사람, 믿음의 사람이 되어서 하나님의 뜻에 합한 일꾼으로 인정받아 아브라함이 받은 축복을 받으시기를 주의 이름으로 축원한다.

하나님의 마음에 합한 사람(1)
(사도행전 13:22)

사람이 누구에게나 신임을 받을 수 있다는 것은 매우 중요한 일이다. 제자가 선생에게, 자식이 부모에게, 부하가 상관에게 인정과 신임을 받을 수 있게 될 때에 그 사람은 많은 임무를 부여 받을 수 있으며 또한 사랑과 총애를 겸하여 받게 되는 것이다. 그러나 이보다 더 중요한 사실은 전능하신 하나님의 마음에 합한 자가 되어 하나님 앞에 인정을 받는 사람이 되는 것이다. 오늘 읽어드린 본문 말씀을 보면 하나님이 사울을 폐한 후 다윗을 왕으로 세우셨을 때에 그에 대하여 증거하시기를 "내가 이새의 아들 다윗을 만나니 내 마음에 합한 사람이라 내 뜻을 다 그에게 이루게 하리라"고 하였다. 그러면 이 다윗은 어떻게 하여 하나님의 마음에 합한 사람으로 인정을 받게 되었는가에 대해서 세 가지 내용을 말씀 드리겠다.

첫째, 다윗은 하나님의 뜻을 좇은 사람이었기 때문이다.

다윗은 아브라함의 14대 손으로 태어난 이새의 8째 아들로서 얼굴빛이 붉고 눈이 빼어난 아름다운 용모를 가지고서(삼상 16:12) 하나님의 뜻이라면 무조건 순종하며 살았던 사람이었다. 이 사실에 대해 사도행전 13:36에 기록하기를 "다윗은 당시에 하나님의 뜻을 좇아 섬기다가 잠들었다"고 하였다.

그는 하나님의 뜻을 좇아 사는 것이 그의 소원이었고 그의 지표였기 때문에 그가 범죄하여 하나님의 뜻을 거역하였을 때에는 눈물로 벼개와 침상을 적시며 회개하였었고, 또 하나님 앞에 간구하기를 "주는 나의 하나님이시니 나를 가르쳐 주의 뜻을 행케 하소서"(시 143:10)라고 몸부림치며 간구한 것을 볼 수가 있다.

인간은 주님의 뜻을 좇기에 부족한 것이 너무나 많다. 그러나 하나님은 인간이 간구하며 부르짖을 때마다 환경과 여건을 초월할 수 있는 능력으로 도와 주시며 주님의 뜻을 좇아 살아갈 수 있도록 붙잡아 주시는 것이다.

그런고로 주님이 가르쳐 주신 기도 가운데에도 "뜻이 하늘에서 이룬것 같이 땅에서도 이루어지이다"라고 기도를 가르쳐 주신 것이다.

친애하는 성도 여러분, 오늘도 우리 하나님은 인생들의 약한 것을 고쳐 주시는 하나님이시다. 저는 다리, 어그러진 길, 삐뚤어진 마음, 옹졸한 마음, 부정적인 마음, 소극적인 마음, 어두웠던 발자취, 험악했던 인생길을 혈기 많은 베드로도, 나태했던 유두고도, 탕녀같은 고멜도, 불순종의 요나도, 금송아지 종된 아론, 탕자같은 모든 인생들을 주님은 오늘도 주님의 품으로 불러 모아 주시어 성령의 권능을 힘입어 새롭게 하여 주시고 계신다.

사랑하는 성도 여러분, 우리가 이 땅에서 한평생 살아가는 동안 오직 주의 뜻만 이루도록 주님의 능력의 손 굳게 붙잡고 살아가자. "내 임금 예수 내 주여 이 마음과 몸은 이미 그 보배 피로 값주고 친히 사신 몸이오니 나 이제 사나 죽으나 주 뜻만 좇게 하소서" 아-멘

둘째, 다윗이 하나님 마음에 합한 자 된 것은 그가 부지런한 사람이었기 때문이다.

사무엘 선지가 이새의 집을 방문했을 때에도 다른 일곱 형제들이 다 집에 있었으나 다윗만은 어린 몸으로 들에 홀로 남아 양을 지키고 있었던 것을 보면 다윗이 얼마나 부지런하였던 자였는지를 보여 주고 있다. 그리고 사도행전 13:36 말씀에서는 그가 얼마나 하나님을 부지런히 섬겼나 하는 모습을 그려 볼 수가 있다.

하나님은 부지런한 자에게 큰 사명을 부여해 주시며 또한 보람된 삶을 누리게 하여 주신다. 우리는 부지런해야 한다. 부지런한 자에게는 가난도, 질병도, 염려도, 불안도 틈타지 못하며 진실로 주님을 위한 부지런한 자에게는 삶의 기쁨을 누리게 하여 주시는 것이다.

괴테는 말하기를 "열성만이 인생을 영원하게 만든다"고 하였고, 영국의 노벨수상자인 애플턴은 그가 성공한 물리학 연구에 대해 말하기를 "나의 과학적 연구의 성공은 나의 전문적인 기술에서 보다 도리어 열성을 상위에 두고 싶다"고 말하였다. 올바른 일에 열심을 다하는 것은 매우 귀한 일이다. 성경은 말씀하시기를 천국도 힘쓰는 자가 빼앗는다(마 11:12) 하였고

신앙의 자세도 열심을 품고 주를 섬겨야 된다고 하였다.
하나님도 국가도 교회도 사회도 열심있는 사람을 요구하고 있다. 열심있는 사람은 하나님의 마음에 합한 자가 되는 것이다.

셋째, 다윗이 하나님의 마음에 합한 자 된 것은 여호와의 신으로 크게 감동을 입은 사람이었기 때문이었다.

인간이 최고의 지식으로 자신을 연마하고 수만가지 경험으로 덕을 쌓았다 할지라도, 하나님의 성령을 힘입지 않고서는 하나님의 깊으신 뜻을 깨달을 수가 없을 뿐 아니라 하나님께서 기뻐하시는 열매를 맺혀 드릴 수도 없는 것이다. 그런고로 육으로 난 인간이 신령하신 하나님의 거룩하신 뜻을 이루어 드리기 위하여서는 반드시 육이 영에게 사로잡힘을 받아 하나님의 선하시고 기뻐하시고 온전하신 뜻이 무엇인가를 깨달아 발견해야 하며 또한 그 일을 능히 감당하게 하시는 하나님의 성령으로 충만함을 입어야 하는 것이다.

그런고로 초대교회 일곱 집사를 선택할 때에도 성령과 지혜가 충만하여 칭찬 듣는 사람을 선택하라고 하였고, 에베소서 5:18 말씀에는 "술 취하지 말라 이는 방탕한 것이니 오직 성령의 충만을 받으라"고 하였다. 신약교회의 탄생은 바로 마가 다락방에 모여 열심으로 기도하던 120문도에게 임한 오순절 성령의 강림으로부터 시작되었으며 복음 전파의 대역사와 부흥역사도 성령충만의 역사에서 일어나게 되었던 것이다.

사랑하는 여러분! 삭막한 광야에서 시냇물이 흐르고 메마른 대지 위에 생수가 솟아 오르듯 양심마저 메말라 가는 차가운 민심의 소용돌이 속에서 성령의 불로 충만함을 받아 갈급한 심령이 깨어지고 터져서 강같은 평화와 샘솟는 기쁨으로 변화를 받아 하나님의 마음에 합한 자가 되어 하나님의 크신 뜻을 온 세상 땅끝까지 전파하며 믿음의 길에서 힘있게 살아 가야겠다. 할렐루야!

하나님의 마음에 합한 사람(2)
(사도행전 13:21-23)

구약 성경속에 기록된 이스라엘의 역사에 나타난 인물 중 유독 하나님의 마음에 들었던 한 사람이 있었으니 그가 바로 다윗이었다. 그는 유다지파 베들레헴 이새의 아들로써 이스라엘 왕국의 제2대 왕이었던 다윗은 8형제 중 막내 아들로 태어났다.

사무엘상 16:11에 보면 그는 이새의 가정의 말째 아들이라고 했고 양을 지키는 자라고 했다. '말째'란 가장 어린자라는 뜻으로써 그의 존재는 그 가문에서 별로 두드러지지 않았음을 암시해주는 말이기도 하다. 그런고로 하나님께서 예선하신 이스라엘의 왕을 세우는 절차를 위해 선지자 사무엘을 이새의 가정에 보냈을 때 그 아비 이새는 일곱 아들을 그 앞에 다 지나가게 했으나 다윗은 보이지 않았던 것이다. 그런데 하나님께서는 그를 양치는 자리에서 택하셨다. 그러면 이새의 가문에서 별로 두드러짐이 없는 다윗을 하나님께서 그의 무엇이 하나님의 마음에 드셔서 이스라엘의 제2대 왕으로 삼으셨는지 성경속에 나타난 그의 신앙과 인격을 살펴보면서 우리 모두의 거울로 삼고자 한다.

첫째, 여호와 하나님의 이름을 존중히 여기는 사람이다.

하나님께서 모세를 통하여 주신 십계명 중에 "너는 너의 하나님 여호와의 이름을 망령되이 일컫지 말라. 나 여호와의 이름을 망령되이 일컫는 자를 죄 없다 하지 아니하리라"(출 20:7)고 하셨다. 여호와의 이름을 망령되이 일컫는 자는 바로 신앙이 없는 자요, 여호와의 이름을 존중히 여기는 자는 그 말씀을 그대로 순종하며 모든 영광을 오직 하나님께만 돌리는 참 신앙의 사람의 행위인 것이다.

(1) 다윗은 블레셋의 장군 골리앗이 이스라엘의 군대 곧 사시는 하나님의 군대를 모욕하는 것을 듣고 분개하였다(삼상 17:26-36).

소년 다윗은 어버지의 명을 따라 양을 치는 일을 했다. 사자나 곰같은 사나운 짐승이 습격해 오면 그것을 쳐죽여 생명을 내걸고 양을 지킨 목동으로서의 임무에 충실했다.

다윗은 그곳에서 골리앗의 오만불손한 도전을 받고 마음에 끓어 오르는 하나님 사랑, 민족과 국가를 사랑하는 의분, 하나님께서는 반드시 자기를 통하여 이스라엘의 치욕을 제거해 주실 것을 확신한 믿음을 가지고 "너는 칼과 창과 단창으로 내게 오거니와 나는 만군의 여호와의 이름 곧 네가 모욕하는 이스라엘 군대의 하나님의 이름으로 네게 가노라…"(삼상 17:45-47)라고 외치며, 물매로 돌을 던져 골리앗의 이마를 치니 돌이 그 이마에 박혀 땅에 엎드러져 죽게 함으로 이스라엘에 승리를 안겨 주었다. 온 국민이 공포에 떨고 형과 왕이 냉담한 가운데도 신앙으로 간증하면서 왕이 하사한 무장도 벗어버리고 '존귀하신 여호와의 이름'을 앞세운 신앙의 만능의 사람이었기 때문에 그는 하나님의 마음에 꼭 드는 사람이 되었고 여호와 하나님은 이러한 다윗과 함께하심으로 큰 승리자가 될 수 있었던 것이다.

(2) 여호와의 법궤가 다윗성(예루살렘성)에 들어 올 때 춤을 추며 기뻐하였다(삼하 6:16).

다윗은 용맹이 있는 자일 뿐 아니라 음악에도 재질이 뛰어나 능숙한 수금 연주가이기도 했다. 악신이 들려 광적인 병에 시달렸던 사울도 다윗의 수금 연주를 듣는 순간 상쾌하여 낫고 악신이 그에게서 떠나기까지 했었다. 다윗은 이스라엘의 제2대왕으로 등급하게 되었다. 그러나 무엇보다 먼저 다윗은 하나님의 궤를 다윗성으로 옮겨오는 것이 가장 큰 소원이었다.

법궤는 여호와 하나님의 임재를 상징하는 것이므로 그것을 운반하여 오는 것을 가장 기쁘고 복된 일이었던 것이다. 이는 다윗이 하나님 제일주의의 사람이요, 말씀을 사랑하는 믿음의 사람임을 잘 나타내 주고 있는 것이다. 그리하여 하나님의 궤를 위하여 처소를 예비하였고 또한 찬양대를 총동원하여 법궤 운반 행사에 참여토록 하였다.

이같은 법궤 운반의 장엄한 행렬이 다윗성으로 들어올 때 다윗은 너무 기쁘고 감사하여 여호와 하나님 앞에서 어린아이 같이 뛰며 춤을 추며 기뼈하였던 것이다. 이는 곧 여호와를 영접하는 기쁨이요, 영광이었기 때문이다. 이처럼 다윗은 어떤 상황, 어떤 위치에서나 여호와의 이름을 존귀히 여기는 일에 앞장섰던 하나님의 마음에 꼭 드는 사람이었던 것이다.

둘째, 회개할 줄 아는 사람이다(시 51)

회개란 하나님이 기뻐하시지 않는 일이나 장소를 과감히 떨쳐버리고 떠나는 자세를 말한다. 하나님의 형상대로 지음받은 인간은 하나님으로부터 무한한 축복을 부여받았다. "생육하고 번성하여 땅에 충만하라. 땅을 정복하라. 바다의 고기와 공중의 새와 땅의 움직이는 모든 생물을 다스리라"(창 1:27-28).

그러나 실수가 많은 것 또한 인간이다(약 3:2). 다윗 역시 우리와 성정이 같은 사람인고로 실수, 범죄, 심지어 강간, 살인까지 자행한 사람이었다. 하나님께서는 선지자 나단을 보내셔서 우리아를 죽이기까지 하면서 자신의 죄를 숨기려 했던 다윗의 죄를 책망했다. 이때 다윗은 즉시 자신의 잘못을 깨닫고 "내가 여호와께 죄를 범하였노라"고 명백하고 솔직하게 아무런 변명도 없이 즉각 회개하였으며, 하나님의 징계에 대하여는 7일 동안이나 금식하며 땅에 엎드려 밤새도록 자신을 쳐서 낮추면서 오로지 하나님의 긍휼을 의지하면서 그 뜻만을 기다렸던 것이다. 한 나라의 왕으로 일개 백성 나단 앞에서 부끄러움을 무릅쓰고 철저히 회개한 그 모습은 하나님이 참으로 사랑하시는 모습이다. 하나님의 마음에 꼭 드는 모습인 것이다. 그런고로 주님께서도 사람이 죄를 범하면 일흔 번씩 일곱 번이라도 용서하라(마 18:22)고 교훈하셨다.

지극히 높으시고 영화로우시며 인자와 긍휼이 풍성하신 여호와 하나님께서는 반드시 선한 길, 의의 길, 축복의 길로 인도하신다. 왜냐하면 여호와의 이름을 존귀히 여기고 그 말씀에 의지하여 순종하며 항상 경성하여 깨어 있는 자를 다윗처럼 사랑하시기 때문이다. 할렐루야!

옥중에서 드려진 바울의 기도
(사도행전 16:25)

인생은 누구나 많은 문제를 안고 이 세상을 살아가고 있다. 마치 옥중에 갇혀있던 사도 바울처럼 숱한 사연들에 사로잡혀 시달림과 몸부림으로 탈출구를 찾아 헤매이고 있는 자들을 수없이 찾아볼 수 있다. 어떤 자는 인간과 물질을 의지해 보기도 하고, 어떤 자는 고도로 발달된 인간의 지식과 권세를 의지해 보기도 한다. 그러나 이 모든 것들이 인간의 사슬을 끊어주지 못하며 죄와 질병, 가난과 고난, 죽음과 심판, 사탄의 올무에서 벗어나게 하여 주지를 못하는 것이다.

사도 바울은 점치는 귀신을 내어쫓고 복음 전파한 죄로 빌립보 옥중에 갇혀있게 되었을 때 몸은 비록 쇠사슬에 얽매여 있었지만 그는 오직 하나님께 기도한 것을 보게 된다. 그러면 옥중에서 드려진 바울의 기도는 어떠한 기도였으며, 그 기도로 말미암은 기적과 역사가 무엇이었던가에 대해서 말씀을 상고하면서 우리들의 신앙 자세를 기도생활 속에 확립하는 말씀으로 삼고자 한다.

첫째, 옥중에서 드려진 바울의 기도는 옥터를 뒤흔들고 결박의 사슬을 부숴 놓은 기적의 기도였다.

사도행전 16:25에 밤중쯤 되어 바울과 실라가 기도하고 하나님을 찬미할 때에 홀연히 큰 지진이 나서 옥터가 움직이고 문이 곧 다 열리며 모든 사람의 매인 것이 다 벗어졌다고 하였다. 그렇다. 하나님은 기도하던 바울에게 옥문을 무너뜨리고 옥중의 악조건을 모조리 뒤집어 놓아 주셨다.

오늘날 많은 사람들은 현대병을 앓고 있으며, 창살없는 옥중에서 몸부림치고 있다. 백주대로를 활보하고 있으나 마음은 먹장 같이 어둡고, 오곡진미와 육식으로 육신은 비대해져 가고 있으나 영혼은 기갈속에 굶주려 가고 있으며, 오리지날 밍크에다 금은 보석 값진 패물로 몸은 감고 있으나 의의 옷은 다 낡아 영적 거지꼴이 된 자들이 얼마나 많이 활보하고 있음을 보게 된다. 무엇으로 이 어둡고 답답하고 질식된 상태의 감옥속에서 헤어날 수가 있겠는가? 이 유일의 방법은 바로 기도이다. 기도는 하나님께 구원의 손을 내어 미는 행위요, S·O·S의 타전을 보내 드리는 것이다. 하나님은 언제나 하나님을 향하여 기도하는 자에게 긴급조치 비상대책을 취하사 사탄과 죄악의 장벽을 깨뜨려 주시며 인생을 괴롭게 하는 모든 장벽과 얽매인 사슬들을 모조리 깨뜨려 주시는 것이다.

둘째, 옥중에서 드려진 바울의 기도는 멸망받을 간수의 영혼을 구원의 자리로 이끌어준 구령의 기도였다.

얼마 전까지만 하여도 바울과 실라를 죄수로 다스리며 옥문을 지키던 간수가 갑자기 일어난 옥중의 기적을 보고 두려움과 떨림으로 외치며 말하기를 "선생들아 내가 어떻게 하여야 구원을 얻으리까"라고 애원하게 되었다. 그때 사도 바울은 멸망의 그늘에서 떨고 있는 간수를 향해 "주 예수를 믿으라 그리하면 너와 네 집이 구원을 얻으리라"고 하였다(행 16:31). 이 말을 들은 간수는 날이 새기도 전에 바울과 실라를 자기의 집에 데려다 놓고 맞은 자리를 씻겨준 다음 자기의 그 권속의 주님을 영접하여 다 세례를 받고 구원의 축복을 받게 되었던 것이다.

기도는 이처럼 멸망받은 자를 구원의 길로 인도하는 엄청난 결과를 가져오게 하는 것이다. 우리는 나 자신이 구원받게 된 것을 만족하고 감사하는 동시에 다른 사람의 영혼 구원을 위해 기도해야 한다. 모세는 동족 구원을 위해 기도하였으며, 사도 바울도 골육친척의 구원을 위해 끊임없이 기도한 것을 보게 된다. 스코틀랜드의 종교개혁자 존 낙스(John Knox)는 말하기를 "네가 생명을 사랑하거든 기도를 사랑하라"고 하였다. 기도는 죄의 사슬에 얽매인 영혼들을 구원하여 내는 유일의 채널인 것이다.

셋째, 옥중에서 드려진 바울의 기도는 기쁨과 평강을 가져다 준 축복의 기도였다.

독일의 시인 괴테는 말하기를 "태양이 비치면 먼지도 빛이난다"고 하였다. 인생이 비록 어둡고 답답하고 괴로움의 티끌에 묻혀있는 자라 할지라도 하나님의 밝은 조명에 싸이클만 맞추게 되면 어두움의 공포들은 순식간에 사라지고 하나님의 평강으로 넘치게 함을 받을 수 있게 된다. 빌립보 옥중에 일어난 사건들을 보면 옥중에서 부르짖은 바울의 기도가 있은 후 모든 환경은 180도로 뒤바뀌어지게 되었다. 바울과 실라는 얽매인 결박에서 해방을 받게 되었고 간수의 집에는 구원의 놀라운 기쁨이 넘치게 되었다. 사도행전 16:33에 보면 간수가 밤중에 바울을 자기 집에 영접하고 온 집안이 하나님을 알게 됨으로 기쁨이 넘치게 되었다고 하였다. 뿐만 아니라 바울을 괴롭히고 감금했던 관원들이 바울을 내어 보내며 이제는 나가서 평안히 가라고 환대하여 주었다.

성도 여러분, 행여나 여러분은 바울이 옥중에서 결박되어 있었듯이 죄와 근심, 질병, 고통, 가난, 부지, 염려, 불안이라는 옥중에 얽매여 있는 자는 아니 계신가? 지금 곧 영의 문을 활짝 제치고 주님께 기도하라. 기도는 바로 여러분을 얽어매는 옥문을 부셔 주시며, 영과 육을 구원하여 주실 뿐 아니라 기쁨과 평안 승리와 소망으로 이끌어 주심을 받게하여 주신다. 사랑하는 성도 여러분, 오늘도 성령님의 뜨거운 조명 아래서 승리하시기를 기원한다. 할렐루야!

복된 가정
(사도행전 16:25-34)

빌립보라고 하는 도시에 감옥에서 죄수들을 지키는 한 간수가 있었다. 어느날 그가 감옥을 지키고 있는데 큰 지진이 나서 자다가 깨어 옥문들이 열린 것을 보고 죄수들이 다 도망한 줄 생각하여 칼을 빼어 자결하려고 했다. 그때 죄수 바울이 크게 소리질러 "네 몸을 상하지 말라. 우리가 다 여기 있노라"고 하니 그 간수는 등불을 달라고 하여 뛰어들어가 무서워 떨면서 바울과 실라 앞에 엎드려 저희를 데리고 나가 "선생들아, 내가 어떻게 하여야 구원을 얻으리이까?"라고 구원을 요청했다. 그러나 바울과 실라는 "주 예수를 믿으라. 그리하면 너와 네 집이 구원을 얻으리라"라고 주의 말씀을 그 사람과 그 집에 있는 모든 사람에게 전했다. 그 간수는 주의 말씀을 듣고 그들을 데려다가 그들의 매맞은 자리를 씻기고 자기와 그 권속이 다 세례를 받은 후 저희를 데리고 자기 집에 올라가서 음식을 차려주고 저와 온 집이 하나님을 믿었으므로 크게 기뻐하는 복된 가정이 되었던 것이다. 그러면 복된 가정이 되려면 어떻게 해야 하는가에 대해서 말씀을 상고하면서 함께 은혜를 나누고자 한다.

첫째, 가정에 신령한 은혜가 넘쳐야 한다.

우리는 흔히 생각하기를 무직자의 가정보다는 일정한 직업이나 직장을 가진 가정이 복이 있다고 생각한다. 그러나 아무리 좋은 직장과 좋은 집을 가진 가정이라 할지라도 그것만으로 복된 가정이라고 단정하기는 어려운 것이다. 오늘 본문에 나오는 간수는 이러한 조건이 다 구비되어 있는데도 불구하고 사도들 앞에 엎드려 구원을 요청했다. 인간의 만족과 행복은 외형적인 것에 있는 것이 아니라 깊은 내면에 있는 것이다. 보다 깊은 영혼속에 영적인 신령한 만족이 있어야만이 참 행복을 느낄수가 있는 것이다. 신령한 은혜는 받으면 받을수록 만족스럽고 행복한 것이다. 행복한 가정, 복된 가정이 되려면 이 신령한 은혜가 가정에 넘쳐야만 하는 것이다.

둘째, 가정에 죄가 없어야 한다.

아담과 하와 가정에 죄가 없을 때는 참으로 행복한 가정이었다. 그런데 그들이 하나님 앞에 범죄했을 때에 온갖 고통이 왔고 그 가정에 살인하는 죄까지 들어오게 되었던 것이다. 옛날 이스라엘 백성이 광야에서 하나님을 불신하고 원망하다가 불뱀들에게 물려서 그 독성으로 많은 사람들이 죽어 갔다. 오늘날 인류는 불뱀 마귀에게 물려 죄의 독에 중독이 되어 있다. 가정에 죄악이 들어오게 되면 불행한 가정이 되고 마는 것이다. 복된 가정이 되려면 하나님과 사람 앞에 죄가 없는 가정이 되어야 한다.

셋째, 온 가족이 주 예수를 믿어야 한다.

"주 예수를 믿으라. 그리하면 너와 네 집이 구원을 얻으리라"(31절). 인간의 죄를 대신 갚아 주시기 위해 십자가에 달려 죽으신 주 예수님, 믿고 회개하는 자의 죄를 용서해 주신 예수님을 믿으면 가정에 들어온 죄도 물러가고 용서를 받아 복된 가정이 될 수 있는 것이다. 가정 뿐만 아니라 개인, 사회, 국가, 인류를 멸망케 하는 죄의 중독에서 해독되는 길은 오직 주 예수 그리스도를 믿는 것 뿐이다.

불뱀의 독에 중독이 되어서 죽어가던 모든 사람들이 장대 끝에 높이 매달아 놓은 구리뱀을 쳐다볼 때에 다 살아났던 것처럼 어떠한 죄에 중독이 되어 있는지 간에 살아나는 길은 십자가에 못박혀 피흘려 돌아가신 그 예수님을 바라보는 그 길밖에 없는 것이다. 오늘 본문에 나타난 간수의 가정처럼 온 가족이 예수를 구주로 믿어야 한다. 온 식구가 주 예수를 구주로 믿고 날마다 주의 말씀과 기도로 신령한 은혜속에 살아간다면 이보다 더 복된 가정이 없을 것이다. 우리의 가정 뿐만 아니라 우리의 이웃들도 주 예수를 믿어 구원받는 가정이 될 수 있도록 힘써 전도해야 한다.

사랑하는 성도 여러분! 복된 가정이 되려면 가정에 신령한 은혜가 넘쳐야 하고, 죄가 없어야 하며, 온 가족이 주 예수를 믿어야 한다. 성도 여러분의 모든 가정이 다 복된 가정이 되시기를 주의 이름으로 축원한다.

기도의 위력
(사도행전 16:35-40)

기도는 신앙생활의 기본 요소로써 놀라운 위력을 가지고 있다. 아무리 신앙연조가 깊고 신앙이 좋은 사람이라 할지라도 기도를 하지 않으면 신앙은 아무 힘이 없다. 그러나 기도를 열심히 하는 성도는 그에게 맡겨진 사명을 능력있게 잘 감당한다. 또한 열심히 기도하는 성도는 항상 그 입에서 나오는 말이 은혜롭고 다른 사람에게 유익을 주며 주의 뜻을 전달한다. 그러나 기도를 안하는 성도는 항상 부정된 말이나 불평된 말을 하며 신앙이 병들어 자기도 손해보고 다른 사람에게도 영적으로 엄청난 상처를 주는 경우가 있다. 그러면 기도는 어떠한 위력이 있는가에 대해서 말씀을 상고하면서 함께 은혜를 나누고자 한다.

첫째, 기도는 상태를 변화시킨다.

바울과 실라는 복음을 전하다가 죽도록 얻어 맞고 감옥에 갇혀 착고에 채이게 되었다. 모든 것을 포기할 수 밖에 없는 상황에 놓여 있었으나 그들은 밤중쯤되어 기도하고 하나님을 찬미했을 때 하나님께서는 그들의 상태를 놀랍게 변화시켜 주셨다. 갑자기 큰 지진이 나서 옥터를 움직이고 옥문이 다 열리며 쇠사슬이 풀어졌다. 뿐만 아니라 간수가 예수를 믿게 되고 상관들은 아전을 보내어 간수에게 그들을 풀어주라고 했다. 이와 같이 기도는 상태를 변화시키는 위력이 있는 것이다.

이 세상을 살아가는 동안에 우리도 이러한 상황에 처할 수 있다. 마태복음 5:11-12에 보면 "나를 인하여 너희를 욕하고 핍박하고 거짓으로 너희를 거스려 모든 악한 말을 할 때에는 너희에게 복이 있나니 기뻐하고 즐거워하라 하늘에서 너희의 상이 큼이라 너희 전에 있던 선지자들을 이같이 핍박하였느니라"고 말씀했고, 디모데후서 3:12-14에 보면 "무릇 그리스도 예수 안에서 경건하게 살고자 하는 자는 핍박을 받으리라…그러나 너는 배우고 확신한 일에 거하라"고 말씀했다. 우리는 어려운 일을 당할수록 하나님께 더욱 간절히 기도해야 된다.

둘째, 기도는 고난의 역경에서 승리를 가져오게 한다.

바울이 감옥에서 풀려 나올 수 있게 된 것은 그가 기도했기 때문이다. 다윗은 깊은 함정과 수렁의 고난에 처해 있을 때 다음과 같이 기도했다. "내가 설 곳이 없는 깊은 수렁에 빠지며 깊은 물에 들어가니 큰 물이 내게 넘치나이다…나를 수렁에서 건지사 빠지지 말게 하시고 나를 미워하는 자에게서와 깊은 물에서 건지소서"(시 69:2, 14) 여기에서 수렁에 빠졌다는 것은 정글과 같은 수렁이 아니라 자기생활 가운데 이중 삼중으로 부딪히는 수렁에 빠졌다는 말이다. 또한 우리가 질병의 고난에 처할 경우에는 "나는 너희를 치료하는 여호와임이니라"(출 15:26)라는 말씀을 믿고 하나님을 더욱 더 잘 섬기며(출 23:25), 병낫기를 위하여 서로 기도(약 5:16)해야 된다.

셋째, 기도는 영의 일을 지속시킨다.

본문에 나오는 불신자들이 바울과 실라를 감옥에 가두었던 것은 영의 일을 못하게 하기 위해서였다. 사탄은 영의 일을 못하도록 방해한다. 그래서 기도를 많이 하면 영의 일이 많이 생기고 기도를 게을리하면 세상일만 많이 생기는 법이다.

영의 일이란 ① 복음을 전파하는 것이다. 마태복음 28:19-20에 "그러므로 너희는 가서 모든 족속으로 제자를 삼아 아버지와 아들과 성령의 이름으로 세례를 주고 내가 너희에게 분부한 모든 것을 가르쳐 지키게 하라"고 말씀했다. ② 교회의 지체의 사명을 다하는 것이다. 사도 바울은 골로새서 1:24에 "그리스도의 남은 고난을 그의 몸된 교회를 위하여 내 육체에 채우노라"고 말씀했다. ③ 주의 종의 일에 잘 협력하는 것이다. 기도로써 복음 전파에 소요되는 모든 일에 함께 동참하는 것이다.

사랑하는 성도 여러분! 기도는 상태를 변화시키고, 고난의 역경에서 승리를 가져오게 하며, 영의 일을 지속시키는 놀라운 위력이 있다. 항상 기도에 힘써서 이러한 기도의 위력을 체험하시는 기도의 용사들이 다 되시기를 주의 이름으로 축원한다.

하나님은 어떤 분이신가?
(사도행전 17:16-31)

바울에게 역사하신 하나님, 그가 체험하고 확신있게 전했던 하나님은 과연 어떤 분이신지 우리도 함께 그 하나님을 모시고 그 뜻대로 살면서 한 평생을 보람되게 승리하는 삶이 되시기를 바란다.

첫째, 하나님은 천지만물의 창조주이시다.

당시 헬라철학에서 열심히 논의되었던 문제가 바로 '만물'이었다. 탈레스(Thales)는 "만물의 근원은 물"이라고 했고, 앙지멘스(Anxi-menes)는 "공기"라고 했으며, 헤라크레이토스(Herakleitos)는 "만물은 유전한다"라고 외치는 그 이론이 판을 치고 있었던 당시 특히 아덴에는 약 3만이 넘는 신들이 있었고, 신들의 기쁨과 행복을 위해서는 인간의 희생도 불사했던 그곳에서 바울은 "만물은 하나님이 지으신 것"이라고 명확하고 힘있게 외쳤던 것이다.

이세상에는 그 어느 것도 스스로 존재하거나 다른 것들을 존재하게 할 수도 없으며 그 어떤 것도 하나님과 관계없이 생겨난 것도 없고 하나님과 무관하게 존재할 수 있는 것도 없다.

그런고로 성경은 하나님께서 무(無)에서 말씀으로 만물을 창조하셨다고 했고(창 1:2), 하나님은 천지만물의 근원이 되신다(롬 11:36)고 하였다. 의사가 현미경을 통하여 육안으로는 볼 수 없는 지극히 작은 미생물을 살필수 있듯이 모든 인생들은 반드시 겸손한 신앙의 눈을 통하여서만 창조주 하나님을 바라볼 수 있게 되는 것이다.

피조물인 어느 것도, 사람이 만든 어떤 것도 절대로 우리의 신앙의 대상이 될 수 없다. 그것은 우상숭배인 것이며 우상숭배는 반드시 하나님의 진노의 대상이 된다(출 20:2-6).

둘째, 하나님은 인간의 창조자이시다.

하나님은 사람에게 생명과 호흡을 주셨을 뿐만 아니라 만물의 영장이 되게 하셔서 그 만물을 지배하는 권세까지 주셨다. 더더욱 하나님은 형상을 따라 그 모양대로 창조하셨다는 사실이다. 그리고 모든 것을 다 창조하신 후 창조를 완결짓는 마지막 피조물로 사람을 지으셨던 것이다.

창조계의 모든 만물 중에 유독 하나님을 닮은 인간, 가장 우월하게 지음받은 인간, 축복을 약속받은 인간, 이같이 귀하게 지음받은 우리는 하나님께 대하여 어떠한 삶을 살아야 하겠는가?

하나님과의 계약을 이행하면서(창 2:17), 하나님을 찬양하고 경배하면서(전 12:13), 말씀대로 순종하면서(계 1:3), 십자가를 날마다 지면서(눅 9:23), 세상의 소금, 세상의 빛으로서(마 5:13-16) 살아야만 하는 것이다.

셋째, 하나님은 나와 항상 함께 하시는 분이시다.

소경이 자기 눈이 어두워 보이지 않는다고 해서 태양의 존재를 부인할 수 없듯이 인간이 자신의 믿음의 눈이 뜨이지 않은고로 체험할 수 없는 살아계신 하나님의 존재를 부인할 수는 없는 것이다.

민족의 흥망성쇠와 그 연대를 정하시며 거주의 경계를 결정하시는 하나님은 사람 개개인에게로 시간을 정해주셔서 그 시간의 흐름속에서 살게 하신다. 그리고 섭리하시고 인도하시고 보호하신다.

그런고로 이스라엘의 성군(聖君) 다윗은 "여호와는 나의 목자시니 내가 부족함이 없으리로다…내가 사망의 음침한 골짜기로 다닐지라도 해를 두려워하지 않을 것은 주께서 나와 함께 하심이라 주의 지팡이와 막대기가 나를 안위하시나이다"(시 23:1-4)라고 노래했으며, 이스라엘 백성의 회개를 위해 눈물로 호소했던 눈물의 선지자 예레미야는 "여호와는 천지에 충만하시다"(렘 23:24)라고 말씀하였다. 그렇다. 무소부재(無所不在)하신 하나님은 선한 목자가 되셔서 항상 내곁에서 인도하시고 보호하시며 위로와 소망을 주신다.

우리가 어떤 시련속에서 주님은 결코 우리를 외면하시지 않으신다. 지치고 곤하여 주저앉으려 할 때는 주님이 나를 업으시고 전진하신다는 사실이다. 주님은 결코 나를 떠나 계시지 않는다.

넷째, 하나님은 회개를 촉구하시는 분이시다.

모든 우주를 초월해 계신 영원하신 하나님은 인생의 연약함을 긍휼히 여기시며 심판보다는 회개의 때를 기다리시는 자비로운 분이다. 그런고로 "알지 못하던 시대에는 허물치 아니하셨고"라고 했고 베드로 사도는 "사랑하는 자들아 주께는 하루가 천 년 같고 천 년이 하루 같은 이 한 가지를 잊지 말라 주의 약속은 어떤이의 더디다고 생각하는 것같이 더딘 것이 아니라 오직 너희를 대하여 오래 참으사 아무도 멸망치 않고 다 회개하기에 이르기를 원하시느니라"(벧후3:8-9)고 하였다. 그러나 예수 그리스도께서 세상에 오셨고, 그가 인류의 죄를 대속하셨고, 그 복음의 메시지 "하나님이 세상을 이처럼 사랑하사 독생자를 주셨으니 이는 저를 믿는 자마다 멸망치 않고 영생을 얻게 하려 하심이니라"(요 3:16), "주 예수를 믿으라. 그리하면 너와 네 집이 구원을 얻으리라"(행 16:31), "회개하라, 천국이 가까웠느니라"(마 4:17)하신 말씀이 온 세상에 울려 퍼졌기 때문에 "이제는 어디든지 사람을 다 명하사 회개하라"고 명령하셨다. 그리고 인간이 회개해야 할 이유는 회개란 복음의 시대에 사는 사람들의 가장 큰 의무인 동시에 하나님의 심판의 때가 정해져 있기 때문이다.

인간이 무슨 죄를 지었든지 회개하기만 하면 즉각, 그리고 값없이 자유함을 받는다. 복음은 모든 믿는 자에게 구원을 주시는 하나님의 능력이기 때문이다. 그런고로 사랑하는 성도 여러분 우상숭배의 허탄한데서 창조주 하나님께로 돌아서자.

개인, 가정, 국가의 모든 일들을 절대 주권자, 지금도 함께 하시는 선한 목자되시는 하나님께 맡겨 보자. 그리고 믿으라. 또한 인자하신 하나님 앞에서 비둘기처럼 순결하게 양처럼 온유하게 살아보자. 반드시 축복의 길, 승리의 길이 열릴 것이다. 할렐루야!

회장당 그리스보의 가정
(사도행전 18:8)

'가정은 교회 안에 또 교회이다' (죤 칼빈).
"가정은 고달픈 인생의 안식처요 사랑이 싹트는 곳이다" (쉐이브).
'정다운 가정이 없으면 온 세상이 유할지라도 커다란 감옥에 지나지 않는다' (A 카울러).
하나님께서는 인간을 창조하실 때에 가정의 축복을 주셨다. 에덴동산에서 부터 주님이 오시는 날까지 가정을 하나의 작은 교회처럼 하나님이 보살피시고 사랑하시는 것을 성경에서 찾아 볼 수 있다. 성경에 보면 모범된 가정들이 많이 나오는데 그중에서 회장당 그리스보의 가정을 상고하면서 말씀의 은혜를 나누고자 한다.

첫째, 높은 지위를 가졌으나 경건하게 산 가정이었다.

본문에 나오는 '그리스보' 라는 사람은 유대인의 회당장이라는 아주 중요한 직책을 가지고 높은 지위에 있었지만 심히 경건한 자였다. '경건' 이란 말은 ① 하나님께 대한 순종 ② 올바른 행동 ③ 하나님께 대한 존경 ④ 하나님께 대한 헌신 이라는 네 가지 의미를 가지고 있다.

경건한 삶은 어떤 위치에서도 하나님의 위로와 소망으로 채워 주심을 믿으시기 바란다. "육체의 연습은 약간의 유익이 있으나 경건은 범사에 유익하니"(딤전 4:8). "하나님 아버지 앞에서 정결하고 더러움이 없는 경건은 곧 고아와 과부를 그 환난중에 돌아보고 또 자기를 지켜 세속에 물들지 아니하는 이것이라"(약 1:27). "주께서 경건한 자는 시험에서 건지시고"(벧후 2:9).

둘째, 온 집으로 더불어 하나님을 섬긴 가정이었다.

"또 회당장 그리스보가 온 집으로 더불어 주를 믿으며"(행 18:8). 온 집으로 더불어 하나님을 믿는 가정은 참으로 행복한 가정이다. 고린도전서

1:14에 보면 그리스보가 사도 바울에게 세례를 받았다. 여러분 가정이 신앙의 궤도에 들어서려면 가족이 모두 세례를 받는데까지 들어가야 한다. 그리하면 든든한 신앙의 가정으로 세워 주신다. 그리고 아직 예수를 온 가족이 믿지 않는 가정은 "주 예수를 믿으라 그리하면 너와 네 집이 구원을 얻으리라"(행 16:31). 이 말씀을 믿고 기도하여 온 가족이 예수 믿는 날이 속히 오기를 주의 이름으로 축원한다.

셋째, 신앙의 사수를 위하여 회당장 지위까지 버리고 최후까지 신앙을 지킨 가정이었다.

사도행전 18:17에 보면 회당장이 소스데네로 바뀌었다. 그 이유는 유대인의 회당장이 예수를 믿게 되니까 그 자리에 쫓겨난 것이다. 그리스보는 회당장의 자리에서 쫓겨나면서까지도 끝까지 신앙을 지켰다. 성도는 신앙을 위해서 친구를 잃어버릴 때도 있고, 부귀 영화도 버려야 될 때도 있으며, 우리가 좋아하는 것들을 다 버려야 할 때도 있다.

그리스보의 가정은 뿌리있는 신앙과 결단있는 신앙을 소유하여 최후까지 승리한 신앙의 가정이었다. 그리하여 성경에 기록되게 되었으며 주님의 복음이 전파되는 곳마다 그의 가정도 전파되는 축복을 받았다.

사랑하는 성도 여러분!

회당장 그리스보의 가정을 본받아 항상 경건하게 사는 가정, 온 가족이 하나님을 섬기는 가정, 최후까지 결코 예수를 버리지 않고 신앙을 잘 지키는 축복된 가정 되시기를 주의 이름으로 축원한다.

바울의 모범
(사도행전 20:17-27)

사람에게는 단점도 있고 장점도 있다. 그런데 어떤 사람은 남의 장점만 보는 사람이 있는가 하면, 어떤 사람은 남의 단점만 보는 사람이 있다. 또 자기 자신에 대해서도 어떤 사람은 자신의 단점만 생각하면서 자포자기하는 사람이 있고, 어떤 분은 하나님이 자기에게 주신 장점을 개발하여 활용하고 살려서 더 큰 꿈을 가지고 앞으로 전진하는 사람이 있다.

바울은 단점도 많고 장점도 많은 사람이다. 그의 단점은 혈기가 많고 교만하여 예수 믿는 사람들을 잡아다가 죽이는데 앞장서서 진두 지휘한 점이 단점이었다. 반면에 그의 장점은 다메섹 도상에서 예수님을 만나 변화된 후 복음을 전한 것이다. 그러면 바울의 모범이 무엇인가에 대해서 말씀을 상고하면서 함께 은혜를 나누고자 한다.

첫째, 겸손과 눈물이 있는 것이었다.

"내가 항상 너희 가운데서 어떻게 행한 것을 너희도 아는 바니 곧 모든 겸손과 눈물이며…"(18-19절上). 겸손이란 자신의 연약함을 의식할 때 자기 마음속에 일어난 감정의 표현이다. 바울은 고린도전서 15:9에 자신을 가리켜서 "나는 사도 중에 지극히 작은 자라"고 말할 정도로 겸손한 사람이었다. 또한 그에게는 영혼을 사랑하는 눈물, 은혜에 대한 감격의 눈물, 자신의 부족함을 깨닫고 회개하는 눈물이 있었다. 시편 126:6에 보면 "울며 씨를 뿌리러 나가는 자는 정녕 기쁨으로 그 단을 가지고 돌아오리로다"라고 말씀했다. 예레미야 선지자는 자기 백성을 위해서 밤새도록 눈물을 흘렸고, 예수님은 인류를 구원하시기 위해서 겟세마네 동산에서 눈물을 흘렸다. 우리도 사도 바울처럼 복음을 전하기 위한 겸손과 눈물이 있어야 되겠다.

둘째, 모진 시험중에도 주를 섬긴 것이었다.

"유대인의 간계를 인하여 당한 시험을 참고 주를 섬긴 것과…"(19절下) 일이 잘될 때 주를 섬기기는 쉽겠지만 모진 시험 중에 있을 때 주를 섬기기란 그리 쉽지는 않다. 바울은 이방사람이 아닌 자기 동족 유대인들에게 시험을 당했다. "순종치 아니하는 유대인들이 이방인들의 마음을 선동하여 악감을 품게 하거늘…"(행 14:2). "유대인들이 안디옥과 이고니온에서 와서 무리를 초인하여 돌로 바울을 쳐서 죽은 줄로 알고 성 밖에 끌어 내치니라"(행 14:19). 바울은 이러한 모진 시험 중에도 좌절하지 않고 주님을 더 잘 섬겼다. 시험이란 헬라어에 보면 '연단하다, 단련시키다, 알아낸다' 라는 뜻이 있다. 하나님께서는 우리가 하나님 앞에 합당하게 쓰임받게 하시기 위해서 때때로 우리를 아브라함 처럼 혹은 욥처럼 시험하신다. 그런 때일수록 우리는 더욱더 주님을 잘 섬겨야 된다.

셋째, 자기의 맡은 사명을 위해서 목숨을 내 놓았던 것이었다.

"나의 달려갈 길과 주 예수께 받은 사명 곧 하나님의 은혜의 복음증거하는 일을 마치려 함에는 나의 생명을 조금도 귀한 것으로 여기지 아니하노라"(24절). 바울은 자기가 맡은 사명 곧 하나님의 복음을 증거하는 일을 위해서 목숨을 내놓고 최선을 다했다. 슈바이처나 리빙스톤은 이 사명을 감당하기 위해 아프리카 대륙에서 가서 목숨을 내놓고 복음 전했다. 우리가 받은 사명은 하나님이 주신 것으로써 그 누구도 대신해 줄 수 없다. 우리도 바울을 본받아 목숨을 내놓고 열심을 다해 복음을 전해야 되겠다.

사랑하는 성도 여러분!

사도 바울은 겸손과 눈물로 모진 시험 중에도 주를 섬기면서 자기의 맡은 사명을 위해서 목숨을 내놓고 복음을 전하여 우리에게 모범을 보여 주었다. 여러분도 사도 바울을 본받아 열심으로 복음을 전하여 맡은 사명을 잘 감당하시는 성도 여러분이 되시기를 주의 이름으로 축원한다.

사도 바울의 생애
(사도행전 20:17-26)

사도 바울은 초대교회시대에 선교의 주역이었다. 본문에 보면 사도 바울이 제3차 전도여행을 끝마칠 무렵 밀레도에서 전에 자기자신이 개척하고 목회했던 에베소교회의 장로들을 초청하여 이제 다시는 못만날 것을 전제하면서 최후로 권면했던 것을 알 수 있다.

신약 27권 가운데 14권을 기록한 사도 바울은 참으로 위대한 생애를 살았다. 그는 디모데후서 4:6-8에서 그의 신앙을 고백했다. 그러면 사도 바울의 생애에 대해서 말씀을 상고하면서 함께 은혜를 나누고자 한다.

첫째, 하나님의 말씀에 사로잡힌 생애였다.

"보라 이제 나는 심령에 매임을 받아 예루살렘으로 가는데 거기서 무슨 일을 만날는지 알지 못하노라 오직 성령이 각 성에서 내게 증거하여 결박과 환난이 나를 기다린다 하시나"(22-23절). 사도 바울은 다메섹 도상에서 부활하신 예수님을 만난 이후부터 그의 일생을 통해서 하나님의 능력의 말씀에 사로잡혀 살았다. 예루살렘에 올라가면 붙잡혀 멸시와 핍박과 죽임을 당할 줄 뻔히 알면서도 하나님의 말씀에 사로잡힌 사도 바울은 담대하게 예루살렘을 향하여 올라가기로 결단했던 모습을 볼 수 있다.

하나님의 말씀은 살아있는 무한한 능력이 있다.

히브리서 4:12에 보면 "하나님의 말씀은 살았고 운동력이 있어 좌우에 날선 어떤 검보다도 예리하여 혼과 영과 및 관절과 골수를 찔러 쪼개기까지 하며 또 마음의 생각과 뜻을 감찰하나니"라고 말씀했고, 누가복음 1:37에는 "대저 하나님의 말씀은 능치 못하심이 없느니라"고 말씀했으며, 마태복음 4:4에 보면 "사람이 떡으로만 살 것이 아니요 하나님의 입으로 나오는 모든 말씀으로 살 것이라"고 말씀했다.

둘째, 사명감에 충만한 생애였다.

"나의 달려갈 길과 주 예수께 받은 사명 곧 하나님의 은혜의 복음 증거하는 일을 마치려 함에는 나의 생명을 조금도 귀한 것으로 여기지 아니하노라"(24절). 사도 바울은 하나님께로 부터 부여받은 복음전도의 사명을 감당하기 위해서 혼신의 힘과 정성을 다하였다.

그는 복음전파를 위해서 얼마나 많은 환난과 핍박을 당했는지 모른다. "내가 수고를 넘치도록 하고 옥에 갇히기도 더 많이 하고 매도 수없이 맞고 여러 번 죽을 뻔 하였으니…이외의 일은 고사하고 오히려 날마다 내 속에 눌리는 일이 있으니 곧 모든 교회를 위하여 염려하는 것이라"(고후 11:23-28). 빌립보서 1:20-21에 보면 "나의 간절한 기대와 소망을 따라 아무 일에든지 부끄럽지 아니하고 오직 전과 같이 이제도 온전히 담대하여 살든지 죽든지 내 몸에서 그리스도가 존귀히 되게 하려 하나니 이는 내게 사는 것이 그리스도니 죽는 것도 유익함이니라"고 말씀했다. 우리도 사도 바울과 같이 사명감에 충만한 삶을 살아야 한다.

셋째, 성령의 충만함을 받고 성령의 인도함을 받는 생애였다.

사도 바울은 전적으로 성령의 인도함을 받은 생애였다. 사도행전 16:6-10에 보면 그는 아시아에서 말씀을 전하고자 했지만 성령의 인도하심을 따라 마게도냐에 가서 복음을 전했던 것을 볼 수 있다. 또한 수 없이 많은 환난과 핍박 속에서도 그가 담대히 복음을 전할 수 있었던 것은 성령이 충만했기 때문이다.

그는 성령이 충만한 자는 ① 죄와 사망에서 해방을 받고(롬 8:2), ② 거듭나게 되며(요 3:3), ③ 예수 그리스도를 구주로 확실히 깨닫게 되고(고전 12:12), ④ 거룩하게 되며(롬 15:16), ⑤ 기쁨이 충만하고(롬 14:10), ⑥ 진리 가운데로 인도함을 받으며(요 16:13), ⑦ 분별력이 있어서 이단종파에 빠지지 않고(고전 2:14), ⑧ 하나님의 자녀됨을 확실히 깨닫게 되며(롬 8:16), ⑨ 성령의 9가지 열매를 맺게 되고(갈 5:22-23,) ⑩ 권능을받아(행 1:8), ⑪ 복음을 전할 수 있는 능력의 사람(행 13:4)이 된다.

사랑하는 성도 여러분! 성령의 충만함을 받고 성령의 인도함을 받는 생애를 살아 빛을 발하는 성도 여러분이 되시기를 예수 이름으로 축원한다.

모범된 삶을 산 사람
(사도행전 20:17~38)

오늘 본문은 사도 바울이 제3차 전도여행의 대부분인 3년이란 기간을 밤낮 쉬지않고 눈물로 모든 힘을 기울여 전도했던 에베소를 급한 여정으로 인하여 들리지 못하고 밀레도에서 사람을 보내어 에베소교회의 장로들을 청하여 이제 예루살렘으로 들어가면 다시 만날 기회가 없는 순교를 각오한 마지막 고별 설교를 한 내용이다. 특별히 여기에는 바울 자신의 삶의 자세가 잘 나타나 있다. 그러면 우리가 본받아야 할 모범된 바울의 삶의 자세에 대해서 함께 은혜를 나누고자 한다.

첫째, 가르침과 삶이 일치한 삶이었다(17-18절).

밀레도에서 에베소까지는 3일간이나 된다. 선교 여정이 급한 바울은 직접 에베소에 가지 못하게 되어 부득이 에베소교회 장로들을 청하였다. 평소 모범적인 삶을 살았던 존경하는 지도자였기에 그들은 그의 명령에 즉각 순종하였던 것이다. 그뿐만 아니라 바울은 중요한 순간에는 언제나 가르침과 삶이 일치한 자신의 실생활을 증거삼는 일이 종종 있기도 하다.

"내가 그리스도를 본받는 자 된 것같이 너희는 나를 본받는 자 되라"(고전 11:1). "그러므로 내가 너희에게 권하노니 너희는 나를 본받는 자 되라"(고전 4:16). "형제들아 너희는 함께 나를 본받으라"(빌 3:17). "우리가 너희 믿는 자들을 향하여 어떻게 거룩하고 옳고 흠없이 행한 것에 대하여 너희가 증인이요 하나님도 그리하시도다"(살전 3:10). 이처럼 자신의 실생활에 의거하여 상대방에게 호소할 수 있다는 것은 가르침과 삶이 일치한 자만이 담대히 말할 수 있는 것이며, 이러한 사람이야말로 참으로 행복한 사람이 아닐 수 없다.

둘째, 겸손한 삶이었다(19절).

'사랑'이 예수 그리스도의 가르침의 전부요, 율법의 총체라면 '겸손'은 그 바탕이 되는 것이다. 그런고로 우리 성도들의 겸손의 삶은 곧 사랑을 실천하는 고귀한 삶인 것이다.

특히 바울은 일찍이 말하기를 "나는 사도 중에 지극히 작은 자"(고전 15:9)라고 했고, "나의 나된 것은 하나님의 은혜로 된 것이니…내가 모든 사도보다 더 많이 수고하였으니 내가 아니요 오직 나와 함께하신 하나님의 은혜로다"(고전 15:10)라고 했으며, "죄인 중에 내가 괴수"(딤전 1:15)라고도 하였다. 그렇다고 해서 바울이 무명인(無名人)이 되었는가? 무식자(無識者)로 낙인이 찍혔는가? 그가 정말로 죄인으로 취급받았는가? 아니었다. 그 깊은 신앙과 그의 훌륭한 인격과 아름다운 일상의 생활이 본이 되고 있는 것이다.

셋째. 물욕이 없는 청렴결백한 삶이었다.

탐심은 항상 자기 것에 만족하지 못하고 더 많이 가지려는 억제할 수 없는 욕망에서 비롯되는 가장 어리석은 것이다. 바울은 "내가 아무의 은이나 금이나 의복을 탐하지 아니하였고"(33절)라고 했다. 은, 금, 의복은 고대 사회의 중요한 재산이었다. 그러나 바울은 어떤 사람의 물건도 탐내지 아니하였다. 오직 자족(自足)한 삶을 살았던 것이다.

성경에 보면 물욕 때문에 실패한 자들이 많이 있다. 아합왕은 나봇의 포도원을 탐하여 탈취했다가 비참하게 전사하였고(왕상 21장, 22장), 아간은 노략한 물건 중 시날산 아름다운 외투 한 벌과 은 이백 세겔과 금덩이 오십 세겔을 탐내어 장막 안에 감추고 있다가 자신과 처자와 모든 제물이 돌더미 속에서 불태움을 받았으며(수 7:20-26), 가룟 유다는 3년이나 따라다니며 지도받은 스승 예수님을 은 삼십에 팔아 넘겼다가 스스로 목매어 죽었고(마 26:14-16, 27:5), 엘리사의 사환 게하시는 엘리사 몰래 거짓말하여 은 두 달란트와 옷 두 벌을 취하여 집에 감추었다가 영원토록 문둥병의 형벌을 받았던 것이다(왕하 5:23-27).

넷째. 사명에 충실한 삶이었다(24절).

사람에게는 각각 사명이 있다. 설혹 다른 사람이 나보다 더 나은 일을 할 수는 있다 해도 나에게 주어진 사명은 대신할 수도 없고 대신 하지도 못하는 것이다. 그런고로 나에게 맡겨진 사명이니 내가 받은 은혜를 남에게 넘겨 줄 수는 없는 것이다. 부여된 자신의 사명을 올바로 깨달아 그것을 완수해야만 하는 것이다. 이러한 자만이 참된 행복과 만족을 누리며 항상 기뻐하는 삶을 살 수가 있는 것이다.

하나님께서는 우리들의 부모를 통해 너무나도 좋은 것을 축복으로 주셨다. 몸을 주셨다. 지혜를 주셨다. 재능을 주셨다. 그런고로 우리는 이 모든 것을 부여된 사명을 위해 귀하게 사용해야만 한다.

바울은 끊임없이 오직 주님만을 위해 충성했는 데도 불구하고 그 결과로 나타난 것은 결박과 환난이 기다리고 있는 상황이었다. 그러나 이런 현실 앞에서 바울은 자기 생명을 조금도 귀한 것으로 여기지 않았다고 했다(행 20:22-24).

사랑하는 성도 여러분! 나는 지금까지 어떠한 삶을 살아 왔는가?

모든 강물이 다 바다로 흘러들어도 바다는 채워지지 않는다. 눈은 보아도 만족함이 없다. 그런고로 일부 부유층의 꼴사나운 모습만 탓하지 말자. 질서의식과 도덕성이 땅에 떨어진 사회라고 그 누구도 원망하지 말자.

이스라엘의 성군(聖君) 다윗은 여호와 하나님께 한 가지 일을 구하였는데 '여호와의 아름다움을 앙망하며 그 전에서 사모하게 하는 것'이라고 했다. 우리 모두가 이 소원을 가지고 산다면 반드시 언행일치(言行一致)의 삶을 살게 된다. 나보다 남을 낫게 여기며 겸손한 삶을 살게 된다. 항상 성령이 충만하여 육체의 욕심을 이루지 아니하는 삶을 살게 된다. 지극히 작은 일에도 충성하여 맡겨진 사명을 잘 완수하는 삶을 살게 된다. 이러한 개인, 가정 사회가 되도록 우리 모두 전능하신 여호와 하나님께 간구하자.

바울의 사명관
(사도행전 20:23)

사명이란 말은 '디아코니아'($\delta\iota\alpha\kappa o\nu\iota\alpha$)라는 말로서 '지워진 바 임무' 또는 '섬기는 일', 직분을 말하는 것인데 사도 바울은 주님의 부르심을 받은 그 이후로부터 그의 전생은 사명에 불을 태운 생애로서 살게 되었음을 볼 수 있다.

첫째, 사도 바울은 자기에게 메워진 사명이야말로 주 예수께 받은 사명임을 확신하였다.

그런고로 그는 "나의 달려 갈길과 주 예수께 받은 사명"(행 20:24)이란 말을 강조하면서 그는 자신의 일생을 통해 주께 받은 사명을 위해 충성을 다하며 살았던 것이다.

친애하는 성도 여러분, 여러분이 이 세상에 사는 동안 가장 존귀하고 보람된 삶을 살아가기를 원한다면 여러분의 전 생애의 프로그램이 주님의 사명을 위한 설계로 바꾸어 질 수 있기를 바란다. 로마의 시인 클라우디아누스(Claudianus)는 말하기를 "무엇을 할 수 있다고 생각하지 말고 무엇을 해야 할 것인가를 생각하며 사명감이 네 마음을 지배하도록 하라"고 하였다.

하나님은 사명이 투철한 자를 불러 크게 쓰시며 또한 큰 인물이 되도록 축복하여 주시는 것이다. 그리고 성경말씀 안에는 사명 또는 소명이란 말이 흔히 사용되어 있는데, 히브리어와 헬라어 원본에 20여번 이상이 나타나 있기도 한 것이다. 그리고 성경 말씀에 나타낸 '부르다' 라는 동사와 '부르심' 이라는 명사는 하나님에 의한 부르심을 의미하고, 또한 이 부르심을 성령을 통해 그 효력을 나타내고 있는 것이다.

우리가 주님의 부르심을 받고 주님의 사명을 위해 역사해 나아갈 때 때로는 역경과 고난, 핍박과 환난이 부딪쳐 오기도 하나 이 사명이 주께로부터 부여된 것인 만큼 주님께서는 반드시 사명자와 함께 하여 주시고 그 사역속에 친히 개입하여 주심으로 반드시 승리를 가져오게 하여 주시는 것이다. 그런고로 우리가 크던 작던 그리스도를 위하여 각자가 일할 수 있는 삶이야말로 주님께로부터 축복의 사명임을 알고 크게 감사하면서 주님께 충성을 다해야 하겠다.

둘째, 사도 바울은 자기가 받은 사명이야말로 바로 은혜의 복음을 땅 끝까지 증거해야 될 일임을 확신하였다(행 20:24).

여기 본문에 나타난 '은혜의 복음' '토 유앙겔리온 테스 칼리토스'(τὸ εὐαγγελιον της χριτος)란 말은 오직 은혜의 복음 하나만을 의미하는 말인데 이 은혜의 복음은 오직 죄인인 인간이 예수 그리스도의 십자가 구속을 믿음으로써만이 구원되는 복음임을 말하는 것이다. 사도 바울은 오직 자신의 전 생애를 이 순수한 은혜의 복음만 전하기로 깊이 명심하며 다짐하게 되었다. 복음에는 반드시 순수성이 지녀져야 된다.

하나님의 복음속에는 인간의 어떠한 논리도 개입될 수는 없는 것이다. 성경말씀은 이 복음을 가르쳐서 천국 복음(마 24:14), 구원의 복음(엡 1:13), 평안의 복음(엡 6:15), 화평의 복음(엡 10:36), 은혜의 복음(행 20:24), 복되신 하나님이 영광의 복음(딤전 1:11), 하나님의 아들 예수 그리스도의 복음(막 1:1), 백성에게 전할 영원한 복음(계 14:9)이라고 말씀하였다.

구원함을 받은 그리스도인의 가장 큰 사명은 바로 이 복음을 만민에게 전파하는데 있는 것이다. 그런고로 주님은 마태복음 28:18 말씀에 "하늘과 땅의 모든 권세를 주고 내가 너희에게 분부한 모든 것을 가르쳐 지키게 하라"고 하였다. 복음전파는 바로 하나님께서 그리스도인에게 내리신 지상최대의 명령인 것이다.

그런고로 그리스도의 복음을 받은 모든 자들은 신령한 영의 눈을 뜨고 멸망받을 저 불쌍한 영혼들을 내다보면서 복음의 나팔을 쉬지 않고 불어야 하겠으며, 신령한 눈을 밝히 뜨고 곡식이 익어진 추수할 밭을 넓게 바라보며 조금도 지체하지 말고 곧 나가서 낫을 휘둘러 추수를 해야 하겠다.

셋째, 사도 바울은 이 귀중한 사명을 다해 나가기 위하여 자신의 목숨을 조금도 아끼지 않기로 결심하였다.

본문 24절에 보면 "나의 달려갈 길과 주 예수께 받은 사명 곧 하나님의 은혜의 복음 증거하는 일을 마치려 함에는 나의 생명을 조금도 귀한 것으로 여기지 아니하노라"고 하였다. 이 말씀의 깊은 뜻은 자기가 자기 자신을 위해서는 자기 생명조차도 가치있는 계산에 넣지 않고 자기 자신을 가치없는 것으로 결단하고 하나님의 복음을 증거하기로 결심하였던 것이다. 주님은 말씀하시기를 "누구든지 제 목숨을 구원코자 하면 잃을 것이요 누구든지 나를 위하여 제 목숨을 잃으면 찾으리라"고 하였다.

오늘날 현대인은 세상을 얻고 그리스도와 생명을 잃은 자가 있으며 또한 세상을 잃었으나 그리스도와 생명을 찾은 자가 있다. 미국의 억만장자인 '하워드 휴스'가 생명없는 물질만 붙잡고 살다가 어느날 일류호텔속에 들어가 20억불을 남겨두고 죽었을 때에 미국 뉴스윅 타임즈에 대서특필하기를 어느 하나 돌아다 보지 않는 그의 싸늘한 시체를 앞에 놓고 장례를 치루어 주는 목사님 한 분이 관뚜껑 위에다 손을 얹고 기도하기를 "하나님 하워드 휴스가 빈손 들고 왔으니 빈손 들고 갑니다. 불쌍히 여겨주옵소서"라고 기도를 드림으로 장례식을 마쳤다고 하였다.

이 세상에서 길이요, 진리요, 생명이신 그리스도 없이 살아가는 인생은 살아 있는 것 같으나 실상은 죽은 자와 같으며 그리스도를 위해서 생명을 바쳐 사는 자는 바로 목숨을 얻은 자이며 영원한 생명을 소유한 자인 것이다.

사랑하는 성도 여러분! 험한 세상길에 방황하지 말고 그리스도 안에 있는 생명과 사명의 길에서 승리하시기를 주님의 이름으로 축원한다.

오직 한 길
(사도행전 20:24)

인생의 한평생 살아가는 길에는 숱한 사연들과 엇갈래처럼 셀 수 없는 수많은 길들이 놓여 있다. 밝은 길, 어두운 길, 넓은 길, 선한 길, 악한 길, 축복의 길, 저주의 길, 먼 길, 가까운 길, 이러한 수 많은 갈림 길들이 인생을 복잡하게 만들어 주고 있다. 그런고로 인생은 마치 무대위에서 자기의 배역을 잃고 허둥거리는 배우와 같이 이정표를 잃어버리고 방황과 표류속에 침류되어 살아가는 인생들이 수없이 많은 것을 보게 된다. 그러나 오늘 본문에 기록한 신앙의 사람 사도 바울은 인생삶의 뚜렷한 푯대를 바라보며 살아갈 수 있었고 오직 한길을 기쁨과 소망 중에서 담대하게 살아갈 수가 있게 되었다. 그러면 바울이 걸어간 오직 한 길은 무엇이었는가에 대하여 찾아보기로 하겠다.

첫째, 바울이 걸어간 오직 한 길은 성령에 사로잡힌 길이었다.

사도행전 20:22 말씀에 보면 "보라 이제 나는 심령에 매임을 받아 예루살렘으로 간다"고 하였다. 여기 '심령'이란 말 '토 프뉴마티'($\tau\omega$ $\pi\nu\epsilon\acute{u}\mu\alpha\tau\iota$)라는 말은 '그 영' 즉 성령에 붙들려 있는 영을 말하며 '매임을 받았다'는 말 '데데메노스'($\delta\epsilon\delta\epsilon\mu\acute{\epsilon}\nu o s$)라는 말은 '묶인다'는 의미를 가진 말이다. 즉 바울은 성령에 묶이고 매인 길, 그 길을 걸어갔다는 말인 것이다. 우리 인간은 언제나 주의 성령이 붙잡아 주시지 아니하면 마치 기울어진 널판위에 얹어놓은 공과 같아서 사정없이 굴러 떨어지기 쉬우며 넘어지기 쉬운 존재들인 것이다.

마태복음 26:41에 보면 주님과 함께 한시동안도 깨어 기도하지 못하고 깊이 잠들고 있는 제자들을 향해 예수님께서는 기도하시다가 세 차례나 오셔서 깨워주었지만 또 다시 졸며 자고 있을 때 주님께서 말씀하시기를 "너희가 나와 함께 한시 동안도 이렇게 깨어 있을수 없더냐 시험에 들지 않게 깨어 있어 기도하라. 마음에는 원이로되 육신이 약하도다"라고 하였다. 인간의 육신이란 엷은 종이 조각같이 찢어지기 쉽고 인간의 마음이란 우무같이 녹아지기 쉬운 약한 존재들이다. 오직 성령으로 사로잡힘을 받을 때만이 강건하게 살아갈 수 있게 되는 것이다. 그런고로 사도 바울은 오직 한 길, 성령에 사로잡힌 길을 감사하며 기쁨으로 걸어갔으며 항상 성령의 도우심으로 말미암아 승리하며 살아갈 수가 있었던 것이다.

성령께서는 항상 연약한 인생이 전적으로 성령의 도우심을 구하고 의지하기만 하면 언제나 인간의 연약함을 도와 주시는 거룩하신 성령인 것이다. 바울은 로마서 8:26에 말하기를 "이와 같이 성령도 우리 연약함을 도우시나니 우리가 마땅히 빌바를 알지 못하나 오직 성령이 말할 수 없는 탄식으로 우리를 위하여 간구하신다"고 하였다.

사랑하는 성도 여러분, 우리는 항상 자신의 연약함을 주님 앞에 겸손히 시인하고 전적으로 성령에 매인바 된 삶을 살아가야 하겠다. 마틴 루커는 말하기를 악마는 인간이 약해질 때 괴로움을 안겨 준다고 하였는데, 우리가 성령으로 사로잡혀 강한자가 되면 어떠한 사탄의 궤계도 성령에 사로잡힌 자를 침해할 수 없으며 해칠 수가 없는 것이다.

둘째, 바울이 걸어간 오직 한 길은 주 예수님께 받은 사명의 길이었다.

그는 자신의 생명을 바쳐 온갖 충성을 다하고 있는 일에 대하여 사도행전 20:24에 이 길은 바로 주 예수께 받은 사명의 길이라고 강조해서 말을 하였다. 그런고로 그는 이 사명을 위해서는 자신의 생명을 조금이라도 귀한 것으로 여기지 아니한다고 하였고 최후까지 이 길에서 걸어갈 것을 다짐한 것을 보게 된다. 그리고 그는 이 귀한 사명이 자신에게서 나온 것이 아니라 이는 바로 주 예수께서 직접 부여하여 주신 사명인 것을 깨닫고 있었다.

사랑하는 성도 여러분, 여러분은 무엇을 위하여 인생을 바쁘게 살아가기를 원하는가? 만일 여러분이 하루 하루의 삶을 하나님의 사명을 위하여 살아가기만 한다면 하나님은 반드시 여러분에게 위대한 능력을 불길처럼 부어 주시며 능력의 장중에 붙잡힘 받아 주야에 역사하여 주심을 누구나 체험할 수 있게 되는 것이다. 하나님은 창조받은 인생들에게 누구에게나 하나님을 위한 사명을 부여하여 주었다.

오늘 우리가 모세가 받은 사명의 지팡이처럼 이 귀한 사명을 굳게 잡으면 능력의 지팡이가 되고 사명의 지팡이를 던져버리면 모세의 지팡이가 뱀이 된 것처럼 사탄의 기구가 되어지고 마는 것이다.

친애하는 성도 여러분, 오늘도 하나님은 여러분을 지극히 사랑하시고 축복해 주시며 하나님의 귀한 사명을 위한 복된 삶을 살아갈 수 있도록 역사하여 주심을 인하여 감사하는 마음으로 죽도록 충성하는 자 되시기를 주님의 이름으로 축원한다.

셋째, 바울이 걸어간 오직 한 길은 하나님의 말씀에 사로잡힌 길이었다.

그는 하나님의 말씀 안에서 인생이 설계되었고 또한 이 복음의 말씀을 선포하기위해 생명까지도 아끼지를 아니하였다. 말씀이 있는 곳에 생명이 있고, 말씀이 있는 곳에 축복이 있고, 말씀이 있는 곳에 성령의 역사가 있는 것이다. 말씀은 사탄을 이기는 무기이며 구원을 주시는 하나님의 능력인 것이다. 누구나 말씀안에 있으면 성령을 받게 되며 새 사람이 되어지고(요 3:35), 믿음이 생기며(행 17:1), 안위함을 얻으며(롬 15:4), 기쁨과 소망이 충만하여지게 된다(렘 15:16).

사랑하는 성도 여러분, 오늘도 사도 바울과 같이 성령에 사로 잡힌 길, 말씀안에 사로 잡힌 길, 오직 한 길을 걸어가면서 위대한 신앙의 승리자가 되시기를 주님의 이름으로 축원한다.

위기 시대가 필요로 하는 사람
(사도행전 27:9-11)

사도 바울이 가이사에게 재판을 받기 위해 '알렉산드리아호'라고 하는 배를 타고, 로마로 가는 도중 유라굴로라고 하는 광풍을 만나 배가 파선하게 되었는데, 그곳에 하나님이 필요로 하는 사람이 있었기 때문에 배에 탄 바울을 포함한 276명 전원이 무사히 멜기데섬에 상륙하게 되었다. 배가 파선된 위기의 상황에서 하나님이 꼭 필요로 하는 사람이 한 사람 있었는데, 그는 사도 바울이었다. 우리는 현재 위기의 시대를 살아가고 있다. 그러면 위기 시대가 필요로 하는 사람은 어떠한 사람인가에 대해서 말씀을 상고하면서 함께 은사를 나누고자 한다.

첫째, 금식하며 기도하는 사람이다.

"여러 날이 걸려 금식하는 절기가 이미 지났으므로 행선하기가 위태한지라 바울이 저희를 권하여"(9절). 276명이 탄 배가 파선하여 모두 죽을 수밖에 없는 위기 상황에서 죽지 않고 다 살아날 수 있었던 것은 금식하며 기도한 사람이 있었기 때문이다. 요엘 2:12에 보면 이스라엘 민족이 큰 어려움에 처했을 때 하나님께서 요엘 선지자를 통해서 이제라도 금식하며 하나님께 돌아오라고 말했다(욜 2:12).

지금 우리나라의 경제난은 갈수록 심각해져 가고 있다. 우리는 하나님 앞에 금식하며 기도해야 한다. 에스더 4:6-16에도 모르드개가 이스라엘 민족이 멸절 위기에 처한 사실을 에스더에게 전했을 때, 에스더가 모르드개에게 수산에 있는 모든 유대인을 다 모으고 금식하라고 하면서, 함께 금식하며 기도함으로 승리한 사실이 기록되어 있다.

둘째, 하나님의 마음에 합한 사람이다.

"바울아 두려워 말라 네가 가이사 앞에 서야 하겠고 또 하나님께서 너와 함께 행선하는 자를 다 네게 주셨다 하였으니"(행 27:24). 배 안에 276명이라는 많은 사람이 타고 있었지만 위기 상황에 처했을 때 하나님이 꼭 필요로 하는 사람은 하나님의 마음에 합한 사도 바울 한 사람밖에 없었다. 사도 바울이 하나님의 마음에 합한 사람이 될 수 있었던 이유는 ① 위기상황에서도 하나님의 뜻을 전달해 주었기 때문이다. "내가 너희를 권하노니 이제는 안심하라 너희 중 생명에는 아무 손상이 없겠고 오직 배뿐이리라… 그러므로 여러분이여 안심하라 나는 내게 말씀하신 그대로 되리라고 하나님을 믿노라"(행 27:22-25). ② 항상 하나님께 기도하며 하나님의 뜻과 섭리를 기다렸기 때문이다. 그는 가이사에게 재판을 받기 위해 로마로 호송되어 가는 중에도 한 번도 하나님을 원망하지 않았다. ③ 생명을 내걸고 복음을 전하는 사람이었기 때문이다. ④ 강하고 담대한 신앙으로 무장된 사람이었기 때문이다.

셋째, 하나님의 교회를 위하는 사람이다.

"배에 있는 우리의 수는 전부 이백칠십육인이러라"(행 27:37). 여기에서 배는 교회를 상징한다. 사도 바울은 하나님의 교회를 위하여 눈물과 기도로 그의 생명이 다하기까지 늘 봉사하고 사랑하며 하나님의 교회를 위해서 사는 사람이었다.

교회는 ① 주님의 몸이다. "교회는 그의 몸이니, 만물 안에서 만물을 충만케 하시는 자의 충만이니라"(엡 1:23). ② 그리스도의 신부이다. "이는 남편이 아내의 머리 됨이 그리스도께서 교회의 머리 됨과 같음이니 그가 친히 몸의 구주시니라"(엡 5:23). ③ 만민이 기도하는 집이다. "내 집은 만민의 기도하는 집이라 칭함을 받으리라고 하지 아니하였느냐"(막 11:17). ④ 하나님의 집이며(딤전 3:15), ⑤ 구원의 방주이고(히 11:7), ⑥ 죄인의 도피성(수 20:2)이기 때문이다. 그러므로 위기시대가 필요로 하는 사람은 하나님의 교회를 위하는 사람이다.

사랑하는 성도 여러분! 위기 시대가 필요로 하는 사람은 금식하며 기도하는 사람, 하나님의 마음에 합한 사람, 하나님의 교회를 위하는 사람이다. 사도 바울과 같이 위기 상황에 처했을 때 하나님이 필요로 하는 사람이 되어 위기 상황에 처한 이 시대에 가정과 교회와 나라에 유익을 주는 성도 여러분이 되시기를 주의 이름으로 축원한다.

인생 항해의 비결
(사도행전 27:9-26)

사람은 누구나 행복하게 살기를 원한다. 그래서 인생을 행복하게 사는 비결을 연구하는 학자들이 잘 먹고, 잘 입고, 적당히 쉬어야 행복한 삶을 살 수 있다고 말한다. 또 철학자들은 인간의 삶이란 이것저것 다 찍어내고 비판하는 것 보다는 뭉쳐진 모든 것을 이해하고 수용하면서 살아가는 것이 행복한 삶이라고 하고, 어떤 용감함 자들은 인생을 보다 더 자신있게 살아가는 것이 행복한 삶이라고 말하며, 어떤 사람은 즐거웠던 것은 삶에 보태고 쓰라렸던 경험은 자신을 충실히 하는 밑거름으로 삼아 눈물과 슬픔을 삼키며 살아가는 것이 행복한 삶이라고 각각 정의하고 있다.

성경은 우리 인생을 마치 바다를 항해하는 배로 비유하고 있다. 그러면 인생항해에서 승리하여 행복한 삶을 살 수 있는 비결이 무엇인가에 대해서 말씀을 상고하면서 함께 은혜를 나누고자 한다.

첫째, 하나님의 말씀이 나의 인생길에 법이 되어야 한다.

본문에 보면 276명이 배를 타고 항해하기 직전에 문제가 생긴 것을 볼 수 있다. 하나님의 사람 바울은 행선하기가 위태로운 것을 알고 항해하는 것을 말렸다. 그러나 백부장은 하나님의 사람 바울의 말보다는 선장과 선주의 말을 더 믿고 항해하다가 유라굴로 광풍을 만났다.

하나님의 법보다 인간의 경험이나 방법을 앞세우면 이러한 어려움을 만나게 되는 것이다. 우리는 항상 하나님의 법을 나의 삶의 표준으로 정하고 살아가야 한다. 시편 37:30, 31에 보면 "의인의 입은 지혜를 말하고 그 혀는 공의를 이르며 그 마음에는 하나님의 법이 있으니 그 걸음에 실족함이 없으리로다"라고 말씀했다. 마음속에 하나님의 법이 있는 사람은 실족함이 없다. 시편 119:1, 2에 보면 "행위 완전하여 여호와의 법에 행하는 자가 복이 있음이여 여호와의 증거를 지키고 진심으로 여호와를 구하는 자가 복이 있도다"라고 말씀했다.

둘째, 예수님이 나의 항로의 선장이 되어 주셔야 된다.

우리는 만경창파에 떠운 배처럼 험한 파도와 싸워야 된다. "사망의 물결이 나를 에우고 불의의 창수가 나를 두렵게 하였으며 음부의 줄이 나를 두르고 사망의 올무가 내게 이르렀도다"(삼하 22:5-6) 우리 인생길에는 이러한 고난의 물결이 있기 마련이다. 그러나 피할려고 생각하면 안된다. 험한 파도가 밀려올 때 이상한 일이 생긴 것과 같이 당황할 필요도 없다. 풍랑을 이길 자세를 갖추어야 되는 것이다. "내가 환난 중에서 여호와께 아뢰며 나의 하나님께 아뢰었더니 저가 그 전에서 내 소리를 들으심이여 나의 부르짖음이 그 귀에 들렸도다"(삼하 22:7). 어떤 사람은 피하려고만 애쓰다가 지쳐버리는 경우를 본다.

우리는 푯대로 향하여 끊임없이 전진하고 내 인생길에 주님은 선장으로 모시고 살아가야 된다. 선장되신 우리 주님은 거센 파도와 풍랑도 잔잔케 하시는 전능하신 항해사이시기 때문이다. 주님이 우리의 선장이 되어 주실 때 우리는 천국항구에 안전하게 도착될 수 있다.

셋째, 교회를 나의 인생길에 승부를 거는 축복의 처소로 알고 맡겨주신 사명에 충성을 다해야 한다.

"사공들이 도망하고자 하여 이물에서 닻을 주려는 체하고 거루를 바다에 내려 놓거늘 바울이 백부장과 군사들에게 이르되 이 사람들이 배에 있지 아니하면 너희가 구원을 얻지 못하리라"(행 27:31,32) 여기에서 배는 교회를 상징한다. 교회는 ① 주님의 몸이라고 했다. "교회는 그의 몸이니 만물안에서 만물을 충만케 하시는 자의 충만이니라"(엡 1:23) ② 주님의 피로 값주고 사신 곳이다. "값으로 산 것이 되었으니 그런즉 너희 몸으로 하나님께 영광을 돌리라"(고전 6:20). "그는 몸인 교회의 머리라"(골 1:18). ③ 천국백성이 모여서 기도하는 곳이다. ④ 하늘나라 백성의 대기소와 같다. ⑤ 믿는 자를 한 지체로 묶어 놓은 곳이다. ⑥ 하늘나라의 지점과 같다. 그러므로 우리는 주님의 몸된 교회를 위해서 충성을 다할때 주님께서 우리를 안전하게 인도해 주시는 것이다.

성도 여러분! 하나님의 말씀이 여러분의 인생길에서 법이 되게 하고, 예수님을 여러분의 항로의 선장으로 삼아 교회에서 맡은 사명에 충성하여 인생 항해에서 승리하여 행복한 삶을 사시기를 주의 이름으로 축원한다.

죽음이 생명으로 바꾸어진 사람들

(사도행전 27:13)

　인간이 한평생 살아가는 길목위에는 영육간에 있어 수많은 죽음의 위험이 찾아온다. 읽어드린 본문의 말씀 가운데에서도 276인이 배를 타고 그레데해변 섬 가운데로 지나다가 유라굴로라는 큰 광풍을 만나게 되어 풍전등화격으로 죽음 직전의 위기일발에 처하게 되어 굶주림과 시달림, 공포와 두려움, 허탈과 공허감, 용기도 의욕도 소망도 다 잃어버린 상태에 처하게 되어 몸부림치며 비명을 울리게 되었던 것이다.

　여기 그레데해변은 우리가 사는 이세상을 상징하여 주고 있으며, 유라굴로 광풍은 이 땅위에서 인생이 겪는 수만가지의 환난과 풍파, 질병과 시련, 전쟁과 기근, 온갖 위험을 의미하는 것이기도 한다. 그리고 배에 탄 276명이 죽음의 위기에 처했는데도 불구하고 한 사람도 죽지 않고 죽음 직전에서 다 살게 된 것은 우리 기독교가 구원과 생명, 영생과 소망을 구속의 진리로 나타내주는 말씀이기도 한 것이다.

　이 배에 타고 있는 무리들을 분석해 보면 네 가지 종류로 구분할 수 있는데, 첫째, 종류는 선주와 죄수를 호송하며 지위하고 있는 백부장이다. 이 지구라는 배위에는 큰 나라, 작은 나라, 선진국, 후진국, 가지각층의 권력자, 통치자, 지휘자, 지도자들이 살고 있는 것이다.

　둘째 종류는 선객과 선부의 생활을 책임진 선주가 있었다. 이들은 물질주의, 세속주의, 향락주의, 인본주의 자들이라고 볼 수 있다. 오늘날 이 땅위에는 물질만능을 부르짖고 사는 사람들이 많이 살고 있다. 그러나 물질이 인간의 생명을 구원해주지 못하며 오히려 그 물질이 죽음앞에 무익한 존재가 되고 마는 것이다.

　셋째 종류는 무겁고 결박과 질병의 노예아래 평안도 기쁨도 소망도 낙도 없이 멸시와 천대, 버림과 소외, 슬픔과 비애 속에 살아가고 있는 구속받은 성도들을 말할 수가 있는 것이다. 이런 네 종류의 사람들이 이 지구라는 배위에 46억이나 타고 있는데 이 큰배가 평탄하지 못하고 유로굴로라는 광풍을 만나 위험과 파선의 직전에 번뇌하고 있는 것이다. 이 지구는 분명히 죄로 인해 병이 들었고, 하나님 공의의 심판에 경고를 받고 있는 것이다.

이 큰 배가 풍랑을 만나게 된 이유는 첫째는 하나님의 말씀에 순종하지 아니하였기 때문이다. 다같이 사도행전 27:9에서 10절까지의 말씀을 보면 "바울이 저희를 권하여 말하되 여러분이여 내가 보니 이번 행선이 하물과 배만 아니라 우리 생명에도 타격과 많은 손해가 있으리라 하되 백부장이 선장과 선주의 말을 바울의 말보다 더 믿더라"라고 하였고, 또 일부는 사도행전 27:12에 나타나 있는대로 배가 과동하기에 불편하다고 하면서 뵈닉스에 가서 가동하자고 하는 자가 많아 그레데항구인 뵈닉스에 가까이 하다가 그레데해변에서 풍랑을 만났던 것이다.

둘째, 이 장소에는 시기적으로 풍랑이 자주 일어나는 곳이었다. 현세는 성경상으로 볼 때 종말의 시기이며, 국가적으로 전쟁의 풍랑, 민족적으로 사상의 풍랑, 개인적으로 생활의 풍랑, 도덕적으로 죄악의 풍랑, 영적으로 해와 별이 보이지 아니하고 큰 풍랑이 그대로 있으므로 구원의 여망이 다 없어졌다고 지적하였다. 그러나 하나님은 저들에게 구원의 은총과 축복의 권능으로서 한 사람도 죽지않게 하시고 276인이 다 살게하신 하나님은 지금도 여러분 가운데 나타나셔서 역사하심을 믿으시기 바란다.

친애하는 성도 여러분! 우리는 누구에게나 처하게 되는 어떠한 절망과 위기에서도 여러분의 생명의 주 예수 그리스도안에서 죽지 않고 기어코 살게되는 여러분이 되시기를 주님의 이름으로 축원한다.

그러면 어떻게 하여 살 희망조차 다 끊어진 상태에서 죽지 않고 살게 되었는가에 대해서 다섯 가지의 중요내용을 말씀드리겠다.

첫째, 무거운 짐을 바다에 다 던져 버렸다.

우리 인생들에게는 누구에게나 무거운 짐들이 지워져 있으며, 그로 인해 고통과 슬픔을 당하고 있는 것이다. 그런고로 자기의 무거운 짐을 주님께

갖다맡기는 자만이 죽지 않고 살게되는 것이다. 시편 55:22 말씀에 "네 짐을 여호와께 맡겨버리라. 너를 붙드시고 의인의 요동함을 영원히 허락지 아니하시리로다"라고 하였다.

둘째, 하나님의 구원의 약속을 믿었다.
바울은 두려워 떨고 있는 무리들에게 외치기를 "여러분이여, 안심하라 나는 네게 말씀하신 그대로 되리라고 하나님을 믿노라"고 하였다.

셋째, 풍랑 중에도 배에서 내리지 않고 배에 타고 있었다.
어떤 자들은 배에서 뛰어내려 도망치려 하였다. 그러나 바울은 도망치려는 그들을 향하여 배에 있지 아니하면 너희가 구원을 얻지 못하리라고 하였다. 노아가 방주에서 홍수의 심판을 면케되듯 피로 값주고 사신 교회를 통하여 이 시대에 구원을 선포하게 하시고 구원받은 백성을 한 지체로 삼아주신 은혜를 우리 모두 하나님께 충심으로 감사해야 한다.

넷째, 음식을 먹었다.
저들은 공포와 불안과 초조가운데 음식을 먹지 못한자가 14일이나 되었다. 그러나 바울은 34절에 음식을 먹으라고 권하면서 이것은 너희의 구원을 위하는 것이라고 하였다. 우리는 하나님의 말씀, 영생의 양식으로 배불리 먹어야 한다.

다섯째, 널조각을 붙잡았다.
여러분은 구원하신 주예수 그리스도의 십자가를 든든히 붙잡고 이기며 전진해야 한다.
친애하는 성도 여러분! 오늘도 순금같은 믿음과 좌우의 날선 말씀의 검을 가지고 성령의 뜨거운 능력안에서 승리하며 살아갑시다. 할렐루야.

위기 상황에서의 모범된 사람
(사도행전 27:18-34)

우리가 이 세상을 사노라면 예기치 않았던 위기 상황들이 부딪쳐 올 때가 있다. 예를 들면 천재지변, 교통사고, 공해, 전쟁, 질병, 타락, 부패, 사기, 약탈 등이다. 이러한 위기 상황속에서 우리 신앙인은 어떠한 자세를 가져야 할까요? 본문에 보면 바울과 선장과 백부장과 군사, 죄수등 276명이나 되는 많은 사람들이 배를 타고 가다가 유라굴로 라는 광풍을 만나 배에 탄 모든 사람들이 죽음 직전에 이르게 되었다. 이러한 위기 상황속에서 바울은 하나님의 사람으로써의 사명을 다하여 배에 탄 모든 사람들을 안심시키고 구원을 얻게 하는 모범을 보였다. 그러면 위기 상황에서의 모범된 사람은 어떤 사람인가에 대해서 말씀을 상고하면서 함께 은혜를 나누고자 한다.

첫째, 무거운 짐을 주께 맡겨 버리는 믿음의 사람이다.

"우리가 풍랑으로 심히 애쓰다가 이튿날 사공들이 짐을 바다에 풀어 버리고 사흘째 되는 날에 배의 기구를 저희 손으로 내어 버리니라"(18-19절) 배에 탄 사람들은 풍랑으로 심히 애쓰다가 마침내 배 안에 있는 무거운 짐을 바다에 던져 버렸다. 여기에서 바다는 세상을 의미한다.

우리는 때때로 영적으로 성숙한 생활을 하기 위해서 세상의 좋아하는 것들을 버려야 할 때가 있다. 우리는 죄악의 무거운 짐을 가지고 주께 나아가야 한다. "수고하고 무거운 짐진 자들아 다 내게로 오라 내가 너희를 쉬게 하리라"(마 11:28). 그리고 주님께 맡겨 버려야 한다. "네 짐을 여호와께 맡겨 버리라 너를 붙드시고 의인의 요동함을 영영히 허락지 아니하시리로다"(시 55:22).

둘째, 끝까지 하나님의 사명을 붙잡고 충성하는 사람이다.

"나의 속한 바 곧 나의 섬기는 하나님의 사자가 어제 밤에 내 곁에 서서 말하되 바울아 두려워 말라 네가 가이사 앞에 서야 하겠고 또 하나님께서 너와 함께 행선하는 자를 다 네게 주셨다 하였으니"(22-23절) 바울에게는 가이사 앞에 가서 복음을 전해야 하는 하나님의 사명이 있었다. 그래서 바울은 죽음의 직전에 있는 위기 상황 속에서도 두려워하지 말라는 하나님의 음성을 듣고 배 안에 있는 사람들을 안심시켰다. 항상 하나님의 사명에 불타는 마음을 가지고 사는 사람은 위기상황 속에서도 담대해진다.

셋째, 교회를 중심으로 뿌리를 내리는 사람이다.

"사공들이 도망하고자 하여 이물에서 닻을 주려는 체하고 거루를 바다에 내려놓거늘 바울이 백부장과 군사들에게 이르되, 이 사람들이 배에 있지 아니하면 너희가 구원을 얻지 못하리라 하니"(30-31절). 모든 사람들이 무사하리라는 바울의 약속을 믿지 못한 사공들은 육지가 가깝다는 것을 깨닫게 되자 자기들만 도망하려고 몰래 구명정을 내려놓았다. 이 때 바울은 백부장과 군사들에게 이 사람들이 배에 있지 아니하면 구원을 얻지 못한다고 호령했다. 여기에서 배는 교회를 상징한다.

우리는 어려운 일이 있을수록 교회를 떠나지 말고 교회 생활을 열심히 하며 기도할 때 승리할 수 있다.

넷째, 하나님의 말씀을 붙잡는 사람이다.

"날이 새어가매 바울이 여러 사람을 음식 먹으라 권하여 가로되, 너희가 기다리고 기다리며 먹지 못하고 주린 지가 오늘까지 열 나흘인즉 음식 먹으라 권하노니 이것이 너희 구원을 위하는 것이요, 너희중 머리터럭 하나라도 잃을 자가 없으니라"(33-34절). 바울은 14일 동안 먹지 못하고 좌절에 빠져 있는 사람들에게 먼저 먹을 음식을 권함으로써 반드시 살아난다는 희망을 불어넣어 주었다. 여기에서 음식은 하나님의 말씀을 상징한다. 위기 상황에 처할수록 하나님의 말씀을 붙잡아야 하나님의 절대적인 보호를 받을 수 있다.

사랑하는 성도 여러분! 어떠한 위기상황이 도전해 온다 할지라도 두려워하지 말고 무거운 짐은 주께 맡겨 버리고 하나님의 말씀을 붙잡고 승리하는 성도 여러분이 되시기를 주의 이름으로 축원한다.

극한 위기 상황속에서 꼭 필요한 사람
(사도행전 27:21-26)

　　오래전부터 당시 세계의 수도인 로마로 가서 복음전하기를 소원했던 바울은 3차에 걸친 대전도를 마치고 그 결과를 보고하며 이방 교회들의 헌금을 전달하기 위해 참으로 오랫만에 예루살렘을 방문했다가 복음의 진수를 파악치 못한 유대인들에 의해 체포되어 죄수아닌 죄수의 몸으로 이제 다른 죄수들과 함께 로마로 향하게 되었다. 가이사랴에 있는 헤롯궁에 감금된 지 2년의 세월이 흘러간 후 새로 부임한 베스도 총독에 의해 로마로 호송되게 되었던 것이다.
　　본문은 바울과 그 일행을 태운 배가 미항을 떠나 목적지 로마를 향해 항해하다가 유라굴로라는 무서운 광풍을 만나 해상에서 파선의 절박한 위기에서 하나님의 사람 바울로 인하여 구출받게 되는 바울의 탁월한 활약상이 기록된 내용이다.

첫째, 바울은 기도하며 깊이 생각하는 사람이었다.

　　바울은 모든 일을 순간 발상적으로 처리하지 않는 사람이다. 그는 다메섹 도상에서 부활의 주님을 만난 후에 3일 동안이나 식음을 전폐하고 기도하면서 심사숙고한 후에 자신의 생의 방향을 결정하였던 것을 보게 된다.
　　특히 오늘 본문에 바울은 미항을 떠나 로마로 향하여 다시 항해하라는 백부장에게 "내가 보니 이번 행선이 하물과 배만 아니라 우리 생명에도 타격과 많은 손해가 있으리라"고 권면하였다. 여기 '내가 보니'란 '주의 깊게 본다'는 뜻으로 이는 오랜 경험의 결과를 표시한 말이다. 바울은 3차에 걸친 대전도 장정을 통하여 항해의 풍부한 경험이 있다. 또한 바다에서 3번이나 파선 당한 일도 있었다. 그뿐만 아니라 쉬지말고 기도하라 명하신 분이기에 그의 삶은 기도의 삶이었으므로 모든 매사가 성령의 인도하심을 받는 사람이기도 했다. 그런고로 이번 항해도 선장과 같은 전문가를 능가한 지식을 가질 수 있었던 것이다.

"너는 내게 부르짖으라 내가 네게 응답하겠고 네가 알지 못하는 크고 비밀한 일을 네게 보이리라"(렘 33:3). 그렇다. 바알을 하나님으로 알고 숭배하는 온 이스라엘을 생명을 걸고 하나님께로 올바로 인도한 기도의 사람 엘리야는 삼년반 동안의 큰 기근과 그를 죽이려는 간악한 이세벨 왕후의 손에서도 구원을 받았으며, 포로의 몸으로 생명이 위태한 중에도 예루살렘 성전을 향하여 하루 세 번식 기도하던 다니엘은 모해자들에 의해 굶주린 사자 굴속에 던짐을 받는 위기 속에서도 상처하나 없이 구출함을 받았던 것이다. 이와 같이 기도의 사람은 자기 감점에 치우치지 않는다. 성령의 지혜가 충만하다. 반드시 승리하게 된다.

둘째, 바울은 하나님의 말씀을 그대로 믿고 전진하는 사람이다.

바울과 죄수들의 호송책임자인 로마의 백부장 율리오는 라새아미항은 쓸쓸한 소항(小港)인고로 번화한 뵈닉스에 가서 유하는 것이 훨씬더 좋겠다고 생각했기 때문에 바울의 충고는 무시하고 선장과 선주의 말을 더 믿고 행선하다가 인간의 힘으로는 도저히 해결할 수 없는 풍전등화(風前燈火)와 같은 위기의 상황에 직면하게 되었던 것이다.

이 순간에도 일시적인 순풍(順風)에 희희낙락(喜喜樂樂)하는 자들이 있는가? 인생은 일엽편주(一葉片舟)와 같은 연약한 존재임을 잊지 마라. 비바람이 몰아치면 여지없이 부서지는 인생, 두려움과 슬픔과 절망속에서 한탄만 하지 말고 하나님의 말씀을 즐거워하여 주야로 묵상하는 자에게 예비된 푸른 초장, 쉴만한 물가로 인도함을 받으라

유라굴로 광풍을 만나 "여러 날 동안 해와 별이 보이지 아니하고 큰 풍랑이 그대로 있으매 구원의 여망이 다 없어졌더라"고 할 정도로 아주 절망적인 극한 위기 상황 속에서도 바울은 "나의 속한 바 곧 나의 섬기는 하나님의 사자가 어제 밤 내 곁에 서서 말하되 바울아 두려워 말라 네가 가이사 앞에 서야 하겠고 또 하나님께서 너와 함께 행선하는 자를 다 네게 주셨다 하였으니 그러므로 여러분이여 안심하라 나는 내게 말씀하신 그대로 되리라고 하나님을 믿노라"는 말씀과 "내가 예루살렘에서 나의 일을 증거한 것같이 로마에서도 증거하여야 하리라"(행 23:11)고 하신 하나님의 말씀을 그대로 확실히 믿었던 것이었다.

하나님의 말씀은 살았고 운동력이 있다. 또한 자리이며 약속이며 능력이다. 그런고로 그대로 믿고 순종하며 전진했던 출애굽의 지도자 모세는 60만 대군을 이끌고 홍해를 육지같이 건넜으며 그 후계자 여호수아는 굳게 닫힌 철용성 같은 여리고성을 여호와의 명하신 말씀대로 순종하며 전진하였으므로 그 성을 점령 소유하게 되었던 것이다.

셋째, 바울은 도량 넓은 침착성이 있는 사람이었다.

하나님을 신뢰함이 전부였던 바울 역시 여유있는 태도로써 절망에 빠진 사람들의 불안과 공포를 해소시켰다. 선장과 선주가 미리 내다볼 수 없었던 위험을 영혼의 안목과 풍부한 경험적 지식을 가지고 충분히 예상하고 백부장을 권고했던 바울은 모든 사람들로부터 여지없이 묵살 당하여야만 했던 그야말로 고독한 바울이 이제는 선중(船中)의 지휘관이 되어 활약하고 있는 것이다. 밤낮으로 깨어있어 사공들의 도주로를 막았으며 최악의 절망속에서 공포에 사로잡혀 음식도 먹지 못하고 있는 사람들에게 음식을 권하며 "너희 중 머리카락 하나라도 잃을 자가 없느니라"고 절대적인 생명보장을 하나님의 말씀을 약속하는 소망과 위로의 메시지를 전달하는 사자가 되었던 것이다.

진실로 바울의 그 신앙적 초연함은 위대한 지도자의 면모를 유감없이 나타내 보여 주었다. 그리하여 바울의 이같은 기도의 삶, 말씀대로 믿고 순종하는 삶, 그리스도의 사랑을 유감없이 나타내는 삶은 자신의 로마선교 목적을 달성했고, 하나님의 사역을 승리로 이끌게 된 것이다.

사랑하는 성도여러분 생명과 소망의 말씀, 지혜와 능력의 말씀, 위로와 축복의 말씀, 반드시 이루시고야마시는 하나님의 그 위대하신 말씀을 우리 모두는 그대로 믿고 순종하며 전진하여야만 한다. 개인과 가정, 국가와 민족의 모든 위기와 난관을 극복하며 해결할 수 있는 최대의 열쇠는 바로 이것이기 때문이다. 할렐루야!

하나님의 사랑
(사도행전 28:1-10)

우리는 모두 하나님의 사람이다. 디모데전서 6:11에 보면 "너 하나님의 사람아…."라고 말씀했다. '하나님의 사람'이란 '하나님의 구원 받은 자' '하나님께 속한 자' '하나님의 소유'라는 의미가 있다. 우리의 소유를 우리가 항상 잘 보존하듯이 하나님의 소유된 우리도 하나님께서 항상 보호하시고 인도하시며 함께 역사해 주시는 줄 믿는다.

사도 바울은 하나님의 사람으로서 그의 일생을 특권을 누리며 살았다. 그가 누린 특권을 상고하며 말씀의 은혜를 나누고자 한다.

첫째, 유라굴로 광풍에서도 무사히 상륙했다.

사도 바울이 유라굴로 광풍에서 무사히 멜리데 섬에 상륙한 것은 우리 일생에 있어서 세상의 어떠한 풍랑 중에서도 좌절, 실패하지 않고 끝까지 천성 항구에 이르도록 하나님이 강권적으로 도와주고 역사하는 사실을 보여준다. 유라굴로 광풍은 오늘 이 세상에 사는 모든 사람들에게 닥쳐오는 환난과도 같다. 로버트 슐러 목사님은 '열정적인 자세는 낙오된 인생을 승자의 궤도로 올려 준다'라고 말했다. 우리가 어떠한 풍랑을 만나 낙심하고 쓰러지는 것은 현실 속에서 풍랑에 침수되는 것과 마찬가지이다. 열정적인 자세와 신앙과 인내로 닥쳐오는 풍랑을 헤쳐나가 천성 항구에 모두 상륙하기를 바란다.

둘째, 독사가 손을 물었으나 해함을 받지 아니했다.

"토인들이 우리에게 특별한 동정을 하여 비가 오고 날이 차매 불을 피워 우리를 다 영접하더라 바울이 한뭇 나무를 거두어 불에 넣어 뜨거움을 인하여 독사가 나와 그 손을 물고 있는지라"(행 28:2, 3). 이 때 토인들은 바울에게 "진실로 이 사람은 살인한 자로다. 바다에서는 구원을 얻었으나 공의가 살지 못하게 하심이로다"라고 말했다. 그러나 바울은 그 짐승을 불에 떨어 뜨리니 조금도 상함이 없었다. 독사가 비록 물었지만 하나님께서 독사의 독을 제거해 주시고 이기게 하시는 특권을 보여준 것이다.

하나님의 사람인 우리들에게도 불신앙, 염려, 혈기, 분노, 미움, 악독 등 많은 독이 도전해 온다. 그리하여 하나님을 멀리하게 하고 주님 앞에 가까이 나가는 길을 방해한다. 그러나 예수를 믿는 사람은 어떤 독이 물고 늘어져도 하나님이 승리하게 해 주실 줄 믿는다(마 16:17, 18). 여기에서 말하는 독은 독과 같이 무서운 사탄의 도전에서도 이긴다는 것이다.

셋째, 가는 곳마다 협력자를 만나게 해 주셨다.

"이 섬에 제일 높은 사람 보블리오라 하는 이가 그 근처에 토지가 있는지라 그가 우리를 영접하여 사흘이나 친절히 유숙하게 하더니"(행 28:7).

사도 바울이 맨처음 멜리데 섬에 도착했을 때는 토인들이 불을 피워 도와 주었고 또 보블리오가 유숙할 곳을 친절히 도와 주었다. 그가 비록 낯설고 외로운 곳을 갔지만 예수 이름으로 복음을 들고 가는 곳마다 하나님께서 도울자를 만나게 해 주셨다.

이와 같이 하나님의 사람은 절대로 외롭지 않다. 왜냐하면 ① 하나님이 우리를 도와 주시고(시 121:1-2), ② 성령이 도와 주시며(빌 1:19), ③ 성도들이 도와 주시고(고후 1:11), ④ 천사들이 도와 주시기 때문이다.

넷째, 기도하고 안수할 때 신유의 역사가 나타나게 해 주셨다.

"보블리오의 부친이 열병과 이질에 걸려 누웠거늘 바울이 들어가서 기도하고 그에게 안수하여 낫게 하매"(행 28:8). 바울이 기도하고 안수할 때 보블리오 부친의 병이 나았다. 하나님의 사람에게는 누구에게나 하나님의 능력과 권세가 함께 하는 줄 믿으시기 바란다. "믿음의 기도는 병든 자를 구원하리니 주께서 저를 일으키시리라"(약 5:15).

사랑하는 성도 여러분! 사도 바울은 하나님의 사람으로 유라굴로 광풍에서도 무사히 상륙했고, 독사가 손을 물었으나 해함을 받지 아니했으며, 가는 곳마다 협력자를 만나게 되었으며, 기도하고 안수할 때 신유의 역사가 나타나게 되었다. 사도 바울처럼 강하고 담대한 신앙생활을 하여 하나님의 사람으로서의 은혜를 누리며 사시기를 주의 이름으로 축원한다.

새로운 출발
(사도행전 28:11-15)

　사도행전 27장에 보면 사도 바울이 항해를 하다가 유라굴로 광풍을 만나서 죽을 고생을 다한 그 과정이 기록되어 있고, 28장에는 위험한 항해가 끝나고 멜리데섬에서 상륙해서 새로 출발하는 모습이 나타나 있다.
　바울이 새로 출발한 네 가지 모습을 상고하면서 새해를 출발하는 우리의 거울로 삼고자 한다.

첫째, 옛사람의 모든 것을 수장시켜 버렸다.
　바울과 그의 일행은 유라굴로 광풍에 의하여 그 배에 있는 모든 기물들을 바다에 버렸다. 그리고 빈 몸으로 멜리데섬에 상륙하여 새출발을 하게 되었다. 우리도 옛사람의 모든 무거운 짐들을 내어버리고 새로운 출발을 해야 되겠다. 특별히 창세기 35:2이하에 보면 하나님께서 새로운 출발을 시킬 때에는 반드시 어떠한 변화를 가져다 주는 것을 보게 된다. 축복받은 야곱이 세겜으로 내려간 일로 인해서 그의 딸 디나가 강간을 당하고 그의 두 아들이 누이를 더럽힌 세겜추장과 그 성 사람들을 죽여 살인죄를 범함으로 말미암아 보복을 두려워하여 공포에 쌓여 있을 때 하나님께서 야곱에게 나타나셔서 세 가지를 지시하셨다. ① 이방신상을 버리라. 우리는 묵은 해와 함께 마귀에게 오염되었던 모든 것을 청산해 버려야 한다. ② 자신을 정결케 하라. 더러운 마음을 깨끗하게 해야 한다. ③ 의복을 바꾸라. 더러워진 모든 행실들을 거룩한 생활로 바꾸어야 한다.

둘째, 독사의 도전에서 승리했다.
　새해가 되었다고 해서 작년도에 있던 마귀가 다 사라진 것이 아니다. 어쩌면 마귀들은 자기 때가 줄어들었으니 이전보다 배내 더 강하게 우리에게 도전해 올지 모른다. 우리는 이러한 독사의 도전에서 승리하는 새 출발이 계속되어야 한다.

우리가 독사의 도전에서 승리하려면 ① 뱀의 꼬리를 잡아야 한다(출 3:4). 우리에게 도전해오는 마귀를 주님께 내어 맡길 때 주님께서 이기게 해주실 줄 믿는다. ② 장대위에 매달린 불뱀을 쳐다보아야 한다(민 21:8). 누구든지 십자가에 달린 예수님을 바라보는 자는 구원을 얻게 된다. ③ 예수의 이름을 앞세우고 나가야 한다(막 6:17,18). ④ 원망이 없는 생활을 해야 한다(고전 10:9,10).

셋째, 이질과 열병에 앓는 자를 고쳐 주었다.

사도 바울은 열병과 이질에 걸려 누워있는 보블리오의 부친의병을 고쳐 주었다. "나는 너희를 치료하는 여호와임이니라"(출 15:26). "내가 너희를 치료하여 네 상처를 낫게 하리라"(렘 30:17). 하나님은 우리의 병을 치료해 주기를 좋아하시는 분이다. 예수님께서도 열두 제자를 파송할 때 더러운 귀신을 쫓아내며 모든 병과 모든 약한 것을 고치는 권능을 주셨다(마 10:1). 열두 제자 뿐만 아니라 우리에게도 이러한 권능을 주셨다. "병든 자를 고치며 죽은 자를 살리며 문둥이를 깨끗하게 하며 귀신을 쫓아내되 너희가 거져 받았으니 거저 주어라"(마 10:8). 바울이 이질과 열병에 앓는 자를 고쳐 주었듯이 우리도 오늘날 수많은 병을 앓고 있는 자들을 고쳐주어야 되겠다.

넷째, 하나님께 사례하고 담대한 마음을 얻었다.

"바울이 저희를 보고 하나님께 사례하고 담대한 마음을 얻으니라"(행 28:15) 우리도 사도 바울처럼 담대한 마음을 얻으려면 ① 모든 사람을 기쁨으로 영접해야 한다. ② 하나님께 감사해야 한다. 하나님께 불평할 때 마음이 약해진다. ③ 믿음이 있어야 한다(엡 3:12) ④ 찬송을 해야 한다(행 16:25) ⑤ 기도해야 한다(행 4:31) ⑥ 예수의 이름으로 나가야 한다(행 9:27).

사랑하는 성도 여러분! 사도 바울의 네 가지 새로운 출발을 거울 삼아 옛사람의 모든 것을 수장시켜 버리고 독사의 도전에서 승리하며 이질과 열병에 앓는 자를 고쳐주고 담대한 마음을 얻어 아름다운 새 출발을 하시는 성도 여러분이 되시기를 예수 이름으로 축원한다.

우리 주 예수 그리스도
(로마서 1:1-7)

지금 이 땅에는 주님의 나심을 축하하는 찬송 소리가 사방에 메아리치고 있다. 하나님이 백성들에게만이 주신 입술의 열매요, 또 주님을 축하하는 아름다운 행위인줄 믿는다. 이 어려운 시대에 주님이 이 땅에 오신 의미를 생각하면서 그 주님을 마음속에 모시고 승리하는 성도 여러분이 되시기를 바란다. 본문은 사도 바울이 로마를 방문하기에 이르는 방법인 '이신득의'(以信得義)의 원리를 설명하고자 기록한 것이다. 여기에서 사도 바울은 예수님에 대해서 세 가지로 호칭하면서 우리에게 중요한 교훈을 주고 있다.

첫째, 주(主)라고 호칭한 것이다.

"이 아들로 말하면 육신으로는 다윗의 혈통에서 나셨고, 성결의 영으로는 죽은 가운데서 부활하여 능력으로 하나님의 아들로 인정되셨으니, 곧 우리 주 예수 그리스도시니라"(3-4절). '주'라는 말의 히브리어 '하돈'(אָדוֹן)은 상전이라는 뜻이고, 헬라어 '데스포테스'($\delta\epsilon\sigma\pi\acute{o}\tau\eta s$)는 '주권자, 통치자'라는 뜻이다. 예수님은 모든 인간과 우주의 주관자가 되신다.

누가복음 2:10-11에 보면 천사들이 예수님의 나신 소식을 전하면서 '주'라고 호칭했고, 마태복음 8:8에 보면 백부장이 중풍병에 걸린 하인을 예수님께 고쳐달라고 하면서 '주'라고 호칭했으며, 요한복음 20:2에 보면 도마가 부활하신 예수님을 만난후 '주'라고 호칭했고, 사도행전 7:59에 보면 스데반이 돌에 맞아 순교하면서 '주'라고 호칭했으며 마태복음 8:25에 보면 풍랑을 만난 제자들이 예수님을 깨우면서 '주'라고 호칭했다. "주여, 구원하소서. 우리가 죽겠나이다" 예수님을 나의 구주로 영접할 때 주님께서 우리를 통치해 주신다.

둘째, '예수'라고 호칭한 것이다.

'예수'라는 말은 히브리어 원문에 보면 모세의 후계자인 '여호수아'라는 이름과 같습니다. 이 말의 뜻은 '여호와는 구원이시다'라는 뜻이다. 또 '죄에서 구원할 자'라는 뜻이 있다. "아들을 낳으리니 이름을 예수라 하라. 이는 그가 자기 백성을 저희 죄에서 구원할 자이심이라 하니라"(마 1:21). 예수님도 이 사실에 대해서 "내가 의인을 부르러 온 것이 아니요 죄인을 불러 회개시키러 왔노라"(눅 5:32)고 말씀하셨다. 기독교는 죄인을 정죄해서 지옥에 보내는 종교가 아니다. 우리 주님은 죄인을 불러서 치료하여 멸망에서 영생으로 구원해 주시기 위해서 오셨다. 마태복음 20:28에는 "인자가 온 것은 섬김을 받으려 함이 아니라 도리어 섬기려 하고, 자기 목숨을 많은 사람의 대속물로 주려 함이니라"고 말씀했고, 마태복음 11:19에는 '세리와 죄인의 친구'라고 말씀했으며, 사도 바울은 골로새서 3:4에 "우리 생명이신 그리스도께서 나타나실 그때에 너희도 그와 함께 영광 중에 나타나리라"고 말했다.

셋째, '그리스도'라고 호칭한 것이다.

'그리스도'는 헬라어로는 '크리스토스'($\chi\rho\iota\sigma\tau\acute{o}\varsigma$)라고 하고, 히브리어로는 '메시야'(משיח)라고 한다. 이 말의 뜻은 '기름부음을 받은 자'라는 뜻이다. 구약시대에 보면 왕과 제사장과 선지자를 세울 때 기름을 부었다(왕상 19:16). 예수님은 만왕의 왕으로, 십자가의 보혈로 모든 죄인들을 대속해 주시는 제사장으로서, 하나님의 아들로 이땅에 오셔서 하나님 아버지의 뜻을 인간들에게 전달해주는 선지자로서 기름부음을 받으신 것이다. 기름은 부패를 방지하고, 불을 켜서 밝게 해주며, 모든 것을 윤활하게 해줍니다. 또한 신약시대의 의미로는 '성령의 기름 부으심'을 상징한다. 우리는 그리스도 예수의 마음을 품고(빌 2:5) 성령 충만을 받아 살아야 한다.

사랑하는 성도 여러분! 모든 인간과 우주의 주관자가 되시고, 죄에서 구원할 자이시며, 왕과 제사장과 선지자로써 기름 부으심을 받으신 주 예수 그리스도를 구주로 영접하고 전함으로 승리하는 성도 여러분이 되시기를 주의 이름으로 축원한다.

바울의 신앙관
(로마서 1:16)

인간은 누구나 종교성을 가지고 태어났다. 그런고로 사람이 바른 신앙을 가진다는 것은 천하를 얻는 것보다 소중하며 천국에의 합격여부가 좌우되기도 하는 것이다. 사도 바울은 그가 다메섹 도상에서 주님을 영접한 이후 그의 한평생은 모든 신앙인의 모델이 되었을 뿐만 아니라 구원받은 모든 인류가 마땅히 취하여야 될 기본 신앙관을 확립시켜 주셨던 것이다. 바울의 이 위대한 신앙관이 무엇이었던가에 대해서 다섯 가지를 구분하여 말씀을 드리겠다.

첫째, 바울의 신앙관은 철두철미한 복음 중심의 신앙이었다.
그는 평생을 통해 복음의 귀중성을 강조하였고 바른 복음을 심어 주기 위해 사력을 다하여 외쳤던 것을 보게 된다. 한때 갈라디아 교인들이 바른 복음의 신앙에서 이탈되어 다른 복음을 좇아갈 때 그는 안타깝게 권고하기를 "그리스도의 은혜로 너희를 부르신 이를 이같이 속히 떠나 다른 복음을 좇는 것을 내가 이상히 여기노라 다른 복음은 없나니 다만 어떤 사람들이 너희를 요란케하여 그리스도의 복음을 변하려 함이라 그러나 우리나 혹 하늘로부터 온 천사라도 우리가 너희에게 전한 복음 외에 다른 복음을 전하면 저주를 받는다"고 갈라디아 1:6에 말씀하였다.

오늘날 이 지구상의 많은 사람들 중에는 그리스도의 명칭은 가지고 있으나 근본적으로 잘못된 이단들과 순수한 복음신앙 안에서 잘나가다가 도중에 변질되어 버린 이단들도 많이 찾아볼 수 있다.

한때 세계를 깜짝 놀라게 하였던 860여명이나 되는 귀한 생명들이 신앙이 잘못되어 약물을 마시고 부활을 미끼로 집단 자살했던 "짐 존슨"의 신도들은 그리스도의 명칭 아래 큰 집단으로 형성되었으나 복음 중심이 아닌 이단 중심의 집단, 하나님의 말씀 중심이 아닌 짐 존슨의 중심이 사용하던 미국 샌프란시스코의 도시 중앙에 위치한 본부의 큰 건물이 주인없는 빈집이 되고 말았으나 나중에는 미국 정부에서 공매 입찰을 붙이게 되어 샌프란시스코 한인 중앙교회에서 그 건물을 사들이게 되었고 다행이 지금에 와서는 훌륭한 교회를 이루게 되었던 것이다.

그후 저는 이 건물에서 부흥집회를 인도하면서 샌프란시스코에 영주한 주님의 백성들과 함께 은혜를 나누며 모두가 감격속에 기도하기를 세계의 화제를 일으킨 이단 집단의 본부 건물이 바른 복음을 선포하는 훌륭한 예배당으로 세워지게 하여 주신 하나님께 감사의 기도를 드리게 된 것이 지금도 잊혀지지 아니한다. 바른 신앙은 바로 복음위에 심겨워져야 하는 것이다.

둘째, 바울의 신앙관은 하나님 제일주의의 신앙이었다.

고린도전서 10:31에 "그런즉 너희가 먹든지 마시든지 무엇을 하든지 다 하나님의 영광을 위하여 하라", "내게 사는 것이 그리스도니 죽는 것도 유익함이니라"고 하였다(빌 1:21). 오늘날 많은 사람들이 신앙의 대상이나 신앙의 목적을 잘못가짐으로 신앙의 뿌리가 흔들리거나 잘못된 방향으로 변절되어가는 사람들을 종종 찾아볼 수 있다. 참된 신앙은 바로 하나님 중심의 신앙이요, 하나님 제일주의의 신앙인 것을 잊어서는 아니된다. 그런고로 사도 바울은 빌립보서 3:8에 "내가 그를 위하여 모든 것을 잃어버리고 해로 여김은 그리스도를 얻고 그 안에서 발견되려 함이라"고 하였다. 개인과 가정이 잘되는 길도 바로 하나님을 중심한 신앙을 가지는데 있는 것이다. 그런고로 여호수아는 온 백성을 향하여 외치기를 "오직 나와 내집은 여호와를 섬기겠노라"라고 하였다(수 24:15). 뿐만 아니라 나라가 잘되는 길도 마찬가지이다. 시편 33:12에 "여호와로 자기 하나님을 삼는 나라가 복이 있다"고 한 말은 모두가 신앙의 대상과 삶의 목적이 하나님이요 삶의 방법이 하나님이라고 하는 사실을 강조하신 말씀인 것이다.

셋째, 바울의 신앙관은 사명관이 투철한 신앙이었다.

사명이 없는 신앙인은 구경꾼이며 사명감이 없는 신앙인은 맹종자인 것이다. 토마스 아켐프스가 저술한 '그리스도를 본받아라'라는 책에서 그는 말하기를 "십자가를 끌고 가지말라 십자가를 바싹지고 가거라 그리하면 주님의 십자가가 너를 져 주리라"고 하였다. 디모데후서 4:7에 바울이 디모데에게 말씀한 가운데 "내가 선한 싸움을 싸우고 나의 달려갈 길을 마치고 믿음을 지켰다"고 하신 이 말의 내용은 그가 얼마나 사명 완수를 위하여 위대하게 살았다고 하는 사실을 보여주고 있는 말인 것이다.

넷째, 바울의 신앙관은 내세관이 뚜렷한 신앙이었다.

내세가 보장되어 있지 않는 인간은 하나의 동물에 불과하다. 동물도 먹고 놀고 자고 깨는 것을 되풀이 할 줄 알며 욕구 불만을 메꾸기 위해 경쟁하고 투쟁하다가 죽음에 이르고 마는 것이다. 우리 인간에게는 영혼이 주어져 있으며 내세가 보장되어 있다. 이 엄청난 축복은 바로 예수 그리스도를 영접하고 그를 믿음으로 얻어지는 것이다. 그런고로 사도 바울은 빌립보 옥중에서 "주 예수를 믿으라 그리하면 너와 네 집이 구원을 얻는다"고 하였고, 요한계시록 14:13에는 "주 안에서 죽은 자들이 복이 있다"고 하였는데 이 말은 바로 내세에 대한 소망을 보여주신 말씀인 것이다.

다섯째, 바울의 신앙관은 긍정적인 신앙이었다.

오늘날 모든 사람들이 사도 바울의 신앙을 흠모하는 것 중의 하나는 바로 그의 긍정적인 신앙에 있는 것이다. 그의 생애는 누구보다도 환경의 변화가 많았으나 소망을 잃지 아니하였고 수많은 환난이 몰아쳐 왔으나 절대로 절망하지 아니하고 긍정적인 신앙으로 전진하며 승리하였기 때문인 것이다.

나폴레옹은 자기 자신을 믿다가 실패하였고, 스토익 학파는 자기 수양을 믿다가 실패하였지만 사도 바울은 언제나 그의 능력은 그리스도에게 두고 살았기 때문에 위대한 신앙의 승리자가 되었던 것이다. 그런고로 영국의 정치가 크롬웰은 "내게 능력 주시는 자 안에서 내가 모든 것을 할 수 있느니라"라고 강조한 사도 바울의 말씀을 외우며 운명하였다고 한다.

마음에 하나님을 모시자
(로마서 1:28)

하나님은 인간에게 마음을 주셨다. 성경에 보면 마음이란 '카르디아' ($Καρδία$) 즉 '육체적 생명, 감정의 좌소, 생각과 의도, 깨닫는 기능' 등을 의미하는 말로 나타내었다. 하나님은 인간으로 하여금 이 마음으로 하나님을 섬기게 하셨고(대 3:5), 하나님을 모시게 하였다. 인간이 하나님을 마음에 모시자면 어떻게 해야 하는가에 대하여 세 가지 내용으로 말씀을 드리겠다.

첫째, 마음에 하나님을 모시자면 마음을 깨끗하게 해야 한다.
하나님은 거룩하시기 때문에 깨끗한 마음속에 좌정하여 주시며 축복하여 주시는 것이다. 그러면 우리가 마음을 깨끗하게 하자면 어떻게 해야 하겠는가?

① 예수 그리스도의 구속의 피를 믿으므로 죄씻음을 받아야 한다.
요한일서 1:7 말씀에 "그 아들 예수의 피가 우리를 모든 죄에서 깨끗하게 하실 것이요"라고 하였다. 인간이 나면서부터는 유전죄로 말미암아 영육이 더러워졌고 세상에 나와서는 스스로 범한 자범죄로 말미암아 타락되고 부패하여지고 말았다. 그러나 이 더러워지고 부패된 마음을 깨끗하게 씻어줄 요소는 이땅 위에는 아무것도 없으며 방법조차도 없는 것이다. 오직 예수 그리스도의 십자가 앞에 나아와 자기의 지은 죄를 자복하고 회개하기만 하면 하나님의 긍휼과 넘치는 사랑으로 용서함을 받아 깨끗하게 씻음을 받을 수가 있게 되는 것이다.

바울은 말하기를 "그가 우리를 대신하여 자신을 주심은 모든 불법에서 우리를 구속하시고 우리를 깨끗하게 하사 선한 일에 열심하는 친백성이 되게 하려 하심이라"(딛 2:4)고 하였다.

② 우리의 마음이 깨끗하게 되자면 진리를 순종하는 자가 되어야 한다.

베드로전서 1:22 말씀에 "너희가 진리를 순종함으로 너희 영혼을 깨끗하게 하여 거짓이 없이 형제를 사랑하기에 이르렀으니"라고 하였다. 진리를 순종하는 자들에게는 어두움의 불법이 물러가고 그 영혼도 마음도 깨끗하게 되어지며 주님의 거룩하신 성령이 그안에 항상 내주하시게 되는 것이다.

③ 마음을 깨끗하게 하자면 착한 일을 힘써서 행하여야 한다.

전진은 곧 방어라는 말이 있듯이 사람이 착한 일을 위해 전심전력을 다 기우릴 때 어두움은 자연히 착한 마음 앞에 사라지게 마련인 것이다. 착한 마음은 곧 주님의 마음이다. 그리고 그 착하고 깨끗한 마음속에 주님께서 내주하시게 되며 축복하심을 베풀어 주시게 되는 것이다.

둘째, 마음에 하나님을 모시자면 하나님을 나의 주인으로 인정하고 모셔야 한다.

오늘날 많은 사람들이 자신의 주인이 누구인지를 알지 못하고 사는 자들이 있는가 하면, 어떤자는 이 사실에 대하여 알려고 조차도 하지 않고 영적 고아상태로 살아가는 자도 많이 있는 것을 보게 된다. 그러나 이땅 위에는 많은 사람들이 마음에 하나님 두기를 싫어하고 있으며 세상의 명예, 권세, 부귀, 영화, 향락, 재물을 주인으로 삼고 있기 때문에 창조주 하나님을 멀리 내어 쫓고 있는 것이다. 이러한 인생들을 향해 하나님은 탄식하기를 "소는 그 임자를 알고 나귀는 주인의 구유를 알건마는 이스라엘은 알지 못하고 나의 백성은 깨닫지 못하는도다"라고 하였다(사 1:3).

그리고 전능하신 하나님은 잊어버린 이 백성들을 향해 말씀하시기를 "슬프다 범죄한 나라요 허물진 백성이요 행악의 종자요 행위가 부패한 자식이로다 그들이 여호와를 버리며 이스라엘의 거룩한 자를 만홀히 여겨 멀리하고 물러갔도다"라고 하였다(사 1:4).

친애하는 성도 여러분, 여러분의 주인은 과연 누구인가?

여러분의 주인은 바로 하나님이시다. 할렐루야, 그리고 그 하나님은 여러분을 영원히 사랑하시며 또한 여러분과 함께 하여 주시고 이적과 권능으로 여러분의 생애를 이끌어 주시며 분함과 억울함을 갚아 주시는 하나님이시다. 사랑하는 성도 여러분, 여러분은 지금 그 하나님을 향하여 이렇게 기도하시기를 바란다.

"살아계신 하나님, 하나님은 영원히 나의 주인입니다. 나를 주님의 영원한 소유로 삼아 주시고 주님의 영광을 위하여 살게하여 주시옵소서. 내가 빈곤할 때 부함이 되어 주시고 답답할 때 시원함이 되어 주시며 위험할 때 안전이 되어 주시옵소서" 아멘

셋째, 하나님을 마음에 모시자면 자신을 완전히 하나님께 예속시켜야 한다.

하나님을 믿는 자는 땅에 속한 자가 아니며 하늘에 속한 자이기 때문이다. 그런고로 근심도 걱정도 미움도 사랑도 다 주님께 예속시키고 가벼운 마음으로 살아가야 한다. 신앙의 병폐 중의 하나는 무슨 일을 하든지 전폭적으로 하나님께 맡기지 아니하고 자신이 붙잡고 고민하며 사람의 방법으로 살아가려고 하는 것이다. 이땅 뒤에 사람의 방법으로 얻어진 모든 것은 하나님의 보장이 있을수가 없기 때문에 결국은 허무한 것으로 끝나고 버리고 말게 되지만 진실속에 하나님께 심은 것은 반드시 하나님께로부터 열매를 거두게 되는 날이 오고야 마는 것이다.

영혼에 즐거움을 누릴 자
(로마서 2:6)

　인생은 누구나 이땅위에 태어나는 순간부터 비명과 울음을 터뜨리면서 인생을 출발하여 한평생 사는 동안 남모르는 눈물을 끊임없이 흘리고 살다가 마지막 세상을 떠날 때는 남을 울려놓고 가는 것이 인생의 여정이라고 말하고 있다. 그런고로 수많은 인생들이 생의 슬픔을 잊어 보려고 탈출구를 찾으며 저마다 안간힘을 다 기우리고 있는것을 보게 된다. 어떤 자는 스포츠를 즐겨보기도 하며 또는 영화나 음악, 문학 등 예술에 취미를 부쳐 보기도 한다. 그러나 이러한 모든 노력들은 순간의 자극제나 진통제는 될지 모르나 영혼속에서 솟아 넘치는 참되고 영원한 즐거움은 될수가 없는 것이다. 저는 오늘 여러분에게 읽어드린 본문의 말씀을 통하여 이 소중한 영혼에 즐거움을 누릴 자는 어떠한 자인가에 대하여 세 가지 내용을 말씀을 드리겠다.

첫째, 영혼에 즐거움을 누릴 자는 참고 선을 행하는 자이다.
　인간에게 불안과 공포가 오게된 것은 바로 아담 하와로부터 오늘에 이르기까지 악을 행한 데서 찾아오게 된 것이다. 그런고로 로마서 2:8에 사도 바울은 말하기를 "오직 당을 지어 진리를 좇지 아니하고 불의를 좇는 자에게는 노와 분으로 하시리라 악을 행하는 각 사람의 영에게는 환난과 곤고가 있으리라"고 하였다.
　우리 인간이 악을 행함으로 영에 환난과 곤고가 있게 되며 아무리 먹고 마시며 소리치고 즐긴다 할지라도 이는 하나의 비명에 불과하고 뿌리깊게 스며든 불안과 슬픔은 사라지지를 아니하는 것이다. 그런고로 인생이 참된 행복과 평강을 원한다면 반드시 영혼의 즐거움을 찾아 누리는 자가 되어야 한다. 그러면 우리가 영혼에 즐거움을 누리자면 어떻게 해야 되는가를 우리가 알아야 하겠다.
　바울은 말하기를 하나님께서 각 사람에게 그 행한대로 보응하시되 참고 선을 행하며 영광과 존귀와 썩지 아니함을 구하는 자에게는 영생으로 하신다고 하였고, 10절에 내려가서 보면 선을 행하는 각 사람에게는 영광과 존귀와 평강이 있다고 하였다. 하나님께서는 반드시 선을 행하며 진리를 좇는 자에게 상급으로 보상해 준다는 뜻을 가진 말인 것이다. 그런고로 우리 인생은 주 예수 그리스도와 연합하여 오직 그 선하신 뜻을 널리 행하기만 하면 샘솟듯이 넘치는 영혼의 참된 즐거움을 누릴 수 있게 되는 것이다.

둘째, 영혼에 참된 즐거움을 누릴 자는 하나님의 영광을 위하여 사는 자이다.

성경 로마서 2:6 이하에 하나님의 영광을 구하는 자에게는 영생과 평강으로 하신다고 하였다(롬 2:6 -10). 하나님의 영광을 위해 사는 사람은 누구나 하나님의 평강을 누리며 살 수 있게 된다. 이는 바로 우리 인생의 삶의 목적이 하나님의 영광을 나타내기 위한데 있기 때문이다. 사도행전 12:23에 보면 "헤롯이 영광을 하나님께로 돌리지 아니하는고로 주의 사자가 곧 치니 충이 먹어 죽었다"는 말씀이 기록되어 있다. 그런고로 사도 바울은 "그런즉 너희가 먹든지 마시든지 무엇을 하던지 다 하나님의 영광을 위하여 하라"(고전 10:31)고 하였다.

1628년 영국 베드포드 근처인 엘스토우에서 태어나 세계인의 심경을 울리게 한「천로역정」을 저술한 존 번연(Jhon Bungun)은 인생으로서는 도저히 견디기 힘든 가혹한 시련을 겪는 중에 그만 타락하게 되어 도박과 술, 광란한 춤 등으로 나날을 보내는 중 어느 날 그 영혼속에 화살같이 질러오는 하늘의 음성이 들려오게 되었다. 그 말은 바로 "너는 죄악에서 떠나 하늘에 속하라 그렇지 않으면 지옥에 떨어지리라"는 말이었다.

이 말을 들은 그는 갑자기 마음이 슬퍼지며 하나님을 외면한데 대한 마음의 찔림을 금할 길 없이 하염없이 흐르는 눈물의 흐느낌으로 지난 죄를 뉘우치며 회개하고 있었다. 바로 이때 하늘의 음성이 두 번째 들려오며 하나님이 말씀하시기를 "너는 십자가로 말미암아 평화를 얻었도다" "내가 너를 사랑하노라 네 뜻이 하늘에 닿았도다"라는 것이었다. 그 순간 그는 가슴속에 구름같이 덮였던 의심의 안개가 다 걷쳐짐을 느끼게 되었고 성령의 뜨거운 불세례로 온 영혼과 육신이 중생되는 체험을 하게 되었다. 그후 그는 그의 영혼속에 하늘의 평화가 넘치게 되었으므로 그의 평생을 주님 영광위해 살게 되었다. 그후 1688년에 주님의 부르심을 받았을 때에 존 번연은 "주여 나를 받아 주소서 내가 이제 당신에게로 나아가나이다" 이 말을 마지막 기도로 남기고 천사 같은 얼굴을 보이며 세상을 떠나게 되었다.

사랑하는 성도 여러분, 살아계신 하나님은 오늘도 하나님의 영광만을 위해 사는 모든 자의 영혼속에 한없는 기쁨과 하늘의 평화와 축복이 넘치도록 부어 주심을 믿으시기 바란다.

셋째, 영혼에 즐거움을 누릴 자는 존귀와 썩지 아니함을 구하는 자이다.

로마서 2:7에 존귀와 썩지 아니함을 구하는 자에게는 영생과 평강으로 하신다고 하였다(롬 2:7-10). 오늘날 이 땅위에는 얼마나 많은 사람들이 헛되고 헛된 것을 찾아 헤매이며 썩고 부패한 것들을 위해 몸부림치고 있는 것을 보게 된다. 여기 썩은 것이란 종교적인 타락과 양심적인 타락, 덕적인 부패를 말하는 것이다.

그리고 로마서 2:8에 기록한 썩은 것이란 "오직 당을 지어 진리를 좇지 아니하고" 불의와 사신우상 잡귀신과 악령들을 좇는 것을 말하는 것이다. 하나님은 이러한 자에게 노와 분으로 하시며 "악을 행하는 각 사람의 영에게는 환난과 곤고가 있으리라"고 하였다. 이제 우리는 한평생 사는 동안 참과 선을 행하며 영광과 존귀함을 구하며 살아 가자. 그리하면 하나님은 반드시 여러분의 영혼 깊은 곳에 영생의 즐거움을 샘솟듯 치솟게 하시며 하늘의 축복과 넘치는 평강으로 여러분을 축복하여 주시게 된다.

믿음으로 의롭다 하심을 얻은 자의 복
(로마서 5:1-11)

우리가 죄인 되었을 때에 우리를 위하여 죽으신 그리스도의 구속 사역으로 말미암아 하나님께서는 예수 그리스도를 믿는 자에게 의롭다 하심을 얻게 하셨다. 믿음으로 의롭다 하심을 얻은 자에게는 네 가지 축복이 약속되어 있다. 그러면 믿음으로 의롭다 하심을 얻은 자의 복이 무엇인가에 대해서 말씀을 상고하면서 함께 은혜를 나누고자 한다.

첫째, 하나님으로 더불어 화평을 누리는 복이다.

"우리가 믿음으로 의롭다 하심을 얻었은즉 우리 주 예수 그리스도로 말미암아 하나님으로 더불어 화평을 누리자"(1절). 인류 최대의 비극은 하나님과의 단절이다. 탕자는 아버지를 떠나는 순간 자기에게 주어진 권한과 행복과 축복이 단절되고 말았다. 그러나 탕자가 아버지 집으로 돌아와 아버지와 바른 관계가 이루어졌을 때 비극은 끝나고 다시 아버지의 넘치는 사랑과 축복을 받을 수 있었다. 예수님께서는 죄로 말미암아 하나님과 단절된 우리를 위하여 십자가에 피흘려 죽으심으로 하나님과 더불어 화평을 누리게 해주셨다. "이제는 전에 멀리 있던 너희가 그리스도 예수 안에서 그리스도의 피로 가까워졌느니라"(엡 2:13). 그러므로 우리는 마음이 답답하고 괴로울 때 먼저 하나님을 찾아야 된다.

둘째, 은혜에 들어감을 얻는 복이다.

"또한 그로 말미암아 우리가 믿음으로써 있는 이 은혜에 들어감을 얻었으며…"(2절). '은혜에 들어감을 얻는다'는 말은 '하나님의 용서와 사랑과 구원과 축복 안으로 들어가는 것'을 의미한다. 우리는 은혜로 구원을 얻었다. "허물로 죽은 우리를 그리스도와 함께 살리셨고, 너희가 은혜로 구원을 얻은 것이라"(엡 2:5). 하나님은 우리에게 은혜를 주시되 넘치게 주신다. "하나님이 능히 모든 은혜를 너희에게 넘치게 하시나니"(고후 9:8).

하나님을 사랑하고 계명을 지키는 자에게는 천대까지 은혜를 베풀어 주신다. "나를 사랑하고 내 계명을 지키는 자에게는 천대까지 은혜를 베푸느니라"(출 20:6). 은혜를 받고 나면 내가 만난 예수를 다른 사람도 만나게 해 주고 싶고, 내게 있는 것을 다른 사람에게 자꾸 주고 싶어진다.

셋째, 하나님의 영광을 바라보고 즐거워하는 복이다.

"하나님의 영광을 바라고 즐거워하느니라"(2절). 하나님의 영광을 바라보지 못하고 사는 사람은 아무리 좋은 환경 속에서 살아도 참 만족을 누리지 못하고, 죄악으로 인해 어둡고 우울하며 영적인 갈증 속에서 살아간다. 그러나 믿음으로 의롭다 하심을 얻은 자는 언제든지 하나님의 영광을 바라보고 살기 때문에 환난 중에도 인내하며 즐겁게 살아간다. 본문 3, 4에 보면 "다만 이뿐 아니라 우리가 환난중에도 즐거워하나니 이는 환난은 인내를, 인내는 연단을, 연단은 소망을 이루는 줄 앎이로다"라고 말씀했다.

넷째, 진노하심에서 구원받는 복이다.

"이제 우리가 그 피를 인하여 의롭다 하심을 얻었은즉 더욱 그로 말미암아 진노하심에서 구원을 얻을 것이니"(9절). 그리스도 예수 안에 있는 자에게는 결코 정죄함이 없다. 정죄는 바로 지옥의 멸망이요. 진노는 형벌의 심판이지만 채찍은 사랑으로 권고하시는 것이다. 우리도 예수 믿기 전에는 다른 사람들과 같이 본질상 진노의 자녀였었다. "전에는 우리도 다 그 가운데서 우리 육체의 욕심을 따라 지내며 육체와 마음의 원하는 것을 하여 다른 다른 이들과 같이 본질상 진노의 자녀이었더니…"(엡 2:3). 그러나 믿음으로 의롭다 하심을 얻은 자는 최후의 심판 때에도 구원을 받게 된다. "하나님이 우리를 세우심은 노하심에 이르게 하심이 아니요 오직 우리 주 예수 그리스도로 말미암아 구원을 얻게 하신 것이라"(살전 5:9).

사랑하는 성도 여러분! 하나님은 예수 그리스도를 믿음으로 의롭다 하심을 얻은 우리에게 하나님으로 더불어 화평을 누리고, 은혜에 들어가게 해 주시며 하나님의 영광을 바라보고 즐거워하게 하시고, 진노하심에서 구원받는 복을 허락해 주셨다. 영원토록 이 축복을 누리는 성도 여러분이 다 되시기를 주의 이름으로 축원한다.

예수로 말미암은 신앙의 소득
(로마서 5:9)

우리가 예수를 믿는다는 것은 하나님의 구원의 계획과 그의 모든 것을 믿고 모든 것을 자기의 것으로 받아드리는 것을 말하며, 전지 전능하신 하나님께 자신의 전체를 맡기고 전폭적으로 신뢰하는 것을 말하는 것이다. 뿐만 아니라 이와같은 신앙을 가지는 자에게는 반드시 예수 그리스도로 말미암은 신앙의 소득이 주어지게 되며 하나님의 약속을 성취받게 되는 것이다. 그러면 오늘 읽어드린 성경본문을 통하여 나타내신 예수로 말미암은 신앙의 소득이 무엇인가에 대하여 다섯 가지 내용을 말씀드리겠다.

첫째, 예수로 말미암은 신앙의 소득은 진노하심에서 구원을 받게 되는 것이다.

로마서 5:9 말씀에 보면 "이제 우리가 그 피를 인하여 의롭다 하심을 얻었은즉 더욱 그로 말미암아 진노하심에서 구원을 얻을 것이라"고 하였다. 인간은 이미 범죄한 아담의 후손으로 죄의 혈통을 이어왔기 때문에 누구든지 예수 그리스도의 십자가 구속으로 말미암지 않고서는 구원을 얻을 수가 없게 되는 것이다. 그러므로 죄를 범한 인간은 하나님의 진노를 받아야 하고 심판과 형벌을 받아야 마땅한 자가 된 것이다.

그런고로 에베소서 5:6 말씀에 "하나님의 진노가 불순종의 아들들에게 임한다"고 하였고, 골로새서 3:5에는 "그러므로 땅에 있는 지체를 죽이라 곧 음란과 부정과 사욕과 악한 정욕과 탐심이니 탐심은 우상숭배니라 이것들을 인하여 하나님의 진노가 임하느니라"고 하였다. 예수 그리스도는 바로 이러한 인간에게 임한 모든 진노를 십자가의 피로 대속해 주셨고 또한 멸망할 죄악의 구렁텅이에서 건져주시는 것이다.

그런고로 에베소서 2:3에 보면 "전에는 우리도 다 그 가운데서 우리 육체의 욕심을 따라 지내며 육체의 마음의 원하는 것을 하여 다른 이들과 같이 본질상 진노의 자녀이었더니 긍휼에 풍성하신 하나님이 우리를 사랑하신 그 큰 사랑을 인하여 허물로 죽은 우리를 그리스도와 함께 살리셨다"고 말씀하였다. 이것이 바로 예수 그리스도로 말미암은 신앙의 소득인 것이다.

둘째, 예수 그리스도로 말미암은 신앙의 소득은 원수되었던 인간이 하나님과 화목이 이루어지게 되는 것이다.

로마서 5:10에 "곧 우리가 원수되었을 때에 그 아들의 죽으심으로 말미암아 하나님으로 더불어 화목이 되었은즉"이라고 말씀하였다. 에덴동산에서부터 범죄한 인간은 하나님과 더불어 원수가 되었기 때문에 하나님과 범죄한 인간사이에 건널수 없는 무섭고도 큰 구렁텅이가 가로막히게 되었고, 상거가 멀게된 우리 인간을 예수 그리스도의 십자가로 말미암아 영원한 화목이 하나님과 더불어 이루어지게 된것이다.

에베소서 2:16에서 바울은 말하기를 "또 십자가로 이 둘을 한 몸으로 하나님과 화목하게 하려 하심이라 원수된 것을 십자가로 소멸하셨다"고 하였다. 예수를 믿는 사람은 누구든지 하나님과 더불어 화목이 이루어지게 되며 하나님과의 가로막혔던 담은 다 허물어지게 되는 것이다. 성경 골로새서 1:20에서도 말씀하시기를 "그의 십자가의 피로 화평을 이루사 만물 곧 땅에 있는 것들이나 하늘에 있는 것들을 그로 말미암아 자기와 화목케 되기를 기뻐하심이라"고 하였다. 그런고로 누구든지 예수 그리스도를 믿는 자는 하나님과의 원수되었던 담이 다 무너지게 되고 하나님과 더불어 화목이 이루어지게 되는 것이다.

셋째, 예수 그리스도로 말미암은 신앙의 소득은 정죄함이 없게 되는 것이다.

로마서 8:1 말씀에 "그러므로 이제 그리스도 예수 안에 있는 자에게는 결코 정죄함이 없나니 이는 그리스도 예수 안에 있는 생명의 성령의 법이 죄와 사망의 법에서 너를 해방하였음이라"고 하였다. 여기 '정죄'란 말은 헬라어의 '카타크리마'(κατάκριμα)라는 말로서 '형벌, 심판'을 의미하는 말이며, '죄와 사망의 법'이란 말은 '죄와 사망의 통치와 지배'를 의미하는 것이다. 이러한 죄와 사망의 법도 예수 그리스도 안에 있는 자에게는 생명의 성령의 법으로 완전히 해방을 받게 되는 것이다. 여기 '해방'이란 말은 '엘루데로'(ἐλευθερόω) 즉 '노임을 받아 자유롭게 된 것'을 의미하는 말이다. 발 앞에 어두움이 물러가듯이 빛되신 예수 그리스도 앞에서는 어떠한 어두움도 다 물러가게 되며 생명의 빛을 받게 되는 것이다.

넷째, 예수 그리스도로 말미암은 신앙의 소득은 은혜의 선물이 넘치게 됨을 받는 것이다.

사도 바울은 로마서 5:15에서 "예수 그리스도의 은혜로 말미암은 선물이 많은 사람에게 넘쳤으리라"고 하였다. 여기에 말한 은혜의 선물이란 예수 그리스도로 말미암은 모든 축복을 말하는 것으로서 특히 에베소서 2:8에 보면 "너희가 그 은혜를 인하여 믿음으로 말미암아 구원을 얻었나니 이것이 너희에게서 난 것이 아니요 하나님의 선물이라"고 하였다. 여기 선물이란 구원의 은혜를 말한 것이며, 사도행전 2:38에는 성령을 선물이라고 말하였다. 그리고 여기 은혜의 선물이라고 한 것은 하나님께서 믿는 자에게 값없이 주시는 모든 것을 통칭한 말인 것이다.

다섯째, 예수 그리스도로 말미암은 신앙의 소득은 하늘에 즐거움을 누리게 되는 것이다.

로마서 5:11 말씀에 "이제 우리로 화목을 얻게 하신 우리 주 예수 그리스도로 말미암아 하나님 안에서 또한 즐거워하느니라"고 하였다. 여기 '즐거워 한다'는 말 '카우카오마이'(καυκάομαι)는 '자랑스럽게 뽑낸다'는 말로써 최고의 기쁨과 만족한 상태를 의미하는 것이다. 인간의 참 즐거움은 오직 예수 그리스도 안에서만이 누릴 수 있게 되는 것이다. 이 즐거움은 영적인 즐거움이요 내세적인 즐거움이며, 이로 말미암은 심적 또는 육적인 즐거움이 현재에도 누려지게 되는 즐거움인 것이다.

자신을 십자가에 못박자
(로마서 6:6)

사도 바울은 세상이 자신에 대하여 또한 자신이 세상에 대하여 십자가에 못박혔다고 하였다(갈 6:14). 그러면 우리가 왜 자신을 십자가에 못 박아야 하는가에 대하여 네 가지 내용을 말씀드리겠다.

첫째, 자신을 십자가에 못박아야 될 이유는 옛사람을 십자가에 멸하려 하기 위함인 것이다.

성경 안에는 옛 사람과 새사람으로 구분된 말씀이 여러 곳에 나타나 있다. 에베소서 4:22 말씀에 보면 "너희는 유혹의 욕심을 따라 썩어져 가는 구습을 좇는 옛사람을 벗어버리고 오직 심령으로 새롭게 되어 하나님을 따라 의와 진리의 거룩함으로 지으심을 받은 새사람을 입으라"고 하였고, 골로새서 3:9, 10 말씀에는 "옛사람과 그 행위를 벗어 버리고 새사람을 입으라"고 하였고, 골로새서 3:9 말씀에는 "옛사람과 그 행위를 벗어버리고 새사람을 입었으니 이는 자기를 창조하신 자의 형상을 좇아 지식에까지 새롭게 하심을 받는 자니라"고 하였다.

여기에 옛사람이란 ① 인류의 시조 아담과 하와로부터 범죄하여 내려온 유전죄와 자범죄를 범한 모든 인류들을 말하며 ② 미혹의 욕심을 따라 썩어져가는 구습을 좇는 인간을 말하는 것이다(엡 4:22). ③ 그리고 육체의 소욕을 따라 살므로 음란과 부정, 사악과 정욕, 탐심과 우상숭배, 악의와 훼방, 술수와 원수를 맺는 것, 분쟁과 시기, 분냄과 당짓는 것, 분리함과 이단, 방탕함과 범죄함의 모든 인간들을 말하는 것이다.

이러한 옛사람은 하늘나라를 유업으로 받을 수도 없으며(고전 15:50), 하나님의 축복을 누릴 수도 없는 것이다. 그런고로 옛사람과 그의 행위는 반드시 십자가에 못박아 장사시켜 버려야하며 예수 그리스도 안에서 새로 지으심을 받아야 한다. 하나님을 말씀하시기를 이 땅 위에 의인은 한 사람도 없다고 하였다. 그러나 누구든지 예수 그리스도의 십자가 앞에 나아와서 주 예수를 영접하고 지은 죄를 자복하기만 하면, 예수 그리스도 안에서 옛것은 지나가고 새로 지은 피조물이 되어 영생에 이르게 되는 것이다.

둘째, 자신을 십자가에 못박아야할 이유는 죄에게 종노릇하지 않게 하기 위함인 것이다.

로마서 6:6 말씀에 "우리가 알거니와 우리 옛사람이 예수와 함께 십자가에 못박힌 것은 죄의 몸이 멸하여 다시는 우리가 죄에게 종노릇하지 아니하려 함이라"고 하였다. 인간은 스스로가 범한 죄로 말미암아 저주와 비극을 가져오게 되었고 죽음을 가져오게 되었다.

죄라는 말은 헬라어의 '하말티아' (άμαρτία)라는 뜻으로 '불신앙, 불순종 표준에서 이탈된 것' 을 가리키는 말로써 인간은 누구나 종교적으로, 양심적으로, 도덕적으로 죄의 속박을 당하고 있으며 죄로 인한 불행과 엄청난 비극의 댓가를 치루며 살고 있는 것이다. 많은 사람들이 겪고 있는 고통의 원인도 죄로 인한 산물이며 죄의 삯이라고 보아야 한다. 그런고로 인간은 누구나 죄의 결박에서 해방을 받아야 하며 누군가가 이 엄청난 죄악의 형벌에서 건져주어야 한다.

하나님은 바로 이러한 인간의 죄악문제를 해결하여 주시려고 예수 그리스도를 십자가에 못박게 하셨고 십자가에 고초를 당하게 하신 것이다. 이사야 선지자는 예언하기를 "그가 찔림은 우리의 허물을 인함이요 그가 상함은 우리의 죄악을 인함이라 그가 징계를 받음으로 우리가 화평을 누리고 그가 채찍에 맞음으로 우리가 나음을 입었다"고 하였다.

누구든지 예수 그리스도 앞에 나아와서 자기가 지은 죄를 자복하고 회개하여 죄악의 길에서 돌이키기만 하면, 하나님은 인간이 범한 모든 죄를 친히 담당하시되(사 53:11) 히브리서 10:17의 말씀과 같이 회개한자의 죄를 다시는 기억지도 아니하시며 멀리 도망케 하실 뿐 아니라(사 43:25), 주의 등뒤로 던져버려 주시며(사 38:17) 흔적도 없게 하여 주신다고 하였다(사 44:22).

그런고로 누구든지 죄의 결박에서 해방받고 죄의 종노릇 한데서 벗어나기 위해서는 예수 그리스도의 십자가 앞에 나아와 지은죄를 회개함으로 자신을 굴복시켜야 하며 자신을 십자가에 못박아야하는 것이다. 사도 바울은 이와 같이 자신의 생활에 대하여 나는 날마다 죽노라(고전 15:31)라고 하였고, 자신의 몸을 쳐 복종케 한다고 하였다(고전 9:27).

셋째, 자신을 십자가에 못박아야 할 이유는 예수 그리스도 안에서 생명의 삶을 살기 위함인 것이다.

로마서 6:11 말씀에 "이와같이 너희도 너희 자신을 죄에 대하여는 죽은 자요 그리스도 예수 안에서 하나님을 대하여는 산 자로 여길지어다"라고 하였다. 인생의 참된 생명의 삶은 오직 예수 그리스도 안에서만이 이루어지는 것이다. 그런고로 예수님은 말씀하시기를 "나는 포도나무요 너희는 가지니 저가 내 안에 내가 저 안에 있으면 이 사람은 과실을 많이 맺나니 나를 떠나서는 너희가 아무것도 할 수 없음이라 사람이 내 안에 거하지 아니하면 가지처럼 밖에 버리워 말라지나니 사람들이 이것을 모아다가 불에 던져 사르느니라"(요한 15:5, 6)고 하였다. 인생이 예수 안에 있지 아니하고는 참된 생명의 삶을 살 수가 없다. 다만 밖에 버리워 말라져 없어지는 가지처럼 죽은 생명이 되어지고 마는 것이다. 그런고로 누구든지 참된 생명의 삶을 살기를 원한다면 반드시 십자가에 나를 못박아 장사시켜 버리고, 율법의 저주에서 십자가로 구원하여 주신 예수 그리스도의 구속의 그 크신 은혜를 힘입어야 한다.

넷째, 자신을 십자가에 못박아야 할 이유는 자신을 하나님께 온전히 드리기 위함인 것이다.

인간은 누구나 자신을 거룩하신 하나님 앞에 드리자면 자신의 죄악된 몸을 십자가에 못박아야 한다. 그런고로 로마서 6:13 말씀에 "너희 지체를 불의의 병기로 죄에게 드리지 말고 오직 너희 자신을 죽은 자 가운데서 다시 산 자같이 하나님께 드리며 너희 지체를 의의 병기로 하나님께 드리라"고 하였다.

사랑하는 성도 여러분, 이 한주간도 우리는 주 예수께 붙잡힘을 받아 옛사람을 십자가에 못박고 죄악의 종된 생활을 벗어나 생명의 삶을 살아가며, 자신을 온전히 하나님께 드리는 거룩한 의의 병기가 되시기를 주님의 이름으로 축원한다. 할렐루야!

은혜 아래 있는 사람
(로마서 6:12-14)

"죄가 너희를 주관치 못하리니 이는 너희가 법 아래 있지 아니하고 은혜 아래 있음이니라"(롬 6:14). 은혜 아래 있는 사람은 어떻게 살아야 하는가에 대해서 말씀을 상고하면서 함께 은혜를 나누고자 한다.

첫째, 자신을 순결하게 보존해야 한다.

"그러므로 너희는 죄로 너희 죽을 몸에 왕노릇하지 못하게 하여 몸의 사욕을 순종치 말고"(12절). 은혜 아래 있는 사람은 자신을 그냥 마구잡이로 내놓지 않고 자신을 깨끗하게 보존한다. 우리 육신이 다 원하는 대로 한다면 우리는 어떻게 될까? 문제가 크게 생길 것이다. 그러므로 우리는 이 땅에서 살아가는 동안에 몸의 사욕을 순종치 말고, 항상 우리 마음속에 있는 믿음과 하나님의 말씀으로써 죄와 싸워서 이김으로 자신을 순결하게 보존해야 하는 것이다.

둘째, 죄로 하여금 다시 자기를 주장하지 못하게 해야 한다.

우리는 죄의 권세를 부인해야 한다. 나는 하나님의 은혜로 구원을 받고 또 내 이름이 하늘나라 생명책에 기록되었기 때문에 마귀가 나를 이기지 못한다는 것을 알고 더욱더 주님 앞에 가까이 나아가는 믿음을 가져야 되겠다. 그리고 사람에게 죄를 범하게 하는 사탄의 권세를 겁내지 말아야 한다. 우리의 목표는 오직 하나님의 말씀에 대한 순종이라는 것을 잊지 말아야 한다. 또한 죄가 자신을 지배할 기회를 주지 말아야 한다. 우리는 항상 죄에 빠져들 가능성이 충분한 사람이라는 것을 늘 조심하고 두렵고 떨리는 마음으로 믿음 안에서 살아야 하는 것이다.

셋째, 하나님의 자녀가 되었다는 사실을 확신해야 한다.

"영접하는 자 곧 그 이름(예수)을 믿는 자들에게는 하나님의 자녀가 되는 권세를 주셨으니 이는 혈통으로나 육정으로나 사람의 뜻으로 나지 아니하고 오직 하나님께로써 난 자들이니라"(요1:12-13). 우리는 예수님을 믿음으로 하나님의 자녀가 된 것을 확신하고 그 은혜에 감사하여 죄악에 빠진 많은 영혼들을 주님 앞으로 인도하는 사명을 위해 살아가야 한다.

넷째, 자기의 몸을 하나님을 위한 정의의 도구로 사용되게 해야 한다.

"또한 저희 지체를 불의의 병기로 죄에게 드리지 말고 오직 너희 자신을 죽은 자 가운데서 다시 산 자같이 하나님께 드리며 너희 지체를 의의 병기로 하나님께 드리라"(13절). 우리는 하나님께서 주신 은혜를 마음속에 간직할 뿐만 아니라 입으로 표현하고 행동으로 나타내야 한다. 로마서 12:1에 보면 "너희 몸을 하나님이 기뻐하시는 거룩한 산 제사로 드리라 이는 너희의 드릴 영적 예배니라"라고 말씀했다. 우리가 새벽기도를 드리고, 주일예배를 드리며, 성경공부시간에 참석하는 일, 주일학교 교사로, 성가대원으로 봉사하는 일, 전도하는 일 등은 우리의 몸을 하나님을 위한 정의의 도구로 사용되게 하는 일중의 하나이다.

사랑하는 성도 여러분!
은혜아래 있는 사람은 자신을 순결하게 보존하고 죄로 하여금 다시 자기를 주장하지 못하게 해야 하며, 하나님의 자녀가 되었다는 것을 확신하고, 자기의 몸을 하나님을 위한 정의의 도구로 사용되게 해야 하는 것이다. 은혜아래 있는 사람답게 살아 승리하는 성도들이 되시기를 주의 이름으로 축원한다.

인생의 근본문제
(로마서 6:12-23)

"그러나 이제는 너희가 죄에서 해방되고 하나님께 종이 되어 거룩함에 이르는 열매를 얻었으니 이 마지막은 영생이라 죄의 삯은 사망이요 하나님의 은사는 그리스도 예수 우리 주안에 있는 영생이니라"(롬 6:22, 23).

인생의 근본문제가 무엇이냐고 묻는다면 사람의 존재 의의가 무엇이냐고 반문할 것이다. 사람의 근본문제는 이구동성으로 의식주를 해결하는 것이라고 말한다. 오늘의 국제적인 분쟁문제도 바로 이 문제 때문이라고 해도 과언이 아닐 것이다.

대부분의 사람들은 지식이나 정치, 사상으로 해결하려고 했다. 그러나 해결하지 못하자 낙담, 실망, 포기해 버리곤 했다. 우리는 하나님의 형상대로 지음을 받았다. 하나님께서는 우리를 지으시고 땅과 환경, 물질 등을 지배하며 살 수 있도록 우리에게 주권을 주셨다. 그런데 우리 사람이 범죄함으로 말미암아 하나님의 형상을 잃어 버렸다. 즉 하나님이 주신 주권을 상실한 것이다. 그러므로 우리 인간의 방법으로는 인생의 근본문제를 해결할 수 없는 것이다. 그러면 우리는 어떻게 해야 이 문제를 해결할 수 있을까요? 사도 바울은 오늘 본문 말씀 가운데 인생의 근본문제를 해결할 수 있는 방법을 제시해 주고 있다.

첫째, 죄에서 해방되어야 한다.

인생의 근본문제 해결방법은 어떤 정치나 배움, 부의 축적에 있는 것이 아니라 먼저 죄에서 해방되어야 하는 것이다. 사도 바울은 율법을 다 지킴으로 죄에서 해방되려고 했던 사람이었다. 그러나 그는 해방을 받지 못했다. 오늘날에도 바울과 같은 율법 신자가 있다. 주일에 교회에 나와서 예배나 드리면 의식적인 학습이나 세례를 받으면, 혹은 직분을 받으면 죄에서 해방받는 줄 아는 사람이 많다. 그러나 우리가 오직 죄에서 해방되는 길은 우리 죄를 대속하시기 위해서 십자가에 못박혀 돌아가신 예수 그리스도를 믿는 것이다. "사람이 의롭다 하심을 얻은 것은 율법의 행위에 있지 않고 믿음으로 되는 줄 우리가 인정하노라"(롬 3:28).

둘째, 하나님의 법을 순종해야 한다.

죄에서 해방 받으면 의의 종 곧 하나님의 종이 된다. 하나님의 종은 하나님의 법을 순종해야 하는 것이다. 대한민국 사람은 반드시 대한민국의 법을 순종해야 한다. 교회나 가정에 문제가 생기는 것은 하나님의 법을 순종하지 않기 때문이다.

하나님의 법을 순종할 때 자유가 있다. "진리를 알지니 진리가 너희를 자유케 하리라"(요 8:32). "그러므로 너희는 죄로 너희 죽을 몸에 왕노릇 하지 못하게 하여 몸의 사욕을 순종치 말고 또한 너희 지체를 불의의 병기로 죄에게 드리지 말고 오직 너희 자신을 죽은 자 가운데서 다시 산 자같이 하나님께 드리며 너희 지체를 의의 병기로 하나님께 드리라"(롬6:12-13).

셋째, 거룩한 생활을 해야 한다.

"이제는 너희 지체를 의에게 종으로 드려 거룩함에 이르라"(롬 6:19下). 하나님의 종들은 거룩한 생활을 해야 한다. "오직 너희를 부르신 거룩한 자처럼 너희도 모든 행실에 거룩한 자가 되라 기록하였으되 내가 거룩하니 너희도 거룩할지어다 하셨느니라"(벧전 1:15-16). "너희는 값으로 사신 것이니 사람들의 종이 되지 말라"(고전 7:23). "그런즉 어찌하리요 우리가 법 아래 있지 아니하고 은혜 아래 있으니 죄를 지으리요 그럴 수 없느니라"(롬 6:15). 우리는 하나님의 법을 지키고 하나님의 종으로 살 때 우리 생활이 거룩해질 수 있다. 하나님의 자녀는 하나님의 자녀답게 살아야 한다. 우리는 거룩함에 이르는 열매를 맺어야 한다.

사랑하는 성도 여러분! 인생의 근본 문제를 해결 받는 길은 죄에서 해방되고 하나님의 법을 순종하며 거룩한 생활을 하는데 있다. 이와같이 하여 인생의 근본문제를 해결받고 항상 감사하면서 승리하는 성도 여러분이 되시기를 주님의 이름으로 축원한다.

하나님께 감사하리로다
(로마서 6:15-23)

다음 주일은 맥추절로 지키는 주일이다. 우리는 하나님이 명하신 절기를 지킴으로서 양식과 물의 보장, 질병을 제거해 주시는 건강의 보장, 원수를 멸하여 주시는 보호의 축복, 낙태하는 자가 없게 해주시는 축복 등을 받게 된다. 우리가 하나님께 감사해야 할 것들이 많이 있지만 특별히 죄에서 해방되게 해주신 것에 대해 감사를 해야 한다. 그러면 성경에서 말하는 죄란 무엇이고, 죄를 범한 자에 대한 호칭과 죄의 실제, 죄를 범한 결과와 죄에서 해방되는 길, 죄사함 받은 후의 결과에 대해서 말씀을 상고하면서 함께 은혜를 나누고자 한다.

'죄' 란 원어에 보면 '과녁에서 빗나가다. 하나님의 말씀에 의한 법칙에서 탈선되다' 라는 뜻으로 인간이 가장 우선적으로 해결받아야 될 문제 중에 하나이다. 인간의 비극이 죄에서 왔고 죄 때문에 하나님과 인간사이가 가리워졌으며 인간이 죽은 뒤에 심판을 받게 된다. 지금 우리가 사는 이 시대는 죄악이 관영한 시대이기 때문에 자신도 모르게 감정을 억제하지 못하여 마음으로 입술로, 행동으로 죄를 범할 수 있다. 그렇다고 해서 하나님이 가장 싫어하시는 죄를 우리가 범해서는 안된다.

죄를 범한 자에 대한 성경에 나타난 **호칭을** 보면,
① '죄의 종' 이라고 했다. "혹은 죄의 종으로 사망에 이르고 혹은 순종의 종으로 의에 이르느니라"(롬 6:16).
② '잃어버린 자' 라고 했다. "인자의 온 것은 잃어버린 자를 찾아 구원하려 함이니라"(눅 19:10).
③ '하나님의 진노가 머물러 있는 자' 라고 했다. "아들을 믿는 자는 영생이 있고 아들을 순종치 아니하는 자는 영생을 보지 못하고 도리어 하나님의 진노가 그 위에 머물러 있느니라"(요 3:36).

④ '허물과 죄로 죽은 자'라고 했다. "너희의 허물과 죄로 죽었던 너희를 살리셨도다"(엡 2:1).

죄의 실제를 보면 로마서 1:28-32에 '마음에 하나님 두기를 싫어함, 불의, 추악, 탐욕, 악의, 시기, 살인, 분쟁, 사기, 악독, 수군수군하는 것, 비방, 능욕, 교만, 자랑하는 것, 악을 도모하는 것, 부모를 거역하는 것, 우매한 것, 배약하는 것, 무정한 것, 무자비한 것' 등이 있고, 요한계시록 21:8에 보면 '음란한 것, 우상 섬기는 것, 거짓말 하는 것' 등이 있다.

이와 같은 죄를 범하게 되면,
① 평안이 없어진다. "나의 죄로 인하여 내 뼈에 평안함이 없나이다"(시 38:3).
② 형통치 못하다. "자기의 죄를 숨기는 자는 형통치 못하나"(잠 28:13).
③ 뼈가 쇠하여진다. "내가 토설치 아니할 때에 종일 신음하므로 내 뼈가 쇠하였도다"(시 32:3).
④ 영혼에 화가 임한다. "그들의 영혼에 화가 있을진저 그들이 재앙을 자취하였도다"(사 3:9).
⑤ 병이 온다. "그 후에 예수께서 성전에서 그 사람을 만나 이르시되 보라 네가 나았으니 더 심한 것이 생기지 않게 다시는 죄를 범치 말라 하시니"(요 5:14).
⑥ 고생이 곁에 따른다. "파멸과 고생이 그 길에 있어"(롬 3:16).
⑦ 심판과 멸망이 따른다. "이미 도끼가 나무뿌리에 놓였으니 좋은 열매 맺지 아니하는 나무마다 찍어 불에 던지우리라"(마 3:10)
⑧ 제2의 사망인 지옥의 형벌이 온다. "불과 유황으로 타는 못에 참여하리니 이것이 둘째 사망이라"(계 21:8).

우리의 죄는 물로 씻을 수도 없고, 불로 태울 수도 없다. 오직 죄에서 해방되는 길은 우리의 죄를 십자가에서 다 담당해 주신 예수 그리스도를 믿고 회개하는 것이다. "나의 의로운 종이 자기 지식으로 많은 사람을 의롭게 하며 또 그들의 죄악을 친히 담당하리라"(사 53:11). 누구든지 예수 앞에 나와 죄를 자복하고 회개하면 주님께서 그 죄를 다시는 기억지도 아니하시고(히 10:17), 주의 등 뒤로 던져버리시며(사 38:17), 흔적도 없게 해주신다(사 44:22).

그래서 죄사함을 받게 되면
① 긍휼이 여김을 받는다. "죄를 자복하고 버리는 자는 불쌍히 여김을 받으리라"(잠 28:13)
② 선한 길로 인도해준다. "이스라엘의 죄를 사하시고 그 마땅히 행할 선한 길을 가르쳐 주옵시며"(대하 6:27).
③ 재앙이 없게 해준다. "그 죄를 사하고 그 땅을 고칠지라"(대하 7:14).
④ 성령을 받게 된다. "죄사함을 얻으라 그리하면 성령을 선물을 받으리니"(행 2:38).
⑤ 천국의 입국을 허락해 준다. "회개하라 천국이 가까왔느니라"(마 3:2).
⑥ 유쾌한 날이 오게 해준다. "그러므로 너희가 회개하고 돌이켜 너희 죄 없이함을 받으라 이같치 하면 유쾌하게 되는 날이 주 앞으로부터 이를 것이요"(행 3:19). 또한 구원에 이르게 되고, 생명을 얻게 된다.

사랑하는 성도 여러분! 맥추절을 맞이하여 죄에서 해방시켜 주신 하나님께 진심으로 감사드리면서 거룩한 삶을 사시는 성도 여러분이 되시기를 주의 이름으로 축원한다.

참된 자유
(로마서 8:1)

인간은 예로부터 자유를 갈망해 왔고 또 자유를 쟁취해 왔다. 스페인의 극작가 세르반테스는 말하기를 "자유란 신이 인간에게 베푼 최대의 축복이다"라고 하였고, 이탈리아의 혁명가 마찌니는 "자유가 없는 인생이란 한낱 유기체의 운동에 불과하다"고 하였다. 그러면 과연 참된 자유가 무엇인가에 대해서 세 가지를 말씀드리겠다.

첫째, 참된 자유란 죄와 허물에서 용서받는 것을 의미한다.

'자유'란 말인 헬라어의 '엘레유데로우'(ἐλευθερόω)라는 말로 뜻은 '풀어 놓아 주는 것'을 의미한다.

아담의 후예인 모든 인류는 유전죄와 자범 죄로 인한 죄와 허물로 구속을 당하고 있으며 참된 평화와 기쁨을 잃어버리게 되었다. 뿐만 아니라 인생에게는 죽음이 오게 되었고 하나님의 심판이 오게된 것이다. 그러므로 인류는 아무리 먹고 마시며 즐길지라도 그 심령 깊은 곳에 잠재해 있는 불안과 공포, 두려움과 근심은 언제나 인생의 깊은 곳에 잠재해 있게 되는 것이다.

이러한 인생들에게 하나님은 죄악과 죽음의 포로에서 자유를 주시려고 예수 그리스도를 믿음으로 말미암아 구원을 받게 하신 것이다. 요한복음 3:16에 "하나님이 세상을 이처럼 사랑하사 독생자를 주셨으니 이는 저를 믿는 자마다 멸망치 않고 영생을 얻게 하려 하심이라"고 하였다.

바울은 로마서 8:1에 "그러므로 이제 예수 그리스도 안에 있는 자에게는 결코 정죄함이 없나니 이는 그리스도 예수 안에 있는 생명의 성령의 법이 죄와 사망의 법에서 너를 해방하였음이라"고 하였다. 여기 죄와 사망의 법에서 해방을 가져다 준것은 바로 하나님께서 인류에게서 주신 최대의 선물인 것이다. 인류가 이 땅위에서 겪는 모든 불행은 모두가 죄악에 대한 유산이며 열매인 것이다.

사랑하는 성도 여러분, 이제 우리는 모두가 예수 그리스도안에 있는 생명의 성령으로 말미암은 죄와 허물에서 사함받고 참된 자유를 누리는 자가 되시기를 축원한다.

둘째, 참된 자유는 육을 좇아 사는데서 영을 좇아 사는 것을 의미한다.

로마서 8:5에 "육신을 좇는 자는 육신의 일을 영을 좇는 자는 영의 일을 생각하나니 육신의 생각은 사망이요 영의 생각은 생명과 평안이니라"고 하였다. 그리고 "육신의 생각은 하나님과 원수가 되나니 이는 하나님의 법에 굴복치 아니할 뿐 아니라 할 수도 없다"고 하였다. 육을 좇아 사는 길은 죽음의 길이며 멸망과 심판의 길인 것이다.

그러므로 로마서 8:13에 "너희가 육신대로 살면 반드시 죽을 것이로되 영으로써 몸의 행실을 죽이면 살리니 무릇 하나님의 영으로 인도함을 받는 그들은 곧 하나님의 아들이라"고 하였다. 하나님의 아들이 되었다는 이 말은 바로 육에 포로가 된 인생이 영에 사로잡힌 참된 자유함을 입은 것을 말해주는 것이다. 우리는 모두가 육신을 갖고 있지만 하나님의 사람들은 육신대로 사는 것이 아니라 오히려 육신을 의의 병기로 사용하며 살아가는 것이다.

영을 좇아 사는 자는 하나님의 아들들이 될 뿐만 아니라 양자의 영을 받았음으로 하나님을 아바 아버지라 부르게 되며 하나님과 함께 한 후사로서 그의 고난과 그의 영광도 함께 누리며 살게 되는 것이다. 예수님은 요한복음 8:36에 "그러므로 아들이 너희를 자유케 하면 너희가 참으로 자유하리라"고 하였다.

독일의 위대한 종교개혁자 마틴 루터는 어느날밤 자신의 강연에서 하나님께 대한 복종이야말로 참된 자유라고 외치게 되었다. 이 강연을 들은 어떤 젊은 수도사인 "비이"는 말하기를 '매였던 쇠사슬이' 그 말을 듣는 순간 쩔렁하며 풀어져 떨어지는 소거를 감각하였다고 하였다. 이 체험은 바로 진리가 너희를 자유케 하리라고 하신 주님의 약속에 대해 참된 자유를 맛보게 되는 체험인 것이다.

셋째, 참된 자유는 마귀의 결박에서 해방받는 것을 의미한다.

자유란 영어의 Preedom이란 말이나 Liberty란 말은 어떤 것에도 구속되지 않는 것을 말하며 특히 구약 성경의 자유라는 개념은 "노예나 포로된 상태에서 해방되는 특히 구원, 구속 등의 개념 내용을 지니고 있기도 한 것이다.

고금을 막론하고 수많은 사람들이 결박되어 있는 가장 무서운 쇠사슬은 사탄의 개입과 그로 말미암은 결박인 것이다. 사탄은 인류의 대적이며 하나님의 원수로써 할 수만 있으면 택한 백성이라도 미혹하며 시험에 들게 하며 고통과 죽음속으로 이끌고 들어가게 하는 것이다. 그러므로 하나님은 "사탄을 대적하라 그리하면 너희를 피하리라"고 하였고 "너희가 내 이름으로 귀신을 내어 좇으라"라고 하였다. 악령 또는 귀신은 언제나 빛 앞에 어두움이 내어 쫓기듯 예수의 이름앞에 혼비백산 도망가게 되며 꺼꾸러지게 되는 것이다.

예수님은 자신의 사역에 대해서 증거하시기를 "주의 성령이 내게 임하셨으니 이는 가난한 자에게 복음을 전하게 하시려고 내게 기름을 부으시고 나를 보내사 포로된 자에게 자유를 눈먼 자에게 다시 보게 함을 전파하며 눌린 자를 자유케 하고 주의 은혜의 해를 전파하게 하려 하심이라"고 하였다.

성령 충만과 내적사역
(로마서 8:1)

성도들이 이세상을 살아갈 때는 영적 충만함을 받아야 한다. 그리스도 예수 안에 있는 자에게는 생명의 성령의 충만함을 받게되고 내적인 변화가 일어나게 된다.

첫째, 예수 그리스도 안에 있는 자에게 해방을 가져다 주신다.
본문 1절 이하의 말씀을 보면 "그리스도 예수 안에 있는 자에게는 결코 정죄함이 없나니 이는 그리스도 예수 안에 있는 생명의 성령의 법이 죄와 사망의 법에서 너를 해방하였음이라"고 하였다. 여기에 '해방'이란 말은 (히브리어) 파-타흐(הרפ) 즉 '풀어 놓아준다' '자유케 한다'는 뜻으로서 첫째, 죄의 법에서 해방을 가져다 주시는 것이다.

이 말은 신자가 그리스도 밖에 있을 때에 받았던 정죄에서 이제는 그리스도 안에 있는 생명의 성령의 법이 해방을 가져다 주는 것을 말하는 것이다. 이 해방은 바로 예수 그리스도께서 우리를 대신하여 피흘려 속죄하여 주셨기 때문이며, 또한 성령님께서 우리의 중심에 오셔서 우리를 중생시켜 하나님의 양자로 만드셨기 때문에 되어진 것이다.

그리고 둘째로는 사망의 법에서 해방을 받게 하여 주신다. 여기에 사망이란 죄의 댓가에서 오는 죽음을 말하며, 죄의 법에서 해방을 받지 못하는 자가 받는 심판의 결과라고도 볼수가 있다. 그러나 예수 그리스도 안에 있는 자들에게는 생명의 성령의 법이 사망의 법을 무너뜨리고 해방을 주셨기 때문에 사망의 권세가 결코 이기지 못하며, 그리스도 안에 있는 생명의 줄에서 끊을 수가 없는 것이다. 그런고로 예수님은 말씀하시기를 "나는 부활이요 생명이니 나를 믿는자는 죽어도 살겠고 무릇 살아서 나를 믿는자는 영원히 죽지 아니하리라"(요 11:25-26)고 하였다. 그런고로 사도 바울은 사망을 비웃고 저주하면서 "사망아 너의 이기는 것이 어디 있느냐 사망아 너의 쏘는 것이 어디있느냐"(고전 15:55)고 담대히 소리치게 된 것이다.

셋째로, 사탄과 질병의 결박에서 해방을 받게 하였다. 사탄은 언제나 슬픔과 비애, 질병과 고통, 죄악과 죽음을 가져다 주지만 생명과 성령의 법은 이 모든 사탄의 음흉한 장벽을 무너뜨리며, 사탄이 준 질병의 결박에서 해방을 받게하여 주시는 것이다. 그런고로 마가복음 16:17 말씀에 "저회가 내 이름으로 귀신을 쫓아내며 새 방언을 말하며 뱀을 집으며 무슨 독을 마실지라도 해를 받지 아니하며 병든 사람에게 손을 얹은즉 나으리라"고 하였다.

넷째로, 불안과 공포에서 해방을 받게하여 준다. 불안이란 마음중심의 흔들림에서 오는 심적고통을 말하는 것으로써 마음의 중심이 흔들린 자는 타인에 대한 불신은 물론 자신 마저도 불신해 버리는 허탈과 공허감에 빠져 버리고 마는 것이다. 그런고로 엘 굴-드는 말하기를 "불안이란 자기가 자기를 믿지 못하고 중심이 흔들리기 때문에 생기는 일종의 병적 상태"라고 말하였다. 그런데 인간에게는 누구에게도 이 불안을 이길 힘은 없다. 다만 생명의 성령의 법이 이 모든 불안과 공포에서 해방을 가져다 주는 것이다.

그런고로 로마서 8:6 말씀에 육신의 생각은 사망이요, 영의 생각은 생명과 평안이라고 하였다. 이와같이 성령충만의 내적사역은 죄와 사망의 법에서, 사탄과 질병의 결박에서 불안과 공포에서 해방을 가져다 주며, 놀라운 평안과 기쁨을 영혼속에 넘치게 하시며, 시냇물처럼 흐르게 하시는 것이다. 그런고로 성령이 충만한 자는 무슨 일을 만나도 항상 기쁨이 넘치는 생활을 할 수가 있게 되는 것이다.

둘째, 성령충만과 내적사역은 기능과 재능을 발전시켜 주신다.

인간은 자기 주어진 기능과 재능을 가지고 있으나 그 기능을 발전시키는 힘은 바로 성령의 사역인 것이다. 성령은 우리 인간속에 은사로 역사하여 주심으로 창작력, 이해력, 분별력을 주 실뿐 아니라 지혜, 지식, 믿음, 병고하는 역사, 능력, 예언, 영분별, 방언, 통역 등의 은사를 주시어 주님의 맡기신 모든 사역을 능히 감당하도록 도와주시는 것이다.

그런고로 성도가 주의 성령으로 충만하게 될 때 어리석은 자가 지혜롭게 되며, 무능한 자가 능하게 되며 자기에게 감추어져 있는 온갖 기능과 재능을 발휘시켜 성공자가 되게하여 주시는 것이다. 우리 인간에게는 누구에게나 무한한 가능성을 하나님께서 부여하여 주셨고 또 역사하게 하여 주셨다.

사랑하는 성도 여러분! 오늘도 주의 성령으로 충만함을 받아 여러분에게 부여해 주신 기능과 재능을 발휘시켜 위대한 그릇이 되며, 주님의 크고 귀한 사역자가 되시기를 주님의 이름으로 축원한다.

셋째, 성령충만의 내적 사역은 영적 친교를 가져다 주시는 것이다.

이 영적 친교는 첫째, 하나님과의 친교를 말하는 것이며, 둘째는 인간과의 친교를 말할 수가 있다. 하나님은 영이시기 때문에 인간의 육성이나 인간의 지식으로 교제가 성립되는 것이 아니고, 오직 하나님의 성령의 역사하심속에 영으로 교제할 수가 있는 것이다. 인간이 하나님께 예배할 때도 하나님께 참으로 예배하는 자들은 신령과 진정으로 예배해야 한다고 말하였다.

하나님은 성령을 통하여 인간과 더불어 항상 교제하시기를 원하시며, 또한 성령께서도 우리가 빌 바를 알지 못하나 오직 성령이 말할 수 없는 탄식으로 우리를 위하여 친히 간구하여 주시며, 성령이 하나님 뜻대로 성도를 위하여 간구하여 주시는 것이다. 그런고로 성령충만의 내적사역은 하나님과 영적교제를 그리스도 안에서 이루어 주실 뿐만 아니라 인간사이에도 영적교제를 이루어 주심으로 성령 안에서 하나가 될 수 있는 것이다.

넷째, 성령충만의 내적사역은 우리에게 풍요한 삶을 가져다 주시는 것이다.

성령이 충만한 자는 절대로 신앙의 빈혈환자가 되지 않고 신앙의 갈증을 해갈받고 영적빈곤, 걱정근심, 두려움, 공포 다 소멸시켜 주심을 받아 풍요한 삶을 누리게 하여 주시는 것이다.

너를 해방하였음이라(1)
(로마서 8:1)

인생은 누구나 자유를 사랑하며 결박과 속박에서 해방되기를 원하고 있다. 그런고로 영국의 저널리스트인 스펜더는 말하기를 자유를 사랑함은 모든 사람의 천성이라고 하였다. 그러나 이렇게 자유가 소중하지만 인간은 시조 아담이 범한 죄로 말미암아 죄의 포로가 되었고(롬 5:14), 드디어 죄는 인간을 지배하는 왕이 됨으로 말미암아 인생은 멸망의 노예가 되고 말았던 것이다. 하나님은 바로 이러한 인생들을 구원하시려고 예수 그리스도를 이 땅위에 보내셔서 죄와 사망의 법에서 해방시켜 구원과 자유를 얻게 하여 주신 것이다(갈 5:1). 여기 '해방'이란 말은 "솨-라흐"(חלש) 즉 '속박을 풀어 준다'는 뜻을 가진 말이다. 그러면 우리가 무엇에서 해방을 받아야 하는 가에 대하여 세 가지를 생각해 보기로 하겠다.

첫째, 우리 인생은 죄의 법에서 해방을 받아야 한다.

사도 바울은 우리 인생은 반드시 죄와 사망의 법에서 해방을 받아야 된다고 강조하였다(롬 8:2). 여기 '죄'란 말 하말티아($άμαρτία$)는 아담으로부터 내려오는 죄의 본질인 원죄를 의미하는 말이다. 인류가 겪고 있는 가장 큰 불행의 조건 중의 하나는 바로 아담으로부터 내려오는 원죄 때문이며, 또 한 가지는 인간 스스로가 범한 자범죄 때문인 것이다.

그런고로 이러한 죄는 바로 인간에게 고통을 가져오게 하였고(창 3:16-19), 뼈의 쇠잔함과(시 32:3), 죽음에까지 이르도록 만든 것이다(겔 18:4, 롬 5:12).

그러면 인생이 해결해야 될 가장 크고 근본 문제인 죄 문제를 어떻게 하면 해결 받을수 있는가에 대해서 성경 말씀을 함께 상고하기로 하겠다. 먼저 범죄한 죄를 하나님 앞에 철저하게 회개해야 한다. 하나님은 회개한 자의 죄를 용서해 주시고(삼상 14:39), 덮어 주시며(시 85:2), 다시는 기억지도 않게 하실 뿐만 아니라(렘 31:34), 그리고 로마서 8:1-2에 보면

"그러므로 이제 그리스도 예수 안에 있는 자에게는 결코 정죄함이 없나니 이는 그리스도 예수 안에 있는 생명의 성령의 법이 죄와 사망의 법에서 너를 해방하였음이니라"고 하였다. 즉 죄의 법에서 해방을 받자면 반드시 예수 그리스도 안에 있어야 한다. 예수님께서 십자가에 피흘려 돌아가신 것은 바로 인류의 죄를 대속하시기 위함인 것이다. 그런고로 이사야 선지자는 예언하시기를 "그가 찔림은 우리의 허물을 인함이요 그가 상함은 우리의 죄악을 인함이라 그가 징계를 받음으로 우리가 평화를 누리고 그가 채찍에 맞음으로 우리가 나음을 입었도다"(사 53:5)라고 하였다.

둘째, 우리 인생은 사망의 법에서 해방을 받아야 한다.

여기 사망의 법이란 영적인 영원한 죽음을 의미하는 말이다. 로마서 5:12에 "이러므로 한 사람으로 말미암아 죄가 세상에 들어오고 죄를 말미암아 사망이 왔나니 이와 같이 모든 사람이 죄를 지었으므로 사망이 모든 사람에게 이르렀느니라"고 하였고, 죄의 삯은 사망이라(롬 6:23)고 하였다. 이와같이 죄는 인생에게 영원한 영적인 죽음을 가져오게 하였다. 그런고로 우리 인생은 반드시 이러한 사망의 법에서 해방을 받아야 한다.

그러면 우리가 어떻게 하면 이 사망의 법에서 해방을 받을 수가 있겠는가? 요한복음 5:24에 "내가 진실로 진실로 너희에게 이르노니 내 말을 듣고 또 나 보내신 이를 믿는 자는 영생을 얻었고 심판에 이르지 아니하나니 사망에서 생명으로 옮겼느니라"고 하였다. 즉 예수님을 믿는 것이 바로 사망에서 해방을 받는 것이다. 사도 바울은 이 엄청난 사망의 법에서 해방을 받은 감격속에 감사하기를 "사망아 너의 이기는 것이 어디 있느냐 사망아 너의 쏘는 것이 어디 있느냐 사망의 쏘는 것은 죄요 죄의 권능은 율법이라 우리 주 예수 그리스도로 말미암아 우리에게 이김을 주시는 하나님께 감사한다"고 하였다(고전 15:55, 57).

그리고 우리 인생이 사망의 법에서 해방을 받자면 주의 영이 함께 하는 자가 되어야 한다. 고린도후서 3:17에 "주는 영이시니 주의 영이 계신곳에는 자유함이 있느니라"고 하였고 로마서 8:1에는 "그러므로 이제 그리스도 예수 안에 있는 자에게는 결코 정죄함이 없나니 이는 그리스도 예수 안에 있는 생명의 성령의 법이 죄와 사망의 법에서 너를 해방하였음이라"고 하였다.

사랑하는 성도 여러분, 여러분 가운데 아직도 죄와 사망의 법에 얽매여 두려움 속에 살고 있는 자가 있는가? 그렇다면 지금 곧 예수 그리스도를 당신의 구주로 영접하고 주의 영이 거하시는 거룩한 성전이 되시기를 축원한다. 그리하면 생명의 성령의 법이 당신을 사망에서 생명으로 옮기심을 받게 하시며 사망의 그늘에 앉은 백성이 큰 빛을 바라보게 되는 것이다.

셋째, 우리 인생은 사탄의 속박에서 해방을 받아야 한다.

오늘날 많은 사람들이 귀신에게 얽매여 노예가 되고 귀신의 가르침을 좇아 행함으로 허망하게 된 자가 얼마나 많은지 말로다 할 수가 없다. 사탄은 우리 인생에 침투하여 귀신에게 무릎 꿇는 사탄의 종으로 만들며 점쟁이, 박수무당, 무신론자, 공산주의, 정신이상자가 되게 하여 사탄의 꼭두각시로 만들어 놓기도 하며 심지어는 정신적 육체적 질병과 고통을 가져다 줌으로 사탄의 노예가 되는 자들이 얼마나 많은지 말로다 형용 할 수 없다. 사탄은 바로 영적 고통 육체적 고통을 가져다 줄뿐 아니라 음부의 권세속으로 이끌어가는 사망의 권세를 잡은 자인 것이다.

그런고로 예수님은 믿는 우리에게 귀신을 좇아내는 권세를 주셨으며(막 16:17), 주의 이름으로 귀신들이 항복하는 권세를 주신 것이다(눅 10:17). 누가복음 10:19에 "내가 너희에게 뱀과 전갈을 밟으며 원수의 모든 능력을 제어할 권세를 주었으니 너희를 해할자가 결단코 없으리라"고 하였다.

사랑하는 성도 여러분! 오늘도 예수 그리스도 안에있는 생명의 성령의 법으로 죄와 사망의 법에서 해방을 받고, 사탄의 권세에서 승리하는 여러분이 되시기를 주님의 이름으로 축원한다.

너희를 해방하였음이라(2)
(로마서 8:1-2)

우리 인간은 세 부류에서 해방을 받아야 한다. ① 어느 나라에도 속박을 받지 않고 자유를 얻는 민족적인 해방이 있어야 되고 ② 주 예수를 믿으라 그리하면 너와 네 집이 구원을 얻으리라(행 16:31). 가정적인 해방이 있어야 되며 ③ 개인적으로 구원을 받는 해방이 있어야 된다.

이 '해방'이라는 말의 뜻은 같은 헬라어와 히브리어 중에도 여러 가지 단어로 표현되어 있다. 그 중에 대표되는 '엘류데로'($ἐλευθερόω$)라고 하는 헬라어에 보면 '구원하다' '구출하다' 하는 뜻이 있다. 또한 '속박으로부터 풀어주다' 즉 얽매여 있는 모든 밧줄을 다 풀어서 자유롭게 해 주는 것을 의미한다. 그러면 하나님께서는 하나님의 자녀들에게 무엇에서 해방을 받게해 주셨는지 말씀의 은혜를 나누고자 한다.

첫째, 죄에서 해방을 받게 해 주셨다.

우리 인간은 나면서부터 죄의 종이다. 죄 가운데 태어나 죄의 속박을 당하고 있다. 그러므로 심판을 받게 되고 양심적으로 육체적으로나 영혼속에 죄의 고통을 당하게 되는 것이다. 그러나 예수 그리스도를 믿는 하나님의 자녀들에게는 오직 성령의 법으로 죄의 결박을 해방시켜 준다고 하였다.

해마다 경축일이 되면 나라의 주권자가 형의 언도를 받은 특정한 범인에게 대하여 형의 집행을 면제하여 주는 "특사"라는 것이 있다. 하나님께서는 하나님을 믿는 자녀들에게 양심적인 죄, 윤리적인 죄, 종교적인 죄 등 이러한 모든 죄에서 해방을 받게 해 주셨다.

둘째, 사망의 법에서 해방을 받게 해 주셨다.

로마서 6:23에 보면 "죄의 삯은 사망"이라고 했다. 우리 인간은 하나님의 형상대로 지음을 받아 에덴동산에서 축복된 생활을 하다가 아담과 하와가 하나님앞에 범죄한 이후로 그곳에서 추방을 당하면서부터 '죽음'이 오게 되었다. 그러나 하나님께서는 우리 인간을 사랑하셔서 독생자 예수 그리스도를 이땅에 보내주시고, 그로 하여금 우리의 모든 죄를 담당케 해 주심으로 누구든지 죄를 자복하고 예수님의 구주되심을 믿으면 하나님과 원수되었던 우리를 화목시켜 주신 것이다.

그러므로 예수를 믿는 우리들은 사망의 법에서 해방을 받았다. "나는 부활이요 생명이니 나를 믿는 자는 죽어도 살겠고 무릇 살아서 나를 믿는 자는 영원히 죽지 아니하리니 이것을 네가 믿느냐"(요 11:25-26).

셋째, 근심과 고통에서 해방을 받게 해 주셨다.

시편 107:4-5에 보면 "저희가 광야 사막길에서 방황하며 거할 성을 찾지 못하고 주리고 목마름으로 그 영혼이 속에서 피곤하였도다"라고 말씀했는데, 이것이 오늘 이 세상에서 사는 인간의 모습이다.

하나님께서는 이 근심과 고통에서 우리를 해방시켜 준다고 말씀했다. "이에 저희가 그 근심중에 여호와께 부르짖으매 그 고통에서 건지시고 또 바른 길로 인도하사 거할 성에 이르게 하셨도다"(시 107:6-7). 우리는 성령의 능력, 말씀의 무장, 기도의 응답, 은사의 무장 또 하나님의 평강이 나를 지배해야만이 이세상의 모든 근심과 고통을 이길 수 있다.

넷째, 사탄의 결박에서 해방을 받게 해 주셨다.

마태복음 10:1에 보면 "예수께서 그 열두 제자를 부르사 더러운 귀신을 쫓아내며 모든 병과 모든 약한 것을 고치는 권능을 주시니라"라고 말씀했다. 이 권능은 예수 믿는 사람이면 누구나 다 받은 것이다. 만일 우리가 이러한 권능을 하나님께 받지 못했다면 귀신들은 우리들에게 병, 근심, 불행, 불안, 공포등 말할 수 없는 고통을 줄 것이다. 마귀는 '예수의 이름' 앞에는 꼼짝없이 굴복하게 되어 있다.

사랑하는 성도 여러분! 죄와 사망의 법, 근심과 고통, 사탄의 결박에서 해방을 받아 모든 생활에 자유와 기쁨을 누리며 하나님이 영육간에 주신 평강과 축복이 여러분의 것이 되시기를 예수의 이름으로 축원한다.

영의 생각과 육신의 생각
(로마서 8:6)

사람이 다른 동물과 다른 것은 영혼과 생각을 갖고 있는 것이다. 인간이 태어날 때는 남자 아니면 여자의 차이가 있을 뿐 모두 똑같은 적신으로 이 땅에 태어났지만 죽을 때에는 목사, 판사, 의사, 교사, 선인, 흉악범 등이 되어 각각 다른 모양으로 인생을 끝마치게 된다. 그 이유는 무엇때문이겠는가? 그것은 바로 자신들이 무엇을 생각하였고 또 생각한 바를 어떻게 발전시켜 나갔느냐에 따라서 그 마지막이 달라지게 되어지는 것이다. 그런고로 로마서 12:3에 "마땅히 생각할 그 이상의 생각을 품지 말고 오직 하나님께서 각 사람에게 나눠 주신 믿음의 분량대로 지혜롭게 생각하라"고 하였다. 우리는 육신의 생각을 버리고 영의 생각을 품고 살아가야 한다. 그러면 영의 생각과 육신의 생각의 차이점이 무엇인가에 대해서 세 가지 내용을 말씀드리겠다.

첫째, 영의 생각은 영의 관한 일을 육신의 생각은 육신의 관한 일을 생각하게 한다.

로마서 8:5 말씀에 "육신을 좇는 자는 육신의 일을, 영을 좇는 자는 영의 일을 생각한다"고 하였다. 이 세상에는 두 가지 일이 있다. 하나는 영에 관한 일이며 하나는 육의 관한 일이다. 이 세상에 많은 사람들이 육의 일을 위하여서는 시간도 노력도 아낄줄 모르고 골몰하고 있지만, 가장 귀한 영에 관한 일에는 관심조차 두지 아니하는 어리석은 인생들이 얼마나 많은지 말로다 할 수 없다. 베드로는 인생의 육체에 관해서 "모든 육체는 풀과 같고 그 모든 영광이 풀의 꽃과 같다"(벧전 1:24)고 하였다.

우리는 영혼의 소중함을 잊어서는 아니된다. 요한복음 6:63에 "살리는 것은 영이니 육은 무익하니라 내가 너희에게 이른 말이 영이요 생명이라"고 하였다. 인간의 육신이 소중한 것은 다만 영이 소중하기 때문이며 또한 하나님께 산제물로 드려질 때 만이 귀한 몸이 되어지는 것이다.

그런고로 우리는 육체 가운데 살고 있으나 영의 생각에 사로잡힘을 받아야 한다. 하나님은 영의 속한 사람을 기뻐하시며 축복하여 주신다.

저는 지난 주간 이곳 미국 조지아에서 미국 전 대통령인 지미카터 대통령이 출석하고 있는 조지아 마리에타 로스웰 뱁티스트 처취(Gogia marietta roswell baptist church)에서 성회를 인도하는 중 그분의 은혜스러운 이야기를 많이 들어보았다.

그가 신년 하례식 때는 제일 먼저 그가 출석하고 있는 이곳 Roswell 교회의 담임목사님이신 넬숀 프라이스(Nelson price)를 제일 먼저 초청하고 기도를 받은 후 하례객을 접하였으며, 그는 미국 국민들에게 "나는 미국 대통령직은 버릴망정 교회의 직분은 버릴수 없다"고 말하면서 교회에 집사로서 충성을 다하는 모습을 그려 볼 수 있었다. 그로 하여금 하나님의 일이 얼마나 중요한 것임을 말해주고 있는 것이다.

둘째, 영의 생각은 좋은 것을 도모하게 하며 육신의 생각은 악한 것을 취하게 한다.

인간은 항상 선과 악의 격투장에서 싸우며 살아가는 전사이다. 그런고로 로마서 12:21에 "악에게 지지 말고 선으로 악을 이기라"고 하였고 로마서 16:19 말씀에는 "선한 데 지혜롭고 악한 데 미련하기를 원하노라 평강의 하나님께서 속히 사단을 너희 발 아래서 상하게 하시리라"고 하였다. 그러면 우리가 육신의 악한 생각을 버리고 영의 사람되어 좋은 것을 도모하자면 어떻게 해야 할까? 성령님을 내 안에 모셔들여야 한다.

로마서 8:9에 "만일 너희속에 하나님의 영이 거하시면 너희가 육신에 있지 아니하고 영에 있다"고 하였다. 우리는 육신을 가지고 있으나 성령님을 모심으로 영에 속한 사람이 되어 성령님의 도우심을 받게 되는 것이다. 성령님은 인간의 마음을 감동하여 예수 그리스도를 구주로 영접하게 하실 뿐 아니라 하나님의 아들이 되게 하며 그 안에서 착한 일을 하도록 도와주시는 것이다.

로마서 8:14에 "무릇 하나님의 영으로 인도함을 받는 그들은 곧 하나님의 아들이라"고 하였고, 고린도후서 9:8에는 "하나님이 능히 모든 은혜를 너희에게 넘치게 하시나니 이는 너희로 모든 일에 항상 모든 것이 넉넉하여 모든 착한 일을 넘치게 하게 하려 함이라"고 하였다. 그런고로 우리는 육신의 악한 생각을 버리고 영의 생각에 사로잡힘을 받아 모든 좋은 생각과 착한 일에 착념하는 자가 됨으로 항상 좋은 일만 넘치게 되는 삶을 살아가는 여러분이 되시기를 주님의 이름으로 축원한다.

셋째, 영의 생각은 생명과 평온을 주며 육신의 생각은 사망과 불안을 가져오게 한다.

로마서 8:6에 "육신의 생각은 사망이요 영의 생각은 생명과 평안이니라"고 하였다. 여기 육신의 생각이란 육신 안에 있는 죄성에 의해 지배되는 삶을 말하는 것이며, 사망이라는 말은 하나님과의 분리를 말하는 것으로써 그로 말미암아 오는 혼란, 좌절, 그리고 죽음을 의미하는 것이다. 오늘날 얼마나 많은 사람들이 한줌의 흙으로 돌아가고야말 육신에 얽매여 생명에 관한 것을 잊어버리고, 가물어 메마른 땅에 시들어진 영혼들이 마치 에스겔 골짜기의 마른 해골떼처럼 처참하게 살아가고 있는 자들이 얼마나 많습니까?

사랑하는 성도 여러분, 여러분의 귀한 것은 육신이 아니고 영혼이다. 만일 여러분들이 영의 일에 얽매이고 영의 생각에 사로잡혀 있다면 여러분은 틀림없이 생명과 평안을 주께로부터 소유할 수 있게 된다. 그러나 아직도 육의 생각에 사로잡혀 있다면 이 세상 그 무엇으로도 여러분은 참된 평안과 생명을 얻을 수가 없다. 그런고로 여러분은 지체하지 마시고 영의 소중함을 깨달아야 하며 전 생애가 영에 사로잡힌 삶으로 바꾸어져야 한다. 그리할 때 영혼이 잘됨같이 범사가 잘되고 강건하게 됨을 주께로부터 받게 되는 것이다.

주의 성령이 임한 자
(로마서 8:9)

첫째, 주의 성령이 임한 자는 그리스도인이 되어진다.

'그리스도인'이란 바로 주의 영이 임한 자를 말하는 것이다. 바울은 로마서 8:9에서 말하기를 "만일 너희속에 하나님의 영이 거하시면 너희가 육신에 있지 아니하고 영에 있나니 누구든지 그리스도의 영이 없으면 그리스도의 사람이 아니라"고 말하였다. 이 말씀은 곧 그리스도의 영이 있는 자라야 그리스도의 사람이 된다는 말이다.

그러면 우리가 그리스도의 영을 소유하자면 어떻게 해야 하나? 예수 그리스도를 내 구주로 영접해야 한다. 바울은 "그리스도께서 너희 안에 계시면 몸은 죄로 인하여 죽은 것이나 영은 의를 인하여 산 것이라"(롬 8:10)고 하였다. 그리스도인은 바로 예수 그리스도와 더불어 죄의 몸은 죽어 장사되었고 영은 그리스도로 말미암아 다시 산 자가 된 것이다. 그러므로 그리스도인은 비록 세속 속에 살고 있으나 세상에 속한 자가 아니고 하나님께 속한 자이며, 또한 모든 소망이 땅위에 있는 것이 아니고 하늘에 있는 것이기 때문에 하늘의 영광을 바라보고 즐거워하게 되는 것이다.

로마 카타콤 안에는 수많은 그리스도인들이 로마의 가혹한 박해를 피해 신앙을 지켰던 모습을 볼 수 있다. 그들이 남긴 십자가, 비둘기, 물고기, 면류관, 닻 등의 문체들이 있는데, 십자가 문체는 고난을 극복하는 상징으로써 그들이 십자가를 바라보며 고난에서 인내하였다. 성령충만의 상징인 비둘기를 바라보면서 성령의 충만함을 받기 위하여 기도에 힘썼으며, 닻과 면류관을 바라보면서 구원의 소망을 잃지 아니하였고, 물고기 그림속에는 "예수 그리스도는 하나님의 아들"이라는 글자가 들어 있는데 이를 바라 보면서 그리스도인의 충성과 헌신, 그리고 순교까지 각오하였던 것이다.

둘째, 주의 성령이 임한 자는 능력있는 사명자가 되어진다.

주님께서는 열두 제자와 백이십명을 쓰시려고 하실 때 먼저 예루살렘을 떠나지 않게 하고 주의 성령을 구하게 하였다. 그리고 저들에게 말씀하시기를 "오직 성령이 너희에게 임하시면 너희가 권능을 받고 예루살렘과 온 유대와 사마리아와 땅 끝까지 이르러 내 증인 되리라"(행 1:8)고 하였다. 그리고 예수님께서 십자가에 못박히신 이후 담대히 나가 증거해야 될 제자들이 두려움과 낙심속에 떨고 있을 때 예수님은 그들의 연약함을 아시고 그들에게 숨을 내쉬며 가라사대 "성령을 받으라"고 말씀하였다.

성령께서는 성도 안에 거하셔서 담대한 사명자가 되게 하시며 능력있는 사명자, 승리하는 사명자, 전도하는 사명자, 기도하는 사명자, 봉사하는 사명자, 충성하는 사명자가 되게하여 주시는 것이다.

종교 개혁자 마틴 루터는 위험과 시련, 죽음과 위험이, 몰아쳐 오는 순간에도 그는 성령의 능력으로 낙심하거나 두려움없이 담대한 마음으로 "죽음, 악마, 지옥이 결코 나의 평안을 어지럽히지 못하리라 너는 내 안에 있을 몫이 없도다 너는 나에게서 너의 목적을 이루지 못한다. 만일 네가 나의 머리를 쳐서 떨어 뜨린다해도 아무 해도 끼치지 못하리라 내가 담대히 말하노니 나는 이것을 도로 붙게할 자를 소유하고 있도다"라고 말하였다.

셋째, 주의 성령을 소유한 자는 성공자가 되어진다.

그 이유는 결코 성령님께서는 실패하시지 않으시기 때문이다. 스가랴 선지자는 말하기를 "만군의 여호와께서 말씀하시되 이는 힘으로 되지 아니하며 능으로 되지 아니하고 오직 나의 신으로 되느니라"고 하였다. 이 말씀에서 우리는 힘으로 능으로도 되지 않는다고 하는 사실과 오직 주의 성령으로 되느니라고 하시는 말씀이다. 인간은 실패해도 성령님께서는 실패하지를 아니하시며 인간이 할 수 없는 일도 성령님께서는 할수 있게 하여 주시기 때문에 주의 영이 함께 한 자는 모든 일에 성공자가 되어지는 것이다. 이 놀라우신 주의 성령은 오늘도 우리와 함께 하셔서 폭발력, 소멸력, 건설력, 전진력, 생명력, 소생력, 축복력, 부흥력을 가지시고 우리 가운데 역사하고 계심을 믿으시기 바란다.

사랑하는 성도여러분! 오늘도 놀라우신 성령의 충만하심 가운데 그리스도인의 참된 모습을 지니고 능력있는 주의 사명자로서 위대한 성공자가 되시기를 주님의 이름으로 축원한다.

육을 좇는 생활과 영을 좇는 생활
(로마서 8:12-14)

신자의 생활 특징은 육신대로 좇아 살지 않고 영을 좇아 사는데 있다. 다윗은 시편 51:10에 "내 안에 정직한 영을 새롭게 하소서"라고 기도하였고, 베드로는 "영혼을 거스려 싸우는 육체의 정욕을 제어하라"고 하였다(벧전 2:11). 도덕적 부패는 영적 타락에서 오는 산물이며 건전한 영적생활은 사회를 정화시키게 되는 것이다. 성경에는 육신을 좇는 생활과 영을 좇는 생활을 다음과 같이 나타내고 있는데 먼저 육을 좇는 생활에 대하여 말씀을 드리겠다.

첫째, 육을 좇는 생활은 성령을 거스리는 생활을 의미한다.

'육신'이란 아담의 타락과 범죄로 인하여 죽음 아래있는 인간 자체를 말하는 것이며, 혈육적이고 육욕적인 물질적인 신체를 말하기도 하는 것이다. 육체의 소욕은 성령을 거스리고 성령의 소욕은 육체를 거스리며 이 둘이 서로 대적함으로 원하는 것을 하지 못하게 한다고 갈라디아서 5:17 말씀하였다.

성령을 거스리는 부패된 인간성에서 나오는 것은 음행, 더러운 것, 호색, 우상숭배, 술수, 원수맺는 것, 분쟁, 시기, 분냄, 당짓는 것, 분리, 이단, 투기, 술취한, 방탕, 외식, 악한 생각, 도덕질, 살인, 탐욕, 악독, 속임, 훼방, 교만, 광패, 흉악, 악의, 비방, 자랑, 무정, 배약, 무자비등 이다. 이런 육체의 소욕들이 성령을 거스리게 하는 것이다. 그런고로 베드로는 영혼을 거스려 싸우는 육체의 정욕을 제어하라고 하였다(벧전 2:11).

둘째, 육을 좇는 생활은 하나님을 기쁘시게 못하는 생활을 말한다.

사도 바울은 육신에 있는 자들은 하나님을 기쁘시게 할 수 없는 것이라고 하였다. 육신을 좇는 자는 육신의 일을 생각하며 하나님의 기뻐하시는 일을 생각하지 않을뿐 아니라 도리어 하나님과 원수되는 일을 행하게 되는 것이다(롬 8:7). 하나님과 동행한 에녹은 하나님을 기쁘시게 하는 자라는 증거를 받았다고 하였다(히 11:5). 인간이 하나님의 영을 좇아 행할 때 에녹과 같이 하나님을 기쁘시게 할 수 있는 것이다. 거듭 나지 못한 부패된 인간성 그 자체로서 하나님을 기쁘시게 할 수가 없는 것이다.

셋째, 육을 좇는 생활은 썩어진 것을 거두는 생활을 말한다.

갈라디아서 6:8 말씀에 "자기 육체를 위하여 심는 자는 육체로부터 썩어진 것을 거두고 성령을 위하여 심는 자는 성령으로부터 영생을 거두게 된다"고 하였다. 여기 썩어진 것이란 육체적 도덕적 부패를 뜻하는 것이다. 미국의 "칼 샌드벅"이 "인간의 마음은 동물원과 같다"고 말한바와 같이 인간의 마음속에는 독사같이 독살스러운 마음, 염소같이 음탕한 마음, 개구리 같이 추잡한 마음, 호랑이 같이 사나운 마음, 공작같이 교만한 마음이 들어 들어있다. 이러한 부패되고 악한 마음에서 거두어지는 것은 썩어진 것들 뿐인 것이다.

넷째, 육을 좇는 생명은 죽음으로 가는 생활이다.

본문에서 너희가 육체대로 살면 반드시 죽으리라고 한 말과 같이 육신의 생각은 사망뿐이다. 여기 사망이란 말은 하나님과 분리를 뜻하는 것이고 육신의 생각이란 사망을 결과로 가져올 뿐더러 그 자체가 사망이란 뜻을 가지고 있는 것이다. 이와 같이 육을 좇는 생활은 결국 사망에 이르고 마는 것이다.

그러면 다음으로 영을 좇는 생활에 대하여 말씀을 증거하겠다.

첫째, 영을 좇는 생활은 성령께서 내주하시는 생활을 말하는 것이다.

본문에 기록한 영이란 성령을 말하는 것인데 로마서 8:9말씀에 "만일 너희속에 하나님의 영이 거하시면 너희가 육신에 있지 아니하고 영에 있나니 누구든지 그리스도의 영이 없으면 그리스도인의 사람이 아니라"고 하였다. 그러므로 그리스도인의 인격적 생활은 그리스도의 영이 내주하심으로 성립되는 것이다. 성령은 신자안에 계셔서 그들을 인도하시고 지도하시며 능력과 전능으로 신령적 생활을 도와 주신다.

둘째, 영적 생활이란 성령의 뜻을 순종하는 생활을 말하는 것이다.

성령은 사도 바울로 하여금 아세아에서 말씀을 전하지 못하게 하고 마게도니아로 인도하여 복음을 전하게 하였다. 예수님은 항상 우리들로 하여금 하나님의 뜻에 순종하는 생활을 보여 주셨다. 아브라함은 하나님의 지시를 순종함으로 축복을 받았고, 아나니아와 삽비라는 성령을 속이고 성령의 지시를 거역하다가 저주를 받았다. 하나님은 신자가 하나님 앞에 순종하는 것을 제사보다 낫게 여기시고 진리를 순종하는 영혼을 깨끗하게 하여 거짓이 없이 형제를 사랑하게 하시는 것이다.

셋째, 영적생활이란 신자가 세속 속에 살면서 거룩하게 구속된 생활을 말하는 것이다.

성도란 거룩하게 구속한자 즉 하나님께서 거룩하게 구속하여 뽑아세운 무리들을 말한다. 그런고로 신자의 생활은 세속 속에 살고 있으나 세속에 속화되어 살지 아니하고 거룩하게 구속된 생활을 하는 것이다. 에스겔 11:19에 말씀하기를 "내가 새로운 마음을 너희에게 주리라"고 하였다. 성도는 옛사람과 구습을 벗어 버리고 거룩하신 구속된 내 마음과 새 생활을 해야 한다.

넷째, 영적 생활이란 신령한 열매를 맺는 생활을 말한다.

성령의 아홉 가지 열매는 신자의 영적 생활에서 맺혀지는 신령한 열매인 것이다. 신자는 모든 생활속에 하나님의 기뻐하시는 열매가 끊임없이 맺어져야 한다. 그리스도 예수의 사람들은 육체와 함께 정과 욕심을 십자가에 못박은 자들이다. 그런고로 영혼을 거스려 싸우는 육체의 정욕을 제어하고 성령의 충만함을 받아 시와 찬미와 신령한 노래들로 화답하며 말씀과 기도로 늘 깨어 영력이 충만한 신자의 영적 생활을 끊임없이 지속해 나아가야 하는 것이다.

신자의 영적 생활(1)
(로마서 8:12-15)

동서고금(東西古今)을 막론하고 신자들의 생활특징은 육을 좇아 살지 않고 영을 좇아 사는 영적인 생활을 하는 것이다. 그런고로 다윗은 "내 안에 정직한 영을 새롭게 하소서"(시 51:10)라고 기도하였고 베드로는 "영혼을 거스려 싸우는 육체의 정욕을 제어하라"(벧전2:11)고 하였다. 윤리, 도덕적으로 혼돈과 무질서와 흑암이 팽대해진 현실에서 특히 모든 성도들의 영적생활은 빛처럼, 소금처럼, 향기처럼, 편지처럼 불신과 우상숭배와 무신론의 세계로 확산되어져야만 한다.

신자들의 영적생활은 하나님 보시기에 좋은 국가, 사회, 가정이 되게 하는 것이다.

1. 육을 좇아 사는 육적생활

육신이란 아담의 타락과 범죄로 인하여 죽음아래 있는 혈기와 욕망으로 가득찬 인간지체의 상태를 말한다. 그런고로 육을 좇아 사는 생활은,

첫째, 성령을 거스린다.

육체의 소욕은 성령을 거스릴 뿐 아니라 하나님이 원하시는 것을 하지 못하게 한다. 그런고로 이같은 부패된 인간성에서 나오는 것은 음행, 더러운 것, 호색, 우상숭배, 술수, 원수 맺는 것, 분쟁, 시기, 분냄, 당짓는 것, 분리, 이단, 투기, 술취함, 방탕, 외식, 악한 생각, 도적질, 살인, 탐욕, 악독, 속임, 훼방, 교만, 광패, 추악, 악의, 비방, 자랑, 배약, 무정, 무자비등이다. 사도 베드로는 이같은 영혼을 거스려 싸우는 육체의 모든 정욕을 제어하라고 하였다.

둘째, 하나님을 기쁘시게 하지 못한다.

사도 바울은 말하기를 육신을 좇는 자는 육신의 일을 생각하고 하나님의 기뻐하시는 일을 생각하지 않을 뿐 아니라 도리어 하나님과 원수되는 일을 행하게 된다고 하였다. 그러나 하나님과 동행한 에녹은 하나님을 기쁘시게 하는 자라는 증거를 받았다.

그런고로 성령으로 거듭나지 못한 부패된 인간성 그 자체로써는 하나님을 기쁘시게 할 수가 없는 것이다. 하나님을 기쁘시게 한다는 것은 어떠한 위대한 행위가 아닌 중심에 간직하고 있는 믿음인 것이다.

셋째, 썩어진 것을 거두게 된다.

자기 육체를 위하여 심는 자는 육체로부터 썩어진 것을 거두게 된다(갈 6:8). 여기 '썩어진 것'이란 육체적 도덕적 부패를 뜻하는 것이다. 미국의 C. 샌드버그의 '인간의 마음은 동물원과 같다'라는 말과 같이 인간의 마음 속에는 독사같은 마음, 염소같은 마음, 개구리 같은 마음, 호랑이 같은 마음, 공작새 같은 마음들이 있다고 한다. 이는 곧 악독과 불순종과 거역, 급하고 사나움, 교만과 자랑하는 마음들로 꽉 차 있다는 것이다. 그런고로 이같은 부패된 마음을 통하여 거두어지는 것은 썩어진 세상의 것들 뿐인 것이다.

넷째, 죽음을 가져온다.

본문 로마서 8:13에 보면 육신대로 살면 반드시 죽는다고 했다. 육신이란 원래 죽기로 되어 있는 존재인 것이다. 그러나 성령의 내주(內住)를 받은 신자는 그렇지가 않다. 그럼에도 불구하고 육신을 따라 살게 되니 반드시 죽을 수 밖에 없는 것이다. 이는 또한 육신의 생각은 사망 뿐이기 때문이다. 사망이란 하나님과의 분리를 뜻하는 것이고 육신의 생각이란 그 자체가 사망일 뿐 아니라 사망을 결과로 가져오는 근원이 된다.

2. 성령을 좇아 사는 영적생활

성령은 몸의 행실을 제어한다. 외형적인 금욕생활이 아닌 육욕을 따르

는 마음을 제거하고 성령의 뜻을 따르게 하는 것이다. 그러면 신자의 영적 생활이란,

첫째, 성령께서 내주(內住)하시는 생활을 말한다.

사도 바울은 "만일 너희 안에 하나님의 영이 거하시면 너희가 육신에 있지 아니하고 영에 있나니 누구든지 그리스도의 영이 없으면 그리스도의 사람이 아니라"(롬 8:9)고 하였다. 구약시대에는 특수한 자에게만 임하시고 또 임시적으로 임하였으나(시 51:11) 오순절 성령강림 후 성령은 각 신자의 속에 거하신 바 되고 영원히 거하신 바 되었다. (요 14:16-17) 이는 오늘을 살아가는 신자들의 특권이며 큰 축복인 것이다.

둘째, 성령의 뜻을 순종하는 생활이다.

성령을 통해 하나님의 뜻을 알게된 바울은 자신의 계획을 포기하고 하나님의 뜻을 복종하였으므로 유럽 전도와 같이 열렸고 마게도냐 지방에서는 루디아가 회개하고 빌립보 교회를 설립케 되었고, 점치는 여인이 고침을 받게 되었으며, 간수장이 회개하고 온 가족이 복음을 받아들이는 중요한 세 가지 사건이 일어났던 것이다. 그러나 아나니아, 삽비라 부부는 성령을 속이고 성령의 지시를 거역하다가 저주를 받아 그 자리에서 죽게되고 말았다.

하나님은 신자가 하나님 앞에 순종하는 것을 제사보다 낫게 여기시고 진리를 순종하는 자의 영혼을 깨끗하게 하여 거짓이 없이 형제를 사랑하기에 이르도록 하신다.

셋째, 세상 속에 살면서 거룩하게 구속된 생활을 한다.

'성도'(Saints)란 '거룩하게 구속한 자' 즉 '하나님께서 거룩하게 구속하여 뽑아 세운 무리들'을 말하는 것이다. 그런고로 신자들의 생활은 세속에 살고 있으니 세속화 되지 아니하고 거룩하게 구속된 생활을 하는 것이다. 하나님으로부터 새로운 마음을 받은(겔 11:19) 성도들은 옛사람의 구습(舊習)을 벗어버리고 거룩하게 구속된 새마음으로 새생활을 해야만 한다.

넷째, 신령한 열매를 맺는 생활이다.

　육체의 일은 '일' 그 자체로 그치지만 성령은 일하시고 반드시 열매를 맺게 하신다. 그런고로 갈라디아서 5:22-23에 나타난 성령의 아홉 가지 열매, 사랑, 희락, 화평, 인내, 자비, 양선, 충성, 온유, 절제는 신자의 영적생활에서 맺어지는 신령한 열매인 것이다.

　예수님의 교훈 중에도 입만 무성하고 열매없는 무화과 나무를 저주하신 적이 있었다. 그런고로 신자는 모든 생활속에 하나님의 기뻐하시는 열매를 지속적으로 끊임없이 맺어야만 한다.

　사랑하는 성도 여러분! 그리스도의 사람들은 ① 인격이 변화 되어야 하며(고후 5:17), ② 생활이 변화되어야 하고(롬 8:2), ③ 나아가서는 그 주위를 변화시키는(엡 5:18- 6:18) 삶을 살아야만 한다. 이를 위하여서는 육체와 함께 정과 욕심을 십자가에 못박아야 한다. 또한 영혼을 거스려 싸우는 육체의 정욕을 제어하고 성령의 충만함을 받아 시(詩)와 찬미와 신령한 노래들로 서로 화답하며 말씀과 기도로 늘 깨어있어 영력이 충만한 영적생활을 끊임없이 지속하도록 해야만 할 것이다. 할렐루야!

신자의 영적생활(2)
(로마서 8:13)

신자의 생활 특징은 육신대로 좇아 살지 않고 영을 좇아 사는데 있다. 다윗은 "내 안에 정직한 영을 새롭게 하소서"(시 51:10)라고 기도하였고, 베드로는 "영혼을 거스려 싸우는 육체의 정욕을 제어하라"(벧전 2:11)고 하였다. 도덕적 부패는 영적 타락에서 오는 산물이며 건전한 영적 생활은 사회를 정화시키게 되는 것이다. 성경 말씀은 육신을 좇는 생활과 영을 좇는 생활을 다음과 같이 나타내고 있다.

1. 육신을 좇는 생활

육신이란 아담의 타락과 범죄로 인하여 죽음 아래있는 인간 자체를 말하는 것이다. 혈육적이고 육욕적인, 물질적인 신체를 말하기도 하는 것이다.

첫째, 육신을 좇는 생활은 성령을 거스리게 된다.

육체의 소욕은 성령을 거스리고 성령의 소욕은 육체를 거스리며 이 둘이 서로 대적하므로 원한 것을 하지 못하게 한다. 성령을 거스리는 부패된 인간성에서 나오는 것은 곧 음행, 더러운것, 호색, 우상숭배, 술수, 원수맺는 것, 분쟁, 시기, 분냄, 당짓는것, 분리, 이단, 투기, 술취함, 방탕, 외식, 악한생각, 도둑질, 살인, 탐욕, 악독, 속임, 훼방, 교만, 광패, 추악, 악의, 비방, 자랑, 배약, 무정, 무자비 등이다. 이런 육체의 소욕들은 성령을 거스리게 하는 것이다. 그런고로 베드로는 영혼을 거스려 싸우는 육체의 정욕을 제어하라고 하였다.

둘째, 육을 좇는 생활은 하나님을 기쁘시게 하지 못한다.

사도 바울은 육신에 있는 자들은 하나님을 기쁘시게 할 수 없느니라고 하였다. 육신을 좇는 자는 육신의 일을 생각하며 하나님이 기뻐하시는 일을 생각하지 않을 뿐 아니라 도리어 하나님과 원수 되는 일을 행하게 되는 것이다. 하나님과 동행한 에녹은 하나님을 기쁘시게 하는 자라 하는 증거를 받았다고 하였다. 인간이 하나님의 영을 좇아 행할 때 에녹과 같이 하나님을 기쁘시게 할 수 있는 것이다. 거듭나지 못한 부패된 인간성, 그 자체로써는 도저히 하나님을 기쁘시게 하지를 못한다.

셋째, 육신을 좇는 생활은 썩어진 것을 거두게 되는 것이다.
자기 육체를 위하여 심는 자는 육체로부터 썩어진 것을 거두고 성령을 위하여 심는 자는 성령으로부터 영생을 거두게 된다고 하였다. 여기 썩어진 것이란 육체적, 도덕적 부패를 말하는 것이다. 미국의 겔셈벅은 말하기를 인간의 마음은 동물원과 같다고 말한 바와 같이 인간의 마음속에서는 독사 같은 마음, 염소같이 음탕한 마음, 개구리 같이 추잡한 마음, 호랑이 같이 사나운 마음, 공작 같이 교만한 마음 이런 마음들이 부패를 가져오게 되고 이런 악을 마음속에서 거두어지게 되는 것은 바로 썩어진 것들 뿐인 것이다.

넷째, 육을 좇는 생활은 죽음을 가져 온다.
본문에서 너희가 육적으로 살면 반드시 죽으리라고 말함 같이 육신의 생각은 사망뿐인 것이다. 여기 사망이란 말은 하나님과의 분리를 뜻하는 것이고 육신의 생각이란 사망을 결과로 가져올 뿐 아니라 그 자체가 바로 사망이란 뜻이다.

2. 영적 생활
본문의 영이란 성령을 말하며 성령으로 중생한 속 사람을 가리키는 말이다. 사도 바울은 "너희가 육신대로 살면 반드시 죽을 것이로되 영으로써 몸의 행실을 죽이면 살리라"고 하였다.

첫째, 신자의 영적 생활이란 성령님께서 내주 하시는 생활을 말한다.
"만일 너희 안에 하나님의 영이 거하시면 너희가 육신에 있지 안니하고 영에 있나니 누구든지 그리스도의 영이 없으면 그리스도의 사람이 아니라"고 하였다. 그리스도인의 인격적 생활은 그리스도의 영이 그 안에 내주 하심으로써 성립되는 것이다. 성령이 신자 안에 계셔서 그들을 인도하시고 지도하시며 능력과 권능으로 신령적 생활을 도와 주시는 것이다.

둘째, 영적 생활이란 성령의 뜻을 순종하는 생활인 것이다.

성령은 사도 바울로 하여금 아시아에서 말씀을 전하지 못하게 하고 마게도냐로 인하여 복음을 전하게 하신 것을 보게 된다. 예수님은 항상 우리들로 하여금 하나님의 뜻에 순종하는 생활을 보여 주셨다. 아브라함은 하나님의 지시를 순종함으로써 축복을 받았고 아나니아와 삽비라는 성령을 속이고 성령의 지시를 거역하다가 저주를 받았다. 하나님은 신자 한사람 한사람이 하나님 앞에 순종하는 것을 제사보다 낫게 여기시고 진리를 순종하는 자의 영혼을 깨끗하게 하여 거짓이 없이 형제 사랑하기에 이르러렀다고 하셨다.

셋째, 영적 생활이란 신자가 세속속에 살면서도 거룩하게 구속된 생활함을 의미하는 것이다.

성도란 거룩하게 구별된 자, 하나님께서 거룩하여 구속하여 뽑아 세운 무리들을 말하는 것이다. 그런고로 신자의 생활은 세속속에 살고 있으나 물위의 기름과 같이 세속위에 떠있는 속화되어 살지 않고 거룩하게 구별된 생활을 하면서 사는 것이다. 성도는 옛사람과 구습을 벗어 버리고 거룩하게 구속된 새마음과 새생활을 해야한다.

넷째, 영적생활이란 신령한 열매를 맺는 생활을 의미한다.

성령의 아홉 가지 열매는 신자의 영적 생활에서 맺어지는 신령적 열매인 것이다. 예수님은 열매 없는 무화과 나무를 저주 하셨다. 신자는 모든 생활속에서 하나님의 기뻐하시는 열매가 끊임없이 맺혀야 한다.

성도 여러분, 우리는 그리스도 예수의 사람들로서 육체와 함께 정과 그 욕심을 십자가에 못박은 자들이다. 그런고로 영혼을 거스려 싸우는 육체의 정욕을 제어하고 성령의 충만함을 받아 시와 찬미와 신령한 노래들로 서로 화답하며 말씀과 기도로 늘 깨어 영력이 충만한 성도의 영적 생활을 지속할 수 있기를 바란다.

하나님의 영으로 인도함을 받는 사람(1)
(로마서 8:14)

사람이 무엇에 인도함을 받느냐? 하는 문제는 매우 중요한 일이며 그로 인해 주어지는 결과는 엄청난 양상으로 좌우되게 되는 것이다. 정치가에게 인도함을 받게 되면 정치가가 되고 사업가에게 인도함을 받게 되면 사업가가 되어진다. 특히 로마서 8장에 보면 하나님의 영으로 인도함을 받는 사람에 대하여 여섯 가지 주어지는 소득에 대한 말씀이 기록되어 있는데 성도 여러분과 함께 그 중요 내용을 상고하면서 은혜를 받자.

첫째, 하나님의 영으로 인도함을 받는 사람은 하나님의 아들이 되어지는 것이다.

로마서 8:14에 "무릇 하나님의 영으로 인도함을 받는 그들은 곧 하나님의 아들이라"고 하였다. 아버지와 아들 사이에는 거리감이나 어색함이 없는 가장 가깝고 친근한 사이이며 뜨거운 사랑과 생명으로 엉켜져 있는 관계인 것이다. 하나님의 영은 바로 하나님과 상거가 먼 타락된 우리 인간을 예수 그리스도 안에서 하나님의 아들들이 되게 만든 것이다(갈 3:26-27).

둘째, 하나님의 영으로 인도함을 받는 사람은 하나님의 후사가 되어지는 것이다.

로마서 8:17에 "자녀이면 또한 후사 곧 하나님의 후사요 그리스도와 함께한 후사"라고 하였다. 후사란 상속자란 말로 기업, 소유, 재산등의 유산을 상속받는 자를 말하는 것이다. 하나님의 영으로 인도함을 받는 사람은 이와같이 귀한 후사가 된 것인데, 그러면 후사가 되되 어떠한 후사가 되는가에 대해서 상고해 보겠다.

첫째, 약속의 새 하늘과 새 땅에 참예하는 후사가 되어지는 것이다(엡 3:6).

예수님은 그의 택하신 백성들 그의 후사된 자들을 위하여 약속하기를 "내가 너희를 위하여 처소를 예비하러 가노니 가서 너희를 위하여 처소를 예비하면 내가 다시와서 너희를 내게로 영접하여 나 있는 곳에 너희도 있게 하리라"고 하였다(요 14:2, 3).

둘째, 영생을 누리는 후사로 축복받게 되는 것이다.

하나님의 영으로 인도 하심을 받는 자들은 영생의 소망이 주어진 것이다. 이 사실에 대하여 디도서 3:7에는 말씀하시기를 "성령을 우리 구주 예수 그리스도로 말미암아 우리에게 풍성히 부어 주사 우리로 저희 은혜를 힘입어 영생의 소망을 따라 후사가 되게 하려 하심이라"고 하였다.

셋째, 하나님의 영으로 인도함을 받는 사람은 정죄함에서 해방을 받게 된다.

인간은 누구나 모태로 부터 죄 아래서 태어난 유전죄를 입은 자일 뿐만 아니라 이땅위에 태어난 이후 스스로 범한 자범죄로 인한 정죄를 받은 죄인들인데 하나님의 성령은 이러한 정죄에서 온전히 해방을 받게하여 주시는 것이다. 그러므로 로마서 8:1에 "그리스도 예수 안에 있는 자에게는 결코 정죄함이 없나니 이는 그리스도 예수 안에 있는 생명의 성령의 법이 죄와 사망의 법에서 너를 해방하였음이라"고 하였다. 여기 해방이란 '말로서 풀어준다' 는 말인데 즉 하나님의 영으로 인도함을 받는 자들은 모든 정죄에서 완전히 풀어지고 벗어나게 되는 것을 말한 것이다.

넷째, 하나님의 영으로 인도함을 받는 사람은 하나님의 영광에 참예하는 자가 되어진다.

영광이란 하나님의 권위에 의한 모든 광체를 말함인데 하나님은 자신의 영광을 인생들과 함께 나누시기를 즐겨하시며 또한 창조하신 피조물들을 통하여 영광받으시기를 기뻐하시는 하나님이시다. 우리는 항상 모든 영광을 그에게 돌려야 하며 우리가 그의 영광을 함께 받기 위해서는 어떠한 고난도 함께 받을줄 알아야 한다. 이 사실에 대하여 사도 바울은 말하기를 "우리가 그와 함께 영광을 받기 위해서는 고난도 함께 받아야 된다"고 말하였고(롬 8:17), "현재의 고난은 장차 우리에게 나타날 영광과 족히 비교할 수 없다"고 하였다(롬 8:18). 진실로 하나님의 영으로 인도함을 받는 모든 인생들은 하나님의 영광에 참예함을 입게 되는 것이다.

다섯째, 하나님의 영으로 인도함을 받는 자들은 성령의 도우심을 받게 된다.

성령님은 항상 성도를 도와 주시기를 기뻐하신다. 그런고로 성령님의 표현을 "보혜사"라고 하였다. "보혜사"라는 뜻은 도와주시기 위하여 함께한다는 뜻이다. 로마서 8:26에 보면 "이와 같이 성령도 우리 연약함을 도우시나니 우리가 마땅히 빌바를 알지 못하나 오직 성령이 말할 수 없는 탄식으로 우리를 위하여 친히 간구하시느니라"고 하였다. 성령은 우리의 연약함을 도우시며 우리의 기도를 도와주신다. 그리고 성령님은 우리 인간이 힘으로도 능으로도 하지 못하는 모든 일들을 할수 있게 하시며 되어지도록 도와주시는 것이다.

여섯째, 하나님의 영으로 인도함을 받는 자들은 생명과 평안으로 넘치게 하심을 받게 된다.

로마서 8:5에 "육신에 좇는 자는 육신의 일을, 영을 좇는자는 영의 일을 생각하나니 육신의 생각은 사망이요, 영의 생각은 생명과 평안이니라"고 하였다. 인간은 육과 영의 갈등속에서 그 어느 한편에 치우쳐 살고 있다. 어떤이는 육에 치우쳐 어둠과 죽음의 길을 헤매이다가 시들고 지쳐버린 자들이 수없이 있으며, 또 어떤 이들은 영을 좇아 행함으로 생명과 평안속에 축복으로 가득찬 사람들도 수없이 바라 볼 수가 있게 된다.

하나님의 영으로 인도함을 받는 사람(2)
(로마서 8:14-28)

사람은 누구에게 어떤 환경과 어떤 사상에 인도를 받느냐에 따라 그 결과가 하늘과 땅 차이로, 성공과 실패로, 생명과 사망으로 갈라지게 된다. 로마서 8장에 보면 육신을 좇아 사는 사람이 나온다. 육신을 좇아 사는 사람은 결국 사망을 당하게 되지만, 성령의 인도함을 받는 사람은 생명과 평안을 얻는다고 말했다(롬 8:6). '하나님이 영으로 인도함을 받는다'는 것은 성령의 도우심을 받아 하나님의 말씀을 분별하고 그 뜻대로 살아가는 것을 말한다. 그러면 하나님의 영으로 인도함을 받게 되면 어떠한 사람이 되는가에 대해서 말씀을 상고하면서 함께 은혜를 나누고자 한다.

첫째, 하나님의 자녀가 된다.

"무릇 하나님의 영으로 인도함을 받는 그들은 곧 하나님의 아들이라"(14절). 교회를 다닌다고, 입술로 주의 이름을 부른다고 해서 다 하나님의 아들이 되는 것은 아니다(마 7:21). 하나님의 영으로 인도함을 받아 예수를 구주로 믿고 영접한 사람이 곧 하나님의 아들이라는 것이다. 하나님의 영으로 인도함을 받아 그리스도 안에서 하나님의 자녀가 되어 하나님을 아버지라고 부르는 사람은 하나님의 놀라운 사랑을 받게 된다. "내가 진실로 진실로 너희에게 이르노니 내 말을 듣고 또 나 보내신 이름 믿는 자는 영생을 얻었고 심판에 이르지 아니하나니 사망에서 생명으로 옮겼느니라"(요 5:24). 하나님의 자녀가 한 번 되면 사랑의 징계는 있을 수 있지만, 천국에 갈 때까지 심판과 저주가 결코 없다. 또한 하나님의 자녀가 되면 그리스도와 함께 영광을 누릴 하나님의 상속자가 되어진다. "자녀이면 또한 후사 곧 하나님의 후사요 그리스도와 함께한 후사니 우리가 그와 함께 영광을 받기 위하여 고난도 함께 받아야 될 것이니라"(17절).

둘째, 사탄의 권세에서 해방을 받게 된다.

"너희는 다시 무서워하는 종의 영을 받지 아니하였고 양자의 영을 받았으므로 아바 아버지라 부르짖느니라"(15절).

'무서워하는 종의 영'이란 '두려움을 느끼는 노예로 만드는 영'이란 뜻으로 사탄의 권세를 의미한다. 사탄은 우리에게 두려움을 줍니다. 그러나 하나님은 우리에게 능력을 주신다. "하나님이 우리에게 주신 것은 두려워하는 마음이 아니요 오직 능력과 사랑과 근신하는 마음이니"(딤후 1:7). 우리는 지금 이 세상에 살고 있기 때문에 때로는 두려움과 공포속에 살고 있지만, 하나님의 영으로 인도함을 받는 사람들은 어떤 사탄의 권세도 우리를 헤치지 못한다. 예수 이름으로 하나님께 기도하기만 하면 성령님께서 우리를 보호해 주시고 지켜주시기 때문이다(막 16:17, 18).

셋째, 연약할 때 성령께서 도와주신다.

"이와 같이 성령도 우리 연약함을 도우시나니 우리가 마땅히 빌 바를 알지 못하나 오직 성령이 말할 수 없는 탄식으로 우리를 위하여 친히 간구하시느니라"(26절) 우리는 이 험악한 세상을 믿음으로 살아 가기에 너무나 연약한 존재이다. 그런데 더 심각한 것은 우리가 연약할 때 기도하고 싶어도 무엇을 어떻게 기도해야 할지 모른다는 것이다. 이때 우리의 연약함을 도우시는 분이 바로 성령님이시다. 성령님이 우리와 함께 할 때는 그 어떤 환경 여건도 초월해서 긍정적인 자세를 갖게 해주신다. "내게 능력 주시는 자 안에서 내가 모든 것을 할 수 있느니라"(빌 4:13). 우리는 이 어려운 때에 우리의 연약함을 도와주시는 성령님을 의지하고 살아야 한다. 성령님은 우리의 연약함을 도와주시고, 기도를 도와주시며, 모든 일이 합력하여 선을 이루도록 해주신다.

사랑하는 성도 여러분, 하나님의 영으로 인도함을 받게 되면 하나님의 자녀가 되고, 사탄의 권세에서 해방을 받게 되며, 연약할 때 성령께서 도와주신다. 매순간마다 하나님의 영으로 인도함을 받아 항상 승리하시는 성도 여러분이 되시기를 예수 이름으로 축원한다.

성령님께서 성도를 위하여 행하시는 역사
(로마서 8:26)

기독교는 성령님의 사역안에서 시작되고 성장해 왔다. 성령이 내주하시는 곳에는 변화의 역사가 일어났고 끊임없이 치솟는 부흥의 불길이 타오르게 되었다. 이는 바로 성령님의 역사하심이 모든 믿는자 가운데 나타내 주셨기 때문이다. 그러면 성령님께서 성도를 위하여 행하시는 역사가 무엇인가에 대해서 네 가지를 말씀드리겠다.

첫째, 성령님은 그를 믿는 자들의 연약함을 도와주신다.

요한복음 14:16에 보면 성령님을 '보혜사' 성령이라고 하였는데 이 '보혜사'라는 말은 헬라어의 "파라클레토스(Παράκλητος)라는 말로서 즉 '돕기 위하여 함께 하는 자' 또는 '돕기 위하여 불리움을 받는 자'라는 뜻을 가지고 있는 말이다. 성령님은 항상 그를 믿는 모든 자들의 곁에 계셔서 성도들의 연약함을 도와 주신다고 하였다. 로마서 8:26에 "이와같이 성령도 우리 연약함을 도우시나니"라고 하였는데 여기 연약함이란 헬라어의 '아스데네이아'(ἀσθένεια)라는 말로서 즉 힘이 없고 무능한 것을 의미하는 말이며 기도할 힘조차 다 없어진 신앙의 무기력한 상태를 의미하는 말이다. 우리가 비록 예수를 믿고 성령으로 거듭나 하나님 자녀가 된 이후라 할지라도 육신의 장막을 벗어나 신령한 몸으로 천국에 들어가기 전까지는 육성을 가지고 있는 인간이기 때문에 때로는 낙심과 무기력, 연약함과 시달림, 고난과 역경을 겪을 때도 있는 것이다.

다윗은 주께 기도하기를 "여호와여 이 종말과 연한의 어떠함을 알게하사 나로 나의 연약함을 알게하소서"라고 기도하였다. 이와같이 우리 인간은 연약한 존재들이기 때문에 성령님의 도우심이 아니고서는 아무것도 할 수가 없는 것이다.

성령님의 도우심을 구하라. 성령님은 언제나 여러분 곁에 계셔서 여러분을 도와주시며 성공적인 삶을 살아갈 수 있도록 역사하여 주신다.

둘째, 성령님은 성도들의 기도를 도와주신다.

로마서 8:26에 "우리가 마땅히 빌 바를 알지 못하나 오직 성령이 말할 수 없는 탄식으로 우리를 위하여 친히 간구하시느니라"라고 하였다. 성령님께서는 그의 택하신 백성들을 위하여 항상 기도를 도와 주시는데, 여기 '돕는다'는 말은 '함께 대신하여 준다'는 말이며, '원조, 조력, 협조, 구출, 붙잡음' 등의 뜻을 가진 말이다. 그런고로 로마서 8:26에 기록한 본문의 내용은 신앙이 무기력하여져서 기도조차 할 수 없는 연약해진 자리에까지 성령님은 찾아오시며 그 허물과 무기력한 인간을 탓하지 아니하시고 그 모든 연약함을 자기가 친히 짊어져 주시겠다고 약속하였다.

그런고로 성령님은 우리가 빌 바를 알지 못할 때 말할 수 없는 탄식으로 우리를 위하여 간구하여 주시며 또한 성도들의 기도를 도와주신다. 여기 '간구하여 주신다'고 하는 말은 '중보의 기도를 드려주신다'는 말이며, '변호하여 주신다'는 것을 의미하는 말이다. 진실로 성령님께서는 우리를 위하여 간구해 주실 뿐 아니라 우리가 하나님께 기도드릴 때마다 우리 기도속에 친히 변호와 중재의 역할을 담당하여 주심으로써, 우리가 하나님의 응답을 받을 수 있게 되는 것이다.

그런고로 사도 바울은 성도가 무시로 기도하되 반드시 "성령 안에서 기도하라"고 에베소서 6:18에 말씀하였다. 기도는 하나님과의 영적대화이며 하늘의 창고를 여는 열쇠이다. 하나님은 우리에게 약속하시기를 '너는 내게 부르짖으라 내가 네게 응답하겠다'라고 하였고, "너희가 내 이름으로 무엇을 구하면 내가 시행하리라."고 하였다(요 14:13, 14). 성도가 얻지 못함은 하나님께 구하지 않은 연고이다. 하나님은 부르짖는자의 하나님이시며 하나님의 모든 약속은 부르짖는 자의 것이 되어집니다. 흔히들 생각하기를 지극히 거룩하시고 높으신 하나님이 어찌 이 천하고 보잘 것 없는 나의 기도까지 들어주실까 라고 말한다. 그러나 이는 매우 잘못된 생각이다. 하나님은 우리의 기도를 들어주실 뿐 아니라 우리의 기도할 바를 알지 못하는 것까지 성령님께서 친히 도와 주시고 응답을 받게하여 주시는 것이다.

셋째, 성령님은 성도의 모든 행사를 도와주신다.

우리 인생은 나면서 죽을 때까지 이 지구라는 여관집에서 세월이라는 연륜을 따라 주어진 청지기로서의 삶을 살아가다가 주님이 부르시는 날 모든 것을 포기하고 하나님 앞으로 가야만 하는 순례자이다. 우리는 스스로의 삶을 개척하는 것이 아니다. 이미 이루어 놓으신 하나님의 길을 믿음으로 살아나아가는 것 뿐이다. 그런고로 잠언 16:3에 "너희 행사를 여호와께 맡기라 그리하면 너희 경영하는 것이 이루리라"고 하였다. 이 말씀은 우리의 모든 행사를 여호와께서 맡아서 도와주시겠다고 약속하신 말씀인 것이다.

우리 나그네 인생길에는 슬픔과 괴로움 고생과 수고, 위험과 두려움이 언제나 그림자 같이 따르게 되며 가도가도 끝없는 망망한 대해가 펼쳐져 있는 것이다. 그런고로 나그네 인생길에는 반드시 도와주는 안내자와 이정표가 있어야 하며 의식주 생필품의 공급자가 있어야 하는 것이다. 바로 이 모든 인생길의 돕는 자가 보혜사 성령님이시며 그 성령님은 모든 행사를 도와 주시기 위하여 늘 함께하여 주시는 것이다. 로마서 8:28에 "하나님을 사랑하는 자 곧 그 뜻대로 부르심을 입은 자들에게는 모든 것이 합력하여 선을 이룬다"고 하였다. 우리는 무엇을 하던지 먼저 이 일이 하나님 앞에 합당한 일인가를 기도하며 생각해 보아야 하고 그 이후에는 성령님의 도우심을 확신하고 과감하게 전진해 나가야 한다. 사람으로서는 할 수 없는 일을 성령님은 할 수 있게 하시며 모든 일에 성공적인 결과를 가져올 수 있도록 비상한 지혜와 능력 그리고 형통의 길을 열어 주시는 것이다.

넷째, 성령님은 성도의 사명생활을 도와주신다.

'사명자'란 말은 '하나님의 사절, 하나님의 대사, 성령님의 파견자, 임명을 받은 자, 보내심을 입은 자' 등의 뜻을 가진 말이다.

사명의 길이란 그렇게 쉬운 길은 아니다. 그러나 분명한 사실은 사명의 길을 걷는 자에게는 그 어떠한 시련과 역경이 부딪혀와도 성령님은 능히 감당할 수 있는 힘을 주시며 최후까지 승리하도록 이끌어 주신다.

세계인의 심경을 울려준 천로역정을 기록한 존 번연은 이 세상에 태어난 인간들 중에 가장 큰 시련을 겪은 자였으나 성령님의 도우심으로 가장 크게 사명을 감당한 사람이었던 것을 보게 된다. 존번연은 땜장이의 가난한 집에 태어나 16세때 사랑하는 어머니가 세상을 떠나는 아픔이 채 가시기도 전에 17세때 사랑하는 여동생 마가랫 양이 세상을 떠나게 되었다. 그리고 여동생이 죽은 지 한 달도 못되어 계모가 들어오게 되었고, 1645년에는 레시티시 전투에서 가장 사랑하는 친구가 적탄에 맞아 피투성이가 되어 비참하게 죽는 것을 목격하게 되어 심적으로 받은 충격이 형용할 길이 없었으며 메리 라는 처녀와 결혼하여 첫딸을 낳았으나 첫딸이 소경으로 태어났다.

이러한 시련으로 타락, 도박, 술, 춤으로 나날을 보내게 되었을 때 어느 날 그 영혼속에 화살같이 찌르는 하늘의 음성이 들려오기를 "너는 죄악에서 떠나 하늘에 속하라. 그렇지 않으면 지옥에 떨어지리라. 이 음성을 듣고 하염없이 흐르는 눈물로 참회하는 순간 다시 하늘에서 음성이 들려오기를 "너는 십자가로 말미암아 평화를 얻었도다. 내가 너를 영원히 사랑하노라. 네 뜻이 하늘에 닿았도다. 세상이 너를 미워할 때 그리스도의 사랑을 깨달으라" 이때 그는 성령의 능력이 임함으로 용기를 얻고 복음을 전파하며 주님의 뜻을 이루며 살다가 1688년에 주님의 부르심을 받았을 때에 "나를 받아주소서 내가 이제 당신께로 가나이다" 이 기도를 마지막으로 남기고 주님 품안에 안기게 되었던 것이다. 그가 이 모진 시련을 이기고 사명을 감당할 수 있었던 것은 이는 바로 성령님께서 그의 사명 생활을 도와주셨기 때문이다.

사랑하는 성도 여러분! 성령의 놀라운 불길은 오늘 이 시간에도 여러분에게 임하고 있다. 끊임없이 역사 하시는 성령님의 놀라우신 능력 가운데 오늘도 승리하시는 여러분이 되시기를 주님의 이름으로 축원한다. 할렐루야!

성도를 향한 주님의 관심
(로마서 8:31-34)

하나님은 말씀으로 천지를 창조하셨다. 또한 흙으로 사람을 지으시고, 그 코에 생기를 불어 넣으셨다. "여호와 하나님이 흙으로 사람을 지으시고 생기를 그 코에 불어 넣으시니 사람이 생령이 된지라"(창 2:7). 여기에서 '생기'는 '하나님의 영' 즉 '성령'을 의미한다. 그리고 이 세상을 인간으로 하여금 관리하게 하셨다. 그런데 하나님께서 인간에게 먹지 말라고 한 선악과를 인간이 따먹음으로 말미암아 성령님이 인간의 영혼 속에서 떠나가게 된 것이다. 이러한 상황에서 성도를 향한 주님의 관심은 무엇인가에 대해서 말씀을 상고하면서 함께 은혜를 나누고자 한다.

첫째, 성도의 영혼 속에 성령님을 모시는 것이다.

성도의 영혼 속에 성령님을 모셔야 인간의 생각과 마음, 정신과 입술과 행동이 하나님의 자녀답게 되어지는 것이다. 영혼 속에 성령님을 모시지 않고 사는 사람은 마귀가 교만과 욕심과 의심으로 계속 유혹하여 넘어뜨린다. 그래서 남을 미워하게 되고, 한 입술로 찬송을 하기도 하고, 저주를 하기도 하며, 두 마음을 품어 정함이 없게 된다. 또한 하나님의 품을 멀리 떠나 하나님과 원수가 되었다. 결국에는 육체를 즐기는 것이 인생의 목적이 되었던 것이다.

그러나 하나님께서는 이러한 인간을 외면하지 않으시고 독생자 예수 그리스도를 이땅에 보내주셔서 교회를 세우시고, 교회 안에 성령과 말씀, 예배와 기도, 교육과 각종 의식을 통해서 성도의 영혼 속에 성령님을 모시도록 해주셨다. "아버지께서 내 안에, 내가 아버지 안에 있는 것같이 저희도 다 하나가 되어 우리 안에 있게 하사 세상으로 아버지께서 나를 보내신 것을 믿게 하옵소서"(요 17:21). 여러분은 영혼 속에 성령님을 모시고 계시는가? 예수님의 제자들도 성령님을 모시기 전에는 두려워하고 하나님의 뜻을 이해하지 못했으며, 육체대로 살았고, 예수님을 모른다고 부인하기까지 했다. 그러나 성령님을 모신 후에는 어떠한 고난과 핍박도 두려워하지 않고 순교하면서까지 복음을 전하게 되었던 것이다.

둘째, 병든 영혼을 치유해 주는 것이다.

하나님께서는 병든 영혼을 치유해 주시기 위해 예수님을 이 땅에 보내주셨고, 십자가에 못박혀 죽으시게 했으며, 교회를 세우게 했다. 병든 영혼은 반드시 고침받아야 한다. 아무리 재산이 많고 권세가 높고, 명예가 있어도 병든 영혼은 하나님께 영광 돌릴 수가 없다. 우리나라가 이렇게 어렵게 된 이유도 우리 나라에 병든 영혼이 많이 있기 때문이다.

그런데 병든 영혼을 치유하기란 인간의 힘으로는 불가능하다. 인간의 학식과 사상, 예술, 교훈, 교육 등을 통해서 겉사람은 만들 수 있다. 그러나 속사람은 만들 수가 없다. 오직 예수님만이 우리의 병든 영혼을 치유해 주실 수 있다. 예수님은 하나님의 아들로서 인간의 몸을 입고 이 땅에 오셔서 병든 영혼들을 치유해 주시기 위해서 십자가에 죽기까지 고난을 당하였다. "그는 실로 우리의 질고를 지고 우리 슬픔을 당하였거늘 우리는 생각하기를 그는 징벌을 받아서 하나님에게 맞으며 고난을 당한다 하였노라 그가 찔림은 우리의 허물을 인함이요 그가 상함은 우리의 죄악을 인함이라 그가 징계를 받음으로 우리가 평화를 누리고 그가 채찍을 맞음으로 우리가 나음을 입었도다"(사 53:4, 5,)

사랑하는 성도 여러분! 성도를 향한 주님의 관심은 우리의 영혼 속에 성령님을 모시고, 병든 영혼을 치유해 주시는 것이다. "이와 같이 성령도 우리 연약함을 도우시나니 우리가 마땅히 빌 바를 알지 못하나 오직 성령이 말할 수 없는 탄식으로 우리를 위하여 친히 간구하시느니라"(롬 8:26). 항상 영혼 속에 성령님을 모시고, 병든 영혼은 예수 그리스도의 이름으로 치유받아 승리하는 여러분이 되시기를 주의 이름으로 축원한다.

성도가 이겨야 할 대상
(로마서 8:37)

오늘의 시대를 가리켜 경쟁의 시대 또는 전쟁의 시대라고 말한다. 학생들의 입시전쟁, 상인들의 판로전쟁, 증권시장의 주가전쟁, 사상전, 무력전, 영전 등 수많은 전쟁들이 갈수록 더욱 치열해져가고 있다. 이 수많은 전쟁들에서 이기는 자는 승자가 되고 지는 자는 패자가 되는 것이다. 그러면 우리가 이 수많은 전쟁의 대상들 가운데서 꼭 이겨야 할 내용들이 무엇인가에 대해서 네 가지로 나누어 말씀드리겠다.

첫째, 온갖 시험과 전쟁에서 이기는 자가 되어야 한다.
시험이란 인간들이 존재하는 곳이라면 어디에서나 그림자 같이 따라붙고 다니는 외로운 불청객이다. 그러나 시험이란 결코 두려운 대상만은 아니다. 성도가 시험을 당하게 되는 것은 하나님을 더욱 잘 경외하고 범죄치 않게 되며 성도가 시험을 당하게될 때 하나님을 더욱 가까이 의지하게 되는 것이다. 뿐만 아니라 시험은 믿음을 부요하게 해주며(시 26:2), 온전한 자로 만들어 주기도 한다.

야고보서 1:2에 "내 형제들아 너희가 여러가지 시험을 만나거든 온전히 기쁘게 여기라 이는 너희 믿음의 시련이 인내를 만들어 내는 줄 너희가 앎이라 인내를 온전히 이루라 이는 너희로 온전하고 구비하여 조금도 부족함이 없게 하려함이라"고 하였다. 그러므로 우리는 이 한 세상을 살아가는 동안 그 어떤 시련과 역경 가운데서도 믿음의 인내와 예수 그리스도의 이름으로 승리하는 자가 되어야 한다. 신명기 8:16에 보면 하나님께서 이스라엘 백성들을 낮추시며 시험케하신 이유는 복을 주시기 위함이라고 하였다.

둘째, 온갖 욕심과의 싸움에서 이겨야 한다.
야고보는 "욕심이 잉태한즉 죄를 낳고 죄가 장성한 즉 사망을 낳는다"고 하였다(약 1:15). 욕심이란 정로를 이탈한 욕구의 충동이며 발산인 것이다. 욕심은 수만가지 죄악을 산출시키며 사망을 낳기까지 한다.

미국의 정치가 벤자민 프랭클린은 행복과 욕망과의 관계에 대해 "행복해지려면 두 가지 길이 있다. 욕망을 줄이거나 소유물을 늘리는 길이다"라고 하였다. 즉 지나친 욕망은 행복 그 자체도 앗아간다고 하는 사실을 말해주고 있는 것이다.

동물의 사냥 중에 원숭이 사냥이 가장 쉽다고 한다. 그 이유는 원숭이가 좋아하는 내용물을 원형으로된 투명 유리병 안에 넣어서 산 모퉁에 던져 놓으면 원숭이가 그것을 하나씩 꺼내지 않고 욕심대로 손이빠져 나오지 못할 정도로 움켜쥐고 발버둥 치다가 자기를 사냥하러오는 포수를 보고도 손에 쥔것을 포기하지 않고 있다가 잡히게 된다고 한다.

그렇게 재주 많은 원숭이도 결국 욕심때문에 붙잡혀 생식요리에 재물이 되고마는 것이다. 결국 욕심이란 자기의 소중한 생명까지도 파괴시키고 마는 것이다. 욕심을 이기는 자만이 생명도 축복도 모두를 소유하며 평강을 누리게됨을 우리는 알아야 한다.

셋째, 모든 악과의 싸움에서 승리해야 한다.

악은 하나님께 대한 불신앙의 산물이며 하나님의 명령에 대한 불순종의 행위인 것이다. 그러므로 로마서 12:21에 "악에게 지지말고 선으로 악을 이기라"고 하였고, 악은 모든 모양이라도 버리라고 하였다(살전 5:22). 인생의 삶이란 선과 악의 교차로에서 투쟁의 연속이다. 선으로 악을 이길수도 있고(롬 12:21), 악으로 선을 대적할 수도 있다. 이것은 하나님이 인간에게 주신 자유의지의 권리이다. 그러나 그 자유의지를 선한데 사용하지 않고 악에 사용하게 된다면 그 결과는 후회 밖에 남지 않는 것이다.

그러므로 요한사도는 "사랑하는 자여 악한 것을 본받지 말고 선한 것을 본받으라 선을 행하는 자는 하나님께 속하고 악을 행하는 자는 하나님을 뵈옵지 못한다"고 하였다. 그러면 우리가 악을 이기자면 어떻게 해야할까? 하나님께 대한 신앙을 가지고 그리스도와 함께하는 삶을 살아야 한다. 하나님께로 난자마다 세상을 이긴다고 하였다. 그리고 늘깨어 기도하며 성령충만으로 무장하고 하나님의 말씀을 붙잡고 살아가야 한다. 그러할 때 모든 악을 이기며 살아갈 수 있게 되는 것이다.

넷째, 마귀와의 싸움에서 이겨야 한다.

마귀는 하나님과 인류의 최대의 대적이며 최대의 원수이다. '디카슨'은 마귀에 대하여 말하기를 사탄 마귀는 인류를 타락시키고 파괴적인 방법으로 사람에게 행동한다고 하셨다. 인류의 비극은 사탄의 개입으로 시작되었다.

야고보서 4:7에 "마귀를 대적하라 그리하면 너희를 피하리라"고 하였고, 베드로 사도는 "너희 대적 마귀가 우는 사자같이 두루 다니며 삼킬 자를 찾나니 너희는 믿음을 굳게하여 저를 대적하라"(벧전 5:8-9)고 하였다. 사탄의 특성은 거짓과 분열 참소와 이간, 혼란과 파괴, 타락과 멸망의 길로 유도케하며 하나님의 계획을 방해하는 것이다.

그러므로 '키카슨'은 이에 대해 말하기를 "사탄과 귀신은 하나님의 은혜를 싫어한다. 그렇기 때문에 하나님의 구원의 은혜를 숨기고 가리우고 외곡시키면서 사람들을 거짓말로 미혹한다"고 하였다. 그러나 사탄은 이미 예수 그리스도의 발앞에 정복을 당한 것이며 누구든지 예수의 이름으로 나아갈 때 반드시 승리할 수 있게 되는 것이다.

하나님의 삼대 주권
(로마서 9:21)

장로교의 창시자 죤 칼빈은 인간존재와 삶 의지를 하나님의 절대 주권에 두었으며 하나님은 자신의 주권에 대해 거듭 강조하여 말씀하였다. 그러면 하나님은 어떠한 주권을 소유하신 분이시며, 우리 인간은 그 주권에 어떻게 부흥해야 하는가에 대해서 세 가지 중요 내용을 말씀 드리겠다.

첫째, 하나님은 창조의 주권을 소유하신 분이시다.

창세기 1:1에 "태초에 하나님이 천지를 창조하시니라"고 하였고, 오늘 읽어드린 본문의 말씀에는 야곱과 이스라엘을 창조하시고 조성하신 하나님이시라(사 43:1)고 하였다. 여기 창조라는 말은 히브리어의 '빠라'(בָּרָא)라는 말로서 "무에서 유"를 창조하신 것을 말하는 것이다. 즉 하나님은 천지 만물을 창조하실 때 "땅이 혼돈하고 공허하며 흑암이 깊음 위에 있고 하나님의 신은 수면에 운행하시니라"고 하였다. 하나님은 완전 무에서 유를 창조하셨으며 또 창조하신 모든 것이 하나님 보시기에 좋았다고 하였다(창 1:31).

그리고 하나님은 천지 만물을 창조하실 때 그 누구의 지시나 조력을 받지도 아니하였으며, 스스로가 말씀으로 창조하셨으며, 하나님 자신이 보시기에 좋으신대로 창조하셨다. 또한 창조하신 그 모든 만물을 발아래 복종케 하였다.

사랑하는 성도 여러분, 나라고 하는 존재는 누구인가? 우리는 전능하신 하나님의 창조물임을 잊지 말아야 한다. 그런고로 우리는 무슨 일에나 우리 스스로 이루는 것처럼 교만하거나 낙심지도 말아야 하며 오직 전능하신 하나님께 모든 것을 맡기고 기도해야 한다. 이는 우리의 도우심이 천지를 지으신 여호와로 말미암기 때문이며(시 121:2), 오직 하나님만이 천지 만물을 만드신 창조주이시기 때문이다.

사도행전 14:8에 보면 바울이 루스드라에서 앉은뱅이를 일으킨 것을 보고 무리들이 소동하며 소와 화관을 가지고 와서 바울에게 제사할려고 할때에 바울이 옷을 찢고 무리들 가운데 뛰어 들어가 소리지르기를 "여러분이여 어찌하여 이런 일을 하느냐? 우리도 너희와 같은 성정을 가진 사람이라 너희에게 복음을 전하는 것은 이 헛된 일을 버리고 천지와 바다와 그 가운데 만유를 지으시고 살아계신 하나님께 돌아오라 함이라"고 하였다. 이 말씀은 바로 하나님만이 경배를 받으실 자이며, 모든 일을 아름답게 주관해 주시는 창조주 하나님이심을 보여주는 말인 것이다.

둘째, 하나님은 선택의 주권을 소유하신 분이시다.

이사야 43:1에 "너는 두려워말라 내가 너를 구속하였고 내가 너를 지명하여 불렀나니 너는 내 것이라"고 하였다. 인간이 하나님께 선택 받는 것은 전적으로 하나님의 주권에 의하여 이루어진 결실이며 하나님의 은혜인 것이다. 그런고로 요한복음 15:16에 "너희가 나를 택한 것이 아니요 내가 너희를 택하여 세웠다"고 하였다.

그러면 하나님께서 우리를 왜 택하여 세우셨는가? 이 사실에 대하여 에베소서 1:4에 사도 바울은 말하기를 "창세 전에 그리스도 안에서 우리를 택하사 우리로 사랑 안에서…그 기쁘신 뜻대로 우리를 예정하사 예수 그리스도로 말미암아 자기의 아들들이 되게 하셨다"고 하였다. 즉 하나님께서 우리를 택하신 이유는 하나님의 아들들이 되게 하시기 위함인 것이다. 이 세상에서 가장 행복한 자는 바로 하나님의 자녀가 된 자이다.

자녀된 자는 부모의 사랑을 받으며 부모의 소유된 모든 것을 상속받게 되듯이 하나님의 자녀된 자들은 하나님의 소유와 기쁨에 참예하게 되는 것이다. 그리고 하나님은 인생을 택하시되 에베소서 1:4에 기록한 바와 같이 창세 전에 그리스도 안에서 택하셨다고 하였으며, 택하심을 받아 자녀가 된자들은 자신의 모든 것이 하나님의 것이기 때문에 하나님의 뜻대로 사용해야 하며 살아가야 하는 것이다.

셋째, 하나님은 축복의 주권을 소유하신 분이다.

하나님은 아브라함에게 약속하실 때 "내가 반드시 너를 복주고 복주며 너를 번성케 하리라"(히 6:14)고 하셨고 창세기 22:17에 "내가 네게 큰 복을 주고 네 씨로 크게 성하게 하여 하늘에 별과 같고 바닷가의 모래와 같게 하리니 네 씨가 그 대적의 문을 얻으리라 또 네 씨로 말미암아 천하 만민이 복을 얻으리니 이는 네가 나의 말을 준행하였음이라" 말씀은 바로 하나님 자신이 복의 근원이 되심을 보여주신 말씀인 것이다.

그러면 하나님께서 인생에게 베푸시는 축복의 내용들이 무엇인가를 상고해 보겠다. 첫째 하나님의 축복은 신령한 복이다. 에베소서 1:3에 "하나님 곧 우리 주 예수 그리스도의 아버지께서 그리스도 안에서 하늘에 속한 모든 신령한 복으로 우리에게 복을 주셨다"고 하였다. 이 신령한 복은 영적인 축복이며 하늘에 속한 모든 축복을 의미하는 것이다.

둘째로 출애굽기 22:23에는 이방신과 우상숭배 그리고 그 우상들을 타파하고 하나님 여호와를 섬기며 양식과 물에 복을 받게 하며, 셋째로 병을 제거하여 건강의 축복을 주며 태의 복과 넷째로 날수를 채워 장수의 복을 주시겠다고 하였다. 다섯째로 신명기 5:16에 생명의 축복, 여섯째 신명기 12:55에는 후손의 축복, 일곱째 열왕기상 10:7에 지혜의 축복, 여덟째 시편 28:9에 산업에 축복, 아홉째 요한계시록 14:13에 죽음에 대한 축복 등을 비롯하여 하나님의 모든 축복을 우주 가운데 가득히 채워 놓으시고 그 축복을 받아 누리도록 허락하여 주셨다.

남은 자들
(로마서 9:27-29)

'남은 자'에 대한 본래의 의미는 이스라엘의 역사속에서 우상숭배를 비롯한 악행에 빠지지 않고 하나님의 말씀대로 온전하게 살아가는 이스라엘 사람으로써 하나님의 종말론적 구원을 받게 된 사람을 가리키는 것이다.

그런고로 '남은 자' 사상은 구약성경에 그 근거를 두고 있으며, 특히 엘리야시대(B.C 9세기경)에 이스라엘 백성이 '바알' 우상숭배로 인하여 타락하였을 때에 선지자 엘리야는 "이스라엘 자손이 주의 언약을 버리고 주의 단을 헐며 칼로 주의 선지자들을 죽였음이오며 오직 나만 남았거늘 저희가 내 생명을 찾아 취하려 하나이다"(왕상 19:10, 14)라고 하나님 앞에 직고(直告 informing)하였을 때 하나님께서는 아직도 바알에게 무릎을 꿇지 아니한 7천명이 남아 있다고 하셨다.

이처럼 '남은 자'란 어떤 환란속에서라도 악에 물들지 않고 하나님 절대 신앙을 지니고 살아가는 경건하고 의로운 자를 뜻한다.

한 번 예수님께서는 "수고하고 무거운 짐진 자들아 다 내게로 오라 내가 너희를 쉬게 하리라"(마 11:28)고 괴로워하고 지쳐있는 인생들을 향하여 초청장을 보내셨을 때 많은 사람들은 이런 저런 핑계를 이유로 이 권위있는 초청에 응하지를 않았다. 그런고로 우리 주님께서는 "칭함을 받은 사람은 많되 택함을 입은 자는 적으니라"(마 22:14)고 탄식하였다. 여기에서 '택함 받은자' 역시 '남은 자'라고 볼 수 있다. 이처럼 '남은 자'란 소수이지만 신앙의 세계 곧 하나님의 세계는 어떤 경우에서라도 소수의 '남은 자'를 통해서 역사가 일어난다는 사실을 믿으시기 바란다.

1. 엘리야

엘리야는 갈멜산 기도의 승리 후 당시 가장 악한 이세벨(당시 북이스라엘 아합왕의 처)에 의해 보복을 받게 되어 쫓김을 당할 때 그는 견디기 힘들 정도였다. 로뎀나무 아래 앉아서 죽기를 하나님께 구하면서 절망에 처해 있을 뿐만 아니라 자신이 처해 있는 환경을 원망하기도 했습니다. 그러나 엘리야의 생각과는 달리 그 시대에 아합의 궁내 대신인 오바댜가 숨겨두고 식물을 공급하는 100명의 선지자들이 있고(왕상 18:4), 그때까지도 바알에게 무릎꿇지 않는 자 7,000명을 하나님께서는 남겨두셨던 것이다.

2. 이사야 시대(사 6:13)

이스라엘 '남유다'는 웃시야 왕이 죽고난 후 정치적으로나 종교적으로 매우 혼란한 상황에 처하게 되었고, 이러한 국가적 비상사태를 염려한 이사야는 성전에 올라가 기도하게 되었던 것이다.

그때 환상속에서 한 스랍이 가지고 온 제단 숯불로 입술의 정함을 받은 이사야가 곧 이어 하나님의 뜻을 전할 사자를 찾으시는 하나님의 말씀에 자발적으로 순종함으로써 이제 남유다 백성의 완악함을 책망하라는 하나님의 사명을 받고 유다의 미래에 대하여 절망하여 낙심하고 있을 때 "밤나무, 상수리 나무가 베임을 당하여도 그 그루터기는 남아 있는 것 같이 거룩한 씨가 이 땅의 그루터기니라"라고 하나님께서는 언약을 하셨다. 이는 곧 유다 백성들의 죄에 대한 단호한 심판속에서도 자비하시고 은혜로우신 하나님께서는 거룩한 씨를 남겨두어 새 이스라엘을 형성하실 것을 약속하신다는 것이다.

3. 예수님 당시

많은 유대인들이 예수님을 배척하고 십자가에 못박기까지 했으니 주님의 말씀을 따라 무섭고 위태로운 주위의 환경에도 불구하고 마가요한의 다락방에 모여 기도한 120명의 성도들은 드디어 성령 충만함을 받게 되었고, 그들을 중심으로 하여 초대교회가 설립되었으며, 세계 복음화의 전초기지가 되었던 것이다.

그렇다면 이 지구상에 오고 가는 수많은 사람들 중에 특별히 이 순간까지 나를 지켜주시며 은혜주신 하나님의 뜻은 무엇일까? 그 뜻을 이루어 드리기 위하여 '남은 자'의 특별은총을 입은 우리 모두는 어떤 자세로 살아야 할까?

첫째, 절대로 썩어서는 안된다.

우리나라 속담에 "호랑이에게 물려가도 정신만 차리면 산다"고 했다. 이처럼 줄기가 베어짐을 당해 넘어지고 가지가 잘려져 나간다 해도 그 그루터기는 남습니다. 남은 그루터기는 본체의 생명이다. 그런고로 그루터기가 썩는다는 것은 곧 멸종을 의미하는 것이다.

현대는 변화무쌍한 시대이다. 과학도, 지식도, 제도도, 인간의 마음도 어느것 하나 변하지 않는 것이 없다. 그런고로 '남은 자' 된 우리는 유일하신 하나님만을 신앙하면서 하나님의 말씀과 기도로 근신하여 의의 열매, 선한 열매를 반드시 맺어야 한다. 이것이 '남은 자'를 향하신 하나님의 소원이며 이 민족이 살 길인 것이다. 성경에서 '그루터기'는 곧 '남은 자'의 상징인 것이다. 그런고로 '남은 자'의 사명은 절대로 썩어서는 안되는 것이다.

둘째, 구별 되어야만 한다.

모든 나무가 다 그루터기만 같으면 살아날 수 있는 것이 아니라고 한다. 그러나 밤나무, 상수리나무만은 그루터기가 남아 있기만 하면 다시 살아나는 나무이다. 이처럼 '남은 자'란 특별히 구별된 사람인 것이다. 그런고로 하나님을 친근히 해야 하며(시 148:14), 여호와 하나님을 찾아야 하고(시 24:6), 여호와를 찬양하여야 하며(시 30:4), 힘써 여호와를 사랑해야 한다(시 31:23).

그리고 이 세대를 본받지 말고 마음을 새롭게 하므로 변화를 받아 하나님의 선하시고 기뻐하시고 온전하신 뜻이 무엇인지 분별해야 한다(롬 12:2).

셋째, 남은 자는 주의 보호를 받는다.

여기 '보호'란 '남은 자'에게 베푸시는 하나님의 사랑이다. 그런고로 약한 자에게서, 시험 당함에서, 원수에게서, 타락의 위기에서, 모든 재앙에서 '남은 자'를 보호하셨고, 지금도 보호하시며 세상 끝날까지 지켜주실 것이다.

"나는 주의 힘을 노래하며 아침에 주의 인자하심을 높이 부르오리니 주는 나의 산성(山城:defence)이시며 나의 환난날에 피난처심이니다" (시 59:16) 할렐루야!

다섯째, 구원에 감사하는 삶을 살아가야 한다.

하나님의 크고 불변하시는 사랑으로 말미암아 구원을 받은 성도는 그 어떤 상황속에서도 늘 변하는 세상의 겉모습을 보지 말고, 그 이면에 숨겨진 하나님의 구원의 은혜에 대하여 감사해야만 한다. 왜냐하면 하나님께서는 '남은 자'에 대하여는 경이(驚異)로운 방법과 계획으로 긍극적인 선으로 인도하실 것이기 때문이다.

인간의 생명은 인간 자신의 것이 아닙니다. 재물도, 명예도, 권세도, 지식도 그렇습니다. 이 모든 것을 내 것으로 착각하고 살았던 많은 사람들의 결과를 우리는 현실로 보고 있지 않는가? 그런고로 이제 죽는다고 해도 여한이 없도록 살아야만 한다.

기도하면 된다
(로마서 9:27-33)

저는 오늘 여러분과 함께 '기도하면 된다' 라는 제목으로 하나님의 말씀을 대언하고자 한다. 많은 성도들이 기도를 해야 된다는 것은 잘 알고 있다. 또 기도를 하고 있다. 그런데 어떤 사람들은 기도를 조금하고도 응답을 받았다하면서 매우 기뻐하는 사람이 있는가 하면, 어떤 사람들은 기도를 하면서도 응답을 받지 못하여 회의에 빠져 있는 자들이 있다. 그러면 어떻게 기도해야 응답을 받을 수 있을까?

첫째, 믿음에 의지한 기도를 해야된다.
"이는 저희가 믿음에 의지하지 않고 행위에 의지함이라"(롬 9:32). 히브리서 11장에 보면 이스라엘의 많은 조상들이 믿음으로 신앙 생활에 승리한 예를 기록해 놓았다. 그 가운데 기생 라합을 보면, 그녀는 자기의 생명을 내걸고 하나님을 의지하여 이스라엘의 정탐군들을 숨겨준 결과 자기와 가족 전체가 구원을 받는 언약을 받았다.

우리 신앙생활에도 이러한 희생적인 믿음이 나타나야 된다. 믿음이 없이는 하나님을 기쁘시게 못한다고 했다(히 11:6). 또 야고보서 5:15에 보면 "믿음의 기도는 병든 자를 구원하리니 주께서 저를 일으키시리라"라고 말씀했다. 성경에 보면 예수님께 나아와 병고침 받은 자들이 많이 있다. 오늘날에도 병원에 가서 병을 못 고치던 사람이 교회에 나와서 병을 고침받은 자들이 많이 있다. 그들은 모두 예수님 앞에 가면 내 병을 고침받을 수 있다는 믿음의 확신을 가지고 있었기 때문에 병을 고침 받은 것이다. 우리는 조그마한 문제이든 큰 문제이든 믿음에 의지하여 기도해야 된다.

믿음에 의지하는 기도를 하려면 ① 마음속에 거짓과 간사와 모든 불의한 것이 없고, 의가 가득차 있어야 된다. 아브라함은 소돔과 고모라성에 있는 조카 롯을 위해서 기도할 때, 조카 롯만 생각한 것이 아니라 그곳에 있는 모든 사람을 생각했다(창 18:22-33). 이것이 하나님이 기뻐하시는 의이다. ② 말과 혀로만 사랑하지 말고 하나님이 주신 믿음 안에서 사랑을 실천해야 된다(요일 3:18). 하나님 앞에 믿음의 기도를 드리시기를 주님의 이름으로 축원한다.

둘째, 회개의 기도를 해야 된다.

대부분의 사람들이 하나님 앞에 위선된 신앙생활을 하고 자기 합리화를 시키는 신앙생활을 한다. 수많은 죄를 짓고 있으면서도 죄에 대한 인식을 하지 못하고 그냥 지나친다. 기도하지 않는 죄, 하나님의 말씀을 읽지 않는 죄 등 기본적인 것부터 회개해야 된다. 우리는 하나님 앞에 우리의 모든 허물을 완전히 회개한 상태에서 기도할 때 하나님께서 기도를 응답해 주신다. "오라 우리가 서로 변론하자 너희 죄가 진홍 같을지라도 눈과 같이 희어질 것이요 진홍같이 붉을 지라도 양털같이 되리라"(사 1:18). 또한 죄가 쌓이게 되면 하나님께서 육체의 고난을 주신다(벧전 4:1). 우리 진정으로 하나님 앞에 철저히 회개해서 세상을 끊는 여러분 되시기를 주님의 이름으로 축원한다.

셋째, 인내의 기도를 해야 된다.

"환난은 인내를 인내는 연단을 연단은 소망을 이루는 줄 앎이로다"(롬 5:3-4). 하나님께서는 끝까지 인내하는 자에게 소망을 보여 주신다. 기도 한 두번 하다가 중단하면 하나님을 절대 만날 수 없다. 하나님 앞에 무릎을 꿇고 "하나님 저를 만나주시기 않으면 이 자리를 일어서지 않겠습니다" 하는 필사적인 기도가 곧 인내의 기도이다. 기도의 응답은 한 시간 뒤에 올지, 하루 뒤에 아니면 열 홀 뒤에 올지 모르기 때문이다.

그런데 이상과 같은 모든 기도를 뒷 받침해주는 중요한 요소가 있다. 그것은 곧 하나님의 말씀이다(마 4:4, 히 4:12, 딤후 3:16). 하나님께서는 말씀으로 우리의 기도를 응답해 주신다.

사랑하는 성도 여러분! 여러분의 신앙생활을 점검하면서 믿음의 기도, 회개의 기도, 인내의 기도를 드려 현실에 부딪히는 모든 문제들을 해결받아 승리의 신앙생활하시는 여러분이 되시기를 주님의 이름으로 축원한다.

믿음의 소득
(로마서 9:30)

믿음이란 하나님께 대한 신뢰와 확신을 의미하는 말로 기독교 형성의 기초가 되며 개인 신앙의 생명이 되는 것이다. 그러면 믿음이 우리에게 가져다 주는 소득이 무엇인가에 대해서 다섯 가지 내용을 요약해서 말씀드리겠다.

첫째, 믿음의 소득은 율법으로 이루지 못한 의롭다 함을 입게하여 준다.

로마서 9:30 말씀에 보면 "의를 좇지 아니한 이방인들이 의를 얻었으니 곧 믿음에서 난 의"라고 하였고 그러나 율법을 좇아갔던 이스라엘이 그 율법의 법대로 의에 이르지 못한 것은 저희가 믿음에 의지하지 않고 행위에 의지함이라고 하였다. 죄를 범한 인간이 어떻게 의롭다 함을 입을 수 있느냐 하는 문제는 고금을 막론하고 모든 인생들이 고민해 온 가장 큰 과제 중에 하나였다. 16세기 종교개혁자 마틴 루터는 의롭게되는 이 문제 때문에 전 생애를 걸고 고민 연구해 나오다가 그는 로마서 1:17에 말씀인 "오직 의인은 믿음으로 말미암아 살리라"고 말씀에서 회답을 얻고 기뻐하며 감사하게 되었던 것이다.

성경 로마서 9:30에서 말한 바와 같이 이스라엘은 율법으로 의롭다 하심을 입어 보려고 온갖 노력을 다하며 애써 봤지만 결국 이스라엘은 율법으로 의를 이룰 수가 없었고 의를 좇지 아니한 이방인들이 도리어 의를 입게 된 것은 저들이 믿음으로 말미암았기 때문인 것이다. 우리 인간이 의롭게 되는 길은 바로 예수 그리스도의 구속의 역사를 믿어야 한다.

이사야 53:5 말씀에 "그가 찔림은 우리의 허물을 인함이요 그가 상함은 우리의 죄악을 인함이라 그가 징계를 받음으로 우리가 평화를 누리고 그가 채찍에 맞음으로 우리가 나음을 입게 되었다"고 하였다. 그런고로 누구든지 주 예수 그리스도를 나의 구주로 영접하고 그의 앞에 나아와 우리 인간이 범한 죄를 위하여 십자가에 못박혀 죽으신 예수 그리스도를 믿고 죄를 자복하기만 하면 지난 죄는 사함받고 의롭다 하심을 입게 되는 것이다.

둘째, 믿음의 소득은 하나님의 자녀되는 권세를 받게하여 준다.

요한복음 1:12 말씀에 "영접하는 자 곧 이름을 믿는 자들에게는 하나님의 자녀되는 권세를 주셨다"고 하였다. 여기 영접한다는 말인 '데코마이'($δέχομαι$)의 뜻은 받아들이며 자기 속에 깊이 소유한다는 뜻을 가진 말로써 즉 예수 그리스도를 내중심 깊이 믿는다는 의미를 강조한 말인 것이다. 그리고 예수 그리스도를 믿는 자에게는 하나님의 자녀되는 권세를 주셨다고 한 이 권세라는 말은 하나님의 자녀되는 권리와 법적 자격의 부여를 의하는 말인 것이다.

그런고로 예수 그리스도를 믿는 자에게는 육으로나 인간의 뜻으로 이루어진 것이 아니고 하나님에 의해서 정정 당당하게 하나님의 자녀가된 권리가 부여된 것을 의미하는 말이다. 자녀는 언제나 아버지의 사랑과 상속을 법적으로 받아 누릴 권리가 있게 되는 것이다. 하나님은 인간들에게 이 엄청난 축복의 사건을 믿음을 통해 부여받게 하여 주시었다.

셋째, 믿음의 소득은 영혼에 구원을 받게하여 준다.

베드로전서 1:9에 "믿음은 결국 곧 영혼의 구원을 받음이라"고 하였고 사도행전 16:31에는 "주 예수를 믿으라 그리하면 너와 네 집이 구원을 얻으리라"고 하였다. 우리는 믿음의 목적을 바로 알아야 하겠다. 우리 기독교는 단순히 철학적이거나 도덕적인 종교가 아니고, 구원의 종교이다. 그런고로 사도 바울은 복음의 중심을 강조하면서 "내가 이 복음을 부끄러워 하지 아니하노니 이 복음은 믿는 자에게 구원을 주시는 하나님의 능력이 됨이라"고 하였다.

우리 인간에게는 누구에게나 긴급을 요하는 문제가 너무나 많다. 그러나 구원 문제보다 더 긴급한 문제는 없다. 하나님은 여러분을 사랑하시되 여러분의 영혼을 더욱 사랑하여 주신다. 구원받은 영혼들에게는 하늘의 영광이 차고 넘치게 되며 영생의 기쁨이 강물처럼 솟아나 충만하게 되어지는 것이다.

넷째, 믿음의 소득은 부끄러움을 당치 않게하여 준다.

로마서 9:33 말씀에 "보라 내가 부딪히는 돌과 거치는 반석을 시온에 두노니 저를 믿는 자는 부끄러움을 당치 아니하리라"고 하였다. 여기 '부끄러움'이란 말은 '카타이스구노'(καταισύνω)라는 말로 '수치, 망신, 모욕, 비난, 조롱, 멸시' 등을 의미하는 말로써 지옥의 괴로움을 의미하는 말이다. 인간은 누구나 범죄한 자기의 죄로 말미암아 구치를 당하여야 하고 심판의 고통을 당연히 받아야 마땅하지만, 예수 그리스도를 믿는 자에게는 아버지품에 돌아온 탕자처럼 모든 죄가 탕감되고 당연히 받아야만 될 지옥의 고통이 탕감 될뿐 아니라 도리어 하나님의 영광에 참예하게 되는 것이다.

다섯째, 믿음의 소득은 세상을 이기는 승리를 가져다 준다.

천로역정을 기록한 죤 번연은 세상을 가리켜서 '마취국'이라고 하였고, "이 세상은 인간을 유혹하여 하나님께로 가지를 못하게 만든다"고 하였다. 이 세상은 한마디로 치열하고 휴전없는 전투장이다. 죄와 더불어 싸워야 하고 사탄의 권세와 질병, 고난, 슬픔, 고통, 우수, 사려와 날마다 싸워 이겨야 한다. 그러면 우리가 무엇을 가지고 이 세상을 싸워 이길수가 있겠는가? 요한일서 5:4에 보면 "대저 하나님께서도 난 자마다 세상을 이기느니라 세상을 이긴 이김은 이것이니 우리의 믿음이니라"고 하였다. 믿음은 믿는자에게 구원을 가져오게 할뿐이니라 신유와 기적을 가져오게 하고 세상을 이기는 권능을 행케하여 주시는 것이다.

사랑하는 성도 여러분, 이 귀한 믿음을 굳게 가지고 믿음의 선한 싸움에서 승리하는 여러분이 되기를 주님의 이름으로 축원하다.

하나님의 약속
(로마서 11:1-5)

사도 바울은 자기가 하나님께 받은 약속이 얼마나 소중한 것인가를 본문에 기록하였다. 사람은 서로 약속과 신의 속에서 살아간다. 그래서 보증인 혹은 보증서, 인감 혹은 싸인 등을 약속의 표식으로 만들어 놓은 것 같다. 사람의 약속도 그 인격 여하에 따라서 생명처럼 귀중히 여겨지고 인감도장 하나에 전 생애가 무너지기도 하고 세워지기도 하며 큰 재산이 없어지기도 하고 있게도 된다. 그러나 하나님의 약속은 천지가 없어지기 전에는 율법의 일점일획이라도 변치않고 지켜지는 약속인 줄 믿으시기 바란다. 특별히 사도 바울은 오늘 본문에서 하나님이 당신의 백성들에게 약속한 네가지 중요한 것을 말씀했다.

첫째, 자기 백성을 버리지 아니하시는 약속이다.

"그러므로 내가 말하노니 하나님이 자기 백성을 버리셨느뇨 그럴 수 없느니라…하나님이 그 미리 아신 자기 백성을 버리지 아니하셨나니…"(1, 2절) 하나님은 자기 백성을 절대로 버리지 않으신다고 약속하셨다. 그런데 성경에 보면 하나님이 영원히 버리지 않는 백성이 있고 버리는 백성이 있는 것을 볼 수 있다. 하나님이 버리는 백성은 ① 우상숭배자(호 8:4-7) ② 패역한 자(렘 6:28-30) ③ 열매가 없는 자(히 6:8) ④ 믿지 않는 자(요 12:48) ⑤ 하나님을 버린 자(대상 28:9) ⑥ 하나님께 불순종하는 자(호 9:17)라고 했고, 하나님이 버리지 않는 백성은 ① 하나님의 백성 ② 고아(요 14:18) ③ 주의 도우심을 구하는 자(시 44:23)라고 했다. 우리는 예수를 믿는 그 순간부터 하나님의 백성이 된 것이다.

둘째, 자기 백성을 모든 대적의 손에서 보호해 주시는 약속이다.

"주여 저희가 주의 선지자들을 죽였으며 주의 제단들을 헐어버렸고 나만 남았는데 내 목숨도 찾나이다 하니 저에게 하신 대답이 무엇이뇨 내가 나를 위하여 바알에게 무릎을 꿇지 아니한 사람 칠천을 남겨 두었다 하셨으니…"(3-4절). 아합왕과 이스라엘 왕후가 바알과 아세라신을 섬기지 아니하고 하나님만을 섬기겠다고 하는 주의 선지자들을 모두 잡아다가 죽이는 때에 이사야 선지자는 이와 같이 자기만 홀로 남은 줄 알고 기도했을 때 하나님께서는 그 뿐만 아니라 바알에게 무릎을 꿇지 아니한 칠천 명을 대적의 손에서 보호해 주셨다. 또한 오늘날도 이스라엘 백성들을 모든 대적의 손에서 보호해 주시고 계신다.

예수를 믿는 우리는 영적인 이스라엘 백성이다. "여호와께서 너를 지켜 모든 환난을 면케 하시며 또 내 영혼을 지키시리로다"(시 121:7).

셋째, 최후까지 하나님의 사명을 감당하게 하여 주시는 약속이다.

4절에 '바알에게 무릎을 꿇지 아니한 칠천을 남겨 두었다'라고 한 말은 하나님의 사명을 감당하기 전에는 하나님께서 절대로 사명자에게 망하게 하지 않고 대적의 손에 넘어지지 않도록 지켜 주신다는 말씀이다. 우리는 하나님의 사명을 감당하기 위하여 사탄 마귀를 거꾸러 넘어 뜨릴 때까지 지치지 말고 최후까지 충성을 다할 때 하나님께서 맡겨주신 사명을 능히 감당할 수 있도록 도와주실 줄 믿는다. (벧전 2:9)

넷째, 하나님의 백성에게 최후의 승리를 주시는 약속이다.

하나님의 백성들이 처음에는 망하는 것 같고, 없어지는 것 같아도 최후의 승리는 반드시 하나님의 백성에게 있는 줄 믿으시기 바란다. 사도 바울도 디모데후서 4:7-8에 "내가 선한 싸움을 싸우고 나의 달려갈 길을 마치고 믿음을 지켰으니 이제 후로는 나를 위하여 의의 면류관이 예비되었으므로 주 곧 의로우신 재판장이 그 날에 내가 주실 것이니 내게만 아니라 주의 나타나심을 사모하는 모든 자에게니라"라고 말씀했다. 하나님의 백성에게는 최후의 승리가 보장되어 있다.

사랑하는 성도 여러분! 자기 백성을 절대로 버리지 않고 모든 대적의 손에서 보호해 주시며, 최후까지 하나님의 사명을 감당하게 하여 주시고, 하나님의 백성에게 최후의 승리를 주시는 하나님의 약속을 굳게 믿어 최후까지 승리하시는 성도 여러분이 되시기를 주의 이름으로 축원한다.

그리스도인의 자세
(로마서 12:1-2)

오늘 우리가 사는 이 세대를 돌아보면 살기가 매우 편리해진 반면에 평안이 깨어졌다. 우리 그리스도인들도 점점 형제의식이 희박해져 가고 있다. 오늘 본문에 보면 사도 바울께서 '형제들아'라고 말씀했다. 이 형제들은 예수 그리스도를 믿는 사람들을 가리킨다. 우리 그리스도인들은 한 피 받아 한 몸 이룬 형제 자매들이다. 우리는 그리스도의 사랑을 본받아 서로 사랑해야 되겠다. 또한 권면의 말씀은 하나님의 자비가 깃든 말씀이다. 모든 하나님의 말씀은 자비와 사랑을 바탕으로 해서 우리에게 주어진 말씀인 것이다.

그러면 오늘 본문에서 권면하는 말씀을 중심으로 그리스도인의 자세를 상고하면서 함께 은혜를 나누고자 한다.

첫째, 우리 몸을 잘 처신해야 한다.

우리 몸을 잘 처신하려면 ① 하나님이 기뻐하시는 일에 적극 가담해야 된다. "너희 몸을 하나님이 기뻐하시는 거룩한 산 제사로 드리라"(롬 12:1). ② 이 세대의 악한 일에 물들지 말고 거룩한 일에 힘쓰는 자들이 되어야 한다. ③ 우리 몸을 산 제사로 하나님께 드려야 한다. "아버지께 참으로 예배하는 자들은 신령과 진정으로 예배할 때가 오나니 곧 이때라 아버지께서는 이렇게 자기에게 예배하는 자들을 찾으시느니라 하나님은 영이시니 예배하는 자가 신령과 진정으로 예배할지니라"(요 4:23-24). 신령과 진정으로 드리는 예배는 구속받은 성도가 성령님의 감동과 감화와 교통 속에 진실되게 드리는 예배를 말한다.

둘째, 이 세대를 본받지 말아야 된다.

"너희는 이 세대를 본받지 말고"(본문 2절). 이 세대는 죄악의 세대를 말한다. 로마서 1:29-31에 보면 모든 불의, 추악, 탐욕, 악의, 시기, 살인, 분쟁, 사기, 악독, 수군수군함, 비방, 능욕, 교만, 자랑, 악을 도모함, 부모를 거역함, 우매함, 배약, 무정, 무자비 등이 나오는데 이 세대가 바로 이와 같은 세대이다.

우리 스리스도인들은 하나님을 영화롭게 하지 않고 하나님을 거역하며, 하나님 없이 사는 불신앙의 세대 즉 죄악된 이 세대를 본받지 말아야 한다.

셋째, 오직 마음을 새롭게 함으로 변화를 받는 생활을 해야 한다.

"오직 마음을 새롭게 함으로 변화를 받아"(롬 12:2). 우리 그리스도인들은 말씀과 기도와 회개로서 매일 마음이 새로워져야 되겠다. 날마다 새로워지지 못하면 죄의 올무에서 헤매이게 될 것이다. 그래서 우리는 성화(聖化)의 생활을 계속해야 한다. 우리 그리스도인들이 이와 같은 삶을 살때 우리 사회도 점점 선하게 변화될 것이다.

또한 우리 그리스도인들은 불신자들과 달리 구별된 생활을 하여 기독교 신앙으로 새 세대, 새 문화를 형성해 나아가야 되겠다.

넷째, 하나님의 뜻을 추구하고 순종하는 삶을 살아야 한다.

"하나님의 선하시고 기뻐하시고 온전하신 뜻이 무엇인지 분별하도록 하라"(롬 12:2). 우리는 어떠한 일을 시작하기 전에 먼저 기도하면서 성령님의 인도와 하나님의 뜻을 찾아야 한다. 또한 일을 마치고서 그 결과가 좋든지 나쁘든지 간에 그 일을 통해서 주시는 하나님의 뜻과 교훈을 생각해 보아야 한다. "하나님은 사랑하는 자 곧 그 뜻대로 부르심을 입은 자들에게는 모든 것이 합력하여 선을 이루느니라"(롬 8:28).

사랑하는 성도 여러분!

우리의 몸은 곧 성령의 전이요 그리스도의 지체임을 기억하고, 그리스도인 답게 이 세대를 본받지 말고, 오직 마음을 새롭게 함으로 변화를 받아 기록하고 구별된 삶을 살며, 하나님의 뜻을 추구하고 순종하는 삶을 사시기를 주의 이름으로 축원한다.

몸을 산 제물로 드리자
(로마서 12:1-2)

첫째, 우리의 몸이 우리의 것이 아니라 하나님의 것이기 때문에 하나님께 드려야 한다.

우리의 소유주는 바로 하나님이시다. 우리들은 모두가 다 주인이 있는 몸들이다. 그 주인이 누구이신가? 그 주인이 바로 하나님이시다. 하나님은 우리를 지으신 자시요, 또 범죄한 우리를 위하여 십자가의 피로 값을 지불하시고 우리를 사신 것이다. 그리고 로마서 8:15에 "너희는 다시 무서워하는 종의 영을 받지 아니하였고 양자의 영을 받았으므로 아바 아버지라 부르짖느니라"고 하였다. 성도는 양자의 영을 받은 하나님의 아들로서 하나님의 소유이며 존재인 것이다. 그런고로 우리는 우리의 소유권자이신 하나님께 우리 자신을 온전히 드려야 한다.

둘째, 우리 몸을 산 제물로 드려야 할 이유는 우리를 거룩하게 성별하셨기 때문이다.

성도는 세속 속에 태어나 세속 속에 살고 있으나 세상에 속한 자가 아니고 거룩하게 성별된 하나님께 속한 자이다. 성별이란 말은 속된 세상에서 하나님의 거룩한 의 백성으로 구별하셨다는 뜻이다. 그런고로 성도는 이 세대를 본받지 말고 예수님을 본받아야 하며 인간의 못된 행실을 십자가 보혈로 씻어 버리고 사탄의 쓰레기는 성령의 불로 태워버려야 한다. 성도는 육신의 모든 정욕과 함께 옛것을 예수님 앞에 벗어 버려야 한다.

오늘의 시대가 노아 때와 같고 소돔과 고모라 때와 같이 타락과 부패와 죄악이 관영하며 성경 말씀에 예언하신 대로 사랑이 식어 지고 불법이 성행하며, 쾌락 사랑하기를 하나님 사랑하기 보다 더한 이 시대를 살아가는 성도들인 만큼 노아와 같이 아브라함과 같이 의롭게 살다가 의롭게 죽어야 되겠다. 소돔과 고모라기 죄악으로 멸망을 당할 때 하나님은 의인을 찾으셨다. 하나님은 의인을 사랑하시고 그 자손을 반드시 축복하여 주신다. 시편 37:25 말씀에 "내가 어려서부터 늙기까지 의인이 버림을 당하거나 그 자손이 걸식함을 보지 못하였도다"라고 하였다(잠 11:19). 성도는 항상 의로운 길에서 깨끗한 제물로 하나님께 드려져야 한다.

셋째, 우리의 몸을 산 제물로 드려야 할 이유는 성도는 하나님의 기업에 후사가 되었기 때문이다.

로마서 8:16 말씀에 "성령이 친히 우리 영으로 더불어 우리가 하나님의 자녀인 것을 증거하시나니 자녀이면 또한 후사가 곧 하나님의 후사요 그리스도와 함께한 후사"라고 하였다. 성도는 하나님의 후사로서 영원한 기업을 약속으로 받은 자이며(히 9:15), 하나님의 나라를 유업으로 받을 자인 것이다. 그런고로 성도는 본향가는 나그네로서 하루하루의 삶을 하나님께 대한 헌신의 삶으로 연속되어야 한다. 독일의 대 시인 괴테는 말하기를 "나는 지구상의 나그네 일개의 순례자"라고 하였다. 친애하는 성도 여러분, 여러분은 무엇을 위하여 살다가 영원한 본향 집에 갈려고 합는가? 그리고 여러분은 천성가는 나그네로서 여러분의 몸을 무엇에 쓰임받기를 원하는가? 지금 주님은 여러분을 향해 말씀하신다. 너희 몸을 하나님이 기뻐하시는 거룩한 산 제사로 드리라! 아멘! 할렐루야!

넷째, 우리의 몸을 산 제물로 드려야 할 이유는 하나님의 거룩한 뜻이 임한 자이기 때문이다.

하나님은 우리 한 사람 한 사람에게 관심을 가지고 계시며 크신 뜻과 기대를 가지고 계신다는 사실을 우리는 잊지 말아야 한다. 이 시간 우리 모두가 이렇게 서원하며 기도하실 수 있기를 바란다. '하나님 이 몸을 하나님께 바치오니 하나님의 뜻대로 사용하여 주옵소서'라고 이렇게 기도하시기 바란다. 그리하면 우리 하나님은 성도 여러분 한 사람 한 사람을 귀하게 받으시고 가장 존귀한 그릇으로 써 주실 것을 믿는다. 그리고 반드시 여러분을 통해 하나님께서 하고자 하시는 귀한 일들을 하실 것을 믿는다.

끝으로 하나님께 바쳐진 제물은 첫째 하나님께서 크게 사랑해 주시며, 둘째 하나님께서 기뻐하시며, 세째로 하나님께서 크신 영광을 받으시며, 네째로 하나님께서 제물위에 넘치는 복을 내려주시는 것이다.

하나님이 기뻐하시는 제사
(로마서 12:1-2)

하나님은 인간을 만드실 때에 누구에게나 다 종교성을 주셨다. 그런데 어느 신을 어떻게 만나서 어떻게 섬기느냐 하는 것이 대단히 중요하다. 오늘날 아직도 많은 사람들이 참 신이신 하나님을 찾지 아니하고 더러운 귀신과 어두운 영에 사로잡혀 있는 것을 보게 된다. 거룩하신 하나님의 형상을 따라 지음 받았음에도 불구하고 오늘날 더러운 잡귀신들을 섬기는 나라들을 많이 볼 수 있다. '제사'라는 말은 '예배, 경배, 하나님을 섬기는 예법'이라는 뜻을 가지고 있다. 그러면 하나님이 기뻐하시는 제사란 어떠한 제사인가에 대해서 말씀을 상고하면서 함께 은혜를 나누고자 한다.

첫째, 거룩한 제사이다.

"그러므로 형제들아 내가 하나님의 모든 자비하심으로 너희를 권하노니 너희 몸을 하나님이 기뻐하시는 거룩한 산 제사로 드리라"(1절). '거룩'이란 말은 헬라어에 보면 '깨끗하고 순결함'이란 뜻이다. 우리는 하나님 앞에 깨끗하고 순결한 예배를 드려야 된다. 왜냐하면 하나님이 거룩하시기 때문이다. 레위기 19:2에 보면 "너희는 거룩하라 나 여호와 너희 하나님이 거룩함이니라"고 말씀했고, 시편 22:3에도 "이스라엘의 찬송 중에 거하시는 주여 주는 거룩하시니이다"라고 말씀했다. 하나님은 생활 중에 지은 모든 죄를 회개하고 조금도 다른 신이 개입되지 아니한 순수한 신앙으로 오직 하나님만을 향하여 드리는 예배를 기뻐하신다.

둘째, 산 제사이다.

"너희 몸을 하나님이 기뻐하시는 거룩한 산 제사로 드리라"(1절). 여기에서 하나님이 우리에게 산 제사를 드리라고 하신 것은 죄의 형벌로 죽은 상태에서 살아난 새 생명의 삶을 드리라는 것이다. 다시 말해서 이 세대를 본받지 말고, 오직 마음을 새롭게 함으로 변화를 받아, 하나님의 선하시고 기뻐하시고 온전하신 뜻이 무엇인지를 분별하는 생활을 하라는 것이다. 우리는 죽은 제사를 드리지 말고 산 제사를 드려야 한다.

셋째, 영적인 제사이다.

"너희 몸을 하나님이 기뻐하시는 거룩한 산 제사로 드리라 이는 너희의 드릴 영적 예배니라"(1절). 하나님은 영이시기 때문에 철학적, 도덕적, 정치적, 윤리적, 문학적인 예배를 원치 않으신다. 요한복음 4:24에 보면 "하나님은 영이시니 예배하는 자가 신령과 진정으로 예배할지니라"고 말씀했다. 여기에서 '신령'이란 '하나님의 영에 의해 인도됨'이란 뜻이고, '진정으로'란 '진리 안에서'라는 뜻이다. 우리는 하나님께 예배드릴 때 신령과 진정으로 하나님의 뜻에 합당한 예배를 드려야 한다.

넷째, 감사의 제사이다.

"감사로 하나님께 제사를 드리며"(시 50:14). 우리는 하나님께 감사의 제사를 드려야 한다. 히브리서 13:15-16에 보면 "이러므로 우리가 예수로 말미암아 항상 찬미의 제사를 하나님께 드리자 이는 그 이름을 증거하는 입술의 열매니라 오직 선을 행함과 서로 나눠 주기를 잊지 말라 이같은 제사는 하나님이 기뻐하시느니라"고 말씀했다. 이 세상에서 가장 아름다운 것은 감사이다. 범사에 감사가 있는 사람은 아름다움을 소유하고 있는 사람이다. 감사의 제사를 드리는 사람은 항상 생활에도 아름다움이 넘치게 된다.

사랑하는 성도 여러분! 하나님께서 기뻐하시는 제사는 거룩한 제사, 산 제사, 영적인 제사, 감사의 제사이다. 오직 마음을 새롭게 함으로 변화를 받아 하나님이 기뻐하시는 제사를 드리는 성도 여러분이 되시기를 주의 이름으로 축원한다.

하나님의 소원
(로마서 12:1-3)

하나님께서 만물을 창조하신 목적은 영광을 받으시기 위함이다. 또한 이 모든 것은 하나님께서 사랑하신다. 사람이 하나의 작품을 만들어 놓아도 그 작품을 참으로 아끼고 사랑하고 관심을 두게 된다. 부모가 자녀에 대한 소원이 있듯이 하나님께서도 하나님의 자녀된 자들에 대한 소원을 갖고 계신다. 그러면 하나님께서 우리에게 무엇을 원하시는가에 대해서 말씀을 상고하면서 함께 은혜를 나누고자 한다.

첫째, 이 세대를 본받지 않기를 원하신다.

"너희는 이 세대를 본받지 말고"(2절). 그 이유는 우리가 하나님의 백성으로 성별 받았기 때문이다. 성경에 보면 이 시대를 가리켜서 "악하고 음란함 세대(마 12:39), 믿음이 없고 패역한 세대(마 17:17), 음란하고 죄 많은 세대(막 8:38), 패역한 세대(행 2:40), 어그러지고 거스리는 세대(빌 2:15)"라고 말씀했다.

이 세상은 종말을 향하여 점점 골이 깊어가고 하나님과 인간사이에 점점 거리가 멀어져 허무주의, 무관심, 무책임 의식이 팽배해져서 영적 무능력 상태를 초래하고 있다. 그래서 하나님께서는 사도 바울을 통해서 갈라디아서 1:4에 "그리스도께서 하나님 곧 우리 아버지의 뜻을 따라 이 악한 세대에서 우리를 건지시려고 우리 죄를 위하여 자기 몸을 드리셨으니"라고 말씀했다. 이와 같이 악한 세대에서 주 예수 그리스도를 통해서 건짐받은 우리는 주님의 손을 굳게 붙잡고 살면서 이 세대를 본받지 않아야 된다.

둘째, 마음을 새롭게 하기를 원하신다.

"오직 마음을 새롭게 함으로 변화를 받아"(2절). 여기에서 '마음을 새롭게 한다'는 말은 예수 그리스도의 본질을 닮는 것을 말한다. 다시 말하면 예수 그리스도화(化), 복음화, 성령화가 되는 것을 의미한다. 그래서 시편

기자는 "하나님이여 내 속에 정한 마음을 창조하시고 내 안에 정직한 영을 새롭게 하소서"(시 51:10)라고 말씀했고, 예수님께서는 "나는 마음이 온유하고 겸손하니 나의 멍에를 메고 내게 배우라 그러면 너희 마음이 쉼을 얻으리니"(마 11:29)라고 말씀했으며, 사도 바울은 "너희 안에 이 마음을 품으라. 곧 그리스도 예수의 마음이니"라고 말씀했다. 우리는 어떠한 상황에 부딪쳤을 때 '이럴 때 예수님이라면 어떻게 하실까' 하고 생각을 해 보아야 한다. 우리의 마음을 새롭게 하기 위해서는 "깨끗한 마음(딤후 2:22), 은혜로운 마음(히 13:9), 애통하는 마음(사 57:15), 하나된 마음(빌 2:2), 선한 마음(눅 6:45), 즐거운 마음(전 9:7)"을 가져야 한다.

셋째, 하나님의 뜻을 분별할 줄 알기를 원하신다.

"하나님의 선하시고 기뻐하시고 온전하신 뜻이 무엇인지 분별하도록 하라"(2절). 에베소서 5:17에도 보면 "그러므로 어리석은 자가 되지 말고 오직 주의 뜻이 무엇인지 이해하라"고 말씀했고, 마태복음 6:10에는 "뜻이 하늘에서 이룬 것 같이 땅에서도 이루어지이다"라고 말씀했으며, 요한1서 2:17에는 "이 세상도, 그 정욕도 지나가되 오직 하나님의 뜻을 행하는 이는 영원히 거하느니라"고 말씀했다. 그러면 하나님의 뜻이란 무엇일까요? 하나님의 뜻은 ① 성도의 거룩함이다. "하나님의 뜻은 이것이니 너희의 거룩함이라"(살전 4:3) ② 범사에 감사하는 생활이다. "범사에 감사하라 이는 그리스도 예수 안에서 너희를 향하신 하나님의 뜻이니라"(살전 5:18) ③ 영의 일과 육의 일을 구별하는 생활이다. "육신을 좇는 자는 육신의 일을, 영을 좇는 자는 영의 일을 생각하나니 육신의 생각은 사망이요, 영의 생각은 생명과 평안이니라"(롬 8:5-6) ④ 하나님을 기쁘시게 해드리는 일이 있다. 그것은 기도, 찬양, 전도, 경배, 충성이다.

사랑하는 성도 여러분! 하나님 없이 사는 악한 세상을 본받지 말고, 마음을 새롭게 하며, 하나님 뜻을 분별할 줄 알아 하나님의 원하시는 뜻을 꼭 이루어 드리는 성도 여러분이 되시기를 주의 이름으로 축원한다.

성도의 생활 원칙
(로마서 12:11-13)

이 세상에 사는 사람들은 제각기 직업과 신분에 따라 생활 원칙이 있다. 농부는 농부대로, 어부는 어부대로, 회사원은 회사원대로, 기업인은 기업인대로, 정치인은 정치인대로 각각 생활 원칙이 있을 것이다. 마찬가지로 성도도 성도로서의 생활 원칙이 있다. 성도란 하나님이 택하신 구별된 자이다. 그러면 성도의 생활 원칙이란 무엇인가에 대해서 말씀을 상고하면서 함께 은혜를 나누고자 한다.

첫째, 부지런하여 게으른 생활을 하지 말아야 한다.

"부지런하여 게으르지 말고 열심을 품고 주를 섬기라"(롬 12:11). 성도는 무엇에 부지런해야 할까? ① 주를 섬기는 일에 부지런해야 한다. 보통 사람들은 처음 믿을 때는 매우 열심이다가도 어느 정도 연륜이 쌓이게 되면 주를 향한 처음 사랑을 잃고 영적인 타성에 빠져 미지근한 신앙생활을 하는 경우가 많다. ② 하나님께 구하는 일에 부지런해야 한다. "네가 만일 하나님을 부지런히 구하며 전능하신 이에게 빌고 또 청결하고 정직하면 정녕 너를 돌아보시고 네 의로운 집으로 형통하게 하실 것이라"(욥 8:5-6). ③ 각기 맡은 일에 부지런해야 한다. "다스리는 자는 부지런함으로"(롬 12:8) ④ 사명의식에 부지런해야 한다. "네 양떼의 형편을 부지런히 살피며 네 소 떼에 마음을 두라"(잠 27:23). 이와 같이 부지런한 생활을 하는 자는 하나님께서 마음에 풍족함을 누리게 해주신다. "게으른 자는 마음으로 원하여도 얻지 못하나 부지런한 자의 마음은 풍족함을 얻느니라"(잠 13:4).

둘째, 소망 중에 즐거워하며 살아야 한다.

"소망 중에 즐거워하며"(12절上). 우리의 현실은 슬프고 괴로울 때가 많다. 그러나 항상 소망 중에 사는 사람은 즐거워하며 살 수 있는 것이다.

'소망'이란 '확신을 가진다, 신임을 한다, 기대를 한다'라는 뜻이다. 우리는 하나님께 소망을 두고 살아야 한다. 시편 146:5에 보면 "야곱의 하나님으로 자기 도움을 삼으며 여호와 자기 하나님에게 그 소망을 두는 자는 복이 있도다"라고 말씀했고, 디모데전서 6:17에 보면 "네가 이 세대에 부한 자들을 명하여 마음을 높이지 말고 정함이 없는 재물에 소망을 두지 말고 오직 우리에게 모든 것을 후히 주사 누리게 하시는 하나님께 두며"라고 말씀했다. 하나님께 소망을 두고 사는 사람은 담대하게 살 수 있다. "우리가 이같은 소망이 있으므로 담대히 말하노니"(고후 3:12) 또한 즐거움을 가지고 살수 있다. "의인의 소망은 즐거움을 이루어도 악인의 소망은 끊어지느니라"(잠 10:28).

셋째, 기도에 항상 힘쓰며 살아야 한다.

"환난 중에 참으며 기도에 항상 힘쓰며"(12절下). 환난 중에도 기도할 때는 이길 수 있고, 환난 중에도 기도하면 소망이 이루어진다. 우리가 항상 기도에 힘쓸 때 ① 하나님께 가까이 나아가게 된다. "기도를 들으시는 주여 모든 육체가 주께 나아오리이다"(시 65:2) ② 하나님께서 기쁨을 주신다. "내가 그를 나의 성산으로 인도하여 기도하는 내 집에서 그들을 기쁘게 할 것이며"(사 56:7). ③ 기도하는 대로 응답의 역사가 있게 된다. "아론과 그 아들들에게 고하여 이르기를 너희는 이스라엘 자손을 위하여 이렇게 축복하여 이르되 여호와는 네게 복을 주시고 너를 지키시기를 원하며 여호와는 그 얼굴로 네게 비취사 은혜 베푸시기를 원하며 여호와는 그 얼굴을 네게로 향하여 드사 평강 주시기를 원하노라 할지니라 하라. 그들은 이같이 내 이름으로 이스라엘 자손에게 축복할지니 내가 그들에게 복을 주리라"(민 6:23-27). 이와 같이 기도에 항상 힘쓰며 사는 자가 축복 기도를 해주면 축복 받는 역사가 나타난다.

사랑하는 성도 여러분! 주를 섬기는 일에 부지런하고, 하나님께 소망을 두고 소망 중에 즐거워하며, 기도에 항상 힘쓰며 사는 것이 곧 성도의 생활 원칙이다. 성도 답게 이 원칙을 지키며 살아 빛과 소금의 사명을 다하시는 성도 여러분이 되시기를 주의 이름으로 축원한다.

성도의 국가관
(로마서 13:1-7)

이 시대는 예수 그리스도가 다시 오실 날이 가까워 오기 때문에 영적으로 각성하고 있어야 할 때로 자다가 깰 때이고, 밤이 깊고 낮이 가까운 시대이며, 낮에와 같이 단정히 행해야 할 시대이다(롬 13:11-3). 오늘 본문에 보면 사도 바울이 성도가 지녀야 할 바람직한 국가관에 대해서 말씀하고 있다. 그러면 이 시대에 성도로서 국가에 대해 어떠한 자세를 가져야 되는가에 대해서 말씀의 은혜를 함께 나누고자 한다.

첫째, 권세를 가진 자는 반드시 공의를 행하며 선한 일꾼이 되어야 한다.

"관원들은 선한 일에 대하여 두려움이 되지 않고 악한 일에 대하여 되나니 네가 권세를 두려워하지 아니하려느냐 선을 행하라 그리하면 그에게 칭찬을 받으리라"(3절). 여기에서 말하는 '선'은 '정신적인 선, 도덕적인 선, 물질적인 선'을 다 포함한다. 이러한 선은 하나님의 의지를 따를 때만이 이루어진다. 우리는 우리에게 주어진 일에 대해서 하나님 앞에 항상 선한 일을 도모하는 마음을 가져야 된다.

선한 행실은 선한 마음에서 맺혀진다. 세계 역사를 보면 인류를 위해서 선을 행하여 빛을 남긴 사람이 있는가 하면 악을 행하여 죄의 심판을 받은 사람도 있다. 우리는 그리스도 예수의 선한 일꾼이 되어(딤전 4:6), 하나님을 찾고 선을 구해야 한다(암 5:4-14) 하나님을 찾고 선을 구하는 것이 곧 국가가 사는 길이다. 권세를 가진 자는 공법을 물같이, 정의를 하수같이 흐르게 하는 자가 되어야 한다. "오직 공법을 물같이, 정의를 하수같이 흘릴지로다"(암 5:24).

둘째, 백성은 반드시 올바로 사용하는 권세에 대해서 굴복해야 한다.

"각 사람은 위에 있는 권세들에게 굴복하라 권세는 하나님께로 나지 않음이 없나니 모든 권세는 다 하나님의 정하신 바라"(1절). 하나님께서는 우리가 경건과 단정한 중에 고요하고 평안한 생활을 함으로 모든 사람이 구원을 받으며 진리를 아는데 이르기를 원하신다. "모든 사람을 위하여 간구와 기도와 도고와 감사를 하되 임금들과 높은 지위에 있는 모든 사람을 위하여 하라 이는 우리가 모든 경건과 단정한 중에 고요하고 평안한 생활을 하려 함이니라"(딤전 2:1-2). 그러므로 우리는 권세자들을 위하여 기도하고 그 권세에 굴복해야 한다. 모든 권세는 다 하나님이 정하신 것이다. 권세를 올바로 사용하지 않는 자들은 하나님의 심판을 받는다. 권세는 각 사람을 위한 것이고, 하나님께로부터 난 것이며, 선을 행할 기회로 주신 것이고, 하나님의 영광을 위해서 일할 수 있는 기회로 주신 것이기 때문에 하나님의 영광을 위하여 사용해야 한다. 사탄의 가장 큰 역사는 권위를 업신 여기는 것이다(유 1:8).

셋째, 관원과 백성들은 다 하나님의 의를 이루는 자가 되어야 한다.

"너희는 먼저 그의 나라와 그의 의를 구하라. 그리하면 이 모든 것을 너희에게 더하시리라"(마 6:33). 관원들과 백성들이 다같이 힘을 합쳐서 하나님의 의를 이루는 자가 될 때 하나님께서 그 국가에 복을 주신다. 에스더 4장에 보면 하만이 모든 유대인들을 전멸하려고 음모를 꾸며 모든 유대인들이 죽게 되었을 때 모르드개가 이 일을 자기 동생 왕후 에스더에게 알렸다. "네가 왕후의 위를 얻은 것이 이 때를 위함이 아닌지 누가 아느냐"(에 4:14). 이 소식을 들은 에스더와 모든 유대인들은 힘을 합쳐서 하나님 앞에 금식하며 기도했다. "에스더가 명하여 모르드개에게 화답하되 당신은 가서 수산에 있는 유다인을 다 모으고 나를 위하여 금식하되 밤낮 삼 일을 먹지도 말고 마시지도 마소서 나도 나의 시녀로 더불어 이렇게 금식한 후에 규례를 어기고 왕에게 나아가리니 죽으면 죽으리이다"(에 4:15-16). 이 때 하나님께서 유대 민족을 구원해 주셨다.

사랑하는 성도 여러분! 권세를 가진 자가 공의를 행하며 선한 일꾼이 되도록 기도하고, 올바로 사용하는 권세에 대하여 굴복하며, 관원과 백성들이 다 하나님의 의를 이루는 자가 되어 우리나라를 복음화시키는 성도 여러분이 되시기를 주의 이름으로 축원한다.

주 재림을 맞는 신앙 준비
(로마서 13:11)

주 재림의 사건은 성경 예언의 중심 내용이며 기독교 신앙의 최후 소망인것이다. 그러면 주 재림을 맞는 신앙준비가 무엇인가에 대해서 다섯 가지 내용을 요약해서 말씀 드리겠다.

첫째, 신앙의 잠에서 깨어 있어야 한다.

사도 바울은 로마서 13:11에 "또한 너희가 이 시기를 알거니와 자다가 깰 때가 벌써 되었으니 이는 이제 우리의 구원이 처음 믿을 때보다 가까왔음이니다"고 하였다. 성경은 분명히 오늘의 시대를 가리켜서 종말의 시대임을 깨우쳐주며 때가 찼고 하나님의 나라가 가까 온것을 말해주고 있다. 그런고로 성도는 항상 깨어 있는 자가 되어야 한다. 여기 깨어있으라는 말은 첫째 기펴고 있으라는 말이다. 기도가 잠들면 신앙도 잠들고 만다.

에베소서 6:18에 깨어 구하기를 항상 힘쓰라고 하였고, 예수님은 누가복음 21:36에 항상 기도하며 깨어 있으라고 하였다. 기도하는 자는 늘 주님과 함께 있는 자이며, 주님과 대화하고 있는 사람이기 때문에 주님께서 재림하시는 날에도 당황하지 아니하고 할렐루야로 주님을 맞이할 수 있게 되는 것이다.

둘째, 주 재림을 맞는 신앙의 준비는 어두움의 일을 벗어 버려야 한다.

성경의 어두움이란 죄악된 것을 말하며 사탄적인 것을 의미하는 말이다. 사도 바울은 로마서 13:12에 "밤이 깊고 낮이 가까워 왔으니 그러므로 우리가 어두움의 일을 벗자"고 말하였다. 지금 세계 도처에는 죄의 밤으로 깊어가고 있으며 종말의 타락상은 소돔과 고모라를 방불케하고 있다.

도덕적인 타락 양심적인 타락, 종교적인 타락, 윤리적인 타락, 부정부패, 테러, 폭행, 살인, 방화, 공중폭파, 해상 포격, 살인, 미사일 그야말로 무법천지 아비규환을 이루어가고 있다. 이는 이미 성경에 예언한 종말적인 현상의 일종이다. 그런고로 사도 바울은 로마서 13:13에 "그러므로 우리가 어두움의 일을 벗어 버리자"고 하였다.

셋째, 주 재림을 맞는 신앙의 준비는 빛의 갑옷을 입어야 한다.

어두움을 몰아내는 유일의 무기는 바로 빛이다. 칠흙같은 어두운 밤이라도 빛 앞에서는 순식간에 사라지게 되는 법이다. 로마서 13:12에 "밤이 깊고 날이 가까왔으니 그러므로 우리가 어두움의 일을 벗고 빛의 갑옷을 입자" 한다고 했다. 그러면 이 빛의 갑옷은 무엇을 가리키는 말인가? 이는 바로 예수 그리스도를 가리키는 말이다. 예수 그리스도만이 우리의 빛이다. 우리가 빛되신 주 예수 그리스도로 옷을 입을 때 사탄의 어두움이 물러가게 되는 것이다. 예수님은 나는 세상의 빛이라고 하셨고, 또 예수님을 따르는 자는 어두움에 거하지 아니하고 생명의 빛을 얻는다고 하였다. 이 지구상에서 위대한 발자취를 남기고 간 사람들은 모두가 빛되신 주님의 발자취를 따라간 사람들이였음을 역사는 보여주고 있다.

넷째, 주 재림을 맞는 신앙의 준비는 방탕과 술취하는 자가 되지 말아야 한다.

로마서 13:13 방탕과 술취하지 말라 이는 방탕한 것이라고 하였다.

방탕함과 술취함은 망국의 행위이며 영계를 흐리게하며 도덕, 윤리, 경건생활을 마비시키는 마취의 행위인 것이다. 최근 미국에는 19초만에 하나씩 가정이 깨어져 가고 있는데 그 수를 1년동안 합치면 100만 가정이나 되어가고 있다. 방탕과 술취함, 이는 분명히 개인과 가정을 파괴시키며 하나님의 근본 법칙을 깨뜨리는 무질서의 타락 행위인 것이다. 그런고로 하나님은 술을 즐기는 사람과는 친구로 사귀지 말라고 하였다(잠 23:20). 사도 바울은 에베소교회를 향해 술 취하지 말라 이는 방탕한 것이라고 하였다.

다섯째, 주 재림을 맞는 신앙의 준비는 음란과 호색하지 말아야 한다.

음란과 호색은 몸 안에 범하는 죄가 될뿐 아니라 성적 타락으로 인류사회 질서를 파괴하는 암적요소가 되는 것이다.

성경 고린도전서 6:18에 "음행을 피하라 사람이 범하는 죄마다 몸 밖에 있거니와 음행하는 자는 자기 몸에게 죄를 범하는 것이다"고 하였다. 그런고로 사도바울은 에베소서 5:3에 "음행과 온갖 더러운 것과 탐욕은 너희 중에서 그 이름이라도 부르지 말라 이는 성도의 마땅한 바라"고 하였다.

특히 사도 바울은 낮에와 같이 단정히 행하고, 방탕과 술 취하지 말며 음란과 호색하지 말라고 하였다. 종말의 시기는 밤과 같이 어두움의 시기이다. 노아 때와 같고 롯의 때와 같다고 하였다.

그런고로 베드로는 "너희가 음란과 정욕과 술취함과 방탕과 연락과 무법한 우상숭배를 하며 이방인의 뜻을 좇아 행한 것이 지나간 때가 족하다"고 하였다(벧전 4:3).

사랑하는 성도 여러분, 이제 묵은 해는 우리 앞에 사라져 가고 있다. 모든 것은 이제 지나간 때가 족한 것이니 주 예수 그리스도로 새 옷을 입고 희망찬 새해를 설계해야 한다. 지나간 때를 족한 줄로 알고 그리스도 안에서 참된 기쁨과 소망을 찾으시기 바란다. 그리하면 주님은 여러분을 사랑하시기 때문에 묵은 해와 함께 옛 생활을 청산 시켜주시고 새해의 떠오를 밝은 햇살처럼 여러분 위에 새로운 생명과 축복의 소망을 넘치도록 안겨주심 받게 된다.

종말의 시대와 우리의 각성
(로마서 13:11-14)

성경에서 가장 위대한 예언은 주님의 재림을 중심으로 전개 될 역사의 종말이다. 그러나 이 역사의 종말은 우리 크리스천들에게는 오히려 가장 위대한 새로운 축복의 출발의 기점이기도 하다. 왜냐하면 우리 모두의 소망인 새 하늘과 새 땅을 소유하게 될 뿐만 아니라 그곳에서 영생의 축복을 누리게 되기 때문이다. 그런고로 사도 베드로는 예수 그리스도의 나타나실 때에 칭찬과 영광과 존귀를 얻기 위하여 여러 가지 역경속에서도 크게 기뻐하라(벧전 1:6-7)고 하였다.

첫째, 시기(時期)를 분별할 줄 알아야 한다.

'시기'란 특징적인 시기 즉 그리스도의 재림전의 시기를 말한다. 주의 재림이 바로 성경 예언의 중심이며, 온 인류가 함께 사모하며 대망(大望)해야 할 축복인 것이다. 그리고 주의 재림은 필연적인 사건이며 반드시 이룩되어질 주님의 약속인 것이다(행 1:11).

종말의 시기를 무화과 나무의 비유를 들어 말씀하시기를 가지가 연하여지고 잎사귀를 내면 여름이 가까운 줄을 알듯이 주의 재림의 시대적 징조 곧 거짓 그리스도의 출현(出現)(마 24:5), 난리와 난리의 소문(마 24:6), 처처의 지진과 기근(마 24:7), 미움(마 24:10), 거짓종파와 거짓종교(마 24:11), 불법의 성함(마 24:12), 사랑이 식어짐(마 24:12), 사탄의 활동 증가(계 12:12), 재물을 쌓음(약 5:1-3), 왕래의 빈번(단 12:4), 지식의 증가(단 12:4) 등은 주의 재림이 임박한 사실을 알리는 징조라고 말씀했다.

그러므로 이렇게 우주만상에 일어나는 모든 사건들은 주의 재림이 가까웠다는 종말의 시대를 알리는 징조이므로 우리는 이 시기를 바로 알아 주님의 뜻을 이루는 지혜를 가지고 살도록 힘써야 하겠다.

둘째, 깨어있는 생활을 해야 한다.

현세(現世)란 일시적이며 임시적인 곳이다. 그런고로 현세에 대하여는 응분의 의무를 다할 뿐 아니라 내세를 향하여는 항상 깨어 있어야만 한다. 영적인 잠, 즉 현세와 육신의 일에 도취되어 신령한 일들을 등한히 한다든지 잊어버려서는 절대로 안된다. 그러므로 종말이 가까운 시기인 줄을 알았으면 이제는 영적인 잠에서 죄악의 잠에서 깨어 일어나 주를 믿는 일과 봉사하는 일에 충실해야만 한다.

여기 '깨어'라는 말은 영적인 잠, 죄악 속에서의 잠에서 깨어나라는 말이다.

1. 기도함으로 깨어 있을 수 있다.

십자가를 앞에 놓은 주님은 세 제자를 데리고 겟세마네 동산에 올라가셔서 제자들에게도 기도를 부탁하고 주님 자신도 따로 기도하셨다. 주님은 힘쓰고 애써 기도함으로 하나님 아버지의 뜻을 이루어 드리는 최후의 승리를 차지하셨으나 깨어있지 못하고 졸며 자던 세 제자는 결국 비겁한 결과를 낳게 되고 말았다(마 26:36-46).

2. 말씀을 붙잡음으로 깨어 있을 수 있다.

힘겨운 운동이나 고된 노동 후에는 어떤 음식이든지 맛이 있듯이 주의 일에 열중할 때에는 말씀의 맛이 꿀송이보다 더 달게 된다. 그 말씀은 좌우에 날선 검이 되어 위대한 능력을 나타내게 되며 세상의 정욕과 사탄의 유혹에서도 반드시 승리하게 되는 것이다.

3. 찬송으로 깨어 있을 수 있다.

찬송은 하나님께 영광돌리는 예배의 행위이며, 감사와 고백의 곡조있는 기도인 것이다. 그런고로 찬송이 있는 곳에는 회개와 감사와 헌신의 다짐이 있게 되며, 그 마음에는 성령이 조명하여 주님께 대한 마음문이 언제나 열려있게 되는 것이다.

4. 성령충만으로 깨어 있을 수 있다.

성령은 곧 큰 능력이다. 걸어가도 달려가도 피곤치 않게 하시는 하늘의 새 힘이다(시 40:31). 그런고로 성령 충만한 자는 큰 그릇, 귀한 그릇되어 항상 깨어 주님의 위대한 청지기 사명을 다하게 된다.

셋째, 어두움의 일을 벗어 버려야만 한다.

'어두움의 일'이란 사탄과 그에게 속한 죄악된 일들, 곧 방탕과 술취함, 음란과 호색, 쟁투와 시기, 정욕을 위하여 육신의 일을 도모하는 것들(롬 13:13-14), 음모, 부정적, 미신 등 모든 어두움의 일들을 깨끗이 청산하고 빛의 갑옷으로 갈아 입어야만 한다.

그러므로 사도 바울은 우리들을 향하여 엄히 말씀하시기를 "육신대로 살면 반드시 죽을 것이라"고 하였다(롬 8:13). 그러나 성령으로 육욕을 따르는 마음을 억제하고 성령의 조명을 받아 살면 광명한 축복의 삶을 살 수가 있다.

넷째, 낮에와 같이 단정히 행하여야 한다.

'낮에와 같이'란 '낮이 이미 된 것처럼'이란 뜻으로 낮이 된 후에 낮의 단장을 하려면 이미 때가 늦는다. 그런고로 밤이지만 낮이 이미 된 것처럼 주 재림 전에 재림의 주님을 맞을 준비를 갖추어야만 한다. '단정히'란 말은 어두움의 모든 행위를 버리고 절제있고 질서있는 태도와 생활방식을 의미한다. 종말을 살아가는 우리는 이제 항상 단정한 삶으로 준비를 해야만 한다.

다섯째, 주 예수 그리스도의 옷을 입어야 한다.

이는 우리가 마땅히 알아야 할 빛의 갑옷이다. 옷이란 마땅히 몸을 보호해 줄 뿐만 아니라 모든 수치를 감싸주며, 타인에게는 아름답게 보이고 또한 활동할 수 있게 해준다. 이와 같이 우리들은 반드시 그리스도 안에서만 영생할 수 있고 모든 죄에서 가리움을 받고 사유의 은총을 받게 되며 신앙의 미덕을 나타낼 뿐만 아니라 가치있는 일을 하게 된다.

사랑하는 성도 여러분! 시대가 악하다고, 주위가 혼탁하다고 핑개치 말자. 이럴 때일수록 우리는 시기를 잘 분별하는 지혜를 가지자. 깨어 일어나자. 어두움의 일은 단연코 벗어버리자. 낮에와 같이 단정한 생활을 하자. 주 예수 그리스도로 옷 입고 그 안에서 살아갑시다. 할렐루야!

시기를 바로 알고 살자
(로마서 13:11-14)

　시기를 모르고 사는 사람은 마치 씨를 뿌릴 때인지 수확을 거둘 때인지, 놀 때인지를 모르고 사는 사람과 같아서 이런 사람은 아무 수확을 거두지 못할 뿐만 아니라 삶의 의미를 상실하고 사는 자라고 볼 수 있다. 왜 하나님은 우리에게 이 시기를 바로 알고 살라고 하셨을까요? 지금 우리가 살고 있는 이 시기는 어떠한 시기인가에 대해서 말씀을 상고하면서 함께 은혜를 나누고자 한다.

첫째, 잠에서 깨어날 시기이다.
　"또한 너희가 이 시기를 알거니와 자다가 깰 때가 벌써 되었으니"(11절). 여기에서 '잠'이란 헛된 꿈에서 깨어나지 못한 상태를 말한다(살전 5:6). 오늘날 많은 사람들이 헛된 꿈에 사로잡혀 별로 의미도 없는 일에 시간을 보내고 있다. 전도서 1:2에 보면 이 세상의 모든 것은 헛되고 헛되다고 했다. 그 이유는 영원하지 않기 때문이다. 우리는 꿈을 갖되 참된 꿈을 가지고 살아야 한다. 또한 잠은 신앙의 무관심과 나태한 상태를 말한다(행 20:9). 마태복음 25:5에 보면 미련한 다섯 처녀가 슬기 있는 다섯 처녀에게 기름을 좀 달라고 했을 때 슬기로운 다섯 처녀는 팔지 않았다. 우리는 인정 때문에 신앙을 팔면 안된다. 신앙만은 어떠한 일이 있어도 생명을 걸고 사수해야 한다. 잠에서 깨어 있다는 것은 사명의 위치에서 자기의 의무를 다하는 것이고, 죄악의 잠에서 깨어 있는 것이다. 오늘날 이 세상은 죄악으로 가득차 있다. 우리는 절대 죄악의 잠에 빠지지 말아야 한다.

둘째, 어두움의 일에서 벗어나야 할 시기이다.
　"밤이 깊고 낮이 가까웠으니 그러므로 우리가 어두움의 일을 벗고 빛의 갑옷을 입자"(12절) '어두움의 일'이란 '방탕함과 술취함, 음란과 호색, 쟁투와 시기'(3절)를 말한다. '어두움'이란 ① 죄악으로 가득차 있는 세계를 말한다. 우리가 신앙의 창문을 닫고 이 세상을 바라보면 온통 죄악과 불법들이 가득차 있다(마 24:12). 죄악은 우리를 하나님과 분리시켜 놓는다. 하나님을 떠난 세상은 향락과 방탕의 세계이다. ② 사탄의 최후 발악하는 일을 말한다(벧전 5:8-9). 사탄은 우리를 사자 같이 두루 다니며 삼킬 자를 찾고 있다. 우리는 사탄이 틈을 타지 못하도록 항상 기도로 깨어 있어야 한다. 그리고 성령으로 무장해야 한다. 성령이 충만하면 어두움의 일에 빠지지 않는다. ③ 신앙의 박해의 시기를 말한다(마 24:9). 지금은 주님이 오실 날이 가까운 때이다. 천재지변은 물론 러시아나 중국등 세계 각처에서 선교사들이 박해를 받고 추방당하고 있다. ④ 지옥의 세계를 말한다(욥 10:21). 욥은 지옥의 형벌에 이르지 않기를 간절히 기도했다. 우리는 열매 없는 어두움의 일에 참여하지 말고 도리어 책망해야 한다(엡 5:11).

셋째, 주 예수 그리스도로 옷입고 믿음으로 무장할 시기이다.

"오직 주 예수 그리스도로 옷 입고 정욕을 위하여 육신의 일을 도모하지 말라"(14절). 주 예수 그리스도의 옷입는다는 것은 그리스도인의 신분을 지키는 것이다. 우리가 그리스도인의 신분을 지킬 때에 예수 그리스도께서 우리 안에 거하셔서 역사해 주신다(요 15:10). 또 요한계시록 3:18에 보면 라오디게아 교회 성도들에게 흰 옷을 사서 입으라고 했다. 여기에서 흰 옷이란 그리스도인의 신분을 말한다. 우리가 그리스도인의 신분을 버리면 하나님 앞에 벌거 벗은 수치를 당하는 사람이 됩니다. 그리스도인의 신분을 지킬 때에 하나님의 절대적인 보장을 받게 되는 것이다. 그리고 믿음으로 무장하여 사탄과 싸워 승리해야 한다(엡 6:16)

사랑하는 성도 여러분! 지금 이 시기는 헛된 꿈과 신앙의 무관심과 나태함의 상태, 죄악의 잠에서 깨어야 할 시기이고, 어두움의 일에서 벗어나야 할 시기이며, 주 예수 그리스도로 옷입고 믿음으로 무장할 시기이다. 이 시기를 바로 알고 신앙에 승리하는 성도 여러분이 되시기를 주의 이름으로 축원한다.

빛의 갑옷을 입자
(로마서 13:11-14)

"또한 너희가 이 시기를 알거니와 자다가 깰 때가 벌써 되었으니 이는 이제 우리의 구원이 처음 믿을 때보다 가까왔음이니라 밤이 깊고 낮이 가까왔으니 그러므로 우리가 어두움의 일을 벗고 빛의 갑옷을 입자"(롬 13:11-12).

우리 그리스도인들은 오늘 이 시기를 민감하게 이해하고 살아야 한다. 왜냐하면 우리는 하나님의 백성으로서 오늘 이 시대속에서 삶을 영위해야 하고 또 하나님의 뜻을 이루어가야 하기 때문이다. 오늘 이 시기는 방탕과 술취함, 음란과 호색, 쟁투와 시기 등 어두움의 밤에서 깨어야 할 때이다.

오늘 본문 말씀은 성어거스틴이 성자가 되기 이전에 마니교에 매혹되어 방탕 생활을 하던 중 어머니의 기도를 통하여 이 말씀을 읽다가 그의 삶이 변화된 말씀이기도 한다.

지금이야말로 우리 그리스도인들이 각성하여 어두움의 일을 벗고 빛의 갑옷을 입어야 할 때이다. 만약에 빛의 갑옷을 입지 않고 어두움의 일에 계속 머무르게 된다면 심판을 받을 수 밖에 없을 것이다. 그러므로 우리는 어두움의 일을 청산하고 세상 사람들에게 본이 되도록 빛의 자녀답게 처신하고 낮과 같이 단정히 행하여야 한다. "너희는 세상의 빛이라…너희 빛을 사람 앞에 비취게 하여 저희로 너희 착한 행실을 보고 하늘에 계신 너희 아버지께 영광을 돌리게 하라"(마 5:14-16). 그러면 빛의 갑옷을 입으려면 어떻게 해야 할까?

첫째, 부정적인 삶의 태도와 잠에서 깨어나야 한다.

그리스도인들의 병폐 중의 하나는 독선이다. 다시 말하면 남을 탓하는 병이다. 내가 하는 것은 다 옳고 다른 사람이 하는 것은 다 잘못되었다고 하는 생각이다. 문제가 있을 때마다 그 문제에 대한 책임을 자기에게 돌리지 않고 다른 사람에게 돌리는 경우이다. 이와 같은 습성이 우리 믿는 사람들의 생활을 오랫동안 지배해 왔다. 예를 들면 교회생활의 오랜 연륜을 가지고 있으면서도 다른 사람을 칭찬해 주지 못하고 격려해 주지 못하면 오히려 모든 봉사의 자랑을 자기 자신에게 돌리고 다른 사람을 원망하는 경우이다. 우리 그리스도인들은 남을 탓하기 이전에 자기 자신을 돌아보아야 한다. 교회 생활은 서로 문안하고 존경하며 사랑하고 섬기는 데서부터 시작된다. 그러므로 우리는 독선과 교만과 남을 업신 여기는 잠에서 깨어나 서로 사랑하고 격려하며 용기를 북돋아 주어야 한다.

둘째, 하나님의 전신 갑주를 입어야 한다.

빛의 갑옷은 곧 하나님의 전신 갑주이다(엡 6:10-17).

① 진리로 허리띠를 띠어야 한다. 진리는 하나님께서 만들어 주신 갑옷 중에서 제일 중요한 무기이다. 여기에서 말하는 진리의 특성은 "진실"을 가리킨다. 진실성이 없이는 하나님의 은혜를 유지할 수 없다. 진실은 하나님을 대면할 수 있는 근본적인 자격이다. "마음이 청결한 자는 복이 있나니 저희가 하나님을 볼 것임이요"(마 5:8). 그러므로 진실된 생활은 그리스도인들의 생명과도 같다.

② 의의 흉배를 붙여야 한다. 여기에서 말하는 의는 '예수 그리스도의 의'를 가리킨다. 우리는 오직 우리의 죄를 대속하시기 위해 십자가에 못박혀 돌아가신 예수 그리스도를 믿음으로써만 의의 흉배를 붙일 수 있다.

③ 평안의 복음의 신을 신어야 한다. 복음은 죄인이 하나님과 화목해지는 기쁜 소식이다. 하나님과 더불어 평안한 자는 언제나 사탄과 싸워 이길 수 있다. 하나님과 화목한 자는 사탄이 들어 올 기회를 주지 않는 사람이다(빌 1:9-10).

④ 이 모든 것 위에 믿음의 방패를 가져야 한다. 믿음의 방패는 살았고 운동력이 있는 하나님의 말씀을 잘 듣고 지킬 때 가질 수 있다(롬 10:17, 히 4:12-13).

사랑하는 성도 여러분! 빛의 갑옷을 입자. 그리하여 주님이 언제 어느때 오시더라도 기쁘게 주님을 맞이할 수 있는 여러분이 되시기를 주님의 이름으로 축원한다.

현대적 경건의 삶
(로마서 13:11-14)

오늘 이시대를 가리켜 '현대'라고 말한다. 현대는 많은 변화와 개혁이 일어나는 시대라고 볼 수 있다. 반면에 영적으로는 침체되고 정신적인 갈등이 있게 하는 시대라고도 할 수 있다. 성경은 이 시대를 가리켜 마치 노아 홍수 심판 혹은 소돔과 고모라성의 멸망 직전처럼 악하고 패역한 어두운 시대라고 말씀하고 있다. "여호와께서 사람의 죄악이 세상에 관영함과 그 마음의 생각의 모든 계획이 항상 악할 뿐임을 보시고 땅위에 사람 지으셨음을 한탄하사 마음에 근심하시고"(창 6:5-6). 이러한 시대에 사는 우리에게 있어서 가장 중요한 것은 바로 경건의 삶이다. 그러면 현대적 경건의 삶이 무엇인가에 대해서 말씀을 상고하면서 함께 은혜를 나누고자 한다.

첫째, 깨어 있는 삶이다.

"또한 너희가 이 시기를 알거니와 자다가 깰 때가 벌써 되었으니 이는 이제 우리의 구원이 처음 믿을 때보다 가까왔음이니라"(11절). 여기에서 '깨라'는 것은 육신의 잠보다도 영적인 잠에서 깨라는 것이다. 마귀는 신앙이 잠들기를 유도하고 잠든 때에 사탄이 시험을 가져다 준다. 유두고는 바울이 말씀을 전할 때 창에 걸터 앉아 깊이 졸다가 삼층 누에서 떨어져 죽었고, 미련한 다섯 처녀도 졸며 자다가 신랑을 맞지 못했다. 우리는 항상 어디에서 무엇을 하든지 말씀과 기도와 사명으로 무장하여 그리스도의 재림을 기다리며 깨어 있는 생활을 해야 한다.

둘째, 어두움의 일을 벗고 빛의 갑옷을 입는 삶이다.

"밤이 깊고 낮이 가까왔으니 그러므로 우리가 어두움의 일을 벗고 빛의 갑옷을 입자"(12절).

새옷을 입으려면 더러운 옷을 벗어야 하듯이 우리가 빛의 갑옷을 입으려면 어두움의 일을 벗어버려야 한다. '어두움'이란 '죄악, 사탄의 역사'를 가리킨다. 따라서 '어두움의 일'이란 '방탕, 술취함, 음란, 호색, 질투, 시기' 즉 육신의 일을 말한다. 또한 '빛의 갑옷'이란 '진리의 말씀과 하나님의 능력 곧 하나님의 전신갑주'를 말한다. 우리는 죄악된 생활을 벗어 버리고 하나님의 말씀대로 빛의 열매인 착함과 의로움과 진실함의 열매를 맺으며 살아가야 한다.

셋째, 방탕의 생활에서 벗어나는 삶이다.

"낮에와 같이 단정히 행하고 방탕과 술 취하지 말며 음란과 호색하지 말며 쟁투와 시기하지 말고"(13절). 우리 주변에는 의의 길보다 방탕의 길을 걷게 하는 요소들이 전후 좌우에 많이 있다. 방탕의 생활은 우리의 경건생활을 방해할 뿐만 아니라 우리를 타락하게 하고 멸망의 길로 재촉한다. 그러므로 우리는 성령의 능력으로 방탕의 생활에서 벗어나서 정말 예수의 길, 영생의 길, 사명의 길이 무엇인가를 깨달아 낮에와 같이 단정한 생활을 해야 한다.

넷째, 예수 그리스도로 옷입는 삶이다.

"오직 주 예수 그리스도로 옷 입고 정욕을 위하여 육신의 일을 도모하지 말라"(14절). 옷을 입은 사람과 입지 않은 사람과의 차이는 엄청난다. '예수 그리스도로 옷 입는다'는 것은 ① 주 안에 있는 삶을 말한다. 옷이 우리의 몸 안에 있는 것이 아니라 우리의 몸이 옷 안에 있는 것과 같이 예수 그리스도로 하여금 우리의 모든 생활을 주관하게 할 때 우리는 경건한 삶을 살 수 있는 것이다. ② 예수 그리스도의 인격을 닮아가는 삶이다. 우리는 예수 그리스도의 인격을 닮기를 원해야 한다.

사랑하는 성도 여러분! 그리스도의 재림을 기다리며 늘 깨어 기도하고, 어두움의 일을 벗고 빛의 갑옷을 입으며, 방탕의 생활에서 벗어나 예수 그리스도로 옷 입는 현대적 경건의 삶을 살아 이 악하고 어두운 시대에서 승리하시기를 주의 이름으로 축원한다.

주 재림을 기다리는 성도의 자세
(로마서 13:11-14)

요즘 시한부 종말론 때문에 여러 교회들이 피해를 입고 성도들의 신앙질서가 흔들리며 또 믿지 않는 사람들에게 빈축을 사는 일들이 많이 있다. 우리가 살고 있는 이 시대에 종말이 가까왔다는 것은 누구도 부인할 수 없는 사실이다. 믿지 않는 사람들도 '세상 말세'라는 말을 많이 한다. 왜냐하면 말세에 대해서 성경에 예언한 말씀들이 그대로 하나하나 이루어져가고 있기 때문이다. 그러나 우리는 어느 날을 정해서 예수님이 오신다고 하는 성경에 없는 말을 믿고 이런 것에 치우치거나 흔들려서는 안된다. 우리는 언제나 하나님 말씀에 중심한 신앙생활을 하여 기쁨으로 주 재림을 맞이하는 알곡 신자가 되어야 한다. 그러면 주 재림을 기다리는 성도의 자세가 무엇인가에 대해서 말씀을 상고하면서 함께 은혜를 나누고자 한다.

첫째, 시기를 알아야 된다.

"또한 너희가 이 시기를 알거니와"(11절上). 여기에서 '시기'는 개인적인 시기와 만물의 시기로 나눌 수 있다.

① 개인적인 시기는 하나님 앞에 정해진 시한부의 인생으로서 나그네 생활을 이 땅에서 보내고 있지만 잠시 후면 이 세상을 떠나야 되는 시기인 것을 알아야 된다. 그래서 우리는 매일 매일의 생활을 항상 마지막 생애라고 하는 그러한 마음을 가지고 오늘 밤에 주의 부르심을 받아도 후회없이 하나님 앞에 떳떳하게 설 수 있는 삶을 살고 또 상급받을 준비를 하면서 살아야 되는 것이다.

② 만물의 시기를 알아야 된다. "만물의 마지막이 가까왔으니 그러므로 너희는 정신을 차리고 근신하여 기도하라 무엇보다도 열심으로 서로 사랑할지니 사랑은 허다한 죄를 덮느니라"(벧전 4:7-8). 우리가 이 만물의 종말의 시기에 살면서 가장 하나님 앞에 갖추어야 될 것은 사랑이라고 했다. 우리는 점점 더 사랑이 식어져 가고 있는 이 시기를 직시하고 열심으로 서

로 사랑하는 삶을 살아야 되겠다.

둘째, 깨어 있어야 된다.
"자다가 깰 때가 벌써 되었으니 이는 우리의 구원이 처음 믿을 때보다 가까왔음이니라"(11절下).

① 우리는 기도로 깨어 있어야 된다. "그러므로 깨어 있으라 어느 날에 너희 주가 임할는지 너희가 알지 못함이니라"(마 24:42-43). 우리는 항상 기도로 깨어 있는 삶을 살아야 된다. 우리가 기도로 깨어 있을 때 세상의 모든 어두움들이 우리 곁에서 사라지고 항상 영육간에 강건한 생활을 할 수 있다. 기도가 잠시라도 게을러지면 온갖 근심 걱정이 우리를 사로 잡기 때문이다.

② 사명에 깨어 있어야 된다. "깰지어다! 깰지어다! 드보라여"(삿 5:12). 하나님은 우리가 항상 사명에 깨어 있기를 원하신다. 우리는 무엇을 맡았든지 항상 사명에 깨어 있어야 되겠다.

셋째, 어두움의 일을 벗어 버려야 된다.
"밤이 깊고 낮이 가까왔으니 그러므로 우리가 어두움의 일을 벗고 빛의 갑옷을 입자"(12절) 여기에서 '어두움의 일'이란

① 사탄에 관한 일이다. 누가복음 22:53에 보면 사탄을 '어두움의 권세'로 표현했다. 우리는 이 사탄의 결박에서 벗어나야 영적인 자유를 누리는 승리자가 될 수 있다.

② 죄악된 세상에 관한 것이다. 에베소서 6:12에 보면 죄악된 세상을 '어두움의 세상'으로 표현했다. 하나님이 없는 곳은 다 어두움의 세상이다. 그래서 로마서 12:2에 어두움의 세상을 본받지 말라고 했다.

③ 죽음에 관한 일이다. 요한복음 8:12에 보면 "나를 따른 자는 어두움에 다니지 아니하고 생명의 빛을 얻으리라"고 말씀했다. 예수님 밖에 있는 세계는 바로 죽음의 세계인 것이다. 우리는 사망의 골짜기와 같은 이런 세상에서 주님이 주시는 생명의 빛을 조명받아 언제나 빛의 갑옷을 입고 살아가야 한다.

④ 지옥에 관한 것이다. 마태복음 25:30이 보면 "이 무익한 종을 바깥

어두운 데로 내어 쫓으라 거기서 슬피 울며 이를 갊이 있으리라"고 말씀했다. 여기에서 '어두운데'라는 것은 지옥을 의미한다. 우리는 지옥과 같은 어두운 곳에서 벗어나서 항상 하늘나라에 소망을 두고 살아야 한다.

넷째, 예수 그리스도의 옷을 입고 살아야 된다.

"오직 주 예수 그리스도로 옷입고 정욕을 위하여 육신의 일을 도모하지 말라"(14절).

① 옷은 수치를 가리워준다. 예수 그리스도의 옷을 입지 않는 사람들은 자범죄와 고범죄 그리고 종교적인 죄, 도덕적인 죄, 윤리적인 죄 등등 죄악으로 인하여 어두움에 던져짐을 받아 슬피울며 이를 가는 수치스러운 삶을 살게 된다. 그러나 예수 그리스도의 옷을 입고 사는 사람은 하나님이 주신 기쁨과 축복 가운데 살아가게 되는 것이다. 그래서 우리는 그리스도 안으로 깊이 들어갈수록 참된 기쁨과 하나님의 보장을 받게 되는 것이다. 왜냐하면 옷이 수치를 가리워주듯이 예수님의 의가 죄와 허물로 인한 모든 수치를 감싸주시기 때문이다.

② 옷은 신분을 상징한다. 예수 그리스도의 옷을 입은 사람은 그리스도인의 신분을 소유한 사람으로서 하나님의 말씀대로 순종하면서 그리스도인답게 살아가야 되는 것이다.

사랑하는 성도 여러분! 이 시기를 바로 알고, 기도와 사명에 깨어 있어 어두움의 일을 벗어버리며, 예수 그리스도로 옷 입고 주 재림을 기다리는 삶을 살아 우리 주님 재림하시는 날 기쁨으로 맞이하는 성도 여러분이 되시기를 예수 이름으로 축원한다.

밤이 깊고 낮이 가까왔으니
(로마서 13:11-14)

적을 아는 자는 승리자가 되고 시기를 알고 사는 자는 지혜로운 삶을 살게 된다. 본문에 보면 '밤이 깊고 낮이 가까왔으니'라고 했는데, 이것은 곧 주님이 오실 날이 가까왔다는 것을 의미한다.

요한복음 4:35에 보면 오늘 이 시대를 추수의 때라고 했다. 오늘 이 시대는 도덕적으로 볼 때 사랑이 식어지고 범죄가 증가하여 인간성이 잔인해지고, 종교적으로 볼 때 이단이 성행하며, 신신학이 침투하고 경제적으로 볼 때 빈부의 차가 심해지고, 부정축재가 많아지며, 국제적으로 볼 때 나라가 나라를 치고 백성이 일어나 백성을 치는 위기의 시대이다.

이러한 때에 우리 성도들이 위기를 극복하는 비결은 그리스도의 사랑을 품고 하나님의 의를 앞세우며, 진리위에 서서 교회의 지체의 대열에 서 있어야 하며, 불의한 재물에 탐내지 말며, 서로의 이념이 깨어지도록 기도해야 한다. 그러면 오늘 이 시대에 우리가 어떻게 하는 것이 하나님의 뜻대로 사는 길인가에 대하여 함께 은혜를 나누고자 한다.

첫째, 어두움의 일을 벗어 버려야 한다.

어두움의 일이란 ① 사탄의 일 ② 죄악된 일 ③ 불신앙의 일이다. 사탄의 일을 벗어 버리려면 우리의 생각이나 판단이 마귀가 개입되었는가 혹은 성령이 역사하는 것인가 하는 것을 항상 살피고 생각하여 마귀를 대적하고(벧전 5:9), 마귀로 틈을 타지 못하게 하며(엡 4:27), 예수 이름으로 마귀를 쫓아내고, 마귀의 유혹(고후 11:3)을 받지 않도록 해야 한다. 또 죄악된 일에서 벗어나려면 죄악된 일을 정복해야 한다. "대저 하나님께로서 난 자마다 세상을 이기느니라 세상을 이긴 이김은 이것이니 우리의 믿음이니라"(요일 5:4). 또 불신앙의 일에서 벗어나려면 모든 일을 믿음으로 행하여야 한다. "믿음으로 좇아 하지 아니하는 모든 것이 죄니라"(롬 14:23).

둘째, 빛의 갑옷을 입어야 한다.

빛의 갑옷이란 ① 예수 그리스도의 의(義) ② 복음의 능력 ③ 그리스도의 신분을 말한다. "모든 사람이 죄를 범하였으매 하나님의 영광에 이르지 못하더니 그리스도 예수 안에 있는 구속으로 말미암아 하나님의 은혜로 값없이 의롭다 하심을 얻은 자 되었느니라"(롬 3:23-24).

다시 말하면 우리는 항상 예수님의 의의 옷을 입고 살아야 한다. 우리는 다 죄인이다. 인간의 공로로 구원 받는 것이 아니라 예수님의 공로로 구원 받기 때문이다. 캄캄한 밤에 차를 타고 달리다 보면 갑자기 무언가 야광으로 나타나는 것이 있다. 그것은 바로 교통 순경이나 도로 공사하는 분들, 청소하는 분들이 어깨에 맨 야광띠이다. 우리도 이들처럼 이 어두운 세상에서 '나는 그리스도인이다' 하는 것을 언제나 모든 사람에게 보여 주어야 한다.

셋째, 낮에와 같이 단정히 행하여야 한다.

낮에와 같이 단정히 행하려면 ① 자신을 살피면서 살아야 한다. "너희가 믿음에 있는가 너희 자신을 시험하고 너희 자신을 확증하라"(고후 13:5). ② 정로(正路)를 걸어가야 한다. "예수께서 가라사대 내가 곧 길이요 진리요 생명이니 나로 말미암지 않고는 아버지께로 올 자가 없느니라"(요 14:6). ③ 질서와 규례를 따라 살아가야 한다. "그런즉 너희 하나님 여호와께서 너희에게 명령하신 대로 너희는 삼가 행하여 좌로나 우로나 치우치지 말고 너희 하나님 여호와께서 너희에게 명하신 모든 도를 행하라 그리하면 너희가 삶을 얻고 복을 얻어서 너희의 얻은 땅에서 너희의 날이 장구하리라"(신 5:32-33).

우리는 항상 예수님의 밝은 빛 앞에서 우리 자신을 살피면서 예수님이 가신 길을 걸어가며 하나님의 말씀대로 살아야 한다.

사랑하는 성도 여러분! 예수님의 재림이 가까운 이 때에 어두움의 일을 벗어버리고, 빛의 갑옷을 입고, 낮에와 같이 단정히 행하여 주님께서 '내가 진실로 속히 오리라'라고 말씀하실 때 '아멘 주 예수여 오시옵소서'라고 화답할 수 있는 성도 여러분이 되시기를 주의 이름으로 축원한다.

하나님 나라에 대한 신앙적인 도전
(로마서 14:16-17)

오늘날 대부분의 사람들은 하나님의 나라를 막연하게 추상적인 것처럼 생각하고 또 하나님의 나라는 미래적인 것인가 혹은 현세적인 것인가 하면서 관심과 무관심 속에서 살아가고 있다.

인간은 누구나 미래에 대해서 관심을 가지고 산다. 그래서 어떤 사람들은 미래에 대해 너무 지나친 관심을가진 나머지 성경말씀에도 없는 예수님의 재림이 언제일 것이라고 오래전부터 예언을 하던 사람들이 있게 되었다.

그러나 우리들이 기대하고 있는 미래는 계속해서 불확실한 것만은 사실이다. 야고보서 4:14에 보면 "너희의 생명이 무엇이뇨 너희는 잠간 보이다가 없어지는 안개니라"라고 말씀했다. 하버드 대학의 겔브레이드 교수는 오늘 우리가 살고 있는 이 시대를 가리켜 '불확실한 시대'라고 말했다. 그러면 이와 같은 불확실한 시대에 살고 있는 우리 신앙인들은 어떻게 살아가야 되겠는가?

세상 사람들은 흔히 말초신경을 자극하는 감각적인 쾌락만을 위해서 살아가고 있지만 우리 신앙인들은 성령안에서 의를 추구하며 살아가야 한다. 예수님께서는 "너희는 먼저 그의 나라와 그의 의를 구하라"(마 6:33)고 말씀하셨다. 사도 바울은 오늘 본문 말씀가운데 하나님의 나라는 오직 성령안에서 의와 평강과 희락이라(롬 14:17)고 말씀했다.

그러므로 우리는 이 복음 안에서만이 하나님의 나라를 미래 지향적으로 바라 볼 수 있는 것이다. 하나님께서는 성육신하신 예수 그리스도를 통해서 우리에게 하나님의 나라를 보여 주셨다.

사랑하는 성도 여러분! 아직도 미래에 대한 확신이 없이 불확실한 세계 속에서 자신의 쾌락만을 위해 먹고 마시는 사람들에게 우리 신앙인들은 하나님의 의와 평강과 희락을 선포하는 사람으로 살아야 한다.

만일 우리의 삶이 불확실하고 하나님의 나라의 의를 추구하는 삶이 되지 못한다면 불확실한 세계속에서 사는 자들에게 확신있게 하나님의 의와 평강과 희락을 선포할 수 없을 것이다.

우리 신앙인들은 각자의 삶의 현장에서 하나님의 나라를 추구하기를 원하는 사람들을 위해서 서로 사랑하고 용서해 주며 미래에 대한 확신을 가지고 살아야 한다.

하나님의 나라는 먹고 마시는 것만이 아닌 것이다. 오늘날이 세상 사람들은 이것이 인생의 전부인 것처럼 자기의 일생을 투자하고 육신의 쾌락만을 일삼고 있지만 우리 신앙인들은 이에 도전하여 보다 더 영원한 하나님 나라의 의를 추구하며 살아야 한다.

그러므로 우리는 믿음이 있어야 된다. 믿음이 없이는 의를 추구하는 삶을 살 수 없다. 의는 곧 평강과 연결되어 있다. 또한 우리가 참으로 추구해야 할 것은 쾌락이 아닌 희락이다.

사랑하는 성도 여러분!

우리 신앙인들은 참으로 신앙인답게 하나님의 나라를 사모하고 하나님을 의지하며 보다 더 의와 평강과 희락을 추구하는 삶에 대한 확신을 가지고 불확실한 이 시대를 사는 동안 항상 승리하는 성도 여러분이 되시기를 주님의 이름으로 축원한다.

"그러므로 너희의 선한 것이 비방을 받지 않게 하라 하나님의 나라는 먹는 것과 마시는 것이 아니요 오직 성령 안에서 의와 평강과 희락이라 이로써 그리스도를 섬기는 자는 하나님께 기뻐하심을 받으며 사람에게도 칭찬을 받느니라 이러므로 우리가 화평의 일과 서로 덕을 세우는 일을 힘쓰나니"(롬 14:16-19).

강한 자의 삶
(로마서 15:1-3)

우주 만상속에 생명체들은 보다 강한 것들이 약한 것들을 짓누르고서라도 그 목적을 달성하려 하듯이 인간의 삶속에서도 마찬가지로 강자(强者)의 의견이 약자(弱者)의 의견보다 우세하여 항상 최선(最善)이 되고 있음을 보게 된다. 그러므로 모든 사람들은 동서고금(東西古今)을 통하여 남녀노소를 무론하고 보다 더 강하여지고 또한 강하여져 보이려고 온갖 노력을 다하고 있는 것이다.

그러면 우리 믿음이 강한 자는 어떻게 살아야 덕(德)을 끼치는 삶이 되는지 본문을 통하여 주님이 명하신 말씀을 상고하면서 참으로 위대한 생애가 전개되도록 노력해야 하겠다.

첫째, 믿음이 약한 자의 약점을 담당해야만 한다.

이 세상에는 스스로 강하다는 착각속에 사는 약자가 너무나 많이 있다. 이는 신앙인의 세계에서도 종종 느끼게 된다. 즉 믿음이 강한줄로 스스로 평가하는 신자들이 있다는 것이다. 이와 같이 스스로 강한 줄로 알고 있는 가장 나약한 자들은 매사를 초조하게 생각하기 쉽고 서두르기 쉬울 뿐만 아니라 또한 속이 비어 있거나 구멍난 탄환이 곧바로 날아갈 수 없듯이 힘있게 전진하지 못하고 비틀거리게 되는 것이다. 그런고로 그 신앙이 흔들리기 쉽고 병들기 쉽게 되기 때문에 반드시 붙들어 주어야만 하는 그 누군가가 있어야만 하는데 이는 특별히 믿음의 능력을 가진 자라야 하는 것이다.

독수리는 파리를 잡지 않는다는 속담이 있다. 그렇다. 강한 자들은 약한 자들의 약점을 비판하고 비웃고 멸시하지 말아야 할 뿐만 아니라 오히려 자기의 빚처럼 주님이 내 죄를 대신하여 십자가를 졌듯이 질 때에 그리스도인에서 사랑의 교제가 이루어지게 되며 화평한 중에 하나님의 자녀로서 모든 축복을 누리게 되는 것이다.

둘째, 강자는 자기를 기쁘게 하는 삶을 살아서는 안된다.

'자기를 기쁘게 함'이란 '자기만을 기쁘게 하려는 욕망'이란 뜻이다. 그런고로 믿음이 강하다는 그 이유 때문에 자기의 표준을 교리화(敎理化) 한다든지 강행(强行) 해서도 안될 뿐만 아니라 옳지 않은 일을 해놓고도 스스로 용납하여 더 큰 악으로 나아갈 소지(素地)를 만든다든지 자기 중심적인 열심히나 열정을 가지고 하나님을 위한 충성인 듯이 착각하고 무례히 행한다든지 자기가 받은 작은 손해는 느낄 줄 모른다거나 무시해 버린다든지 혹은 자기 눈 속의 들보는 깨닫지 못하고 남의 눈의 티만 탓하게 된다면 이는 모두가 자기 도취에 빠진 자의 삶인 것이다.

그런고로 믿음이 강한 성도들은 모든 생활영역에서 자기의 기쁨과 만족에 도취되지 말아야 할 뿐만 아니라 자기의 의지나 생각에 기준을 두어서도 안되는 것이다. 자기를 기쁘게 하는 자는 반드시 심판을 받게 된다는 사실이다(계 18:7). 구약성경의 인물 중에서 북 이스라엘의 가장 악한 왕 아합은 자신의 궁궐 가까이에 있는 이스라엘 사람 나봇의 포도원을 자기의 나물밭으로 삼았던 연고로 하나님의 엄한 징벌을 받아 비참한 최후를 맞았던 것이다(왕상 21장, 왕하 9장).

우리 주님의 생애는 자신을 기쁘게 하신 일이 한 번도 없으셨다(롬 15:3下) 자기 백성을 저희 죄에서 구원하시기 위하여 이 땅에 강림하셨고(마 1:21), 하나님의 의(義)를 이루기 위하여 인간 세례요한에게 요단강에서 세례를 받으셨으며(마 3:13-17), 공생애(共生涯) 준비를 위하여 40일 밤낮 금식하며 기도로 지내셨을 뿐만 아니라(마 4:1-2) 또한 온 갈릴리를 두루 다니시며 가르치시고 천국 복음을 전파하시며, 백성 중에 모든 병과 약한 것을 고치셨으며(마 4:23-25), 최후에는 성부 하나님의 인류 구속의 뜻을 이루어 드리기 위하여 십자가를 지시기까지 자신을 온전히 희생하셨던 것이다.

셋째, 이웃을 기쁘게 하는 삶을 살아야 한다.

이 세상에서 가장 위대한 선(善)은 내편에서 다소 손해가 된다 할지라도 그 손해를 달게 받으면서까지 사귀기 어려운 자와 잘 지낼수 있는 바로 그것이다. 이는 하나님의 '아가페적 사랑'에 기인한 것이며, 이로 인하여 이웃이 서로 용서와 위로로 격려하여 아름다운 덕을 쌓는 생활을 하게 되는 것이다. 성경말씀 가운데 이웃에 대한 성도의 취할 태도를 아래와 같이 말씀하셨다.

"이웃 사랑하기를 네 몸과 같이 하라"(레 19:18). "네 이웃에게 대하여 거짓 증거하지 말라"(출 20:16). "네게 있거든 이웃에게 이르기를 갔다가 다시 오라 내일 주겠노라 하지 말며"(잠 3:28). "자기 이웃을 도우라"(시 41:6)고 하였고, 심지어 "그 이웃을 그윽히 허는 자를 내가 멸할 것"(시 101:5)이라고 하였다.

'이웃을 기쁘게 한다'는 것은 마치 신랑 신부 사이의 순결하고 고상한 사랑과 같이 모든 결점을 숨겨주고 못본체 할뿐 아니라 잊어버리며 그의 장점만을 바라볼 때 일어나는 아름다운 결정체인 것이다.

어느 누구도 이웃없이는 살아갈 수 없다. 먼 친척보다 나은 가까운 이웃(잠 27:10), 하나님께 대한 사랑을 나타내기 위한 방법으로 주어진 이웃, 좋은 이웃이 큰 축복인 것처럼 큰 불행의 요소도 될 수 있는 화복(禍福)에 큰 관계되는 이웃, 그런고로 죤 칼빈의 말과 같이 남에게 채무를 지고 있는 사람이 채권자에게 배상을 하며 협조하는 임무를 가져야 하는 것과 같은 자세를 가져야 할 것이다. 즉 어떤 경우에서라도 이웃을 만족시켜 주도록 노력하되 하나님을 바라보는 마음으로써 덕을 세우는 일이 되도록 해야만 한다. 특히 명심해야 할 것은 반드시 구원에 대한 관심을 베풀어야만 하는데 그들의 우매(愚昧)를 용납해서도 안되고 파멸을 추구하는 것을 들어 주어서도 절대로 안된다.

사랑하는 성도 여러분, 서로의 약점은 서로 담당하자. 나만의 기쁨을 위하지 말자. 이웃을 위하여 선을 베풀며 기쁨을 나누어 주는 삶을 살아가는 성도들이 되시기를 주님의 이름으로 축원한다. 아멘.

참된 형제사랑
(로마서 15:1-6)

오늘 본문의 전후 배경을 보면 로마교회에 믿음이 강한 사람과 믿음이 약한 사람 사이에 갈등이 있었다. 따라서 사도 바울은 그들이 서로 비판하지 말고 오히려 사랑하며 그리스도 안에서 하나가 될 것을 권면했다. 그러면 참된 형제사랑이란 무엇인가에 대해서 말씀을 상고하면서 함께 은혜를 나누고자 한다.

첫째, 연약한 자의 약점을 담당해 주는 것이다.

"우리 강한 자가 마땅히 연약한 자의 약점을 담당하고"(1절). 우리는 자기가 다른 사람보다 더 의롭고 똑똑하고 훌륭하면 다른 사람을 멸시하는 경우가 있다. 그러나 성경은 우리보다 더 연약한 자의 약점을 담당해 주라고 한다. 로마서 14:1에 보면 "믿음이 연약한 자를 너희가 받되 그의 의심하는 바를 비판하지 말라"고 말씀했고, 히브리서 12:12-13에 보면 "그러므로 피곤한 손과 '연약' 한 무릎을 일으켜 세우고 너희 발을 위하여 곧은 길을 만들어 저는 다리로 하여금 어그러지지 않고 고침을 받게 하라"고 말씀했으며 로마서 8:26에는 "이와같이 성령도 우리 연약함을 도우시나니"라고 말씀했다. '연약' 이란 말은 헬라어에 보면 '모자라다, 무능하다, 힘이 없다, 병이 들었다' 라는 뜻이 있다. 이와 같이 연약한 자의 약점을 담당해 주는 것이 곧 참된 형제사랑이다.

둘째, 이웃을 기쁘게 해드리는 것이다.

"우리 각 사람이 이웃을 기쁘게 하되 선을 이루고 덕을 세우도록 할지니라"(2절). 우리는 내 기쁨을 누리기 위해서 다른 사람의 마음을 아프게 한다든지 괴롭혀서는 안된다. 또 내가 성공하기 위해서 다른 사람을 실패하게 만든다면 이것은 그리스도인의 삶의 자세가 아니다. 고린도전서 10:33에 보면 "나와 같이 모든 일에 모든 사람을 기쁘게 하여 나의 유익을 구치 아니하고 많은 사람의 유익을 구하여 저희로 구원을 얻게 하라"고 말씀했다. 이웃을 기쁘게 해드리는 일을 할때 참된 형제사랑이 이루어진다.

셋째, 형제에게 소망을 안겨주는 것이다.

"무엇이든지 전에 기록한 바는 우리의 교훈을 위하여 기록된 것이니 우리로 하여금 인내로 또는 성경의 안위로 소망을 가지게 함이니라"(4절). 우리는 소망으로 구원을 얻었다. 로마서 8:24에 보면 "우리가 소망으로 구원을 얻었으매 보이는 소망이 소망이 아니니 보는 것을 누가 바라리요"라고 말씀했다. 우리는 항상 모든 사람에게 소망과 용기를 주는 말을 해야 한다. 데살로니가전서 5:8에 보면 "구원의 소망의 투구를 쓰자"라고 말씀했다. 소망에는 ① 영생의 소망(딛 1:2) ② 복스러운 소망(딛 2:13) ③ 산 소망(벧전 1:3)등이 있다. 형제에게 이러한 소망을 안겨주는 것은 곧 참된 형제사랑이다.

넷째, 그리스도 예수 안에서 서로 뜻을 같이 하는 것이다.

"이제 인내와 안위의 하나님이 너희로 그리스도 예수를 본받아 서로 뜻이 같게 하여 주사 한 마음과 한 입으로 하나님 곧 우리 주 예수 그리스도의 아버지께 영광을 돌리게 하려 하노라"(5-6절). 우리는 그리스도 예수 안에서 모든 사람들과 서로 뜻을 같이 해야 한다. 서로 뜻을 같이 하려면 ① 먼저 마음을 서로 낮은데 두어야 된다. "서로 마음을 같이하며 높은데 마음을 두지 말고 도리어 낮은데 처하며 스스로 지혜있는 체 말라"(롬 12:16) ② 서로 선해야 된다. "아무에게도 악으로 악을 갚지 말고 모든 사람 앞에서 선한 일을 도모하라"(롬 12:17). ③ 이기심을 버려야 된다. "믿는 무리가 한 마음과 한 뜻이 되어 모든 물건을 서로 통용하고 제 재물을 조금이라도 제 것이라 하는 이가 하나도 없더라"(행 4:32).

성도 여러분! 참된 형제사랑이란 연약한 자의 약점을 담당해주고 이웃을 기쁘게 해드리며, 형제에게 소망을 안겨주고, 그리스도 예수 안에서 서로 뜻을 같이하는 것이다. 예수 그리스도를 본받아 참된 형제사랑을 나누어 많은 사람을 주께로 이끄는 여러분이 되시기를 예수 이름으로 축원한다.

소망의 하나님(1)
(로마서 15:12-13)

소망이란 말은 히브리어의 '카-와'(הקוה) 헬라어의 '엘피스'(ἐλπίς)라는 말로 그 뜻은 고대하고 기대한다는 뜻이며 하나님의 사랑과 그의 무한한 능력에 대한 신뢰를 나타내는 말이다. 사람은 누구나 기대와 꿈이 있기에 살아간다. 만일 꿈을 상실하고 나는 아무 소망이 없다고 생각하는 사람이 있다면 그는 실로 슬픈 사람이다.

어떤 철인은 말하기를 이 세상에서 꿈이 없어지는 때가 가장 무서운 때가 되는 것이라고 했다. 사람은 적은 꿈이라도 있어서 그 꿈을 가꾸어 갈 때 삶의 보람을 갖게 된다. 꿈은 삶의 힘이며 생기이다. 그러나 우리가 가진 꿈이 현실로 이루어지지 못하고 때로는 산산이 부서져 실망의 고통을 줄때가 있다.

누구나 건강하기를 원하나 병이 들고 약할 때가 있으며 부요하게 되기를 원하나 가난하게 되고 비천하게 될 때가 있으며 아름답고 화목한 가정을 원하나 다툼과 불화가 일 때가 있고 항상 성공하기를 간절히 원하나 실패만 거듭되어 낙심과 실망에 빠질 때가 있다. 참으로 우리의 꿈이 이처럼 산산이 부서지고 허물어지고 실망 가운데 처할 때 사도 바울은 바로 하나님이 우리의 꿈이요 소망이라고 했다.

그는 이 말씀을 그의 깊은 신앙과 체험에서 말씀했다. 죄의 깊은 고뇌 속에서 실패의 아픔 속에서 눈병과 투병하는 고통 속에서, 그리고 환난과 궁핍과 핍박받는 고독한 전도의 길에서 항상 소망이 되어주셨던 하나님에 대한 산 체험속에서 이 고백을 한 것이다. 그러면 어떻게 하나님이 우리의 소망이 되는다?

첫째, 없는데서 있게 하시는 하나님이시므로 우리의 소망이 되신다.

창세기 1:1에 "태초에 하나님이 천지를 창조하시니라"고 했다. 땅이 혹 암중에 있을 때 빛이 있으라 하시니 빛이 생겼고 땅이 혼돈한 중에 있을 때 그 궁창의 물과 물이 나눠라 하시매 하늘과 땅 바다와 육지가 정돈된 질서를 세우게 된 것이다. 실로 생기에 넘치는 풍성한 세계가 되었으며 하나님의 보시기에 좋았더라고 하였다. 실로 하나님은 우리 인간에게 소망을 만족하게 채워 주실 수 있는 모든 것을 영육간에 충성히 가지고 계시는 우리의 영원한 소망이신 하나님이시다.

둘째, 약한 자를 들어 강한 자를 부끄럽게 하시므로 하나님은 우리의 소망이 되신다.

고린도전서 1:27 이하에서 사도 바울은 이와 같이 말씀하셨다. "하나님께서 세상의 미련한 것들을 택하사 지혜있는 자들을 부끄럽게 하려 하시고 세상에 약한 것들을 택하사 강한 것들을 부끄럽게 하려 하시며 하나님께서 세상에 천한 것들과 멸시받는 것들과 없는 것들을 택하사 있는 것들을 폐하려 하시나니 이는 아무 육체라도 하나님 앞에서 자랑하지 못하게 하심이라고 하셨다. 할렐루야! 이것이 우리의 소망이시다.

내가 약하다고 할 수 없다고 절망할 필요가 없다. 하나님은 그러한 당신을 들어서 강한 자가 하지 못한 일들을 하게 하실 수 있다. 내가 가난하다고 천하다고 낙심하지 마라 하나님은 그런 당신을 부요하고 영광스럽게 만드시기를 원하시고 기뻐하신다. 사도 바울은 말씀하시기를 우리가 약한 그 때에 곧 강함이라고 하셨다. 우리가 약하기 때문에 부족하기 때문에 주님의 관심이 더욱 커진다. 주님이 더욱 우리를 돕기를 원하신다. 우리의 약하고 무능하고 천하고 보잘것 없는 것을 통해서 하나님은 이 세상에 지혜있는 자가 하지 못하는 것을 하게 하실 수 있다. 하나님은 이 사실을 증거로 보여 주셨다.

구약의 사사기를 보면 열두 사사의 이름이 나온다. 그 당시의 사사는 왕권과 제사장의 권한을 가진 지도자였다. 하나님께서 이런 위대한 지도자를 세우실 때에 어떤 지도자를 세우셨는가? 그 표준 중의 하나는 약한 자를 세우셨다는 사실이다. 예를 들면 에훗은 한 손 밖에 쓸 수 없는 왼손잡이였다. 기드온은 적은 지파 가운데 가장 적은 가문에 가장 적은 자식이라고 하였다. 또한 입다는 홀어머니 기생의 몸에서 난 서자였다. 삼갈은 소를 몰고 다니는 보잘것 없는 목동이었다. 드보라는 연약한 여성이였다. 하나님은 이런 약하고 부족한 사람들을 통해서 강한 자들이 하지 못하는 일들을 하게 하셨다. 그중에 예외는 삼손이었다. 삼손만은 강한 자를 세웠지만은 오히려 그는 실패하였다. 그는 오히려 약해져서 연약하게 된 연후에 겸손한 자세에서 하나님의 뜻을 이룰 수가 있었다.

예수님의 제자들을 보라 거의 다 무식한 사람들이었으며 서민에 속한 사람들이었으나 저들이 하나님의 손에 붙잡혀서 큰 일을 이루어 놓게 하였다. 그리스도의 복음이 저들을 통하여 전파되었으며 온 세계에 열매 맺게 되었다. 오늘도 하나님은 실패하고 쓰러지고 보잘것 없는 약자를 붙잡아 주시는 하나님이심을 믿기 때문에 우리는 약하고 무능하고 추하고 보잘 것 없는 자신들을 보면서도 낙심할 필요가 없는 것이다.

셋째, 하나님이 우리의 소망이 되시는 것은 죽어도 영혼을 살 수 있게 하시기 때문이다.

요한복음 11:21 말씀에 "나는 부활이요 생명이니 나를 믿는 자는 죽어도 살겠고 무릇 살아서 나를 믿는 자는 영원히 죽지 아니 하리니 네가 이것을 믿느냐"고 하셨다. 이 말씀을 하신 이는 예수님이시다. 예수님은 이 말씀만 하신 것이 아니라 주님 자신이 죽으셨다가 3일만에 다시 살아 나셨다. 하나님은 죄값으로 죽어야 마땅할 우리를 예수님 안에 살리신다. 지금도 죽을 수 밖에 없을 때 우리를 살려 주신다. 죽음은 인간의 절망이다. 아무 육체라도 이 죽음에 항거할 수 없다.

그러나 바울이 말한 대로 "사망아 너의 쏘는 것이 어디 있느냐 사망의 쏘는 것은 죄요 죄의 권능은 율법이라. 우리 주예수 그리스도로 말미암아 이김을 주시는 하나님께 감사하리로다"라고 우리도 고백할 수 있다. 그리스도 안에 있는 죽음은 우리에게 절망이 아니라 새로운 삶을 위한 관문에 불과하다.

사랑하는 성도 여러분! 여러분 가운데 누구인가 낙심하고 실망하시는 분이 계시는가? 지금 바로 그 자리에서 일어나서 하나님을 의지하라. 그리고 하나님은 나의 소망이심을 확신하라. 그 믿음이 당신에게 능력을 주시며 이러한 당신의 다리에 새힘을 주시며 오늘의 실망을 내일의 소망으로 바꾸어 놓는 축복이 임하시게 되는 것이다. 할렐루야!

소망의 하나님(2)
(로마서 15:13)

영국의 극작가 T. 풀리는 말하기를 위대한 소망은 위대한 인물을 만든다고 하였다. 소망이 있는 사람은 현실의 고난을 극복할 수 있게 되고 미래를 지향하는 생동감이 넘치는 승리의 삶을 살아갈 수 있게 되는 것이다. 사도 바울은 소망중에 즐거워하라고 하였고, 오늘의 본문 말씀인 로마서 15:13 말씀에는 하나님을 가리켜서 소망의 하나님이라고 하였다. 그러면 하나님은 우리에게 어떠한 소망의 하나님이 되시는가에 대해서 네가지 요약 내용을 말씀드리겠다.

첫째, 하나님은 구원의 소망이신 하나님이다.

계시록 12:10에 하나님의 구원과 능력과 나라와 또 그의 그리스도의 권세가 이루었다고 하였고, 히브리서 5:9에는 영원한 구원의 근원이 되신다고 하였다. 구원이란 히브리어의 '예수아' (ישׁוּעָה)라는 뜻으로 '임박한 악과 위험으로부터 구출해낸다'는 뜻을 가진 말인데, 신약적인 의미는 죄로 말미암아 임하게 되는 형벌과 죄악의 권세와 결박에서 구하여 내는 것을 의미하는 말인 것이다.

그런고로 '구원'이란 또 하나의 말 '찰라츠' (חָלַץ)는 '구출함을 받는다.' '해방된다.' '놓임을 받는다' 는 뜻을 가지고 있다. 인류는 아담과 하와로부터 오늘에 이르기까지 인간이 범죄한 죄로 말미암아 멸망과 죽음에 처했던 자들이었으나 하나님의 구원의 계획과 예수 그리스도의 구속의 십자가로 말미암아 구원을 받게된 것이다. 그런고로 이 놀라운 구원에 대하여 에베소서 2:8에는 "너희가 그 은혜를 인하여 믿음으로 말미암아 구원을 얻었나니 이것이 너희에게 난 것이 아니요 하나님의 선물이라고 하였다. 인류가 하나님께 받은 가장 큰 선물은 하나님의 구원인 것이다. 이것은 우리 인류의 소망이요 하늘의 축복이다. 로마서 8:24에서 사도 바울은 구원에 대해서 말하기를 "우리가 소망으로 구원을 얻었으매 보이는 소망이 아니니 보이는 것을 누가 바라리요 만일 우리가 보지 못하는 것을 바라면 참음으로 기다릴지니라"고 하였다.

사랑하는 성도 여러분, 하나님은 바로 여러분 곁에 계시며 여러분의 모든 것을 구원해 주시기 위하여 능력의 손길로 함께 하심을 믿으시기 바란다.

둘째, 하나님은 영생의 소망이 되시는 하나님이시다.

요한복음 3:16에 아들을 믿는 자는 영생이 있다고 하였고, 사도 바울은 자신이 사도된 것에 대하여 나의 사도된 것은 소망을 인함이라고 하였다. 그리고 이 영생은 거짓이 없으신 하나님이 영원한 때 전부터 약속한 것이라고 하였다.

영생이라는 말은 신약에서만도 43회나 나오고, 그중 요한 사도가 기록한 서신에만 25회나 기록되어 있는 말이다. 이 영생은 예수 그리스도를 믿는 신자로 하여금 죽어서 직접 하나님 아버지 앞에 나아가 천국의 영원한 축복을 맛보게 되어 구원받은 영혼속에 영원한 안식이 주어지게 되는 것이다. 이 영생은 결코 사람에 의해서 얻을 수 있게 되는 것이 아니다. 오직 믿음에 대한 응답으로 하나님께서 은사로 주신 영원한 축복의 선물인 것이다. 그런고로 요한복음 3:16 "하나님이 세상을 이처럼 사랑하사 독생자를 주셨으니 이는 저를 믿는 자마다 멸망치 않고 영생을 얻게 하려하심이니라"고 하였다. 이 세상에서 가장 축복된 사람은 바로 영생의 소망이 되시는 하나님께로 말미암아 영생의 선물을 받은 자인 것이다.

셋째, 하나님은 복스러운 소망이 되시는 하나님이시다.

디도서 2:13에 하나님을 가리켜서 복스러운 소망과 우리의 크신 하나님이라고 하였다. 우리는 복에 대한 개념을 바로 알고 또 그 모든 복을 차지하는 자가 되어야 하겠다. 복은 바로 하나님 자신임을 알아야 한다. 하나님은 복의 근원으로써 반드시 내가 네게 복을 주신다고 하였고 또 복주시기를 기뻐하신다고 하였다. 하나님께서 주시는 축복은 아무도 빼앗아 갈 수도 없으며 영원히 지속되는 축복이다. 그런고로 다윗은 시편 16:2에 "주는 나의 주시오니 주 밖에는 나의 복이 없나이다"라고 하였고 하나님께 가까이함이 내게 복이라고 하였다(시 73:28). 그리고 예레미야 선지자는 "무릇 여호와를 의지하며 여호와를 의뢰하는 그 사람은 복을 받을 것이다"고 하였다. 복의 내용은 천국을 소유하게 되는 것도 복이며 예수 잘 믿는것, 구원받은 것, 성령받은 것, 은사받고 능력있게 사역하는 것, 변화받고 새 사람된 것, 건강하고 부요한 것, 지위, 명예, 권세 모두가 하나님께서 주신 축복인 것이다.

창세기 27:28에 보면 이삭이 야곱에게 축복할 때에 하늘의 신령한 복과 땅에 기름진 복, 그리고 심적인 평안의 복과 뛰어나는 지위 그리고 신상의 보호의 축복과 그의 생애에 필요한 모든 복을 기원하였던 것을 보게 된다. 하나님은 모든 이에게 복을 빌라고 하였고, 축복한 바를 응답해 주실 것도 약속하였다. 그러나 한가지 잊지 말아야 할 것은 복중에 가장 큰 복은 영혼이 잘되는 것이며, 또 영혼이 잘되면 범사가 잘되고 강건한 축복도 누릴 수 있게 되는 것이다.

넷째, 하나님은 산 소망이 되시는 하나님이시다.

이 세상에 속한 모든 것은 영원한 것이 아니다. 일시적이며 썩게될 소망이다. 그러나 하나님으로부터 임하는 소망은 산 소망이요 영원한 소망인 것이다. 베드로전서 1:3에 "우리를 거듭나게 하사 산 소망이 있게 하시며 썩지 않고 더럽지 않고 쇠하지 아니하는 기업을 잇게 하시나니 곧 너희를 위하여 하늘에 간직하신 것이라"고 하였다.

오늘날 이 땅 위에는 얼마나 많은 사람들이 생명의 주를 만나지 못하여 썩고 부패한것 악하고 더러운 것, 추하고 천한 것들을 쫓고 살다가 멸망으로 떨어지는 자들을 수없이 볼 수 있게 된다.

사랑하는 성도 여러분, 누구든지 예수 그리스도 앞으로 나오기만 하면, 주님은 언제나 여러분을 만나주시고 예수 그리스도를 구주로 영접해 드리기만 하면, 우리를 거듭나게 하실 뿐만 아니라 하늘에 간직한 소망으로 가득채워 주심을 받게된다.

소망을 넘치게 하라
(로마서 15:13)

이 세상에서 가장 처절한 사람은 내일에 대한 소망이 없이 절망 중에서 목적없이 살아가는 자이며 가장 행복한 삶은 소망을 안고 사는 사람인 것이다. 그런고로 사도 바울은 로마서 15:13에 "성령의 능력으로 소망이 넘치게 하시기를 원하노라"라고 축원하였으며 소망 중에 즐거워하라(롬 12:12)고 하였다. 여기 '소망'이란 말인 헬라어의 '엘피조'($\dot{\epsilon}\lambda\pi\iota\zeta\omega$)의 뜻은 신임하고 바라는 것을 말하며 기대하고 고대하는 것을 의미하는 말인 것이다. 사람이 무엇엔가 의지가 되고 기다려지는 것이 있을 때 현실의 어려움도 극복할 수 있고 모든 것을 이겨 나갈 수가 있다. 아래에서 소망에 대한 본문의 말씀을 세 가지로 나누어 첫째로 우리가 가질 소망의 대상은 누구이신가? 둘째로 소망의 내용은 무엇이며, 세째로 소망을 가진 자의 축복이 무엇인가에 대하여 말씀드리고, 결론으로 소망을 넘치게 하는 비결에 대해서 말씀을 드리겠다.

1. 우리가 가질 소망의 대상은 누구인가?

첫째, 모든 인류가 가질 소망의 대상은 만군의 주 여호와 전능하신 하나님이시다.

로마서 15:13에 하나님을 소망의 하나님이시라고 하였고 디모데전서 4:10에는 "우리가 수고하고 진력하는 것은 우리의 소망을 살아 계신 하나님께 둠이니 곧 모든 사람 특히 믿는 자들의 구주시라"고 하였다. 오늘날 많은 사람들이 더럽고 흉악한 잡귀신들에게 소망을 걸어 보기도 하고 말못하고 생명없는 수많은 우상과 헛되고 헛된 세상 재물 부귀 영화에 소망을 걸고 살다가 이 어두움의 세상 것들과 함께 멸망받는 자들이 얼마나 많은지 말로다 할 수가 없다. 오직 우리의 소망은 전능하신 하나님이시다. 그는 우리를 지으신 자시요, 주관자이시며, 생명의 근원이 되시는 것이다.

하나님만이 우리를 구원하는 자이시며, 우리에게 영생과 만복을 가져다 주시는 복의 근원이 되시는 것이다. 그런고로 시편 71:5 말씀에 "주 여호와여 주는 나의 소망이시요 나의 어릴 때부터 의지시라 내가 모태에서부터 주의 붙드신 바 되었으며 내 어미 배에서 주의 취하여 내신바 되었사오니 나는 항상 주를 찬송하리로다"라고 노래하였다. 또 시편 71:14에도 "나는 항상 소망을 품고 주를 더욱 더욱 찬송하리로다 내가 측량할 수 없는 주의 의와 구원을 내 입으로 종일 전하리이다"라고 하였다. 진실로 하나님은 인류의 소망이며 개인과 국가의 소망이시다. 그런고로 하나님께 대한 소망이 넘치는 자만이 기쁨과 평강이 넘치게 되고 승리와 영광이 충만하여지게 되는 것이다.

2. 소망의 내용이 무엇인가?

첫째, 소망의 내용은 우리를 거듭나게 하신 산 소망이다.

베드로전서 1:3에 "예수 그리스도의 죽은 자 가운데서 부활하심으로 말미암아 우리를 거듭나게 하사 산 소망이 있게 하시며"라고 하였다. 하나님께서 그를 믿는 자에게 주시는 모든 소망은 산 소망이다. 여기 산 소망(a living hope)이란 예수 그리스도의 부활로 말미암아 우리가 중생함을 입게됨을 말하는 것이다. 이 산 소망은 지나가거나 낡아지지 아니하며 피가 되지 않고 영원히 지속되는 소망이며, 썩어지거나 더러워지거나 쇠하여지지 아니하는 하늘로부터 임하는 산 소망인 것이다.

둘째, 소망의 내용은 구원의 소망이다.

하나님은 인류에게 구원의 소망을 주셨다. 인간에 있어 가장 긴급하고 급선된 문제가 있다면 그것은 죄와 허물로 죽은 인생이 멸망받을 자리에서 구원을 얻는 것이다. 이 구원문제는 기독교의 복음내용의 근본 중심이며 주님의 십자가 죽음의 고난도 인류 구원을 위한 하나님의 계획인 것이다.

사도 바울은 빌립보 옥중에서 하나님의 살아계신 기적을 바라보고 두려워 떨고 있는 간수에게 "주 예수를 믿으라 그리하면 너와 네 집이 구원을 얻으리라"고 하였다(행 16:31). 이 놀라운 구원의 소망이야말로 누구든지 예수 그리스도를 믿기만 하면 하나님께로부터 받게 되는 최대의 소망인 것이다.

셋째, 소망의 내용은 복스러운 소망이다.

디도서 2:13에 "복스러운 소망과 우리의 크신 하나님 구주 예수 그리스도의 영광이 나타나심을 기다리게 하셨다"고 하였다. 하나님께서 그를 믿는 자에게 주신 소망은 복스러운 소망이다. 그런고로 하나님께 대한 소망이 넘치는 자는 하나님의 축복이 넘치는 자인 것이다.

3. 이 소망을 가진 자의 축복이 무엇인가?

첫째, 이 소망을 가진 자의 축복은 하나님의 후사가 되어지는 것이다.

디도서 3:6 말씀에 "성령을 우리 구주 예수 그리스도로 말미암아 우리에게 풍성히 부어주사 우리로 저희 은혜를 힘입어 의롭다 하심을 얻어 영생이 소망을 따라 후사가 되게 하려 하심이라"고 하였다. 여기 후사가 되었다는 말은 아버지의 상속을 이어 받는 권리를 말하는 것으로 하나님은 그를 믿는 자에게(롬 4:13-14) 하나님의 나라와 하늘의 모든 영광을 축복으로 부여하신 것이다.

둘째, 소망을 가진 자의 축복은 생활 속에 즐거움이 넘치게 하시는 것이다.

그런고로 로마서 12:12에 "소망 중에 즐거워하라"고 하였고, 잠언 10:28에 "의인의 소망은 즐거움을 이룬다"고 하였다. 진정한 즐거움은 바로 하나님께 대한 소망을 가진 자만이 누릴 수가 있게 되는 것이다.

셋째, 이 소망을 가진 자의 축복은 담대히 신령한 은혜의 축복에 동참하게 되어진다.

사도 바울은 고린도후서 3:12에 "우리가 이같은 소망이 있으므로 담대히 말하노니"라고 하였는데, 하나님께 소망을 가진 자는 구약 율법의 가리워진 수건을 벗기시고 세영의 직분을 부여하여 주셨으므로 확신과 담대함을 소유하게 되는 것이다.

넷째, 이 소망을 가진 자의 축복은 영원히 부끄러움을 당치않게 된다.
로마서 5:5에 "소망이 부끄럽게 아니함은 우리에게 주신 성령으로 말미암아 하나님의 사랑이 우리 마음에 부은 바 됨이니"라고 하였다. 즉 하나님은 그에게 소망을 두는 자에게 성령을 부어주심으로 그의 사랑을 심어준 것이다. 그런고로 하나님께 소망을 둔자는 영원히 부끄럽지 아니하는 하나님의 사랑을 지니고 살게된다.

결론으로 하나님께 대한 소망을 넘치게 가지게 되자면

첫째, 하나님을 사랑하는 자가 되어야 한다.
시편 71:14에 "나는 소망을 품고 주를 더욱 사랑하리이다"라고 하였다. 하나님을 진실로 사랑하는 자가 하나님께 대한 소망을 가지고 살게되는 것이다.

둘째, 하나님께 헌신하며 맡겨주신 사명에 충성하는 자가 하나님께 소망을 두고 살게된다(고전 15:58).

셋째, 하나님께 주야로 기도하는 자가 하나님께 소망을 살게된다.

두 가지 질서
(로마서 15:18)

어느 시대에서나 질서가 깨어지는 곳에는 파괴가 오게 되고 질서가 세워지는 곳에는 승리와 축복이 넘치게 되는 것을 보게 된다. 하나님은 창조하신 모든 세계위에 아름다운 질서와 조화를 이루어 주셨으며, 특히 하나님의 형상대로 지음 받은 인간들에게는 수많은 특권과 뛰어나는 삶의 표준을 주었는데 이것이 바로 하나님의 말씀이요, 그에 따른 신앙의 윤리인 것이다. 사도 바울은 자신의 신앙생활에 대한 두 가지 질서를 강조하였는데 그 내용을 살펴보면,

첫째, 언어생활의 질서이다.
인간의 다른 동물과 다른 것은 영혼과 언어를 가지고 있는 것이다. 그리고 그 언어를 어떻게 사용하느냐에 따라서 그 사람의 인격이 좌우되기도 하고 하나님의 영광이 나타내지기도 하는 것이다. 사도 바울은 자신의 언어생활 즉 말을 사용함에 대하여 "성령의 능력으로 역사하신 것 외에는 내가 감히 말하지 아니하겠다"고 로마서 15:18에 말하였다.

다시 말하면 사도 바울은 주의 능력을 전하는 말과 성령의 역사로 인하여 복음을 전하는 말 외에 필요없는 말을 하지 않겠다고 결심한 말인 것이다. 하나님이 인간에게 언어를 주신 것은 하나님께 영광을 돌리게 하기 위함이며 자신의 선한 뜻을 전달하기 위함인 것이다.

그러나 성경에서 지적한 내용과 같이 인간들이 사용하는 말 속에는 거짓된 말, 불평하는 말, 부정적인 말, 악독이 가득한 말, 교만이 가득한 말, 미워하는 말, 저주하는 말, 등 하나님이 기뻐하지 않는 말들이 얼마나 통용되고 있는지 말로 다할 수 없다. 야고보서 1:26에 보면 "누구든지 스스로 경건하다 생각하며 자기 혀를 재갈 먹이지 아니하고 자기 마음을 속이면 이 사람의 경건은 헛것"이라고 하였다.

인간은 누구나 혀의 할례를 받아 성별되어져야 하며 성령의 불로 혀의

권세를 받아 여호와를 찬양하며 복음을 전하는 말의 권세를 받아야 한다. 유대의 경전에 보면 "너는 아침 햇볕같이 명랑한 것을 말하라 그렇지 않으면 침묵하라"고 기록되어 있다. 특히 성경 안에는 말에 대한 교훈이 수없이 기록되어 있는데 골로새서 4:6에 "너희 말은 항상 은혜 가운데서 소금으로 고르게 함과 같이 하라"고 하였고 지혜로운 말(시 37:30), 선한 말(잠 12:25), 아름다운 말(잠 23:8), 좋은 말(시 45:1), 영광된 말(시 45:11), 화평한 말(시 28:3)을 하라고 하였다.

그리스의 정치가 솔로는 말하기를 말은 행동의 거울이라고 하였고 그리스의 웅변가 데모스테니스는 "쟁반은 그 소리에 의해 흠의 유무를 알고 사람은 그 사람의 말에 의해 지혜의 유무를 안다"고 하였다.

진실로 우리가 평생에 사용하는 이 고귀한 언어 생활을 통해 모든 사람에게 덕을 끼치며 하나님께 영광을 돌리는 혀가 되자면 무엇보다도 성령의 불로 할례를 받아 오순절의 마가 다락방에서 불의 혀같이 갈라지는 능력을 받아 변화받은 120문도처럼 은혜롭고 권세있는 혀가 되어져야 한다. 그러기 때문에 사도 바울은 말과 일이며 표적과 기사의 능력이며 성령의 능력으로 역사하신 것 외에는 내가 감히 말조차 하지 아니하겠다고 한 것이다.

둘째, 영적 생활의 질서이다.

바울은 언제나 주님을 영접한 모든 사람들에게 질서의 하나님을 증거하였고, 법도와 규모있는 생활을 하라고 강조하였다. 고린도전서 14:33에 보면 "하나님은 어지러움의 하나님이 아니시요 오직 화평의 하나님이시니라"고 하였다. 하나님은 언제나 질서와 조화가 있는 곳에 주님의 영광을 머물게 하시며 기적과 역사를 나타내 주시는 것을 보게 된다. 그리고 인간 생활에 이루어지는 모든 질서는 먼저 영적 질서에서부터 이루어지게 된다. 우리 인간에게는 반드시 영적 질서가 이루어져야 한다.

요한일서 4:1에 보면 "사랑하는 자들아 영을 다 믿지 말고 오직 영들이 하나님께 속하였나 시험하라 많은 거짓 선지자가 세상에 나왔음이니라"고 하였고, 사도 바울은 디모데전서 4:1에 "성령이 밝히 말씀하시기를 어떤 사람들이 믿음에서 떠나 미혹케 하는 영과 귀신의 가르침을 좇으리라"고 하였다. 인류가 걸어온 발자취 속에는 언제나 악령들이 개입하여 하나님을 향하는 신앙심을 마비시켜서 어두움의 영들에게 무릎을 꿇게 하였고 모래알처럼 많고 복잡한 악령들에게 노예가 되게 만들었다.

특히 고대 희랍인들은 농사귀신, 에메드 군대 귀신, 아레스 사업귀신, 헤파스토 혼인귀신, 헤라 바다귀신, 아포로다이크 등의 귀신들을 만들어 섬겨왔고, 우리 나라에도 산에는 산신령, 바다에는 용왕신, 하늘에는 일월신, 땅위에는 땅귀신, 나무에는 목신, 돌에는 석신, 도깨비귀신, 몽다리귀신, 빗자루귀신, 처녀귀신 등 수많은 귀신들을 스스로 세워놓고 한평생을 공포아래서 살다가 구원없이 죽은 자가 얼마나 많았는지 말로 다 할수가 없다.

하나님은 모세를 통하여 인류에게 말씀하시기를 "나 외에 다른 신들을 네게 있게 말지니라"고 하였고 다른 신에게 묻거나 섬기는 자는 하나님께서 심판하시며 멸하신다고 하였다.

사랑하는 성도 여러분, 오직 만군의 여호와 하나님만이 참 신이시며, 여러분의 생사회복을 주장하시는 전능하신 하나님이시다. 여러분 가운데 아직도 주님을 영접하지 못하고 어두움의 영에게 사로잡힌 자는 안계신가? 조금도 지체하지 마시고 지금 곧 주님을 영접하시기 바란다. 그리하면 하나님께서 이 시간에 놀라운 구원을 여러분에게 체험하게 하시며 넘치는 영혼의 기쁨을 안겨주시게 된다.

은사 충만
(고린도전서 1:7)

하나님은 바울을 통하여 말씀하시기를 "너희가 모든 은사에 부족함이 없이 주 예수 그리스도의 나타나심을 기다림이라"(고전 1:7)고 하였다. 여기에 기록한 은사란 말은 희랍어로 '카리스마'(Χάρισμα)라고 하는 말로 하나님께로부터 부여된 특수한 능력, 또는 부여된 은총, 하사물 등의 뜻을 가지고 있는 말이다. 특히 고린도전서 12:8이하에는 아홉 가지 은사가 기록되어 있는데 그 내용을 구분하여 보면,

첫째, 지혜의 은사이다(고전 12:8).

이 지혜의 은사는 하나님의 계시하신 말씀의 지혜 곧 복음에 대한 영적 이해를 말하는 것으로 이 지혜는 세상의 지혜와 엄격히 구별될뿐 아니라 이 은사를 소유한 자는 복음의 깊은 진리를 바로 이해하게 되고 자신뿐 아니라 다른 사람의 영혼에게까지 복음의 진리를 바로 심어주는 능력과 감화력을 소유한 복음의 증인이 되는 것이다.

둘째, 지식의 은사이다.

지식이란 안다는 말로서 인간이 성령에 의한 지식의 은사를 받게 되면 무엇보다도 하나님을 바로 알게되는 것이다. 인간이 하나님을 알게되는 것은 인간이성, 세상지식, 뛰어난 석학에 의하여 알게되는 것이 아니고 하나님께서 주시는 신령한 지식에 의하여 알게되는 것이다. 이사야 11:9 말씀에 "물이 바다를 덮음같이 여호와를 아는 지식이 세상에 충만할 것 임이라"고 하였으며, 여호와를 아는 것이 지식의 근본이라고 하였다(잠1:7).

셋째, 믿음의 은사이다.

이 믿음의 은사는 인간으로 하여금 전적으로 하나님을 의지하게 하며 믿음으로 구원에 이르게 할 뿐 아니라(엡 2:8) 믿음으로 권능을 행하는 역사

를 나타나게하여 주시는 것이다. 예수님께서 말씀하시기를 "너희가 만일 믿음이 한 겨자씨만큼만 있으면 이 산을 명하여 여기서 저기로 옮기라 하여도 옮길 것이요 또 너희가 못할 것이 없느니라"(마 17:20)고 하였는데 이는 곧 믿음의 위대한 역사를 보여주신 말씀인 것이다.

넷째, 병 고치는 은사이다.

이 병고치는 은사는 성경 전체속에 놓여 있다. 병이 이땅위에 오게된 원인은 전적으로 아담의 범죄때문이다. 인간의 조상 아담이 범죄한 이후 자연계까지 저주를 받게 되었고 이 땅위에는 온갖 질병이 난무하게 된 것이다. 그러나 제2의 아담이신 예수님은 인간의 죄악과 질병까지 담당해 주시어 친히 각색 병든자를 고쳐주셨을 뿐만 아니라 사도들을 비롯한 하나님의 종들에게까지 이 병 고치는 신유의 은사를 부어주어 병자를 위해 기도할때 병이 낫게 하시고 건강이 회복되도록 역사하여 주시는 것이다. 그런고로 마가복음 16:17-18 말씀에 "믿는 자들에게는 이런 표적이 따르리니 곧 저희가 내 이름으로 귀신을 좇아내며…병든 사람에게 손을 얹은즉 병이 나으리라"고 하였다.

다섯째, 능력의 은사이다.

여기 능력이란 말 "뒤나미스"(δύναμις)는 어려운 일을 감당하게 하는 힘 또는 비상한 고난을 이겨나가는 힘을 말하는 것으로 이 능력의 은사를 받은 자는 사탄의 권세를 이길뿐 아니라(행 13:4-12) 불가능한 어려운 모든 일들도 능히 해낼 수가 있게되는 것이다.

여섯째, 예언의 은사이다.

이 예언의 은사는 하나님의 말씀을 설교하는 은사로서 단순히 미래사를 예고 하는데 그치지 않고 하나님의 말씀으로 경고, 권면, 교훈, 판단, 위안(고전 14:3) 등을 주는 것으로 이 예언은 자신과 타인과 교회에 덕을 세우게하며 광야같은 세상의 인간 생활에 크게 유익을 주는 것이기 때문에 고린도전서 14:1에는 신령한 것을 사모하되 특별히 예언을 하려고 하라고 하신 것을 보게 된다.

일곱째, 영들 분별의 은사이다.

이 은사는 교회나 성도가 거짓 선지자에게 속아 넘어가는 것을 대비하여 보호하시려고 성령께서 나타내시는 은사이다(요일 4:1, 딤전 4:1). 이 세상에 두루퍼져 역사하는 악령의 세력들이 거짓 예언을 하게하며 이적도 행하게 할 뿐 아니라 천사의 모양으로 가장하여 천사처럼 말도 하기 때문에 말세에는 많은 사람들이 영분별을 잘못하게 되어 귀신의 가르침을 좇아가는 자들이 있게 된다. 그런고로 디모데전서 4:1 말씀에 "성령이 밝히 말씀하시기를 후일에 어떤 사람들이 믿음에서 떠나 미혹케 하는 영과 귀신의 가르침을 좇으리라"고 하였다. 하나님은 영분별의 은사를 주의 백성들에게 내려주시어 미혹의 영에 빠지지 않도록 역사하여 주시는 것이다.

여덟째, 방언의 은사이다.

방언의 은사는 성령의 역사로 말미암아 부어지는 은사의 일종으로써 방언은 사람에게 말하는 것이 아니고 하나님께 말하는 영언인 것이다. 사도 바울은 이 방언에 대하여 방언은 "그 영으로 하나님께 비밀을 말하는 것이라"고 하였다. 오늘날 교회들 중에는 방언문제들이 야기되고 있으며 찬반이 거론되고 있는 것을 보게 된다. 그러나 이는 거짓 방언들이나 규모없는 자들의 무절제 한데서 일어나는 부작용에 의한 것이지 참방언은 자신의 유익을 위해서 감사함으로 받아 귀하게 사용하기만 하면 신령한 선물이 되어지는 것이다.

아홉째, 방언을 통역하는 은사이다.

이 방언에는 두 가지가 있는데 하나는 사도행전 2장에 나타난 방언으로서 방언의 통역자가 없어도 성령의 역사로서 타인이 들을 수 있으며, 또 하나는 고린도전서 14장에 나타난 방언으로써 통역자가 있어야 알아들을 수 있는 방언인 것이다. 바울은 고린도전서 14:13에 "방언을 말하는 자는 통역하기를 기도할지니라"고 하였고 항상 교회에 덕 세우기를 힘쓰라고 하였다. 이와같이 성령은 9가지 은사를 교회에 부여 하시어 교회를 부흥케 하며 맡겨주신 사명을 능력있게 감당할 수 있도록 축복하여 주시는 것이다.

모든 은사에 부족함이 없게 하라
(고린도전서 1:7-8)

'은사'란 하나님께서 성령을 통하여 은혜로 값없이 나누어 주시는 선물이다. 이 은사는 성도들이 신앙 생활을 하는데 있어서 하나님이 주신 지상 최대의 에너지이다. 사도 바울은 이 은사를 체험하고서 고린도교회 성도들에게 "모든 은사에 부족함이 없게 하라"고 호소했다. 성령께서는 각 사람이 지닌 개성에 따라 각각 다양한 은사를 베풀어 주신다. 고린도전서 12:8-10에 보면 성령의 9가지 은사가 나온다. 그러면 성령의 9가지 은사에 대해서 말씀을 상고하면서 함께 은혜를 나누고자 한다.

첫째, 지혜의 은사이다.

'지혜'란 어떤 상황속에서도 하나님의 뜻이 무엇인지를 분별하는 바른 통찰력을 가리킨다. 로마서 16:27에 보면 하나님을 가리켜서 '지혜로우신 하나님'이라고 말씀했다. 솔로몬에게는 하나님의 지혜가 있었다. 열왕기상 3:28에 보면 "온 이스라엘이 왕의 심리하여 판결함을 듣고 왕을 두려워하였으니 이는 하나님의 지혜가 저의 속에 있어 판결함을 봄이더라"고 말씀했다. 오늘 우리에게는 오직 주의 뜻이 무엇인지 이해할 수 있는 지혜가 있어야 한다.

둘째, 지식의 은사이다.

'지식'이란 하나님을 아는 것을 가리킨다. 가장 고상한 지식은 여호와를 경외하는 것이다. 잠언 1:7에 보면 "여호와를 경외하는 것이 지식의 근본이어늘"이라고 말씀했다. 하나님은 어떻게 해서든지 인간이 하나님을 알 수가 있기를 원하신다. 이사야 11:9에 보면 "물이 바다를 덮음 같이 여호와를 아는 지식이 세상에 충만할 것임이니라"고 말씀했다.

셋째, 믿음의 은사이다.

신앙의 생명은 믿음이다. 예수님은 믿음을 통하여 구원에 이르게 하고, 이적을 행하셨으며 소망을 이루어 주셨다. 믿음의 은사를 받은 사람은 하나님의 초자연적인 이적을 체험하게 된다. 마태복음 17:20에 보면 "너희가 만일 믿음이 한 겨자씨만큼만 있으면 이 산을 명하여 여기서 저기로 옮기라 하여도 옮길 것이요 또 너희가 못할 것이 없으리라"고 말씀했다.

넷째, 병고치는 은사이다.

"믿는 자들에게는 이런 표적이 따르리니 곧 저희가 내 이름으로 귀신을 쫓아내며 새 방언을 말하며 뱀을 집으며 무슨 독을 마실지라도 해를 받지 아니하며 병든 사람에게 손을 얹은즉 나으리라"(막 16:17-18). 성령으로 말미암아 병고치는 은사를 받은 사람은 각종 병을 고칠수 있다.

다섯째, 능력을 행하는 은사이다.

'능력'이란 어떤 강한 대적도 쳐부수고 이긴다는 힘을 의미한다. 능력을 행하는 은사를 받은 사람은 고난을 이기는 힘이 있고, 이적을 행하는 능력을 나타내며, 사탄을 내어 쫓는 능력을 나타내고, 만물을 정복하고 다스리는 능력을 나타낸다.

여섯째, 예언의 은사이다.

'예언'이란 신적 권능을 받아서 장차 되어질 일을 미리 알리며 성령의 인도하심과 말씀을 통해서 미래에 대한 하나님의 뜻을 가르치는 은사이다.

일곱째, 영분별의 은사이다.

말세에는 거짓 영들이 많이 있다. 요한일서 4:1에 보면 "사랑하는 자들아 영을 다 믿지 말고 오직 영들이 하나님께 속하였나 시험하라 많은 거짓 선지자가 세상에 나왔음이니라"고 말씀했다. 악령도 자신을 광명의 천사로 가장하기 때문에 우리는 영을 잘 분별할 수 있는 은사가 있어야 한다.

여덟째, 방언의 은사이다.

'방언'이란 신령한 성령의 말이다. 오순절 성령 강림시 초대교회 성도들은 방언을 했다. 이 방언의 은사는 개인적으로는 유익하나 교회에서 잘못 사용하면 덕이 되지 못하기 때문에 주의해야 한다.

아홉째, 방언 통역의 은사이다.

이 은사는 방언을 듣는 이들이 깨닫고 교훈을 얻도록 통역하는 은사로써 교회에 유익을 준다.

사랑하는 성도 여러분! 신앙생활을 내 힘으로 잘하려고 하다가 안된다고 좌절하거나 낙심하지 말고, 성령의 은사를 받아 하나님의 영광을 위해 크게 쓰임 받는 성도 여러분이 되시기를 주의 이름으로 축원한다.

예와 아니오

(고린도후서 1:20)

사도 바울은 하나님의 약속에 대하여 말하기를 하나님의 약속은 얼마든지 그리스도 안에서 예가 된다고 하였고 또한 예수 그리스도는 예하고 아니라함이 되지 아니 하였다고 하였다. 그럼 이 말씀이 주는 내용이 무엇인가에 대해서 세 가지 중요 내용을 구분하여 말씀을 드리겠다.

첫째, 예라고 하는 말의 의의는 하나님의 뜻에 절대 순종하는 신앙을 보여주는 말씀이다.

어느 교회 장로님 취임예배시에 권면 순서를 맡으신 목사님께서 그를 향해 말하기를 금번 취임받는 장로님은 하나님 명령에 대하여 항상 예, 예하는 "예" 장로가 되라고 권면한 일이 있었다. 진실로 하나님 앞에 예하고 순종하는 생활은 하나님께서 가장 기뻐하시는 신앙의 행위이며 또한 하나님 앞에 가장 크게 영광돌리는 자세가 되는 것이다.

인간이 하나님께 대하여 믿음이 가장 빛나는 순간은 바로 하나님 앞에 순종하는 순간이며, 따라서 인간마다 각기 지니고 있는 신앙의 이력서는 순종으로 꽉차 있을 때만 비로소 빛이나게 되는 것이다. 신앙의 조상 아브라함의 발자취가 위대하였던 것도 그의 전 생애가 하나님의 거룩하신 명령 앞에 오직 예만 있었기 때문인 것이다.

이 땅위에 살아가는 인생들의 유형을 네 가지로 구분하여 보면 첫째 유형은 주님 없이 자기 멋대로 과속 선행하는 삶을 사는 인생이고, 둘째 유형은 주님의 뜻을 따라 전진하지 아니하고 오히려 후행하는 삶의 인생이며, 셋째 유형은 주님은 우측으로 가시는데 자기는 좌측으로 통행하는 빗나가는 삶의 인생이다.

넷째 유형은 옛날 에녹 선지자같이 주님과 함께 오직 그의 뜻을 따라 동행하는 삶을 살아가는 인생인 것이다. 하나님은 어느때 어느 시대나 순종하는 사람에게 나타나시며, 또한 그에게 하나님의 일을 맡겨 주셨을 뿐 아니라 홀로 영광을 받으시며 크신 축복을 내려 주시는 것이다.

둘째, 예와 아니요라는 말의 의의는 취사 선택이 명료하고 선이 정확한 신앙을 말하는 것이다.

지금은 거짓 영이 역사하는 때이며 사탄이 최후로 발악하는 때인 만큼 깨어 기도하며 진리위에 굳게서서 좌우로 치우치지 말고 주님앞에 합격하는 자가 되어야 한다. 옛날 이스라엘 백성 중에는 하나님과 바알신 두 사이에서 좌우를 분간하지 못하고 머뭇거리다가 엘리야를 통하여 책망 받은 일이 있었으며, 아세아 일곱 교회 중 라오디게아 교회는 차지도 더웁지도 아니하고 미지근하다가 주님 앞에 권면 받은 것을 볼 수 있다.

이 세상에서 가장 믿음직스럽고 신뢰성이 있는 사람은 신앙의 선이 뚜렷한 사람이며 그리스도안에 있는 푯대와 목적이 분명한 사람인 것이다. 인생이 살아가는 길에는 청신호와 적신호가 있다. 그리고 직진과 후진이 있으며 위의 것과 아래의 것이 있고, 어두운 길과 밝은 길이 있으며 진리와 비진리 합법적인 것과 불법적인 것, 축복과 저주, 생명과 죽음의 길이 있는 것이다. 이러한 혼돈된 인생의 길에서 좌우를 분간하지 못하면 끝없는 후회속에 방랑자가 되며 실패의 인생이 되고 마는 것이다.

그러나 만고 불변 믿음의 반석위에 굳게 서서 취사선택의 선이 분명한 자는 하나님께 큰 그릇으로 쓰임 받는 축복의 사람이 될 수가 있는 것이다. 이 세상에서 이미 살아진 수많은 사람들 중에도 순간의 선택이 잘못되어 일생이 좌우되었고, 하나님을 거역하고 불순종하며 살다가 영원히 어두운 발자취를 남기고 갔던, 히틀러, 나폴레옹, 스탈린, 모택동, 동조 같은 악명 높은 사람들이 있는가 하면 생명과 진리, 영생과 축복의 길을 선택하여 주의 영광위에 위대하게 살다가 아름다운 빛의 발자취를 남기고 간 링컨, 프레드릭대왕, 헨델, 단테, 죤칼빈, 마틴루터, 요한 웨슬레, 후스등 참으로 하늘과 땅에서 영원히 빛나는 세기의 등불이된 찬란한 자들도 있는 것이다.

이 세상 나라들을 보면 신앙과 이념, 사상과 주의를 잘못 택한 실론, 인도, 네팔, 부탄, 버마, 라오스, 태국, 캄보니아, 월남, 말레이지아등 후진국의 자리를 탈피하지 못하고, 특히 북한을 비롯한 공산치하의 무신론 국가들은 살벌하고 자유없는 어두움의 나라가 되고만 수많은 나라들을 볼수가 있다. 그러나 전능하신 하나님을 믿으며 하나님의 말씀인 성경을 법으로 삼은 기독교 국가들인 미국, 카나다, 서전, 스위스, 호주, 노르웨이, 서독, 영국, 뉴질랜드, 화란, 아이스란드, 남아연방, 에디오피아, 필란드 등의 나라들은 모두가 이 지구상에서 가장 뛰어나는 축복의 나라가 된 것을 보게 된다.

셋째, 예라는 말의 의의는 결단성 있는 신앙을 의미하는 말이다.

한번 주 안에서 결심했으면 굽힐줄을 모르며 한번 시작했으면 끝장을 보고야마는 백절불굴의 신앙자세는 참으로 아름답고 귀한 것이다. 다니엘은 뜻을 정한 후 사자굴속에 들어가는 순간까지라도 신앙의 정절을 굽히지 아니한 결과 하나님은 다니엘에게 천사를 보내어 사자 입을 봉하게 하였고 사드락, 메삭, 아벳느고도 신앙의 절개를 지키기 위해 풀무불속에 던짐을 받는데까지 이르게 되었으나 하나님은 천사를 보내어 세 청년을 지켜주신 사실을 볼 수 있다.

친애하는 성도 여러분, 우리는 언제나 하나님 앞에 결단성 있는 신앙으로 예하고 힘있게 대답하며 과감한 용기와 줄기있는 삶을 살아가자. 그리 할 때 하나님은 분명히 여러분들이 믿음으로 발성한 "예"라는 한마디 대답 속에 하나님의 기적은 나타나기 시작되며 신앙의 이력서는 더욱 빛이나게 되는 것을 믿는다.

아멘의 진수
(고린도후서 1:20)

얼마전 영국 런던에 대영성서공회에 들려 언어학에 유능한 교수 한 분을 만난 일이 있었다. 저는 그에게 현대의 세계인들이 사용하는 방언 수가 몇 가지나 되느냐고 물었더니 그는 대답하기를 27,000 가지나 된다고 하였다. 그리고 성경 말씀이 기록된 방언수는 1,857 방언이 된다는 이야기를 들었다. 과연 이 좁은 지구촌 안에는 각 족속 각 방언이 마치 아프리카 밀림지대의 각종 새소리가 하모니를 이루는 것처럼 아름답고 신기하기는 하나 서로가 알아들을 수 없는 언어를 사용하고 있다. 그러나 이러한 복잡한 언어 소통 속에서도 전 세계 인류들이 한 가지로 사용하는 말이 있는데 이 말은 바로 본문에 기록한 아멘인 것이다. 이 아멘은 구약시대에서나 신약시대에서나 육의 세계에서도 영의 세계에서도 귀하게 사용되는 천국 방언인 것이다. 그러면 성경에 "아멘의 진수"가 무엇인가에 대해서 나타난 여섯 가지 내용을 말씀드리겠다.

첫째, 아멘이란 진실이란 뜻을 가진 말이다.

아멘이란 말은 원래 히브리어에서 나온 말로써 진실이란 의미를 가진 말인 것이다. 그런고로 요한복음 3:3 말씀에 예수님께서 말씀하신 "진실로 진실로"라는 말은 "아멘 아멘"의 뜻을 가진 말로 나타낸 말이며 예수님께서 가장 즐거이 사용하신 말이기도 하다. 우리가 아멘하여 하나님께 영광을 돌린다는 것은 바로 인간이 하나님께 대하여 진실을 소유할 때만이 하나님께 영광을 돌릴 수 있다는 말인 것이다.

둘째, 아멘이란 말은 하나님께 대한 응답의 표현인 것이다.

예레미야 11:5에 예레미야는 하나님 말씀을 들을 때 아멘으로 화답하고 응답했던 것을 보게 된다. 하나님은 아멘하고 응답하는 자에게 약속을 이루어 주시고 또 응답하는 자를 불러서 하나님의 거룩하신 뜻을 이루게 하시는 하나님인 것이다.

셋째, 아멘은 감사의 표현인 것이다.

고린도전서 14:15 말씀에 "내가 영으로 기도하고 또 마음으로 기도하며 내가 영으로 찬미하고 또 마음으로 찬미하리라 그렇지 아니하면 네가 영으로 축복할 때에 무식한 처지에 있는 자가 네가 무슨 말을 하는지 알지 못하고 네 감사에 어찌 아멘하리요"라고 하였다. 하나님께서 베푸신 수만가지 은혜에 대해서 우리는 항상 아멘의 화답이 끊이지 말아야 되는 것이다.

넷째, 아멘은 하나님께 대한 경배의 용어인 것이다.

요한계시록 19:4에 보면 하늘에 있는 영들이 하나님께 경배할 때 아멘 할렐루야를 외치면서 영광돌린 모습을 볼 수가 있다. 지난 주간 미국 로스앤젤레스에서 한·미 합동 집회를 인도하는 중에 나이 많은 미국인 내외분이 유독 앞자리에 앉아서 "아멘" "할렐루야"를 크게 외치면서 뜨겁게 화답하는 것을 내려다 보고 그의 천사같은 얼굴에 성령으로 충만해진 얼굴을 바라 볼 수가 있었다. 오늘날 많은 교인들이 "아멘"과 "할렐루야"로 화답하면서 성령으로 충만해진 예배를 드리는 모습은 참으로 놀라운 하나님의 축복이요 넘치는 은혜가 아닐 수 없는 것이다.

다섯째, 아멘은 주님께 대한 간절한 기대와 소원의 표현인 것이다.

요한계시록 22:21 말씀에 "내가 진실로 속히 오리라 하시거늘 아멘 주 예수여 오시옵소서"라고 기대와 소원 그리고 간절함을 나타낸 것을 볼 수 있다. 친애하는 성도 여러분, 여러분의 영혼속에 기쁨에 넘치는 샘이 솟고 아멘의 화답속에 성령의 충만하심이 기적의 역사가 계속 일어나고 있으십니까? 하나님은 믿는 자의 하나님이시며 응답의 하나님이시다. 만일 여러분의 생활속에 하나님께 대한 아멘의 화답이 있다면 여러분은 날마다 주님의 고귀한 은혜를 체험할 수 있다. 여러분의 영혼속에 주님의 응답이 넘치게 되고 기쁨과 환희가 여러분의 생활속에 충만하게 될 것이다.

여섯째, 아멘은 믿음의 표현이다.

아멘의 동사인 "아망"이라는 말은 믿는다는 뜻을 가진 말이다. 그런고로 말씀이 구절마다 찬송의 가사마다 기도의 내용마다 믿음이 넘치는 아멘의 화답이 있게 될때 하나님의 역사는 나타나게 되며 주님의 거룩하신 축복이 항상 넘치게 되는 것이다.

영국의 유명한 대 설교가인 스펄전은 아멘에 대하여 다음과 같이 말하였다. "아멘이란 예수님의 모든 말씀에 대한 긍정이며 예수님의 모든 것에 대한 화답이며, 진실로 예수님은 용서와 성결의 제사장이시고 통치의 왕이시며 혈육보다 가까운 친구요 신이시며, 사망의 음침한 죽음의 골짜기에서도 함께 하시는 보호자시며 모든 것이 되시는 아멘의 본체이신 것이다"라고 하였다. 참으로 아멘이 있는 신앙은 주님의 모든 것을 소유하는 신앙이며 주님께 함께하는 신앙이며 주님의 기적을 체험하는 신앙인 것이다.

사랑하는 성도 여러분, 어둠과 불신앙, 파괴와 분쟁이 극심해져가는 메마른 이 세대에서 오늘도 사랑하는 여러분 위에 아멘의 신앙으로 은혜의 샘이 솟아 오르길 바라며, 응답의 기적이 날마다 날마다 넘치고 충만하며 함께 하시기를 예수님의 이름으로 축원한다.

천국 백성의 축복
(고린도전서 1:26-31)

"십자가의 도가 멸망하는 자들에게는 미련한 것이요 구원을 얻는 우리에게는 하나님의 능력이라"(고전 1:18). 십자가의 도는 기독교의 본질인 복음을 가리킨다. 복음의 내용은 그리스도의 십자가의 구속을 믿을 때 구원을 얻게 된다는 것이다. 이러한 사실이 믿지 않는 자에게는 어리석게 보인다. 그러나 세상의 지혜는 인간을 구원할 수 없으며 십자가의 진리만이 구원을 줄수 있다.

고린도전서 1:24에 보면 "오직 부르심을 입은 자들에게 유대인이나 헬라인이나 그리스도는 하나님의 능력이요 하나님의 지혜니라"고 말씀했다. 그러면 천국 백성의 축복이 무엇인가에 대해서 말씀을 상고하면서 함께 은혜를 나누고자 한다.

첫째, 하나님의 부르심을 받고 영적인 눈이 뜨여진 것이다.

"형제들아 너희를 부르심을 보라. 육체를 따라 지혜있는 자가 많지 아니하며 능한 자가 많지 아니하며 문벌 좋은 자가 많지 아니하도다"(26절). 우리가 천국백성이 된 것은 육체적으로 우수한 조건 즉 '지혜, 능력, 문벌' 때문에 된 것이 아니다. 오직 하나님의 부르심을 받고 영적인 눈이 뜨여졌기 때문에 예수를 믿고 천국 백성이 된 것이다.

사도 바울은 지혜와 능력과 문벌을 다 겸한 자였지만 다메섹 도상에서 예수님을 만나 영적인 눈이 뜨여지기 전에는 열성적으로 기독교를 핍박하고 박해했던 자였다. 그러나 그가 하나님의 부르심을 받고 그의 영적인 눈이 뜨여진 이후에는 핍박자가 변하여 전 세계에 복음을 전하는 전도자가 되었다. 이와 같이 하나님께서 영적인 세계를 열어 주지 아니하시면 구원의 비밀을 알 길이 없다. 오직 구원은 하나님께 달려 있다.

둘째, 인생의 목적을 하나님께 두는 것이다.

하나님을 믿지 않는 자들은 인생의 목적을 잘 먹고, 잘 입고, 좋은 집에 살며, 육신을 즐기고 편하게 하는데 두고 살아간다. 그러나 갈라디아서 6:8에 보면 "자기의 육체를 위하여 심는 자는 육체로부터 썩어진 것을 거두고 성령을 위하여 심는 자는 성령으로부터 영생을 거두리라"고 말씀했다. 천국백성이 된 자는 인생의 목적을 하나님께 두고 '사랑, 희락, 화평, 오래참음, 자비, 양선, 충성, 온유, 절제' 등 성령의 열매를 맺고 살아 영생을 누리는 축복을 받게 되는 것이다.

하나님을 믿지 않는 자들이 천국 백성된 자를 볼 때는 미련하고, 약하고, 천하고, 멸시받는 것 같고, 없는 것 같이 보일지라도 하나님께서는 이러한 자들을 택하사 지혜있고 강한 자들을 부끄럽게 하려 하신다고 말씀했다.

셋째, 하나님의 영광을 위해서 살아가는 것이다.

우리 육체로는 자랑할 것이 아무 것도 없다. 우리가 받은 능력과 축복은 오직 하나님의 영광을 위해서 성령의 열매를 맺으며 주님의 뜻대로 살아가는 것이다. 우리는 주님처럼 영혼을 사랑하고 교회를 사랑하며, 이 땅위에서 하나님의 자녀로서 가장 멋있게 살다가 주님이 재림하실 때, 하늘나라의 상급과 면류관을 받아야 한다.

사도 바울은 자랑할 것이 많이 있었지만 예수 그리스도의 십자가 외에는 자랑하지 않겠다고 했다. "내게는 우리 주 예수 그리스도의 십자가 외에 결코 자랑할 것이 없으니"(갈 6:14). 또한 "자랑하는 자는 주 안에서 자랑할지니라"(고후 10:17)고 말씀했다. 우리를 통해 구원해 주신 주님을 자랑하며 살아갈 때 우리는 불평과 불만이 사라지고 항상 기뻐하고 감사함으로 하나님께 영광돌리는 삶을 살게 될 줄 믿는다.

사랑하는 성도 여러분! 천국 백성의 축복은 하나님의 부르심을 받고 영적인 눈이 뜨여지며, 인생의 목적을 하나님께 두고, 하나님의 영광을 위하여 살아가는 것이다. 이 축복을 주신 하나님께 항상 감사하며 승리하는 성도 여러분이 되시기를 주의 이름으로 축원한다.

성령의 위력(2)
(고린도전서 2:4)

사도 바울은 자신의 사역에 대하여 말하기를 "내 말과 내 전도함이 지혜의 권하는 말로 하지 아니하고 다만 성령의 나타남과 능력으로 한다"고 하였다. 이처럼 성령은 무한한 축복력과 소생력을 가지고 있다.

첫째, 영적 병에서 소생함을 받게하여 주신다.
하나님께 범죄한 아담과 하와의 후손인 인간은 날때부터 영적으로 병든 자이다. 그런고로 다윗은 하나님께 기도하기를 "내가 죄악 중에 출생하였음이여 모친이 죄중에 나를 잉태하였나이다"(시 51:5). "우슬초로 나를 정결케 하소서 내가 정하리이다 나를 씻기소서"(시 51:7)라고 부르짖은 것을 보게 된다.

이와같이 인간은 유전죄와 자범죄로 인하여 하나님의 나라를 잃어버린 자들이었지만 예수 그리스도의 구속의 십자가를 믿고 그에게 모든 죄를 자복하는 자들에게는 하나님의 용서와 평강을 얻게 하실 뿐 아니라 물과 성령으로 거듭나게 하셔서(요 3:5) 하나님의 자녀되는 신분을 주시며, 하나님의 나라를 유업으로 얻게하여 주실 뿐 아니라 하늘나라에 예비하신 모든 축복을 값없이 누리게하여 주시는 것이다.

둘째, 성령의 역사는 육신의 병에서 소생케하여 주신다.
성령의 놀라운 역사는 인간들이 겪고 있는 모든 비극 중에 하나인 질병의 권세에서 소생함을 받게하여 주신다. 고린도전서 12:9 말씀에는 이 병 고치는 은사에 대하여 말씀하셨고, 또 예수님께서는 친히 각색 병든 자를 고쳐 주셨을 뿐 아니라 예수님을 믿는 자들에게는 표적을 따르게 하여 주셨다. 오늘 이 말씀을 듣고 계시는 여러분 가운데 원치 않는 질병으로 인해 고통을 당하는 분이 있는가? 주의 놀라우신 성령의 불같은 역사로 말미암아 영혼이 죄에서 해방되며 육신이 병마에서 강건한 몸으로 소생케 되기를 주님의 이름으로 축원한다.

셋째, 성령은 병든 마음을 소생케하여 주신다.

놀라운 성령의 역사는 우리 인간의 병든 마음을 소생케하여 주신다. 이 땅위에는 마음에 병이든 환자가 많이 살고 있다. 많은 사람들이 육신은 건강해 보이나 마음이 병들어 있고 외모는 단정해 보이나 마음이 어두워져서 걱정, 근심, 한숨, 고통, 염려, 불안, 고독, 슬픔으로 가득채워져 있는 자들이 얼마나 많은가? 인간이 마음에 병이 들면 사고방식이 흐려지고, 사고방식이 흐려지면 비정상적인 인간이 되어 삶의 이정표 조차 잃고 말게 되는 것이다. 인간은 누구나 물과 성령으로 거듭난 심령이 되어 주의 성령이 주시는 참된 기쁨을 소유할 때 만이 마음이 강건하게 될 수가 있는 것이다.

넷째, 성령은 가난과 고통에서 소생시켜 주신다.

하나님은 인간을 창조하시고 만물의 지배권을 주었다. 그러나 인간이 타락한 이후 물질을 지배하는 권한을 스스로 상실해 버리고 질병과 고통, 가난과 저주속으로 빠져들어가게 되었다. 그러나 주의 성령은 심령의 소생을 주실뿐 아니라 생활의 가난과 저주에서도 회복시켜 주시는 것이다. 초대교회 성도들이 성령으로 충만함을 받았을 때 그중에 핍절한 자가 없었더라고 하였다(행 4:34). 이와 같이 기독교의 복음은 인간을 멸망과 죽음에서 구원하실 뿐 아니라 재난과 저주에서 건져주시며 가난과 궁핍에서도 해방시켜 주시는 것이다. 우리가 그 나라와 그의를 위하여 살기만 하면 하나님은 반드시 필요한 모든 것을 채워주시는 하나님이신 것이다. 영혼이 잘되며 범사가 잘되고 강건함을 누구나 받을수 있게 하여 주시는 것이다.

다섯째, 성령의 역사는 분열되어 깨어지고 부서진 것을 하나되게 하시며 온전케 소생시켜 주신다.

깨어짐은 사탄의 소행이요, 하나되는 것은 성령의 역사이니 이제 우리 한국 교회는 하나되는 역사가 일어나야 한다. 주도 하나요, 믿음도 하나요, 세례도 하나요, 하나님도 하나이시니(엡 4:5) 성령이 하나되게 하신 것을 힘써 지켜야 하겠다.

영적 성장의 비결
(고린도전서 3:11-12)

　신앙세계는 보이는 육의 세계에만 국한되어 있는 것이 아니라 보이지 아니하는 영적 세계에 더욱 깊은 의미를 지니고 있다. 그런고로 고린도후서 4:18에 말씀하시기를 우리의 돌아보는 것은 보이는 것이 아니요 보이지 않는 것이니 보이는 것은 잠깐이요 보이지 않는 것은 영원함이니라고 하였다. 그리고 영적 신앙은 반드시 성장해야 한다.
　사도 바울은 영적 성장의 과정에 대하여 말하기를 어렸을 때에는 말하는 것이나 깨닫는 것이나 생각하는 것이 어린아이와 같다가 장성한 사람이 되어서는 어린아이의 일을 버렸노라고 하였다.
　마치 새 생명이 모태에서 태어나듯 영적 성장도 십자가에서 구속해 주신 주 예수 그리스도를 구주로 영접하여 물과 성령으로 거듭나는 중생의 과정이 있게 되며, 어린아이가 성장하듯 점점 신앙이 자라서 하나님의 넘치고 충만한 은혜 가운데서 신앙생활을 하게 되며 영혼이 기쁨과 마음의 평안, 넘치는 감사와 내세의 소망 안에서 몸과 마음과 온 생애를 다바쳐 주를 위해 살게 되며 늘 기도, 늘 찬송, 전도생활, 봉사생활, 복된생활, 은혜생활이 넘치고 충만한 가운데 주님의 뜻을 이루며 살게 되는 것이다.
　그러나 신앙이 퇴보되고 영적성장이 없는 곳에는 수만가지 회의와 의혹이 산출되며 영적 상태가 무기력해지고 온갖 어두움속에 사로잡혀 마음이 번뇌와 불안정속에서 부정적이고 비판적인 사람이 되며 미움과 증오와 시기로 가득차게 되며 소극적이고 절망적이고 비정한 사람이 되고 마는 것이다.
　오 할레스피는 말하기를 "회의는 퇴폐적 시대의 윤리적 산물"이라고 하였으며, "회의는 많은 즐거움을 뺏고 그리고 아무것도 돌려주지 않는 것"이라고 J. 로멜이 말하였다. 그러면 이와 같이 소중한 영적 성장의 비결이 무엇인가에 대하여 다섯 가지 중요한 내용을 말씀드리겠다.

첫째, 주님을 내 마음의 주인으로 모셔야 한다.

주님께서 말씀하시기를 "볼찌어다 내가 문밖에 서서 두드리노니 누구든지 내 음성을 듣고 문을 열면 내가 그에게로 들어가 그로 더불어 먹고 그는 나로 더불어 먹으리라"고 하였다. 그리스도를 밖에 내쫓고 자기중심, 자기방법, 자기만을 위하여 사는 인생은 주님과 상관이 없는 자가 되고 만다. 내 안에 주님을 주인으로 모시고 사는 생활은 대단히 중요하다. 주님은 말씀하시기를 너희가 내안에 거하고 내 말이 너희 안에 거하면 무엇이든지 원하는대로 구하라 그리하면 이루리라고 하였다. 우리가 주님을 내 마음의 주인으로 모시자면 어떻게 해야 하나? ① 육의 못된 자질을 십자가에 영영 매장시켜야 한다. 옛 사람이 십자가에 장사되어질 때 주님이 내속에서 주인으로 역사하시는 것이다. ② 그리고 내뜻을 포기해야 한다. 나의 뜻이 포기될 때 주님의 뜻이 이루어지게 되는 것이다.

둘째, 영적 성장의 비결은 묵상과 기도의 생활이다.

어거스틴은 말하기를 "믿음이 식어지면 기도가 식어지며 믿음은 죽는다"고 하였다. 우리는 우리의 머리속에 주님 생각으로 꽉 채워져 있어야 하며 주님과 나와의 영적 교통인 기도가 끊이지 않아야 한다. 이사야 선지자가 성전에서 기도하다가 주님의 영광을 보았고, 엘리야가 기도하다가 주님의 응답의 불을 받았으며, 야곱이 얍복강 너울에서 기도하다가 문제 해결의 축복을 받았으며, 120문도가 열심히 기도하다가 오순절날 성령의 불을 받았다. 묵상과 기도의 생활은 위대한 영적 성장을 가져오게 하며 응답과 기적과 축복을 가져 오게 하며 하나님의 크신 영적 권능을 체험하게 하시는 것이다. 스펄전은 말하기를 기도 없는 영혼은 그리스도가 없는 영혼이고 그리스도가 없는 영혼은 망한다고 하였다. 그런고로 기도가 끊이지 않는 사람은 주님과 늘 영적 교통이 이루어지고 있는 사람이다.

셋째, 영적 성장의 비결은 하나님의 말씀 안에서 늘 순종하는 생활이다.

말씀은 바로 영적 생활의 양식이며 원동력이 되는 것이다. 말씀이 없는 신앙은 골조 없는 건축물이요, 뼈없는 사람이요, 향기없는 꽃이며, 밑이

뚫어진 전대와 같아서 그 신앙은 파선되며 전복되고 마는 것이다. 말씀의 신앙은 생명이다. 성도는 항상 말씀을 읽고 듣고 그리고 그 가운데 기록한 것을 실천해야 한다. 마태복음 4:4에 예수님께서 말씀하시기를 "사람이 떡으로만 살 것이 아니요 하나님의 입으로 나오는 모든 말씀으로 살 것이라"고 하였다. 하나님의 말씀은 살았고 원동력이 있어 좌우에 날선 어떤 검보다 예리하여 혼과 영과 및 관절과 골수를 찔러 쪼개기까지 하며 또 마음의 생각과 뜻을 감찰하시는 말씀인 것이다.

넷째, 영적 성장의 비결은 모든 존귀와 감사와 영광과 찬양을 주님께만 올려야 한다.

사도행전 12:23에 "헤롯이 영광을 하나님께로 돌리지 아니하는 고로 주의 사자가 곧 치니 충이 먹어 죽으니라"고 하였다. 모든 영광은 오직 하나님께만 돌려야 한다. 인간의 모든 삶의 목적은 하나님께 영광을 돌리기 위함인 것이다. 요한계시록 7:11이하에 모든 천사와 보좌와 장로들과 허다한 천군천사들이 하나님께 경배하며 찬송과 지혜와 감사와 존귀와 능력과 힘이 하나님께 세세토록 있음을 찬양하였다.

다섯째, 영적 성장의 비결은 성령 충만의 지속생활이다.

성령은 성도 안에서 항상 내주하시어 강한 불길같이 또는 온유한 비둘기같이 힘있는 바람같이 빛을 내는 기름같이 역사하시며, 주 예수 그리스도가 구주이심을 믿게 하실뿐 아니라 신령적 9가지 은사를 나타내게 하며 성령의 열매를 맺게하여 신앙의 위대한 승리적인 삶으로 찬란하게 조명해 주시며 하늘의 소망과 영혼의 기쁨으로 가득채워 주시는 것이다.

성도는 하나님의 성전이다
(고린도전서 3:16-17)

"너희가 하나님의 성전인 것과 하나님의 성령이 너희 안에 거하시는 것을 알지 못하느뇨"(고전 3:16). 본문 말씀에 보면 우리 믿는 성도를 가리켜서 하나님의 성전이라고 말씀하셨다. 그래서 '성도는 하나님의 성전이다' 라는 제목으로 우리는 하나님의 어떠한 성전인가에 대해서 함께 은혜를 나누겠다.

첫째, 성령님이 내주하시는 성전이다.

아무리 집이 잘 지어졌어도 사람이 살지 아니하면 그 의미가 없듯이 우리가 아무리 좋은 성전일지라도 성령님이 우리 안에 내주하여 계시지 아니한 성전이라면 의미가 없는 것이다.

하나님께서는 흙으로 사람을 만드신 이후에 그 때부터 하나님의 영이 항상 우리들 가운데 함께 거하시기를 기뻐하셨다(창 2:7). 요한복음 20:22에 보면 예수님이 돌아가신 후 제자들이 유대인들을 두려워하여 숨어서 문을 닫고 있을 때에 부활하신 예수님께서 나타나셔서 숨을 내쉬며 성령을 받으라고 말씀하셨다. 성령님은 우리 인간의 모든 문제를 해결해 줄 수 있는 분이시다(요 14:26). 에스겔 37:10에 보면 골짜기의 마른 뼈들에게 생기가 들어가매 그들이 곧 살아 일어나서 극히 큰 군대가 되었다고 했다.

둘째, 거룩하게 성별 받은 성전이다.

'거룩' 이란 히브리어로 ① 밝다 ② 빛난다 ③ 구별되었다 ④ 불과 같은 관계라는 뜻으로 두 가지 개념이 있다. 하나는 일반적인 것들로부터 분리된 상태를 의미한다. 성경에 보면 거룩한 자(삼상 2:9), 거룩한 땅(슥 2:12), 거룩한 성(사 52:1), 거룩한 기구, 성물(왕상 8:4) 등으로 표현했다.

다른 하나는 신분상으로 거룩하여진 상태를 의미한다. 성도는 이미 신분상으로 거룩함을 입은 것이다. 이것은 사람의 공로나 어떤 조상의 유전으로 된 것이 아니고 오직 예수를 믿음으로 된 것이다(롬 3:28). 우리는 마귀의 자녀에게서 하나님의 자녀로 신분이 이미 바뀌어졌다. 그래서 사도 바울은 로마서 1:5에 예수 믿는 사람을 '사도'라고 표현했다.

셋째, 하나님께 경배하는 성전이다.

로마서 12:1에 보면 "너희 몸을 하나님이 기뻐하시는 거룩한 산 제사로 드리라 이는 너희의 드릴 영적 예배니라"고 말씀했다. 우리가 예배하는 시간은 바로 하나님을 경배하는 시간이다. 영국의 역사가이자 수필가인 토마스 카알라일은 "인간 중에 내린 재앙 가운데서 가장 큰 재앙은 예배를 드릴 수 없게 하는 재앙이다"라고 말씀했다.

자식이 되어서 부모를 섬길 수 없게 된다면 매우 안타까운 일일 것이다. 하나님께서는 예배하는 자들을 찾으신다고 말씀하셨다. "아버지께 참으로 예배하는 자들은 신령과 진정으로 예배할 때가 오나니 곧 이 때라 아버지께서는 이렇게 자기에게 예배하는 자들을 찾으시느니라"(요 4:23).

넷째, 응답과 축복이 임한 성전이다.

역대하 7:12-16에 보면 "밤에 여호와께서 솔로몬에게 나타나사 이르시되 내가 이미 네 기도를 듣고 이곳을 택하여 내게 제사하는 전을 삼았으니…이곳에서 하는 기도에 내가 눈을 들고 귀를 기울이리니 이는 내가 이미 이 전을 택하고 거룩하게 하여 내 이름으로 여기 영영히 있게 하였음이라 내 눈과 내 마음이 항상 여기 있으리라"라고 말씀했다.

솔로몬이 지은 성전이나 신약시대에 성도들의 성전이나 똑같다. 우리는 하나님이 택한 성전이기 때문에 어떠한 상황에서도 하나님께 기도할 때 우리의 기도를 응답해 주시고 축복해 주시는 줄 믿는다.

사랑하는 성도 여러분! 우리 몸을 하나님의 성전으로 삼아 주신 하나님께 감사드리고 항상 성령님이 내주하시도록 구별되고 거룩하게 하나님을 경배하며 사시는 여러분이 되시기를 주의 이름으로 축원한다.

모범된 일꾼
(고린도전서 4:1)

해마다 신년초가 되면 교회와 국가, 공공기관, 회사, 직장 등에서 일꾼을 선택하여 직임을 맡기며 소정의 목적을 달성하기 위한 구성과 전진을 다짐하기도 한다. 오늘 본문에서 사도 바울은 '우리를 그리스도의 일꾼' 이라고 하였는데, 여기 일꾼이란 말은 영어의 Warkman labourer 또는 헬라어의 디아코노스($διάκονος$)라는 말로서 ① 섬기는 자 ② 봉사자라는 뜻을 가진 말인 것이다. 그러면 성경에서 말한 모범된 일꾼은 어떠한 일꾼인가에 대하여 다섯 가지 내용으로 말씀드리겠다.

첫째, 모범된 일꾼은 주인의 뜻을 따르는 일꾼이다.

일꾼은 반드시 주인의 뜻을 따라야 한다. 아무리 크고 많은 일들을 이룩하여 놓았다 할지라도 그 수고가 주인의 의도하신 바와 상관이 없는 수고이라면 그 수고는 헛것이 되고 마는 것이다. 마태복음 8:8말씀에 보면 중풍병에 걸린 하인의 병을 고치기 위하여 예수님께 찾아온 백부장 한 사람이 예수님께 간원하기를 "나도 남의 수하에 있는 사람이요 내 아래도 군사가 있으니 이더러 가라 하면 가고 저더러 오라 하면 오고 내 종더러 이것을 하라 하면 하나이다"라고 하였다.

이 말씀은 바로 종이 상전에 대한 태도를 나타내신 말씀으로 종은 자신의 뜻을 온전히 포기하고 전폭적으로 주인의 지시와 명령에 따라 그 임무를 수행하듯이 그리스도의 일꾼된 자는 반드시 그리스도의 명령과 그의 뜻을 온전히 준행하는 자가 되어야 한다.

둘째, 그리스도의 모범된 일꾼은 자원하는 사명감이 불타야 한다.

하나님께서 이사야 선지자를 향하여 "내가 누구를 보내며 누가 우리를 위하여 갈꼬"라고 하실 때 이사야 선지자는 "내가 여기 있나이다 나를 보내소서"라고 대답하신 말씀을 보게 된다. 이는 바로 자원하는 중심된 모습을 보여준 대답인 것이다. 하나님은 자원하는 헌신과 봉사를 기뻐하시는 하나님이시다. 그리고 우리가 자원하는 사명감으로 불타는 자가 되자면 하나님께서 내게 맡겨주신 직분이 얼마나 귀한줄 알아야 하며, 또한 이 귀하고 중한 사명을 맡겨주시는 하나님을 사랑하는 마음으로 뜨겁게 불타는 자가 되어야 한다.

셋째, 그리스도의 모범된 일꾼은 자신의 부족을 깨닫고 전폭적으로 주님만을 의지해야 한다.

고린도전서 10:12 말씀에 "그런즉 선 줄로 생각하는 자는 넘어질까 조심하라"고 하였다. 하나님은 겸손한 자에게 은혜를 베푸시며 사모하는 심령에게 풍족하게 채워주시며 전폭적으로 주님만을 의지하는 모든 자에게 능력과 권능으로 강하게 세워주시는 것이다. 시편 28:7 말씀에 다윗은 고백하기를 "여호와는 나의 힘과 나의 방패시니 내 마음이 저를 의지하여 도움을 얻었도다 그러므로 내 마음이 크게 기뻐하며 내 노래로 저를 찬송하리로다"라고 하였다. 그리스도를 전적으로 의지하는 자는 반드시 승리하는 자가 되며 모범된 일꾼이 되어지는 것이다.

넷째, 그리스도의 모범된 일꾼은 고난을 기뻐할 줄 아는 일꾼이다.

게으른 인간은 안일을 좋아하며 노력없이 주어지는 불로소득을 좋아한다. 그러나 참된 일꾼은 자기의 임무를 완수하기 위해서 땀과 수고와 노동과 고난을 오락으로 여기며 보람과 기쁨을 삼고 희생과 헌신을 아끼지 아니하는 것이다. 고난이란 인생에게 결코 불행을 가져다 주는 것이 아니다. 저 유명한 스위스의 법학자 힐티(Hilty Carl)는 말하기를 "사람은 오직 고난의 시간에서만이 참된 용기를 알게 되고 고난의 날에서 만이 올바른 인생관을 배우게 되며 더욱 대표적인 인물이 되는 것"이라고 하였다. 고난을 극복할 수 있는 힘이란 큰 일을 감당할 수 있다는 것을 과시하는 것이며 저력인 것이다. 그런고로 십자가의 고난을 기뻐할 수 있는 자만이 모범되고 큰 일꾼이 될 수가 있는 것이다.

다섯째, 그리스도의 모범된 일꾼은 소망을 잃지 않는 일꾼이다.

로마서 12:12 말씀에 "소망 중에 즐거워하며 환난 중에 참으며 기도에 항상 힘쓰라"고 하였다. 일꾼은 언제나 소망을 잃지 말아야 한다. 전진의 길에 부딪혀 오는 절망이란 소망을 낳게하는 촉진제이며 양약이 되기도 하는 것이다. 이 세상에서 가장 행복한 삶은 예수 그리스도안에 있는 소망을 바라보며 기뻐하는 삶인 것이다. 친애하는 성도 여러분, 오늘도 소망의 등불을 밝혀 맡겨주신 사명을 감사하며 힘차게 전진하는 모범된 일꾼이 되시기를 주님의 이름으로 축원한다.

결론으로 우리가 모범된 일꾼이 되자면 어떻게 해야 하겠는가? 사도행전 6:3에 "형제들아 너희 가운데서 성령과 지혜가 충만하여 칭찬 듣는 사람 일곱을 택하라 우리가 이 일을 저희에게 맡기겠다"고 하였다. 그런고로 우리가 모범된 일꾼이 되자면 믿음과 성령이 충만해야 한다.

사랑하는 성도 여러분, 성령과 믿음이 충만하심으로 이 세상에서 가장 모범된 일꾼이 되시기를 주님의 이름으로 축원한다.

누룩없는 떡
(고린도전서 5:8)

성경 말씀 안에는 누룩에 대한 말씀이 많이 기록되어 있다. 특히 이스라엘 백성이 애굽을 탈출하기 위하여 니산월 14일부터 21일까지 무교병 즉 누룩없는 떡을 먹게 되었는데, 이는 신앙의 순결성을 고수하는 영적 진리를 나타내는 말씀이기도 하다. 특히 예수님은 바리새인들의 누룩을 조심하라고 하였고, 고린도전서 5:7 말씀에는 묵은 누룩을 내어 버리고 오직 순전함과 진실함의 누룩없는 떡이 되어야 한다고 하였다. 그러면 여기에서 누룩없는 떡은 무엇을 가리키는 말씀인가에 대해서 네가지 내용을 말씀드리겠다.

첫째, 누룩없는 떡은 인간의 타락하고 부패한 옛 성품을 제하여 버린 상태를 말하는 것이다.

타락한 아담의 후손인 우리 인간은 괴악하고 못된 성품을 가지고 있다. 그리고 이 악한 괴악성은 독버섯처럼 번지며 누룩처럼 인간 내부의 깊숙한 곳에까지 침투하여 소리없이 부풀게 한다(고전 5:7). 그런고로 사도 바울은 "너희는 새 덩어리가 되기 위하여 묵은 누룩을 내어 버리라"고 하였고, 출애굽기 13:7에 누룩없는 떡을 먹어야 하며 누룩있는 떡은 너희 처소에 있게 하지도 말라고 하였다. 그런고로 우리는 사정없이 번져가는 인간의 악습과 구습을 좇아 행하지 말고 온전히 내어 버려야 한다.

그러면 우리가 어떻게 하면 타락되고 부패한 구습을 내어 쫓을 수가 있겠는가? 성경 아모스 4:5 말씀에 보면 "누룩 넣은 것을 불살라 버리라"고 하였다. 진실로 우리가 옛 성품, 묵은 누룩을 제하여 버리자면 성령의 뜨거운 불로 태워 버려야 한다. 히브리서 12:29에 "우리 하나님은 소멸하는 불이심이라"고 하였다. 이와 같이 성령의 불로 옛 성품과 악습을 소멸0해 버리고 주님의 십자가 앞에 나아와 지난날의 모든 죄를 회개할 때 누룩없는 떡이 되어지는 것이다.

둘째, 누룩없는 떡은 사탄의 개입이 없는 상태를 말하는 것이다.

사탄은 어둡고 더러운 영으로써(계 18:12) 사망의 권세를 잡아(히 2:14) 훼방과(계 13:6) 미혹(딤전 4:1), 번뇌(삼상 16:14)와 괴로움을 가져다 줄 뿐 아니라(행 5:16) 안전한 자를 넘어지게 하며(마 16:23), 평온하고 화평한 곳에는 시끄러움과 소요를 가져다 주는 괴악한 영인 것이다(삼상 18:10). 또한 사탄은 지극히 적은 일로 부터 시작하여 큰 사건을 만들어 내기도 한다.

100년전 미국 시카코에 일어난 대 화재사건은 소 한 마리가 등불을 차서 넘어 뜨림으로 말미암아 전 시카코가 불바다가 되고 말았다고 한다. 사탄은 지극히 작은 일 하나에서도 무섭게 침투하는 것을 알아야 한다. 그런고로 우리는 이러한 괴악한 사탄이 개입하지 못하도록 항상 사탄을 경계하며 대적해야 한다.

야고보서 4:7 "마귀를 대적하라 그리하면 너희를 피하리라"고 하였다. 그리고 우리가 마귀를 대적하자면 마귀가 좋아하는 것들을 버리고 믿음을 굳게해야 하며(벧전 5:9), 항상 깨어 있어 기도하고(마 26:41) 하나님의 전신갑주를 입어야 한다(엡 6:11). 인간이 혼자 있을 때는 마귀가 두렵고 강한 존재가 되나 하나님과 함께 할 때에는 빛 앞의 어두움이요, 바람 앞의 구름이 되는 것이다. 그런고로 마가복음 16:17 말씀에 "믿는 자에게는 이런 표적이 따르리니 저희가 내 이름으로 귀신을 쫓아내며 새 방언을 말하며 뱀을 집으며 무슨 독을 마실지라도 해를 받지 아니한다"고 하였다.

사탄이 개입되는 곳에는 불행과 비극, 고통과 지옥의 현장이 이루어지나 예수님이 개입되신 곳에는 축복과 천국이 이루어지는 것이다. 그런고로 사탄의 개입을 제거함으로 누룩없는 떡이 되어야 하겠다.

셋째, 누룩없는 떡은 순전함과 진실함으로 가득채워진 상태를 말하는 것이다.

고린도전서 5:8에서 사도 바울은 말하기를 "우리가 명절을 지키되 묵은 누룩도 말고 괴악하고 악독한 누룩도 말고 오직 순전함과 진실함의 누룩없는 떡으로 하자"고 하였다. 여기 순전함이란 말은 히브리어 "차-라프"(Charaph)라는 말로써 더러운 찌꺼기가 제거된 상태를 의미하는 말이며,

악에 물들어 더럽히지 않고 속임수 없는 정직한 상태를 말하는 것이다. 인간이 정직을 상실해 버리면 속이고 해치며 무질서와 방탕한 생활에 빠져버리게 되고 만다. 하나님은 거짓을 미워하시며 속이는 자를 싫어 하신다고 하였다(시 5:6). 오직 하나님은 갓난 아이들과 같이 순전하고 신령한 젖을 사모하는 자를 사랑하시며 순전한 자를 버리지 아니하신다고(욥 8:20) 말씀하였다. 이와 같이 하나님은 순전함과 진실함으로 가득채워진 누룩없는 떡을 축복하여 주시는 것이다.

넷째, 누룩없는 떡은 순수한 복음적인 신앙을 의미하는 것이다.

복음적이란 복음에 의한 신앙 즉 비진리, 인간성, 거짓, 이물질이 개입되니 않은 말씀의 본질 그 자체에 의한 신앙을 말하는 것이다. 신앙은 언제나 복음적이야 한다. 하나님의 말씀이 기초한 교회 안에 하나님이 함께 계시고 하나님의 말씀이 기초한 신자 안에 역사하여 주시는 것이다.

미국에 가난한 흑인 한 분이 자기 마을에 있는 너무도 찬란하고 웅장하게 지은 백인의 성전에 들어가 보고 싶었으나 흑인 출입이 금지되어 들어갈 수가 없어서 그 흑인이 하나님 앞에 눈물로 기도하기를 "하나님 저 웅장한 성전 안에 한번만 들어가 보기를 원하나이다"라고 기도를 드리는 중 하나님께서 그에게 말씀하시기를 "나도 그 집에 아직 들어가 보지 못하였노라"고 말씀하였다고 한다. 하나님은 인간들이 과시하고 쌓아 올리는 외형적인 바벨탑에 개입하시는 것이 아니라 초막이나 궁궐이나 인간적인 누룩이 개입되지 아니한 순수한 복음 신앙속에 개입하여 주시는 것을 알아야 한다.

사랑하는 성도 여러분, 주 안에서 누룩없는 떡이 되어 승리하는 주님의 은총이 함께 하시기를 주님의 이름으로 축원한다.

하나님께 영광돌리는 삶
(고린도전서 6:12-20)

사람은 누구나 어떻게 사는 것이 후회없이 올바로 사는 것일까 하고 제각기 올바른 삶을 위해 노력하고 있다. 어느 시대나 역사를 통해서 보더라도 이러한 비극은 있어 왔는데, 그 원인을 살펴보면 우상 숭배를 하거나 하나님을 섬기는 자들이 타락하고 부패했을 때 죄에 대한 하나님의 징계로 이러한 일들이 있었다.

우리의 몸은 하나님이 창조하신 피조물로써 하나님의 영광을 위해서 사용되어져야 한다. 그러면 어떻게 사는 것이 하나님께 영광돌리는 삶인가에 대해서 말씀을 상고하면서 함께 은혜를 나누고자 한다.

첫째, 육체의 소욕을 절제하며 사는 삶이다.

"육체의 소욕은 성령을 거스리고 성령의 소욕은 육체를 거스리나니 이 둘이 서로 대적함으로 너희의 원하는 것을 하지 못하게 하려 함이니라"(갈 5:17). 육체의 소욕을 따라 사는 것은 죽음의 길을 가는 것과 같다. 갈라디아서 5:19-21에 보면 "육체의 일은 현저하니 곧 음행과 더러운 것과 호색과 우상 숭배와 술수와 원수를 맺는 것과 분쟁과 시기와 분냄과 당짓는 것과 분리함과 이단과 투기와 술 취함과 방탕함과 또 그와 같은 것들이라"고 말씀했다. 하나님은 이러한 육체의 소욕을 버리고 따르지 말라고 했다.

그래서 사도 바울은 "내가 내 몸을 쳐 복종하게 함은 내가 남에게 전파한 후에 자기가 도리어 버림이 될까 두려워함이로라"고 말씀했다. 육체의 소욕을 절제하려면 구별된 생활을 해야한다. "그러므로 형제들아 내가 하나님의 모든 자비하심으로 너희를 권하노니 너희 몸을 하나님이 기뻐하시는 거룩한 산 제사로 드리라 이는 너희의 드릴 영적 예배니라"(롬 12:1).

둘째, 그리스도의 연합된 지체의 사명을 다하는 삶이다.

"너희 몸이 그리스도의 지체인 줄을 알지 못하느냐 내가 그리스도의 지체를 가지고 창기의 지체를 만들겠느냐 결코 그럴 수 없느니라"(15절). 하나님은 우리의 몸을 그리스도의 지체로 비유했다. 지체는 반드시 몸에 붙어 있어야만 가치가 있다. 우리는 그리스도의 지체로서 항상 예수님께 붙어 있어야 한다. 고린도전서 12:27에 보면 "너희는 그리스도의 몸이요 지체의 각 부분이라"고 말씀했다.

우리는 항상 내가 예수 안에 있는가를 점검해야 되고 주님앞에 진단을 받아야 된다. 잘못된 것이 있으면 즉시 회개하고 예수님을 모셔들여야 한다. 성령은 우리로 하여금 항상 그리스도와 연합된 생활을 하도록 이끌어 준다. 고린도전서 12:13에 보면 "우리가 유대인이나 헬라인이나 종이나 자유자나 다 한 성령으로 세례를 받아 한 몸이 되었고 또 다 한 성령을 마시게 하셨느니라"고 말씀했다.

셋째, 성령의 전이 되는 삶이다.

"너희 몸은 너희가 하나님께로 부터 받은바 너희 가운데 계신 성령의 전인줄을 알지 못하느냐"(19절). 고린도전서 3:16-17에도 "너희가 하나님의 성전인 것과 하나님의 성령이 너희 안에 거하시는 것을 알지 못하느뇨 누구든지 하나님의 성전을 더럽히면 하나님이 그 사람을 멸하시리라. 하나님의 성전은 거룩하니 너희도 그러하니라"고 했다.

우리 몸은 성령의 전이요 하나님의 성전과 같다. 성전에는 말씀과 찬송과 기도가 있다. 따라서 성령의 전이 되는 삶은 ① 말씀이 있는 삶이다. 하나님은 말씀을 통해서 우리에게 역사하신다. 말씀이 있는 삶을 사는 자는 복음을 전하다가 핍박을 받아도 오히려 기뻐하고 즐거워한다(마 5:11-12). ② 찬송이 있는 삶이다. 찬송이 있는 삶을 사는 자는 길을 가면서도 찬송하고, 일하면서도 찬송한다. ③ 기도가 있는 삶이다. 기도가 있는 삶을 사는 자는 무시로 하나님께 기도하라.

사랑하는 성도 여러분! 하나님께 영광을 돌리는 삶이란 육체의 소욕을 절제하고 그리스도와 연합된 지체의 사명을 다하며, 성령의 전이 되는 삶이다. 이러한 삶을 살아 항상 하나님께 영광 돌리는 성도 여러분이 되시기를 주의 이름으로 축원한다.

주의 영이 함께하는 사람
(고린도전서 6:19)

첫째, 주의 영이 함께하는 사람은 성령의 전이 되어진다.

사람은 하나의 그릇과 같아서 그 안에 무엇이 담겼느냐에 따라 용도도 가치도 달라지게 된다. 만일 사탄이 그안에 들어가 자리를 잡게되면 사탄의 소굴이 되어지고 성령님이 들어가 계시게 되면 성령의 전이 되어지는 것이다. 그런고로 사도 바울은 고린도전서 6:19에 말하기를 "너희 몸은 너희가 하나님께로 부터 받은바 너희 가운데 계신 성령의 전일줄을 알지 못하느냐"고 하였다. 성전이란 하나님께 예배하는 거룩한 처소로서 하나님의 눈과 마음이 항상 머물러 계시는 곳이며, 하나님의 백성들의 경배를 받으시고 그들을 만나 축복하여 주신 곳이다. 그런고로 하나님의 성령을 이기지 못하도록 성령의 광명한 조명으로 지켜 보호하여 주시는 것이다. 사도 바울은 로마서 8:9에 말하기를 "만일 너희속에 하나님의 영이 거하시면 너희가 육신에 있지 아니하고 영에 있다"고 하였고 죽을 몸도 살리신다고 하였다.

사랑하는 성도 여러분, 지금 여러분은 주의 성령님을 모시고 있는가? 그러시다면 이제 여러분은 주의 피로 값주고 사신 바 되어 주의 것이 되었으니 몸으로 주님께 영광을 돌려야 한다. 행여나 여러분 가운데 아직도 주의 성령님을 모시지 못하고 사탄의 지배아래 영과 육의 고통을 당하고 계시는 분이 계십니까? 그러시다면 지금 곧 지체하지 마시고 주 예수 그리스도께 대한 신앙을 고백하고 주의 성령님을 모셔 드려야 한다. 그리하면 여러분은 평생토록 성령님의 전이 되어 하나님과 함께하는 축복된 사람이 될 수가 있다.

둘째, 주의 영이 함께하는 사람은 육의 일과 영의 일을 분별하는 자가 된다.

여기 육의 일이란 육신만을 도모하는 일로 하나님과 원수된 일들을 말하는 것이며 영의 일이란 성령님의 뜻에 의한 신령한 일들을 말하는 것이다. 인간이 주의 성령을 받기 전에는 마치 캄캄한 그믐밤에 색상을 분간하지 못하는 것처럼 육의 일과 영의 일을 분간하지 못하고 되는대로 살아가는 어두움에 속한 자가 되어지는 것이다. 그러다가도 주의 성령이 임하시게되면 빛앞에 모든 사물을 구별하여 알게 되듯이 육의 일과 영의 일을 분별하는 자가 되어지게 된다.

고린도전서 2:13 말씀에 보면 "신령한 일은 신령한 것으로 분별한다"고 하였고, "육에 속한 사람은 하나님의 성령의 일을 받지 아니하나니 저희에게는 미련하게 보임이요 또 깨닫지도 못하나니 이런 일은 영적으로라야 분변함이니라"고 하였다. 그렇다. 육으로 난 인간은 언제나 육에 속하여 있기 때문에(요 3:6). 하나님의 성령에 의하지 않고는 신령한 것을 알수가 없는 것이다. 그런고로 하나님은 그의 거룩하신 성령을 인간에게 부어 주시어 하나님의 신령한 뜻을 알게 하여 주시며 그의 거룩하신 뜻을 좇게하여 주시는 것이다.

셋째, 주의 영이 함께 하는 사람은 성령의 인도하심을 받게 된다.

요한복음 16:13에 보면 "그러나 진리의 성령이 오시면 그가 너희를 모든 진리 가운데로 인도하시리니 그가 자의로 말하지 않고 오직 듣는 것을 말하시며 장래 일을 너희에게 알리시리라"고 하였다. 성령은 항상 주의 백성들을 인도하여 주신다. 그러면 성령은 우리 인생을 어디로 인도하시는가에 대해서 말씀 드리겠다.

① 성령은 인생을 모든 진리 가운데로 인도하여 주신다. 예수님은 자신을 가르쳐 "나는 길이요 진리"라고 하였고 "진리가 너희를 자유케 한다"고 하였다.

② 성령님은 우리 인생을 예수 그리스도에게로 인도하여 주신다. 성령님은 우리 인생의 우둔하고 어두운 마음을 조명하여 예수 그리스도를 구주로 믿게하며 우리 인간의 영성과 육성을 송두리째 주님께로 가까이 나아가도록 도우시며 인도하여 주시는 것이다.

③ 성령님은 우리 인생을 평강의 길로 인도하여 주신다. 누가복음 1:79 말씀에 우리 인생의 발을 평강의 길로 인도하신다고 하였다. 평강이 없는

사람은 이 세상에 있는 욕구를 다 채웠다 할지라도 참된 기쁨과 만족을 누릴수가 없다. 오직 주의 성령님만이 그의 택하신 백성들을 넘치는 평강의 길로 인도하여 주시는 것이다.

④ 성령은 주의 백성들에게 임하셔서 의의 길(시 23:3), 생명의 길, 축복의 길, 소망의 길로 영원토록 인도하여 주시는 것이다.

넷째, 주의 영이 함께하는 사람은 주님께 쓰임받는 귀한 그릇이 되어진다.

성령 안에는 많은 그릇들이 기록되어 있다. 은그릇(스 1:6), 금그릇(딤후 2:20), 귀한 그릇(렘 25:34), 천한 그릇 등 많은 그릇들이 있어 각기 용되대로 쓰임받게 되듯이 우리 인간이 성령을 받게되면 하나님께서 쓰시는 금과같이 귀한 그릇이 되어진다. 사도 바울은 기독교를 박해하던 불의의 병기였지만 그가 다메섹 도상에서 꺼꾸러져 회개하고 변화를 받게 되었을 때 하나님은 그로하여금 복음전파의 큰 그릇으로 들어 쓰임을 받게하였다.

사도행전 9:15 말씀에 보면 "주께서 가라사대 이 사람은 내 이름을 이방인과 임금들과 이스라엘 자손들 앞에 전하기 위하여 택한 나의 그릇이라"고 하였다. 참으로 주의 성령이 함께한 그는 소아시아 일대를 누비며 복음을 전파하게 되었고 구원의 복음을 전하기 위한 온 갖 능력과 기적의 역사를 나타나게 되었던 것이다.

사랑하는 성도 여러분, 뜨거운 성령이 여러분과 함께 하심으로 여러분의 몸이 첫째, 성령의 전이 되며, 둘째로 영의 일을 분별하는 자가 되며, 셋째로 신령한 생활에서 성령의 인도하심을 받는 자 되며, 넷째로 하나님께 귀히 쓰임받는 큰 그릇이 되어지기를 주님의 이름으로 축원한다.

인간의 육체 가운데 역사하시는 하나님
(고린도전서 6:9)

하나님은 인간에게 영혼을 주셨을 뿐 아니라 이 세상에 존속하는 동안에 육체를 지닌 인생의 삶을 주셨다. 그리고 하나님은 인간의 영혼속에 친히 개입하셔서 천국에 이르도록 역사하실 뿐 아니라 인간의 육체 가운데도 친히 임하셔서 역사하고 계시는데, 그 내용을 다섯 가지로 구분하여 말씀드리겠다.

첫째, 하나님은 인간의 육체 가운데 성령을 부어 주셔서 성령의 전을 만들어 주셨다.

사도행전 2:17에 보면 요엘 선지자의 예언을 인용하여 말하기를 "하나님이 가라사대 말세에 내가 내 영으로 모든 육체에게 부어 주리라"고 하였고, 또 누구든지 성령을 받게 되면 "자녀들은 예언한 것이요, 너희의 젊은 이들은 환상을 보게 되며 늙은이들은 꿈을 꾸리라"고 하였다. 인간은 그릇과 같다. 그 육체 안에 무엇이 담겼느냐에 따라 그 용도도 가치도 달라지게 되는 것이다. 많은 사람들이 그 육체안에 사탄을 끌어드림으로 말미암아 사탄이 거하는 온상이 되어 불의의 병기로 고통중에 살아가는 자가 얼마나 많은지 말로 다할 수가 없다.

바울은 고린도 교회를 향해서 "너희 몸은 너희가 하나님께로 부터 받은 바 너희 가운데 계신 성령의 전인줄을 알지 못하느냐 너희는 너희 것이 아니라 값으로 산 것이 되었다"고 하였다(고전 6:19). 하나님은 우리 인생의 육체 가운데 성령을 부어주심으로 말미암아 성령의 전이 되게 하셨고 거룩한 백성이 되게 하여 주시는 것이다.

둘째, 하나님은 우리 인간의 우편에서 우리 육체를 희망에 거하게 하여 주시는 것이다.

사도행전 2:25에 "내가 항상 내 앞에 계신 주를 뵈었음이여 나로 요동치 않게 하기 위하여 그가 내 우편에 계시도다 이러므로 내 마음이 기뻐하였고 내 입술도 즐거워하였으며 육체는 희망에 거하리라"고 하였다. 여기 육체를 희망에 거하게 하신다는 말은 육체의 안전과 보호, 행복과 축복을 의미하는 말이며 세상에 머물어 사는 동안 육체의 인간이 누리게 되는 하나님의 모든 신령적 축복을 의미하는 말인 것이다. 하나님은 인간의 영혼을 사랑하실 뿐 아니라 그를 믿는 모든 자들의 영혼과 또 그들의 육체까지도 강건하기를 원하시며 하나님의 절대적인 보호 아래서 희망에 거하도록 역사하여 주시는 것이다.

이 세상에서 가장 안전하고 축복된 자는 하나님이 함께 하는 자이다. 그런고로 하나님의 보호를 입은 다윗은 하나님께 대하여 노래하기를 "여호와는 나의 목자이시니 내가 부족함이 없으리로다"라고 찬양을 하게 되었다. 그가 그토록 평화의 노래를 부를수 있게 된 것은 바로 여호와께서 함께 하여 주셨기 때문인 것이다.

셋째, 하나님은 우리 인간의 육체로 하여금 하나님의 그릇으로 사용받게 하여 주신다.

사도행전 9:15에 하나님께서 바울에게 대하여 말씀하시기를 "이 사람은 내 이름을 이방인과 임금들과 이스라엘 자손들 앞에 전하기 위하여 택한 나의 그릇이라"고 하였다. 사랑하는 성도 여러분, 오늘도 하나님은 여러분을 하나님의 귀한 그릇으로 사용하시기를 원하고 계신다. 그런고로 우리는 하나님께서 사용하시는 귀한 그릇이 되기 위하여 하나님께서 쓰시기에 합당한 그릇이 되도록 정결하고 견고한 자가 되어져야 하겠다. 그리할때 하나님은 우리를 언제나 귀한 그릇으로 사용하여 주시는 것이다.

넷째, 하나님은 우리 육체에게 성령을 부어 주심으로 은사를 나타내게 하여 주신다.

은사란 하나님의 사역을 능히 감당할 수 있도록 하나님께서 부어 주시는 특수한 능력으로 지혜, 지식, 믿음, 신유, 능력, 예언, 영분별 각종 방언, 방언 통역 등을 말하는 것이다. 하나님은 주의 종들을 파송할 때 담대히 주의 말씀을 전할 수 있도록 은사를 나타내게 하여 주셔서 손을 내밀 때

병을 낫게 하셨고, 표적과 기사가 거룩한 종 예수의 이름으로 나타나게 하였으며 귀신들로 하여 주의 종들의 발 앞에 거꾸러지도록 역사하여 주었다 (행 4:30). 마태복음 10:1에 보면 "예수께서 그 열두 제자를 부르사 더러운 귀신을 쫓아내며 모든 병과 모든 약한 것을 고치는 권능을 주시니라"고 하였다. 이것은 바로 "말세에 내가 내 영으로 모든 육체에게 부어 주리라" (행 2:17)고 약속하신 성령의 은사로 말미암아 나타난 역사인 것이다.

다섯째, 하나님은 우리 인생의 육체로 하여금 생명의 부활을 받게하여 주신다.

고린도전서 15:52에 "나팔소리가 나매 죽은 자들이 썩지 아니할 것으로 다시 살고 우리도 변화하리라"고 하였다. 우리 기독교는 구원과 생명과 부활의 종교이다. 예수님의 부활은 바로 성도 부활의 첫 열매가 되신 것이다. 예수를 믿고 죽은 자들은 예수님의 재림시 생명의 부활을 받아 다시 살아나게 되는 것이다. 그런고로 예수님은 말씀하시기를 무덤속에 있는 자가 다 그의 음성을 들을 때가 오나니 선한 일을 행한 자는 생명의 부활로 악한 일을 행한 자는 심판의 부활로 나오리라고 하였다.

사랑하는 성도 여러분, 전능하신 하나님은 여러분의 피곤한 영혼 속에 친히 임하셔서 생수 같은 기쁨이 넘치게 하여 주시고 연약하고 피곤한 육체 가운데 친히 역사하여 주시는 하나님의 그 크신 은혜로 말미암아 성령님을 모신 하나님의 성전이 되어 희망에 거하는 육체가 되어지고 하나님이 사용하시는 귀한 그릇이 되며 은사를 나타내는 하나님의 의의 병기가 되어 주 예수 그리스도의 재림하시는 날 생명의 부활을 받는 여러분이 되시기를 주님의 이름으로 축원한다.

성령의 전(殿)으로서의 삶
(고린도전서 6:15-20)

"너희 몸은 너희가 하나님께 부터 받은바 너희 가운데 계신 성령의 전인 줄을 알지 못하느냐 너희은 너희의 것이 아니라 값으로 산 것이 되었으니 그런즉 너희 몸으로 하나님께 영광을 돌리라"(고전 6:19-20). 예수 믿는 사람의 공통적인 삶은 곧 성령의 전으로서의 삶이라고 할 수 있다. 그러면 성령의 전으로서의 삶이란 어떠한 삶일까요?

첫째, 성령의 집을 견고히 지어가는 삶이다.

'성령의 전'이란 말은 헬라어에 보면 '성령을 모시기 위한 보통집이 아니 대궐과 같이 크고 아름다운 집'이란 뜻을 가지고 있다. 그러므로 성령의 집을 대궐과 같이 견고하게 지어가는 삶을 곧 성령의 전으로서의 삶이라고 말할 수 있다.

둘째, 세상과의 구별되고 성별된 삶이다.

"주와 합하는 자는 한 영이니라"(17절). 성도는 거룩하게 구별된 백성이기 때문에 악령과 모든 죄악, 모든 불행에서 구별된 삶을 살아야 한다. 성령을 모신 우리는 성령의 인도를 받아서 성령과 함께 살아야 한다. 우리가 성령의 전이 되기 전의 생활은 세상과 구별되지 아니한 삶으로써 ① 계획과 규모가 없는 생활(살후 3:6-11) ② 이방인들과 다를 바가 없는 생활(엡 4:17) ③ 사악한 욕망의 생활(골 3:5) ④ 속고 속이는 생활(고후 4:2) ⑤ 육신의 안목을 좇는 생활(롬 8:1-11)등을 했었다. 우리는 성령이 내 안에 계심을 믿고 구원의 기쁨을 찬양으로 하나님께 고백하고 많은 사람에게 선포하면서 구별된 삶을 알아야 되겠다.

셋째, 하나님께 영광을 돌리는 삶이다.

헤롯은 영광을 하나님께 돌리지 않고 자기가 차지하다가 충이 먹어 죽었다. "헤롯이 영광을 하나님께 돌리지 아니하고는고로 주의 사자가 곧 치니 충이 먹어 죽으니라"(행 12:23). 하나님께서 바울을 통하여 로마교회를 향하여 탄식하신 말씀이 있다. "스스로 지혜있다 하나 우준하게 되어 썩어지지 아니하는 하나님의 영광을 썩어질 사람과 금수와 버러지 형상의 우상으로 바꾸었느니라"(롬 1:22-23).

시편 3:3에 보면 "주는 나의 방패시요 나의 영광이시요"라고 말씀했다. 성령은 ① 우리를 거듭나게 하신다(요 3:5) ② 우리 안에 항상 거하여 주신다(롬 8:11). ③ 우리의 길을 항상 인도해 주신다(요 16:31) ④ 권능을 주신다(행 1:8). "오직 나는 여호와의 신으로 말미암아 권능과 공의와 재능으로 채움을 얻고"(미 3:8)라고 미가 선지자는 말씀했다. ⑤ 기도의 은사를 주신다(롬 8:26). 기계는 쓰면 쓸수록 빛이 나듯이 우리는 하나님의 능력을 활용할수록 점점 더 큰 역사가 일어나는 줄 믿는다.

사랑하는 성도 여러분!
성령의 전으로서 성령의 집을 견고히 지어가며 세상과의 구별되고 성별된 삶, 하나님께 영광을 돌리며 하나님의 능력을 활용하는 삶을 살아 하나님의 자녀답게 사시기를 주의 이름으로 축원한다.

삶의 마땅한 법칙
(고린도전서 7:17-24)

하나님은 사도 바울을 통해서 하나님의 자녀된 주의 백성들이 어떠한 삶을 살아야 될 것인가에 대해서 그 삶의 마땅한 원칙을 본문 말씀 가운데 기록해 주셨다. 오늘 우리는 모두 생존 세계에서 자기 나름대로의 지혜를 가지고 자기 인생을 보다 더 보람되게 살기 위해서 노력하고 또 하나님께는 영광이 되고 모든 사람들에게 덕과 유익을 끼치면서 하나님이 주시는 권리와 축복을 누리기를 소원하고 있다. 그리스도인으로서의 삶의 마땅한 원칙이 무엇인가에 대해서 말씀을 상고하면서 함께 은혜를 나누고자 한다.

첫째, 하나님께 부름받은 그대로 행하라.

"오직 주께서 각 사람에게 나눠 주신 대로 하나님이 각 사람을 부르신 그대로 행하라"(17절). 여기에서의 하나님의 부르심은 바로 구원의 초대와 사명의 초대를 말하는 것이다. 하나님이 우리를 부르신 부름의 과정을 살펴보면 ① 미리 정하신 그들을 부르셨다. "또 미리 정하신 그들을 또한 부르시고 부르신 그들을 또한 의롭다 하시고 의롭다 하신 그들을 또한 영화롭게 하셨느니라"(롬 8:30). ② 소망 중에 부르셨다. "너희 마음눈을 밝히사 그의 부르심의 소망이 무엇이며…"(엡 1:18). ③ 은혜로 부르셨다. "은혜로 나를 부르신 이"(갈 1:15). ④ 화평 중에 부르셨다. "하나님은 화평 중에서 너희를 부르셨느니라"(고전 7:15).

이와 같이 우리를 사랑하셔서 불러 주셨는데 우리는 구원의 반열과 사명의 반열에 불러주신 하나님의 은혜를 감사하면서 구원받은 자답게 사명을 가지고 하나님의 영광을 위해서 부르심에 합당한 삶을 살아야 되겠다.

둘째, 세상의 노예가 되지 말고 예수 그리스도 안에서 자유와 기쁨을 누리며 살아라.

"네가 종으로 있을 때에 부르심을 받았느냐 염려하지 말라 그러나 자유할 수 있거든 차라리 사용하라"(21절) 세상에 얽매여 살지 말고 예수 그리스도 안에서 자유와 기쁨을 누리며 살라는 말씀이다. 우리는 자신도 모르게 정신적으로 육체적으로 결박된 생활을 할 때가 종종 있다. 어떤 분은 물질 때문에, 어떤 분은 질병 때문에, 어떤 분은 악인들의 도전 때문에 여러가지 사탄의 역사로 인해 영의 고통을 당하고 있다. 우리는 예수 그리스도인에 거할 때 이러한 모든 고통에서 해방받을 수 있다.

"그러므로 이제 그리스도 예수 안에 있는 자에게는 결코 정죄함이 없나니 이는 그리스도 예수 안에 있는 생명의 성령의 법이 죄와 사망의 법에서 너를 해방하였음이라"(롬 8:1-2) 성경에는 이세상을 전쟁터와 같다고 했다. "세상에 있는 인생에게 전쟁이 있지 아니하냐"(욥 7:1) 우리는 이 세상의 썩어져가는 구습을 좇지 말고 우리 주님이 주신 자유와 기쁨과 안식과 평강으로 이 세상의 모든 결박을 풀어버리고 할렐루야 찬미하여 살아가야 한다.

셋째, 하나님과 함께 거하라.

"너희는 값으로 사신 것이니 사람들의 종이 되지 말라 형제들아 각각 부르심을 받은 그대로 하나님과 함께 거하라"(23-24절). 물고기가 물을 떠나서는 살 수 없듯이 우리는 잠시라도 하나님을 떠나서는 살 수 없다. "내 안에 거하라…나를 떠나서는 너희가 아무것도 할 수 없음이니라"(요 15:4-5). 우리가 하나님과 함께 거하는 생활을 할때 우리의 생활이 보장받게 된다.

하나님은 이사야에게 "두려워말라 내가 너와 함께 함이니라"(사 41:10). 야곱에게 "내가 너와 함께 있어 네가 어디로 가든지 너를 지키며…"(창 28:15)라는 약속의 말씀을 주셨다. 예수님도 마태복음 28:20에 "볼지어다. 내가 세상 끝날까지 너희와 항상 함께 있으리라"라고 말씀했다. 우리는 항상 하나님과 함께 거하는 믿음을 가지고 살아야 되겠다.

사랑하는 성도 여러분! 하나님께 부르심을 받아 구원받은 자답게 어떤 환경에서든지 세상의 노예가 되지 말고 예수의 이름으로 해방을 받아 예수 그리스도 안에서 마음껏 자유와 기쁨을 누리며 항상 하나님과 함께 거하는 삶을 살아 승리하시기를 주의 이름으로 축원한다.

경기에 승리자가 되는 비결
(고린도전서 9:24-27)

경기에서 승리하는 자는 상을 받게 된다 신앙의의 경기장에서도 주의 이 이름으로 승리할 때 면류관과 상금을 받는다고 주님께서 약속하여 주셨다. 신앙의 경기에서 승리하려면 그 비결이 무엇인지 말씀을 상고하면서 함께 은혜를 받자.

첫째, 경기에 승리하자면 달음질을 잘해야 한다.

고린도전서 9:24에 "운동장에서 다름질하는 자들이 다 달아날지라도 오직 상 얻는 자는 하나인 줄을 너희가 알지 못하느냐 너희도 얻도록 이와같이 달음질 하라"고 하였다. 이와 같이 다름질을 잘하는 자가 승리하게 된다.

옛날 다윗은 이스라엘을 괴롭히는 블레셋 군대의 대장 골리앗을 향하여 소리치기를 "너는 칼과 창과 단창으로 내게 오거니와 나는 만군의 여호와의 이름 곧 네가 모욕하는 이스라엘 군대의 하나님의 이름으로 내게 가노라…여호와의 구원하심이 칼과 창에 있지 아니함을 이 무리로 알게 하리라 전쟁은 여호와께 속한 것인즉 그가 너희를 우리손에 붙이시리라"고 크게 외치면서 그와 마주 행오를 행하여 빨리 달려갔다고 하였다(삼상 17:45, 48). 드디어 다윗은 물멧돌을 던져 블레셋 군대의 대장 골리앗을 쳐 부시고 이스라엘의 대승리를 가져 올 수 있게 되었던 것이다.

여리고성의 삭개오도 예수님께서 그곳을 지나가실 때에 키가 작고 사람이 많아 예수님을 만나 뵈올 수가 없었지만 그는 예수님을 만나보기 위하여 앞으로 달려갔다고 하였다(눅 19:4). 예수님께서는 뽕나무 위에까지 올라간 그를 보시고 "삭개오야 속히 내려오라 내가 오늘 네 집에 유하여야 하겠다"고 하였다(눅 19:5).

달려가는 자는 소원을 성취할 수가 있다. 열왕기상 19:20 말씀에 엘리사는 엘리야가 받은 성령의 영감을 갑절이나 받기를 소원했을 때 그는 엘리야에게로 달려갔다고 말하였다. 요한복음 20:2 말씀에 예수님의 부활을 목격한 막달라 마리아도 이 기쁜 소식을 전해주려고 시몬 베드로와 다른 제자들을 향하여 달려 갔다고 하였다.

친애하는 성도 여러분, 우리는 달려야 한다. 달리는 자가 경기에 승리할 수가 있으며 달리는 자전거는 넘어지지 않는다. 사명을 위하여 달려야 한다. 이 기쁜 소식을 온 세상 전하기 위하여 달려야 한다. 게으르고 나태하거나 사람의 비유나 맞추는 이해타산의 적당주의가 되어서는 아니된다. 예수의 이름으로 달리는 자가 승리할 수 있으며 사탄의 권세와 붉은 용의 권세도 멸할 수가 있는 것이다.

그러면 우리가 어떻게 해야 신앙의 경주장에서 잘 달릴 수가 있을까? ① 성령의 능력을 힘입어야 한다. 달리는 차에게는 에너지가 필요하고, 공장의 큰 기계를 돌리기 위해서는 동력이 필요하고, 시합에 나가 뛰는 선수에게는 주력과 체력이 필요하듯 신앙의 경기장에서 승리자가 되자면 하나님의 능력이 필요한 것이다. ② 경기장에서 잘 달리기 위해서는 뒤를 돌아보지 말아야 한다. 뒤를 돌아 보는 자는 주력을 발휘할 수 없다. 우리의 목적지는 앞에 있는 것이지 뒤에 있는 것이 결코 아니다. 누가복음 9:62에 "손에 쟁기를 잡고 뒤를 돌아보는 자는 하나님의 나라에 합당치 아니하다"고 하였다. 기독신자의 소망은 항상 앞에만 있는 것이다. ③ 잘 달리기 위해서는 장애물을 잘 통과해야 합니다. 인생의 경주장에 장애물이 있다고 해서 낙심하거나 도중에 경기를 포기해서는 결코 아니된다. 우리의 배후에는 전능하신 하나님의 강력한 도우심이 항상 함께 하시는 것을 믿으시기 바란다.

둘째, 경기에 승리자가 되는 비결은 모든 일에 절제하여 힘을 한 곳으로 집중해야 한다.

고린도전서 9:25 말씀에 "이기기를 다투는 자마다 모든 일에 절제한다고 하였다." 절제하는 말은 헬라어 "엘크라튜오마이"($ἐγκρατεύομαι$) 즉 자신을 자제하며 다스리고 삼가는 것을 의미한다. 사람이 자제력이 부족하여 자신을 절제하지 못하고 타락하며 방종하거나 자포자기하는 사람은 성공할 수가 없다. 종말의 인간은 절제의 생활에서 벗어나 방종과 사탄의 올무에서 허덕이는 자가 많이 일어날 것을 예고하였다.

디모데후서 3:1 이하에 "네가 이것을 알라 말세에 고통하는 때가 이르리니 사람들은 자기를 사랑하며 돈을 사랑하며 자긍하며 교만하며 훼방하며 부모를 거역하며 감사치 아니하며 거룩하지 아니하며 무정하며 원통함을 풀지 아니하며 참소하며 절제하지 못하며 사나우며 선한 것을 좋아 아니하며 배반하여 팔며 조급하며 자고하며 쾌락을 사랑하기를 하나님 사랑하는 것보다 더하며 경건의 모양은 있으나 경건의 능력은 부인하는 자니 이같은 자들에게서 네가 돌아서라"고 하였다.

친애하는 성도 여러분, 여러분이 경기장에서 진정으로 승리하시기를 원하는? 마음을 허탄한데 빼앗기지 말고 절제의 생활로 자신을 가다듬어 승리를 위해 달려가야 한다. 그리하면 반드시 성도 여러분은 신앙의 경주장에서 위대한 승리자가 될 수 있다.

셋째, 경기에 승리자가 되는 비결은 방향과 목적이 분명해야 한다.

목적없는 삶이란 뜻없는 구름이며, 로보트 인생이며, 고장난 배와 같이 표류되어 전진이 없는 것이다. 경기자는 반드시 목적이 뚜렷해야 한다. 인생은 목적있는 삶을 살아야 하며 성도는 신앙 생활의 푯대가 분명해야 한다. 푯대가 분명한 사람은 물질과 환경에 치우치지 아니하며 사람에게나 인정에게 치우치지 아니한다. 고대 그리스의 경기대회에는 뚜렷한 목적이 세 가지 있었는데 그 첫째는 육신에 대한 정신의 지배, 둘째는 지체에 대한 의지의 주권, 세째로 정신생활에 대한 육체의 협력이었다. 경주에서도 목적이 뚜렷해야 한다.

인생은 반드시 목적있는 삶을 살아야 하며 신앙인은 주 예수 그리스도를 향한 푯대가 분명해야 한다. 푯대가 분명한 사람은 신앙의 목표가 흔들리지 않는다. 오직 예수, 오직 믿음, 주 예수 그리스도의 뜻만 향하여 사명의 길에 충성을 다하며 달려가자.

결론으로 경기에 승리한 자는 썩지 아니할 면류관과 상급을 받게된다(고전 9:25). 사랑하는 성도 여러분, 여러분 모두가 신앙의 경기장에서 주의 이름으로 위대한 승리자가 되기를 주의 이름으로 축원한다.

전진하는 신앙생활을 위한 성도의 자세
(고린도전서 9:24-27)

사도 바울은 성도의 신앙생활을 달리기 경주로 비유했다. '달리다' 라는 말은 원어를 보면 '돌진하다, 힘써 전진하다' 라는 뜻으로 뒤를 돌아보거나 좌우로 치우치지 않고 있는 힘을 다해서 달려가는 것을 의미한다. 우리는 주께서 예비하신 썩지 않는 승리의 면류관을 얻기 위해 자기에게 주어진 시간과 환경과 조건 속에 안주하지 말고 최선을 다해 꾸준히 달음박질해야 한다.

첫째, 달음박질하는 경주자처럼 신앙생활을 해야한다.

"운동장에서 달음질하는 자들이 다 달아날지라도 오직 상 얻는 자는 하나인 줄을 너희가 알지 못하느냐? 너희도 얻도록 이와 같이 달음질하라" (24절) 우리는 달음질하되 ① 예수 그리스도를 푯대로 삼고 전진해야 한다 (빌 3:14). ② 사명을 위해서 경주해야 한다(행 20:24). 우리에게 사명을 주신 분은 주님이시다. ③ 전도하는 일을 위해 경주해야 한다(갈 2:2). 바울은 자기가 전도한 여정을 '달음질한 것'으로 표현했다. 오늘날 우리에게 가장 시급한 일은 전도하는 것이다. 우리가 전도함으로 명망받은 사람이 구원받게 되고, 악한 일을 행할 사람이 선한 일을 하게 되는 것이다. ④ 진리의 말씀을 순종하기 위해서 경주해야 한다(갈 5:7).

둘째, 상을 받는 등수에 들도록 신앙생활을 해야 한다(24절).

달렸다고 해서 다 상을 받는 것이 아니라 등수에 든 사람만이 상을 받습니다. 등수에 들려면 ① 주의 나타나심을 간절히 사모하는 마음을 가져야 한다(딤후 4:7-8). ② 시험을 참는 자가 되어야 한다(약 1:12). ③ 핍박을 받을 때에 잘 수용할 수 있는 자가 되어야 한다. (마 5:11-12). ④ 작은 일에 충성하는 자가 되어야 한다(마 25:21).

셋째, 절제가 있는 신앙생활을 해야 한다.

"이기기를 다투는 자마다 모든 일에 절제하나니, 저희는 썩을 면류관을 얻고자 하되 우리는 썩지 아니할 것을 얻고자 하노라"(25절) '절제'란 '자제하다, 삼가다'라는 뜻으로 '자기를 이길 수 있는 능력'을 의미한다. 운동 경기자가 즐기고 싶은 것을 다 즐기고, 하고 싶은 일을 다 하고서 승리를 기대할 수는 없다. 우리는 강한 믿음을 가지고 육체의 정욕과 세속적 욕망, 쾌락등을 절제해야 한다. 절제가 있는 신앙생활을 하려면 ① 포도주와 독주를 멀리해야 한다(민 6:3). ② 노하기를 더디해야 한다(잠 16:32). ③ 말에 실수가 없어야 한다(약 3:2). 우리는 더러운 말, 악한 말, 남을 미워하고 시기하는 말, 저주하는 말, 교만한 말 등을 하지 말아야 한다. ④ 성령의 도우심을 구해야 한다(갈 5: 22, 23).

넷째, 자기 몸을 쳐서 주께 복종시키는 신앙생활을 해야 한다.

"내가 내 몸을 쳐 복종하게 함은 남에게 전파한 후에 자기가 도리어 버림이 될까 두려워 함이로다"(27절) 경주자가 목표지점에 도착하여 승리하기까지는 자기와의 부단한 싸움을 하게 됩니다. 여겻에서 극기와 절제가 필요한 것이다. 바울은 남에게 복음을 전파한 후에 자기가 도리어 버림이 될까 두려워하면서 자기 몸을 쳐서 주께 복종시켰습니다. 우리의 몸은 ① 그리스도 지체이다(고전 6:15). ② 의의 병기이다(롬 6:13). ③ 하나님의 성전이다(고전 3:16). ④ 산 제사로 드릴 제물이다(롬 12:1). 그러므로 우리는 우리 몸을 더럽히지 말고(고전 3:17), 거룩하게 해야 하며(롬 12:1), 하나님께 영광을 돌리기 위하여(고전 6:20) 주께 복종시켜야 한다.

사랑하는 성도 여러분! 상을 받는 등수에 들도록, 절제가 있고 자기 몸을 쳐서 주께 복종시켜 더욱 더 전진하는 신앙생활을 하는 성도 여러분이 다 되시기를 주의 이름으로 축원한다.

역사의 교훈
(고린도전서 10:1-13)

'역사(歷史)'란 인류 사회의 과거에 있어서의 변천과 흥망의 기록으로 우리는 이 역사를 통해서 많은 것들을 배우고 있다. 또한 이것을 전문으로 연구하는 사가(史家)들도 있다. 역사의 흐름속에는 우리가 본받아야 될 교훈도 있지만 본받아서는 안될 것도 있다. 특별히 하나님을 믿는 자들에게 있어서 이스라엘 민족의 역사가 주는 교훈은 매우 크다. 그러면 이스라엘 민족의 역사가 우리에게 주는 교훈이 무엇인가에 대해서 말씀을 상고하면서 함께 은혜를 나누고자 한다.

첫째, 하나님의 사람들은 절대로 하나님의 은혜를 잊어버리지 말아야 한다.

"형제들아, 너희가 알지 못하기를 내가 원치 아니하노니 우리 조상들이 다 구름 아래 있고 바다 가운데로 지나며 모세에게 속하여 다 구름과 바다에서 세례를 받고 다 같은 신령한 식물을 먹으며 다 같은 신령한 음료를 마셨으니"(1-4절). 여기에서 '구름아래 있었다. 바다에서 세례를 받았다. 신령한 식물을 먹고 신령한 음료를 마셨다'는 것은 '하나님의 절대적인 보호와 절대적인 구원과 생활의 보장'을 의미한다. 이스라엘 백성들은 이러한 하나님의 은혜를 받고 살았지만 때로는 이 은혜를 잊어버리고 살다가 방황할 때도 있었다.

시편 103:2에 보면 "내 영혼아, 여호와를 송축하며 그 모든 은택을 잊지 말지어다"라고 말씀했다. 우리는 하나님의 은혜를 절대로 잊어버리지 말고 항상 감사하며 살아야 한다.

둘째, 하나님의 사람들은 과거에 인류가 범하여 심판받은 죄를 되풀이 하지 말아야 한다.

이스라엘 민족이 과거에 범한 죄를 보면,

① 우상숭배한 죄이다. "저희중에 어떤 이들과 같이 너희는 우상숭배하는 자가 되지 말라…. 그런즉 내 사랑하는 자들아 우상숭배하는 일을 피하라"(7-14절) 우상 숭배는 하나님의 진노를 초래하여 개인과 가정과 나라를 망하게 한다.
② 간음한 죄이다. "저희중에 어떤이들이 간음하다가 하루에 이만 삼천 명이 죽었나니 우리는 저희와 같이 간음하지 말자"(8절).
③ 하나님을 시험한 죄이다. "저회 중에 어떤이들이 주를 시험하다가 뱀에게 멸망하였나니 우리는 저회와 같이 시험하지 말자"(9절).
④ 원망한 죄이다. "저회 중에 어떤이들이 원망하다가 멸망시키는 자에게 멸망하였나니 너희는 저회와 같이 원망하지 말라"(10절) 우리는 이러한 죄를 되풀이하지 말아야 한다.

셋째, 하나님의 사람들은 말세를 살아가고 있다는 이 사실을 언제나 인식하고 각자 맡은 사명에 충성을 다해야 한다.

"저희에게 당한 이런 일이 거울이 되고 또한 말세들 만난 우리의 경계로 기록하였느니라"(11절). 하나님께서 선포하신대로 말세는 분명히 있다. 말세는 ① 개인의 말세(종말) ② 집단적인 인류의 종말 ③ 세대의 종말 ④ 우주의 종말로 구분할 수 있다.

베드로후서 3:10-13에 보면 "그러나 주의 날이 도적같이 오리니 그 날에는 하늘이 큰 소리로 떠나가고 체질이 뜨거운 불에 풀어지고 땅과 그 중에 있는 모든 일이 드러나리로다. 이 모든 것이 이렇게 풀어지리니 너희가 어떠한 사람이 되어야 마땅하뇨 거룩한 행실과 경건함으로 하나님의 날이 임하기를 바라보고 간절히 사모하라… 우리는 그의 약속대로 의에 거하는 바 새 하늘과 새 땅을 바라보도다"라고 말씀했다. 우리는 말세를 늘 인식하면서 각자 맡은 사명에 충성을 다해야 한다.

넷째, 하나님의 사람들은 어떠한 시험중에서라도 피할 길을 주시는 하나님만 의지하고 굳세게 살아가야 한다.

"사람이 감당할 시험 밖에는 너희에게 당한 것이 없나니 오직 하나님은 미쁘사 너희가 감당치 못할 시험당함을 허락지 아니하시고 시험 당할 즈음에 또한 피할 길을 내사 너회로 능히 감당하게 하시느니라"(13절).

시험 당하여 망한 것 같고 저주받은 것 같아도 하나님께서 사랑하시는 하나님의 사람들에게는 감당할 수 있는 힘을 주시고 피할 길을 주신다는 것이다. 베드로후서 2:9에 보면 "주께서 경건한 자는 시험에서 건져준다"고 말씀했다. 우리는 어떠한 시험중에서라도 하나님의 말씀을 굳게 믿고 깨어 기도하며 하나님만 의지하면 승리할 수 있다.

사랑하는 성도 여러분! 하나님의 은혜를 잊지 말고 항상 감사하며 과거에 인류가 범하여 심판받은 죄를 되풀이하지 말고, 말세를 인식하여 맡은 사명에 충성하며, 시험중에서도 하나님만 의지하여 승리하시는 성도 여러분이 되시기를 주의 이름으로 축원한다.

그리스도 안에서 필요한 사랑의 법칙
(고린도전서 10:31-33)

사도 바울은 그리스도인의 생활 중심은 언제나 사랑이 되어야 한다고 고린도전서에서 특별히 강조하면서 사랑의 법칙을 세워 놓았다. 사랑은 기독교적 생활의 전체라고 말할 수 있다. 이 시대는 참으로 참된 사랑을 필요로 하고 있다. 그러면 그리스도 안에서 필요한 사랑의 법칙이 무엇인가에 대해서 말씀을 상고하면서 함께 은혜를 나누고자 한다.

첫째, 하나님의 영광을 위해서 사는 것이다.

"그런즉 너희가 먹든지 마시든지 무엇을 하든지 다 하나님의 영광을 위하여 하라"(31절). 여기에서 먹고 마시는 것은 음식의 내용보다도 우리 생(生)의 존속을 의미한다. 우리 삶의 모든 내용은 다 하나님의 영광에 있다는 것이다. 그러므로 우리가 먹든지 마시든지 무엇을 하든지 다 하나님의 영광을 위하여 사는 것이 곧 그리스도 안에서 필요한 사랑이다. 왜냐하면 하나님 본체가 곧 영광이기 때문이다.

예수님께서 "인자가 자기 영광으로 모든 천사와 함께 올 때에 자기 영광의 보좌에 앉으리니"(마 25:31)라고 말씀했다. 우리 주님의 세계는 한마디로 영광의 세계이다. 그리스도의 사랑을 입은 우리가 서로 사랑하는 것은 곧 하나님의 영광을 위하는 것이다.

둘째, 모든 이에게 거치는 자가 되지 않도록 사는 것이다.

"유대인에게나 헬라인에게나 하나님의 교회에나 거치는 자가 되지 말고"(32절). 여기에서 '거치는 자' 란 '걸림돌이 되어서 다른 사람으로 하여금 걸려 넘어지게 하는 자' 라는 뜻이다. 오늘날 이 세상에는 다른 사람의 길잡이가 되어 주는 사람이 있는가 하면, 다른 사람의 진로를 방해하는 사람도 있다.

예수님은 누가복음 17:1-2에 "제자들에게 이르시되 실족케 하는 것이 없을 수는 없으나 있게 하는 자에게는 화로다 저가 이 작은 자 중에 하나를 실족케 할진대 차라리 연자 맷돌을 그 목에 매이우고 바다에 던지우는 것이 나으리라"고 말씀했고, 바울도 고린도전서 8:13에 "그러므로 만일 식물이 내 형제로 실족케 하면 나는 영원히 고기를 먹지 아니하여 내 형제를 실족치 않게 하리라"고 말씀했다. 우리는 누구에게든지 거치는 자가 되지 않도록 살아야 한다.

셋째, 모든 사람을 기쁘게 하고 유익하게 하는 것이다.

"나와 같이 모든 일에 모든 사람을 기쁘게 하여 나의 유익을 구치 아니하고 많은 사람의 유익을 구하여 저희로 구원을 얻게 하라"(33절). 우리는 사랑이라는 말을 많이 한다. 사랑하면 사랑하는 대상이 나로 말미암아 기뻐져야 된다. 로마서 15:2에 보면 "우리 각 사람이 이웃을 기쁘게 하되 선을 이루고 덕을 세우도록 할지니라"고 말씀했다.

우리가 모든 사람을 기쁘게 하고 유익하게 하려면 하나님을 기쁘시게 해 드려야 한다.

넷째, 많은 사람의 영혼이 구원을 얻게하는 것이다.

"저희로 구원을 얻게 하라"(33절). 우리 기독교의 가장 큰 사명은 예수 그리스도의 복음을 전해서 그들로 하여금 구원을 얻게 하는 것이다. 추석 명절은 우리 가족과 친척들에게 복음을 전할 수 있는 좋은 기회이다. 바울은 로마서 1:14에 "헬라인이나 야만인이나 지혜있는 자나 어리석은 자에게 다 내가 빚진 자라"고 말씀했다. 우리도 다 복음에 빚진 자이다. 우리가 예수 그리스도의 복음을 받고 구원을 받았으니 이제 이 복음을 다른 사람에게 전해서 복음의 빚을 갚아야 된다. 우리는 어떻게 하든지 많은 영혼이 구원받는 일에 전심전력을 다해야 된다. 우리가 이를 위해서 기도하면 많은 사람에게 복음을 전할 수 있는 기회를 주실 줄 믿는다.

사랑하는 성도 여러분! 그리스도 안에서 필요한 사랑의 법칙은 하나님의 영광을 위해서 살고, 모든 이에게 거치는 자가 되지 않도록 살며, 모든 사람을 기쁘게 하고, 많은 사람의 영혼이 구원을 얻도록 전도하며 사는 성도 여러분이 다 되시기를 주의 이름으로 축원한다.

크리스천의 존재 목적
(고린도전서 10:31-33)

하나님이 창조하신 모든 것에는 다 존재의 목적이 있다. 인간이 어떠한 목적으로 사느냐 하는 것은 매우 중요하다. 존재 목적을 모르고 사는 사람은 결실을 맺지 못한다. 사도 바울은 항상 하나님의 영광을 위해서, 예수 그리스도의 복음을 전하기 위해서 존재 목적을 분명히 하고 살았다. 존재 목적을 분명히 알고 살 때에 어려움이 있어도 극복하며 승리하는 삶을 살 수 있다. 그러면 크리스천은 어떠한 존재 목적을 가지고 살아야 하는가에 대해서 말씀을 상고하면서 함께 은혜를 나누고자 한다.

첫째, 하나님의 영광을 위해서 존재해야 한다.

"그런즉 너희가 먹든지 마시든지 무엇을 하든지 다 하나님의 영광을 위하여 하라"(31절) 하나님은 하나님의 영광을 위해서 인간을 창조하셨다(사 43:7). 그러므로 우리는 하나님 외에 귀신이나 세상의 어떤 것도 섬겨서는 안된다. 또 찬송을 부르게 하기 위해서 창조하셨다. (사 43:21). 그러면 우리가 어떻게 하면 하나님께 영광을 돌리며 살 수 있을까? ① '아멘'하여 영광을 돌릴 수 있다(고후 1:20). 아멘은 천국 방언이고 세계 공통 방언이다. '아멘'이란 "예수 그리스도에 관한 모든 것을 동의한다"라는 뜻이다. ② 믿음이 견고해짐으로 영광을 돌릴수 있다(롬 4:20). ③ 열매 맺는 신앙 생활을 통해서 영광을 돌릴 수 있다(요 15:8)

둘째, 하나님의 교회 지체의 사명을 다하기 위해서 존재해야 한다.

"유대인에게나 헬라인에게나 하나님의 교회에나 거치는 자가 되지 말고"(32절). 우리의 본업은 예수 믿는 것이고, 우리의 본향은 하늘 나라이며, 예수 믿는 본부는 교회이다. 우리는 교회의 지체들이다. 교회의 지체의 사명을 다하기 위해서는 ① 지체에 서로 유익을 주어야 한다(엡 1:23). ② 절대로 거치는 장애물이 되어서는 안된다(32절). 서로 용기를 주고 위로해 주어야 한다. ③ 교회를 항상 위하는 자가 되어야 한다(계 22:16). ④ 교회를 공경하는 자가 되어야 한다(레 19:30).

셋째, 많은 사람의 유익을 위하여 존재해야 한다.

"나와 같이 모든 일에 모든 사람을 기쁘게 하여 나의 유익을 구치 아니하고 많은 사람의 유익을 구하여"(33절). 우리는 나의 유익을 구하며 살지 말고, 많은 사람의 유익을 위하여 살아야 한다. 우리 하나님의 축복은 다른 사람을 희생시켜서 너의 유익을 구하는 데서 오는 것이 아니라 내가 희생하여 다른 사람의 유익을 위하여 살 때에 오는 것이다. 우리는 다른 사람에게 거치는 자가 되지 말고, 모든 사람을 기쁘게 하는 자가 되고, 복음을 위해서 모든 사람에게 유익한 자로 살아가야 한다(갈 1:10).

넷째, 많은 영혼을 구원하기 위해서 존재해야 한다.

"저희로 구원을 얻게 하라"(33절) 우리가 살아 있는 동안에 전도할 수 있지 죽은 다음에는 전도할 수 없다. 우리는 영혼 구원을 위해서 최선을 다해야 한다. 전도는 잃은 자를 찾는 것이고, 죽어가는 생명을 건져주는 것이며, 예수를 만나게 해주는 것이고, 천국을 소유하게 해주는 것이며, 죄와 심판의 자리에서 사랑과 용서와 축복의 자리로 안내해 주는 것이고, 사탄의 결박에서 해방시켜 주는 것이다. 그래서 하나님께서는 전도하는 자에게 큰 권세를 주셨다. "내가 너희에게 뱀과 전갈을 밟으며, 원수의 모든 능력을 제어할 권세를 주었으니 너희를 해할자가 결단코 없으리라"(눅 10:19) 그러므로 우리는 담대하게 복음을 전해야 한다.

사랑하는 여러분! 하나님의 영광을 위해서, 하나님의 교회의 지체의 사명을 다하기 위해서, 많은 사람의 유익을 위해서, 많은 영혼을 구원하기 위해서 살아 하나님의 우리를 향하신 목적을 다 이루어 드리는 성도 여러분이 되시기를 예수 이름으로 축원한다.

성도의 삶의 목표
(고린도전서 10:31-33)

이 지구상에 존재하고 있는 모든 사람들은 거듭되는 성공과 실패속에서 행복와 불행을 경험하며 살아가고 있다. 그러나 무엇에, 또한 어디에 그 삶의 목표를 설정하고 살았는지에 의하여 취후의 종착역은 엄청난 격차가 벌어지게 된다.

국민일보 9월 18일(96년)자 신문 '겨자씨' 란에 이런 글이 실려 있었다. 신앙인이었던 미국의 강철왕 카네기(Carnegie, Andrew)는 교회에 헌금하는 자신의 헌금관(View of an Offering)에 대하여 ① 하나님이 만물과 독생자(Jesus Christ)를 주셨기 때문, ② 영적 전쟁(spiritual war)의 유지비가 필요하기 때문, ③ 동정과 구제가 필요하기 때문, ④ 하늘에 보화를 쌓는 방법으로, ⑤ '그리스도인의 모범을 따르기 위하여' 라고 했다.

그렇다면 세계적인 굴지의 실업가(a leading business man)인 카네기가 그토록 온 정열을 쏟아 사업을 확장하며 열심히 살아간 궁극의 목표가 어디에 있었는가에 대하여 이 글을 읽는 사람이라면 능히 짐작케 될 것이다.

오늘 본문은 예수 그리스도를 만난 후 근본적으로 놀랍게 변화된 바울사도의 대강령이요, 자신의 삶의 이정표이며, 또한 이 세상을 살아가는 모든 사람들 특히 성도의 삶의 궁극적인 목표이기도 한 것이다. 성경말씀을 상고하면서 우리 모두 어떻게 살아가야 할 것인가에 대하여 다시 한 번 두 손을 가슴에 얹고 깊이 생각하며 삶의 현장에서 실천하시기를 바란다.

모든 것이 하나님의 영광을 위해 움직여지는 것이 바로 우주의 위대한 법칙이다. 그렇게 무더웠던 여름이 아침저녁으로 선선함을 느낄수 있는 아름다운 결실의 가을이라는 계절로 서서히 바뀔 때 이를 창조하신 그 하나님께 저절로 감사와 존귀와 영광을 돌리는 찬송이 나오게 되는 것은 그 누구도 막을수 없을 것이다.

사도 바울은 "유대인에게나 헬라인에게나 하나님의 교회에나 거치는 자가 되지 말고"(32절)라고 전제한 후에 모든 사람을 기쁘게 하며 그들에게 유익한 삶을 살도록 하라고 말했다.

'거치는 자'란 "걸림돌이 되어 다른 사람으로 하여금 걸려 넘어지게 하는 것"을 의미한다. 그러나 보편적인 의미는 분노, 슬픔, 원한 등을 낳게 하는 모든 행위를 의미한다. 그런고로 누군가에게 지극히 주거나 문제를 일으키게 한다면 이는 바로 거치는 자가 되는 것이다. 더욱이 현대는 개인적 이기주의가 만연된 시대이다. 아무리 그렇다고 할지라도 우리 모두의 가장 큰 행동 원리는 하나님의 영광을 위하는 것이요, 그 다음은 다른 사람들을 실족(失足:offend)케 하는 일을 피하고 오히려 모두에게 기쁨을 주며 유익이 되도록 살아야만 하는 것이다. 이러한 삶은 곧 나의 유익을 위한 삶이 되는 것이다.

사도 바울은 우리와 똑같은 성정(性情:one's character)을 가진 사람이지만 당시 식물(food)로 인하여 실족케 되는 사람이 있었던 관계로 "그러므로 만일 식물이 내 형제로 실족케 하면 너는 영원히 고기를 먹지 아니하여 내 형제를 실족지 않게 하리라"(고전 8:13)고 하였고, "예수님 역시 있게 하는 자에게는 화(禍:woe)로다 저가 이 작은 자 중에 하나를 실족케 할진데 차라리 연자 맷돌을 그 목에 매이우고 바다에 던지우는 것이 나으리라"(눅 17:2)고 엄히 경고하셨다.

그런고로 우리 모두는 다른 사람에게 거치는 자가 되지 말아야 할 뿐만 아니라 더 나아가서는 많은 사람에게 이익을 주는 적극적인 삶을 살아야만 될 것이다. 이 세상에는 독불장군(獨不將軍:a man of self-assertion)은 존재할 수가 없다. 모든 사람을 위하고 공동체를 위할 때 그 안에는 자기 자신을 위한 유익도 이미 포함되어 있다는 것을 알아야만 한다.

영혼 구원은 하나님의 뜻이요, 예수님의 지상명령이다. 그런고로 먼저 구원받은 성도들은 어떻게 하든지 "많은 사람의 유익을 구하여 저희로 구원을 얻게 하라"고 하신 말씀을 깊이 명심하여 삶의 현장에서 최대의 목표로 삼고 실천해야만 할 소중한 하나님의 뜻인 것이다. 모든 일에 모든 사람을 기쁘게 하여 많은 사람을 유익되게 하는 삶도 역시 그 목적은 저희로 구원을 얻게 하는데 있는 것이다.

그런고로 사도 바울은 "약한 자들에게는 내가 약한 자와 같이 된 것은 약한 자들을 얻고자 함이요 여러 사람에게 내가 여러 모양이 된 것은 아무쪼록 몇몇 사람들을 구원하고자 함이니"(고전 9:22)라고 구령에 대한 열정을 피력했다.

나는 불신 가문에서 태어나 고독한 신앙의 길을 걸어왔다. 그러나 영혼을 구원코자 하는 뜨거운 마음을 하나님께서 주셨기 때문에 한 때는 거지들과 함께 기거하면서 그들을 전도하기도 했고, 경부선을 오르내리며 혹은 서울 시내버스 안에서, 전차 안에서, 때로는 남대문 시장에서 사람이 많이 접촉되는 곳이라면 안간 곳이 없었다. 무서운 질병에서 나를 살리셨고 구원시켜 주신 우리 주님의 그 놀라운 사랑과 은혜는 "헬라인이나 야만인이나 지혜있는 자나 어리석은 자에게 다 내가 빚진 자라"(롬 1:14)고 한 사도 바울의 말씀처럼 그 빚을 갚는 길은 오직 전도하는 일, 복음을 "땅끝까지 전파하는 일이기 때문이다. 뿐만 아니라 나를 향하신 하나님의 절대적인 뜻이기도 함을 나는 이미 체험했기 때문이기도 한 것이다.

"나를 보내신 이의 뜻은 행하려 함이니라 나를 보내신 이의 뜻은 내게 주신 자 중에 내가 하나도 잃어버리지 아니하고 마지막 날에 다시 살리는 이것이니라 내 아버지의 뜻은 아들을 보고 믿는 자마다 영생을 얻는 이것이니 마지막 날에 내가 이를 다시 살리리라"(요 6:39)

"주의 약속은 어떤이의 더디다고 생각하는 것 같이 더딘 것이 아니라 오직 너희를 대하여 오래 참으사 아무도 멸망치 않고 다 회개하기에 이르기를 원하시느니라"(벧후 3:9)

사랑하는 성도 여러분! 지금까지 무엇을 위하여, 어디에 삶의 목표를 두고 살아왔는가?

아메리카 인디언들의 전래동화 한 토막을 소개하려고 한다.

한 늙은 추장이 자신의 추장직을 세 아들 중 한 명에게 물려주기 위해 고민하다가 어느날 세 아들을 데리고 사냥을 나갔다. 어느 지점에 이르렀을 때 눈 앞에는 큰 나무가 있고, 그 가지에 독수리가 앉아 있는 것이 보였다. 추장은 맏아들에게 "무엇이 보이느냐?"라고 물었다. 그러자 아들은

"하늘이 보이고 나무도 보입니다"라고 대답했다. 그 말에 추장의 얼굴은 실망의 빛이 역력했다. 다음에는 둘째에게 물었다. 그는 "나무에는 나뭇가지에 앉은 독수리가 보입니다"라고 했다. 추장은 역시 실망했다. 마지막으로 막내 아들에게 "그렇다면 네 눈에는 무엇이 보이느냐?"라고 물었다. 그는 "독수리가 보이고 두 날개가 보이고, 그리고 날개가 마주치는 곳에 가슴이 보입니다"라고 했다. 추장은 미소를 지으며 "그렇다면 그곳을 쏘아 보이라"고 하였고 아들은 독수리를 맞추었다. 추장이 자신의 후계자로 막내 아들을 세운 것은 두말할 여지가 없었다. 왜냐하면 그 아들은 산으로 올라간 목적이 사냥이었음을 알고 있었고 사냥을 목적으로 하여 다른 형제들처럼 나무나 하늘을 본 것이 아니라 독수리를 정확히 겨냥하고 있었기 때문이다.

그렇다. 우리는 삶의 목표가 뚜렷해야 한다. 사는 목적이 무엇인지 바로 알아야 한다. 그리할 때 삶이 기쁨으로 충만하여 소망중에 인내하면서 ① 하나님의 영광을 위하여, ② 많은 사람의 유익을 위하여, ③ 영혼 구원을 위하여 살게 된다. 이처럼 하나님의 뜻을 이 땅에 이루어 드리며 사는 삶은 우리 모두 뿐만 아니라 자손 만대에 어떤 상황속에서도 하나님의 축복을 보장받게 될 것이다. 할렐루야!

나는 누구를 닮아가는가?
(고린도전서 11:1)

'닮는다'는 것은 '꿈이 있다. 미래가 있다'는 뜻이다. 누구를 닮아야 되겠다고 하는 것은 미래를 걸어가고 있는 것이다. 또한 닮는다는 것은 본받는다는 것이다. 그러면 과연 성경인물 중에 우리가 누구를 본받아야 될까? 로마서 3:10에 보면 "기록한 바 의인은 없나니 하나도 없으며…"라고 말씀했다. 한 사람도 본받을 사람이 없다고 성경은 말한다. 성경인물 중에 물론 어느 한 부분은 본받을 수 있겠지만 그의 전생애를 본받을 수는 없다는 것이다. 우리가 본받아야 될 분은 오직 예수 그리스도 뿐이다.

성경 인물들을 잠깐 살펴볼까요? 아브라함은 갈 바를 알지 못했지만 하나님이 지시하신 곳으로 가라는 하나님의 말씀에 순종한 것, 조카 롯이 있는 소돔과 고모라성을 천사가 멸망시키려고 할 때 중보기도한 것, 하나님의 명령에 순종하여 아들 이삭을 제물로 드린 것 등 본받을 만한 것이 많이 있다. 그러나 본받아서는 안될 점도 있다. 하나님께서 친척 아비 집을 떠나라고 했는데 아버지와 친척 롯을 떠나지 않았던 것, 자기 아내를 애굽왕에게 누이라고 속인 것 등이다.

또 모세를 보면 그는 이스라엘 백성들을 출애굽시킨 민족의 지도자이다. 그의 민족을 사랑하는 정신, 준법 정신 등은 본받을 만한 점이지만 그러나 본받아서는 안될 점은 그는 살인자였고, 신광야에서 이스라엘 백성들이 물을 내라고 했을 때 반석을 두 번 쳐서 하나님의 말씀을 온전히 순종하지 않았던 점이다.

또 모세의 후계자 여호수아를 볼까요? 그는 모세의 명을 받들어 목숨을 아끼지 않고 잘 싸워 전쟁에서 항상 승리하게 한 사람이었다. 아주 훌륭한 부지도자 상이다.. 그러나 그는 가나안 일곱 족속을 다 진멸하라고 한 하나님의 말씀대로 완전히 진멸하지 않고 군데 군데 몇 사람을 남겨두어 결국에는 이스라엘 백성들이 이방신을 섬김으로 나라를 망하게 했다.

또 다윗을 볼까요? 그는 물맷돌을 가지고 이방신을 섬긴 블레셋 골리앗 장군을 물리친 용맹있는 사람이었고, 블레셋 사람들에게 빼앗긴 언약궤를 예루살렘으로 다시 찾아왔으며, 하나님의 마음에 합한 사람이라고 불리울 만큼 이스라엘의 가장 위대한 왕이었고, 예수 그리스도의 조상이라고 할 정도로 훌륭한 사람이었다. 그러나 그는 밧세바를 범한 가정파괴범이었고, 우리아를 전쟁터에서 죽게 한 살인자였다. 이와 같이 성경에서 위대한 인물들도 본받아야 될 점도 있지만, 한편 본받아서는 안될 점도 있는 것을 볼때에 우리는 오직 예수 그리스도만 본받아야 된다.

오늘 본문의 내용은 그 당시 문제가 많은 도시 고린도 교회에 보내는 편지이다. 고린도는 상업지역이고, 물물교환이 많이 이루어지는 곳으로 정치적, 종교적, 학문적인 중심지였다. 뿐만 아니라 이방종교의 집산지가 되어 얼마나 윤리적으로 부패했는지 당시에 이방신전에서 공인된 창녀만 1,000여명이 넘었다고 한다. 이런 지역 안에 있는 교회가 편안하고 바람 잘 날이 있겠는가? 그래서 고린도교회 내에 많은 문제들이 있었다.

이러한 고린도교회에 사도 바울은 "내가 그리스도를 본받는 자 된 것같이, 너희는 나를 본받는 자 되라"(1절)고 말씀했다. 여기에서 사도 바울이 자기를 본받으라고 한 것은 자기가 예수 그리스도를 닮아가고자 계속 애쓰고, 힘쓰는 것을 본받으라고 한 것이다.

우리는 예수 그리스도를 모델로 삼아 그리스도를 닮아가야 한다. 그러나 말처럼 쉽지는 않는다. 이 세상의 사탄의 문화가 우리를 지배하고 있기 때문이다. 그래서 우리는 이 땅에 그리스도의 문화를 가꾸어야 한다. 나의 문화에서 우리 문화로, 물질 문화에서 정신 문화로, 변명의 문화에서 책임 문화로, 증오의 문화에서 사랑의 문화로 바꾸어야 한다. 또 기독교 환경을 만들어야 한다. 자라나는 어린이와 청소년들을 위해서 말씀 환경, 기도 환경, 찬양 환경을 만들어 주어야 한다.

사랑하는 성도 여러분! 예수 그리스도를 닮아감으로 이 땅에 그리스도의 문화를 가꾸고, 기독교 환경을 만들어 아름다운 미래를 창조하는 성도 여러분이 되시기를 주의 이름으로 축원한다.

성령 세례가 주는 신령적 축복
(고린도전서 12:13)

성령세례는 기독교 신앙에 있어 중요한 비중을 차지하는 신령적 역사로써 오순절에 마가다락방에 임하셨던 성령세례 이후 주님이 오시는 그날까지 모든 육체에게 부어지는 세례인 것이다. 이 사실에 대하여 세례 요한이 유대 광야에서 외치기를 "나는 너희로 회개케 하기 위하여 물로 세례를 주거니와 내 뒤에 오시는 이는 나보다 능력이 많으시니…그는 성령과 불로 너희에게 세례를 주시리라"(마 3:11)고 선포하였다. 이 놀라운 역사는 오늘 수 많은 기독교인들 위에 부어지고 있으며 또 체험하고 있는 사실이다. 그러면 이 놀라운 성령의 세례가 우리 가운데 임하심으로 나타내어 주시는 신령적 축복이 무엇인가에 대하여 세 가지 내용으로 말씀 드리겠다.

첫째, 성령의 불세례는 예수님과 더불어 한 지체가 되는 신령적 축복을 받게하여 준다.

고린도전서 12:13에 "우리가 유대인이나 헬라인이나 종이나 자유자나 다 한 성령으로 세례를 받아 한 몸이 되었다"고 하였다. 사탄은 하나님과 인간사이 사람과 사람사이를 갈라 놓았지만 성령은 분리된 것을 하나되게 하시며 진리 안에서 한 몸이 되게하여 주신 것이다. 세상에 사는 모든 인간은 국적과 혈색과 종족이 달라도 같은 신앙고백 아래 성령의 세례를 받음으로 주님과 더불어 하나되게 하며 또한 인간과의 사이가 하나가 되게 하시는 것이다. 그런고로 사도 바울은 한 성령으로 세례를 받아 한 몸이 되었다(고전 12:13)고 하였고, 에베소서 4:4 말씀에는 "몸이 하나요 성령이 하나니 이와 같이 너희가 부르심의 한 소망 안에서 부르심을 입었다"고 말하였다. 그리고 또한 그는 말하기를 "주도 하나이요 믿음도 하나이요 세례도 하나이요 하나님도 하나이시니 곧 만유의 아버지시라"고 하였다.

우리 한국교회는 선교 100주년을 맞는 동안 거대한 부흥과 발전을 거듭하여 세계교회가 괄목하는 교회로 성장했으며 땅끝까지 내증인이 되라"고

하신 주님의 분부하심을 받들어 세계속에 대 선교사명을 감당하기 위하여 힘찬 전진을 계속하는 중에 있다. 이러한 때일수록 사탄은 최후로 발악하여 화합과 일치를 저해시키며 분열과 파괴를 획책하는 것이니 이 땅위에 사는 모든 인간은 주 예수 그리스도를 구주로 영접하여 모든 육체들에게 물붓듯이 부어주시는 성령의 불세례를 받아서 성령이 하나되게 하신 것을 힘써 지키며 우리에게 향하신 거룩하신 뜻을 이 땅위에서 이룩해야 하겠다.

둘째, 성령세례의 신령적 축복은 영혼의 갈증을 해갈시켜 주시는 것이다.
이 땅위에 사는 모든 인간은 날때 부터 두 가지 갈증으로 병을 앓고 있다. 그 하나는 육의 갈증이고 또 하나는 영의 갈증이다. 특히 현대를 살아가는 종말의 인간들에게는 더욱 극심해가는 영적 갈증으로 인한 목마름과 허탈감 속에서 이를 해결해 보기 위하여 광적인 춤속에 비명을 울려 보기도 하며 주량이 높아지도록 알콜로 도취시켜 견딜수 없는 갈증들을 잊어 볼려고 하지만 이것들은 오히려 목마른 사람이 바다물을 퍼마셔보듯 오히려 더욱 심해지는 갈증 속에서 허탈과 허무감만 더하여 질뿐이다.

친애하는 성도 여러분, 여러분은 목마른 인생을 살아가며 햇빛이 심히 내려 쪼이는 광야의 인생길을 지나는 동안 무엇으로 인생의 갈증을 해갈해보려고 하는가? 여기에 예수님의 기쁜 소식이 있다. "누구든지 목마르거든 내게로 와서 마시라 나를 믿는 자는 성경에 이름과 같이 그 배에서 생수의 강이 흘러나리라"(요 7:37-39). 이 말씀의 허락은 바로 주님을 믿는 모든 사람이 받는 성령을 가르쳐 말씀하신 것이다.

성령은 항상 우리속에 임하셔서 주님을 믿고 영접하기만 하면 성령님은 항상 우리 인간의 영혼과 육체 가운데 항상 내주하여 주셔서 역사하여 주시며 영혼의 햇빛이 찬란한 봄날되어 은혜의 꽃이 피게 하시고 희락과 소망의 찬송이 넘치게 하여 주시는 주님이시다. 이 놀라운 은혜는 바로 유대인이나 헬라인이나 종이나 자유자나 다 한 성령으로 세례를 받아 한 몸이 되게 하셨고 다 한 성령을 마시게 하여 주셨기 때문이다.

셋째, 성령세례의 신령적 축복은 하늘의 권세를 소유하게 하여 주신다.

사도행전 1:8에 "오직 성령이 너희에게 임하시면 너희가 권능을 받고 예루살렘과 온 유대와 사마리아와 땅 끝까지 이르러 내 증인이 되리라"고 하였는데 여기 '권능'이란 헬라어 '듀나미스'($δύναμις$)이란 말로서 '전능력'이란 의미를 나타내는 말인 것이다. 즉 이 성령의 세례는 인간에게 큰 권세와 세력을 부어 주시는 세례로써 마귀와 죄악을 이기게 하며 질병과 시련을 극복하여 주시는 것이다.

이 권세는 전능하신 하나님의 것을 인간에게 입혀 주시는 세력인만큼 어느 누구도 이길 수가 없으며 막을 자가 없는 것이다. 그런고로 사도 바울은 "내게 능력주시는 자 안에서 내가 모든 것을 할 수 있다"고 하였으며, 하나님께서는 스가랴 선지자에게 말씀하시기를 "이는 힘으로 되지 아니하며 능으로 되지 아니하고 오직 나의 신으로 되느니라"고 말씀하셨다(슥 4:6).

구약시대에서나 신약시대에 있어 나약하고 미약하며 어리석고 무지하기 짝이 없던 수많은 인생들이 성령의 권능받아 위대한 그릇 되어 찬란한 주의 빛을 온 세상에 나타냈듯이 오늘도 이 놀라우신 성령세례의 신령한 축복이 전국에 계신 성도 여러분 한 분 한 분 위에 더욱 충만하시기를 주님의 이름을 축원한다. 할렐루야!

성령 세례의 축복
(고린도전서 12:13)

성령세례는 속사람이 새로 태어나는 세례이며 인간은 누구나 반드시 이 세례를 받아야 한다. 예수님은 제자들을 통하여 말씀하시기를 "요한은 물로 세례를 베풀었으나 너희는 몇날이 못되어 성령으로 세례를 받으리라"(행 1:5)고 하였다. 그러면 이 성령의 세례가 얼마나 큰 축복인가에 대해서 다섯 가지 내용을 말씀드리겠다.

첫째, 예수님과 한 지체가 되어짐

성령 세례의 축복은 예수님과 한 지체가 되어진다. 고린도전서 12:13에 "우리가 유대인이나 헬라인이나 종이나 자유자나 다 한 성령으로 세례를 받아 한 몸이 되었다"고 하였다. 성령이 없는 자는 그리스도의 사람이 될 수도 없을 뿐 아니라(롬 8:9) 그리스도의 지체가 아닌 것이다. 그러므로 성령의 세례로 말미암아 그리스도와의 한 지체가 된 자는 그리스도의 생명과 연결된 자이며 하늘의 소망으로 넘치는 축복을 받은 자가 된 것이다.

사도 바울은 우리가 유대인이나 헬라인이나 종이나 자유자나 누구이든 다 한 성령으로 세례를 받아 한 몸이된 사실을 고린도교회에 전달하였다. 손과 발이 한몸에 붙어서 하나의 자신을 이루듯 성령세례로 말미암아 한 몸이 된 자는 한 소망 안에서 서로 연결하여 살아가게 되는 것이다.

둘째, 영의 갈등이 해갈되어짐

성령세례의 축복은 영의 갈증을 해갈 받게 된다. 인간은 나면서부터 영의 갈증을 안고 태어났다. 그러므로 지상의 수많은 사람들이 영의 갈증을 해갈해 보기 위하여 음악과 스포츠, 여행과 오락, 심어지는 술과 담배, 대마초, 마약등으로까지 안간힘을 다 기울여 보고 있으나 이것들은 목마른 항해자들의 바닷물 퍼마시기에 불과할 뿐 인간의 근본적인 영적 갈증은 해갈해 줄 수가 없는 것이다. 하와이에서 성회를 인도하는 중에 섭씨 30도에 가까운 해변에 세계 각국의 여행자들이 모여들어 낭만을 즐기며 인생의 고뇌를 씻어 볼려고 노력하는 모습들을 바라볼 수가 있었다. 그러나 이 모든 즐거움들은 정서와 감정의 일부를 자극시켜 줄뿐 인생의 근본문제인 영혼의 갈증은 해갈해 줄 수는 없는 것이다.

주님께서는 누구든지 목마르거든 내게로 와서 마시라고 하셨고 내가 주는 물을 먹는 자는 영원히 목마르지 아니하거니와 그 배에서 생수의 강이 넘치리라고 하였다. 주님께서 말씀하신 이 생수의 강은 믿는 자가 받을 성령의 은혜를 의미하는 말인 것이다. 특히 오늘 본문의 말씀 가운데 한 성령으로 마시게 하셨다고 하신 고린도전서 12:13의 말씀도 성령세례로 말미암아 영적 갈증을 해갈해 주시는 하나님의 약속의 말씀인 것이다.

셋째, 속사람이 능력으로 강건하게 되어짐

성령세례의 축복은 속사람의 능력으로 강건하게 되어지는 것이다. 에베소서 3:16에 말씀에 "그 영광의 풍성을 따라 그의 성령으로 말미암아 너희 속사람을 능력으로 강건하게 하옵시며"라고 하였다. 성령세례는 무엇보다도 인간의 속사람을 강건하게 하여 주신다. 인간의 육체를 포장으로 비유할 때 인간의 속사람은 알맹이와 같다. 그러므로 육의 사람이 아무리 강건하다 할지라도 속사람이 약하여지거나 병들어 있다면 이는 심장이 고장난 육신과 같고 엔진이 고장난 자동차와 같은 것이다.

그러므로 하나님은 우리에게 축복하실 때 "사랑하는 자여 네 영혼이 잘됨같이 네가 범사에 잘되고 강건하기를 내가 간구하노라"라고 하였다. 사랑하는 성도 여러분, 진실로 여러분의 속사람이 강건하여지기를 원하신다면 성령의 충만함을 받으시기 바란다. 성령은 영육의 모든 일에 기동력이 되시며 성공적인 삶의 원천이 되는 것이다. 우리는 무엇보다도 성령으로 말미암아 속사람이 강건해져야 한다. 사도 바울이 에베소 교인들을 향하여 축복할 때 성령으로 말미암아 속사람이 능력으로 강건하게 되어지기를 간구하였다. 이는 성령으로 말미암아 속사람이 능력으로 강건하게 되어질 때만이 모든 일에 승리할 수 있기 때문인 것이다.

넷째, 하늘 권세의 소유자가 되어짐

성령세례의 축복은 하늘권세의 소유자가 되어진다. 하나님은 인간에게 성령을 부어주실 때 하늘의 권세를 함께 부어 주시는 것이다. 그러므로 사도행전 1:8에 오직 성령이 너희에게 임하시면 너희가 권능을 받으라 하였으며, 예수님은 "너희가 내 이름으로 귀신을 내어 쫓으며 병든자에게 손을 얹은즉 나으라"고 하였다.

누가복음 9:1에도 예수님께서 제자들을 불러 모으시고 그들에게 귀신을 제어하며 병고치는 능력과 권세를 주신 말씀이 기록되어 있다. 하늘과 땅의 권세를 가지신 예수님은 오늘도 그를 믿는 모든 자들에게 임하여 주시며 성령과 함께 하나님의 능력을 부어 주신다. 하나님의 이 놀라운 은혜를 입은 자는 악령과 세상을 이기며 모든 일에 하나님의 능력으로 말미암아 승리의 삶을 살아갈 수 있게 되는 것이다.

다섯째, 성령의 뜨거운 불의 역사가 나타나게됨

성령세례의 축복은 뜨거운 불의 역사를 나타나게 되는 것이다.

이사야 18:4에 "내가 나의 처소에서 조용히 감찰함이 쬐이는 일광같고 가을 더위에 운무같도다"라고 하였다. 성령이 임하신 곳에는 햇빛같이 밝고 뜨거운 불의 역사가 나타나게 된다. 1734년에 성령이 충만한 에드워드가 노잠톤에서 '이신득의'(以信得義)에 관한 제목으로 설교하는 중 깜짝 놀랄 성령의 역사가 일어나기 시작하여 온 청중이 회개와 눈물로 뒤집혀진 큰 역사가 일어나게 된 것도 모두가 성령의 뜨거운 불의 역사로 말미암은 것이다.

사랑
(고린도전서 13:12-13)

희랍어에서 사랑을 나타낸 말 네 가지의 단어를 살펴보면 남녀의 사랑 에로스, 친족간의 사랑 스톨게, 친구간의 사랑 필리아, 하나님의 인간에 대한 사랑을 아가페로 나타난 것을 보게 된다. 사랑은 참으로 위대하고 고귀한 것이다. 사랑이 없이 미움과 증오만이 있는 세계는 마귀의 세계요 지옥의 세계이며 슬픈 세계이다. 그러나 성령의 역사 안에서 사랑의 세계는 기쁨으로 충만한 세계이며 아름답고 평화로운 세계인 것이다.

성도에 있어서 뛰어난 특징으로 사랑 이상가는 것은 없다. 그러면 먼저 사랑의 우월성에 대하여 말씀드리겠다 첫째, 요한복음 13:35에 예수님께서 말씀하시기를 "너희가 서로 사랑하면 이로써 모든 사람이 너희가 내 제자인줄 알리라"고 하셨고, 둘째로 요한일서 3:14 말씀에 "우리가 형제를 사랑함으로 사망에서 옮겨 생명으로 들어 간줄을 안다"고 하셨고, 셋째로 로마서 13:8 말씀에 "남을 사랑하는 자는 율법을 다 이루었다"고 하였다.

보덴슈데트가 말한 바와 같이 사랑은 생명의 꽃인 것이다. 우리 인간에게 아무리 주 예수 그리스도를 증거하는 다양한 특징이 많이 있다 할지라도 사랑이 없으면 모두가 무효가 되고 마는 것이다. 이 사실에 대하여 고린도전서 13:1 이하에서 말씀하시기를 "내가 사람의 방언과 천사의 말을 할지라도 사랑이 없으면 소리나는 구리와 울리는 꽹과리가 되고 내가 예언하는 능이 있어 모든 비밀과 모든 지식을 알고 또 산을 옮길만한 모든 믿음이 있을지라도 사랑이 없으면 내가 아무 것도 아니요 내게 있는 모든 것으로 구제하고 또 내 몸을 불사르게 내어 줄지라도 사랑이 없으면 내게 아무 유익이 없느니라"고 하였다.

이와 같이 사랑은 모든 것의 우월성을 가지고 있다. 그러면 사랑의 본질이 무엇인가에 대해서 고린도전서 13장에 나타난 16가지 중요내용을 요약해서 말씀드리겠다.

1. 사랑은 오래 참는 것이라고 하였다.

사도 바울은 골로새서 1:11에서 말씀하시기를 그 영광의 힘을 좇아 모든 능력으로 능하게 하시며 기쁨으로 모든 견딤과 오래 참음에 이르게 해야 한다고 하였다.

2. 사랑은 온유한 것이라고 하였다.

온유란 하나님의 권위에 절대 순종을 말한다. 기독교의 특색은 머리로 투쟁하고 격투하는 것이 아니라 모든 것을 하나님께 맡기고 기도하는 것이다. 원수에게도 혈육으로 도전하지 말고 하나님께 금식하며 기도하는 중에 하나님의 위대하신 승리의 역사를 체험하게 되는 것이다. 하나님은 온유한 자에게 땅을 차지하게 하였다. 온유한 자는 많은 친구를 얻게되며 고금을 막론하고 큰일을 향한 자는 모두가 온유한 자들이었던 것을 보게 된다.

3. 사랑은 투기하지 아니하는 것이다.

'투기'란 히브리어의 '키나'(קִנְאָה) 즉 시기, 질투, 증오 등을 의미하는 말이다. 나보다 남이 잘될때 비평을 한다거나 시기하는 것은 사랑의 마음이 아니다. 질투와 시기는 대단히 무서운 것이다. 이것이 심해지면 사람을 죽이기도 한다. 그러나 사랑의 마음은 나보다 남이 높아지거나 잘될 때 만들어주고 축복해 주며 함께 배우고 받으며 함께 전진하게 하며 앞선 자를 밀어주게 함으로 드디어 자기도 잘되게 하여 주는 마음인 것이다.

4. 사랑은 자랑하지 않는 것이다.

사랑이란 자기를 나타내고 높이며 하나님의 은혜를 앞세우지 아니하고 자기의 공로를 앞세우며 하나님께 돌릴 영광을 자기가 가로채는 행위를 의미한다. 성도는 시편 34:2의 말씀과 같이 영혼으로 여호와를 사랑해야 하며 또한 고린도전서 1:31의 말씀대로 자랑하는 자는 주안에서 주님을 사랑해야 한다.

5. 사랑은 교만하지 않는 것이다.

교만은 사탄의 유산물이다. 그런고로 교만은 패망의 선봉이요 멸망의 앞잡이가 되는 것이다. 하나님은 낮아진 자를 높여주시며 겸손한 자에게는 누구에게 은혜를 아끼시지 않고 부어 주시는 것이다.

6. 사랑은 무례히 행치 않는 것이다.

예절생활은 참된 사랑의 행위인 것이며 아름다운 미덕인 것이다.

7. 사랑은 자기 유익을 구치 않는 것이다.

참된 사랑의 소유자는 언제나 위로 하나님을 위하여 살며 아래로 땅의 모든 인생을 친구로 삼아 이타주의로 살아가는 것이다.

8. 사랑은 성내지 아니하는 것이다.

야고보 1:20 말씀에 사람의 성내는 것이 하나님의 의를 이루지 못한다고 하였다.

9. 사랑은 악한 것을 생각지 아니한다.

사람이 잊을 것을 잊어야 취할 것을 취하게 된다.

10. 사랑은 불의를 기뻐하지 아니하는 것이다.

하나님께는 불의가 없으시기 때문에 의의 사람을 기뻐하시며 그들과 함께 역사하여 주시는 것이다.

11. 사랑은 진리와 함께 기뻐하는 것이다.

진리는 곧 나는 진리라고 말씀하신 예수 그리스도이시며 주님의 모든 말씀이 진리인 것이다. 그런고로 우리는 주님에 관한 모든 일로 말미암아 기뻐해야 한다.

12. 사랑은 모든 것을 참는 것이다.

때로는 성도에게 어려운 시험이 닥쳐오고 고난의 먹구름이 환난의 모진 바람이 몰아쳐도 참고 견딜때 더 큰 영광으로 바꾸어지는 날이 분명히 찾아오게 되는 것이다.

13. 사랑은 모든 것을 참는 것이다.

성도가 시련 가운데서도 참고 견디는 이유는 하나님의 섭리가 있으신 것을 믿기 때문이다.

14. 사랑은 모든 것을 바라는 것이다.

언제나 긍정적인 자세로써 멀리로는 영원한 소망이신 주 예수 그리스도를 통하여 천국을 바라보며 오늘보다 내일의 더 좋은 소망을 바라보고 살아가야 한다.

15. 사랑은 모든 것을 견디는 것이다.

인생의 나그네 길에는 누구에게나 수많은 고난과 환난이 부닥쳐 온다. 그럴때마다 당황하거나 두려워하지 말고, 올 것이 왔구나 하고 견디어 나가야 한다.

16. 사랑은 영원히 떨어지지 아니한다.

예언도 패하고 방언도 그치고 지식도 패하여 지는 때가 오지만 사랑은 영원히 빛나며 영원한 기쁨과 영원한 승리를 안겨주는 것이다.

사랑하는 성도 여러분, 위대한 사랑으로 승리하며 살아갑시다.

부활 신앙
(고린도전서 13:9-13)

유대인들은 본래 성경이 하나님의 말씀인 것과 능력의 하나님이신 것을 굳게 믿고 살아왔다. 그런데 이 민족이 오랫동안 외세의 침입에 시달린 결과 다른 민족의 문화 즉 인간적인 문화, 인본적인 사상이 저희들에게 계속적인 영향을 미쳐서 온 인류를 구원하는 메시야가 아니라 외세의 침입을 막고 자기나라를 로마의 속국에서 벗어나게 하여 옛날처럼 번영을 누릴 수 있도록 해 줄 수 있는 민족적인 메시야관으로 바뀌어졌던 것이다. 그래서 예수님 당시에는 자기가 메시야라고 하는 사람들이 많이 있었다. 세례 요한은 그 땅에 예수님이 오셨는데도 "오실 그이가 당신이오니이까?"라고 예수님께 질문했다. 사도 바울도 역시 현세적이고 힘있는 인간적인 메시야를 기다리는 입장이었다. 메시야관이 점점 변질됨에 따라 성경관도 어떤 관습이나 제도에 얽매인 성경관으로 점점 바뀌어졌다.

이 두 가지 조류가 유대땅에 퍼져서 그 때 당시 모든 유대 백성들은 겉으로는 하나님을 잘 믿는 것처럼 보였지만 진정한 메시야가 누구인지, 성경이 무엇인지 잘 분간하지 못하는 희미한 눈을 가지고 살았던 것이다. 사도바울은 이와 같은 시대적인 상황에서 신앙생활을 했던 사람이다. 그러면 사도 바울을 통해서 하나님께서 제시해 주신 부활의 의미와 부활의 주님을 만난 후의 사울의 변화된 모습을 상고하면서 함께 은혜를 나누고자 한다.

첫째, 사도 바울을 통해 비추어 본 부활의 의미

사도 바울은 잘못된 메시야관을 가지고 그 때 당시 예수의 도를 좇는 사람들을 잡으려고 다메섹으로 가다가 빛되신 주님을 만나고 부활하신 주님의 음성을 들었다. 그는 부활의 주님을 만난 후 그의 잘못된 메시야관이 바뀌어졌다. 왜냐하면 그는 인간의 음성을 들은 것이 아니라 부활하신 주님의 음성을 들었기 때문이다. 민족적인 메시야관에서 온 인류를 대속하려 오신 메시야관으로 바뀌어졌던 것이다. 현세적이고 인간으로 오신 메시야가 아니요 미래의 심판주로 오실 영적인 메시야라는 것을 깨달은 것이다.
   그리고 성경관도 바뀌어졌다. 율법적인 성경, 어떤 제도나 관습적인, 윤리적이고 도덕적인 성경이 아니라 인간의 생명을 살리는 하나님의 말씀이라는 것을 깨닫게 되었던 것이다. 그는 이 두 가지를 보는 영의 눈이 확실하게 떠졌다. 이것이 바로 하나님께서 제시해 주신 부활의 의미인 것이다. "우리가 이제는 거울로 보는 것같이 희미하나 그 때에는 얼굴과 얼굴로 대하여 볼 것이요"(12절).

둘째, 부활의 주님을 만난 후 사도 바울의 변화
   부활의 주님을 만나 후 사도 바울은 ① 하나님의 은혜에 감사하여 생명을 내걸고 복음을 전했다. 그는 자기의 온몸을 주님을 위해 바쳤던 것이다. 어떤 시련이나 역경 고난도 그에게는 하나님께 영광을 돌리는 하나의 수단에 불과했다. ② 교회를 사랑하여 이 땅위에 교회를 하나라도 더 세우기 위해서 지구를 세 바퀴나 돌면서 곳곳에 많은 교회를 세웠다. ③ 영혼을 뜨겁게 사랑했다. 이것이 바로 부활의 눈이 떠진 사람, 부활의 귀가 열린 사람들의 삶의 모습이라 생각한다.

   사랑하는 성도 여러분!
   사도바울처럼 아름다운 부활신앙을 소유하여 어린아이의 일을 버리고 장성한 사람이 되며 희미한 것을 보는데서 분명한 것을 볼 수 있는 성숙한 그리스도인이 되시기를 주의 이름으로 축원한다.

지혜에 장성한 사람
(고린도전서 14:20)

"형제들아 지혜에는 아이가 되지 말고 악에는 어린아이가 되라 지혜에 장성한 사람이 되라"(고전 14:20). 사도 바울은 오늘 본문에서 우리가 지혜에 장성한 사람이 될 것을 권면하고 있다. 지혜에 장성하지 못한 사람은 진리를 표면적으로 알고 믿지 않기 때문에 죄만 축적하는 자이다. 이사야 선지자는 이러한 자에게 "너희가 어찌하여 매를 더 맞으려고 더욱더 패역하느냐? 온 머리는 병들었고, 온 마음은 피곤하였으며, 발바닥에서 머리까지 성한 곳이 없어 상한 것과 터진 것과 새로 맞은 흔적 뿐이어늘 그것을 짜며 지혜를 가지고 하나님의 지혜로 대신하지 아니하고 오직 하나님의 지혜로 살아가는 자이다.

사도 바울은 고린도전서 13:11에 "내가 어렸을 때에는 말하는 것이 어린아이와 같고 깨닫는 것이 어린아이와 같고 생각하는 것이 어린아이와 같다가 장성한 사람이 되어서는 어린아이의 일을 버렸노라"고 말씀했다.

그러면 지혜에 장성한 사람이 되려면 어떻게 해야 하는가에 대해서 말씀을 상고하면서 함께 은혜를 나누고자 한다.

첫째, 하나님을 완전히 신뢰해야 한다.

"너희는 너희 하나님 여호와를 신뢰하라 그리하면 견고히 서리라"(대하 20:20). 하나님을 완전히 신뢰했던 사도 바울은

① 나는 십자가외에 알지 않기로 작정한다.
② 만일 식물이 내 형제로 실족케 하면 나는 영원히 고기를 먹지아니하여 내 형제를 실족치 않게 하겠다.
③ 나는 보수를 위해서 일하지 아니하겠다.
④ 나는 그리스도를 위해서 죽을 각오를 결심한다.
⑤ 나는 그리스도가 존귀케 되기를 바란다라고 다섯 가지 결심을 하며 신앙생활을 했다.

오늘날 신자들 중에는 요행을 바라는 기복적인 신앙생활을 하는 자들이 있다. 우리는 시대적인 감각에 맞추어서 신앙생활을 할 것이 아니라 하나님을 완전히 신뢰하고 하나님의 말씀대로 살아갈때 시대에 끌려가는 사람이 되지 아니하고 시대를 끌고 가는 사람이 될 줄 믿는다. 검(劍)은 사람을 죽는데서 구원하지 못하지만 하나님의 말씀은 우리를 죄에서 구원하는 초자연적인 능력이 있기 때문이다.

둘째, 그리스도의 주장대로 살아야 한다.

그리스도는 하나님의 능력이요 하나님의 지혜이다(고전 1:24). 또한 우리는 예수 그리스도로 말미암아 구원을 받았다. 그러므로 우리는 그리스도의 주장대로 살아야 한다.

우리가 그리스도의 주장대로 살아가려면

① 육체의 욕심대로 살지 말아야 한다. "그리스도 예수의 사람들은 육체와 함께 그 정과 욕심을 십자가에 못박았느니라"(갈 5:24).

② 자기를 부인하고 머리되신 그리스도의 지배를 받으며 살아야 한다. "오직 사랑 안에서 참된 것을 하여 범사에 그에게까지 자랄지라 그는 머리니 곧 그리스도라"(엡 4:15).

③ 예수의 심장으로 살아야 한다. "내가 예수 그리스도의 심장으로 너희 무리를 어떻게 사모하는지 하나님이 내 증인이시니라"(빌 1:8).

④ 복음을 합당한 삶을 살아야 한다. "오직 너희는 그리스도 복음에 합당하게 생활하라"(빌 1:27) 지혜에 장성한 사람이 되려면 이와 같이 그리스도의 주장대로 살아야 하는 것이다. "그리스도의 평강이 너희 마음을 주장하게 하라 평강을 위하여 너희가 한 몸으로 부르심을 받았나니 또한 너희는 감사하는 자가 되라"(골 3:15).

셋째, 사명의 길을 잘 가야 한다.

"오늘날 내일과 모레는 내가 갈 길을 가야 하리니…"(눅 13:33). 여기에서 '갈 길'이란 곧 사명의 길을 말하는 것이다.

예수님은 이 땅에 계실 때

① 가르치는 사명을 다하셨다. 지식의 말씀으로, 지혜의 말씀으로, 예언

의 은사로 제자들과 많은 무리들을 가르치셨다. "예수께서 이 말씀을 마치시매 우리들이 그 가르치심에 놀래니 이는 그 가르치시는 것이 권세 있는 자와 같고…"(마 7:28-29).

② 선교적 사명을 다하셨다. "예수께서 열두 제자에게 명하시기를 마치시고 이에 저희 여러 동네에서 가르치시며 전도하시려고 거기를 떠나 가시니라"(마 11:1).

③ 병고침과 약한 자를 돕는 사명을 다하셨다. "예수께서 온 갈릴리에 두루 다니사 저희 회당에서 가르치시며 천국복음을 전파하시며 백성 중에 모든 병과 약한 것을 고치시니…"(마 4:23). 이와 같이 우리도 사명을 완수하신 예수님을 본 받아 사명의 길을 잘 갈때 지혜에 장성한 사람이 될 줄 믿는다.

사랑하는 성도 여러분! 하나님을 완전히 신뢰하고 그리스도의 주장대로 살아가며 사명의 길을 잘 감으로 말미암아 지혜에 장성한 사람이 되어 사도 바울과 같이 복음 전파의 사명을 잘 감당하시는 성도 여러분이 되시기를 주의 이름으로 축원한다.

그리스도 부활의 증거
(고린도전서 15:1-19)

이 땅에서 가장 큰 복음 소식은 바로 죽음이 생명으로 바꾸어진 사실이다. '부활' 이라는 말은 '소생한다, 위로 올라간다, 깨어난다' 는 의미가 있다. 부활 주일을 맞이하여 연약한 육체가 강건해지고 세상 생활을 하는 동안 아프고 쓰라린 수많은 상처들이 치유되며, 위로와 소망이 넘치게 되기를 예수 이름으로 축원한다. 사실 우리 기독교 신학의 핵심은 부활이다. 이 부활을 중심으로 해서 우리 기독교의 모든 진리가 연결된다. 그러면 예수 그리스도의 부활은 어떻게 증거되었는가에 대해서 말씀을 상고하면서 함께 은혜를 나누고자 한다.

첫째, 예수님께서 친히 말씀으로 증거했다.

"예수께서 가라사대 나는 부활이요 생명이니 나를 믿는 자는 죽어도 살겠고 무릇 살아서 나를 믿는 자는 영원히 죽지 아니하리니 이것을 네가 믿느냐?" 예수님 자신이 십자가의 고난을 당하시기 전에 미리 말씀하셨다. 예수님은 자신이 십자가의 고난을 당하시고 3일만에 다시 살아나실 것을 여러차례 말씀하셨다. "이 때로부터 예수 그리스도께서 자기가 예루살렘에 올라가 장로들과 대제사장들과 서기관들에게 많은 고난을 받고 죽임을 당하고 제 삼 일에 살아나야 할 것을 제자들에게 비로소 가르치시니"(마 16:21). "죽임을 당하고 제 삼 일에 살아나리라 하시니 제자들이 심히 근심하더라"(마 17:23). "이방인들에게 넘겨 주어 그를 능욕하며 채찍질하며 십자가에 못박게 하리니 제 삼 일에 살아나리라"(마 20:19).

둘째, 천사들이 증거했다.

"천사가 여자들에게 일러 가로되 너희는 무서워 말라 십자가에 못박히신 예수를 너희가 찾는 줄을 내가 아노라 그가 여기 계시지 않고 그의 말씀하시던 대로 살아나셨느니라 와서 그의 누우셨던 곳을 보라"(마 28:5-6). 다른 종교들은 무덤을 자랑하나, 기독교는 오히려 예수님의 빈 무덤을 자랑한다. 예수님의 부활은 너무 중요한 사실이기 때문에 하나님께서 천사들을 통해서도 증거하게 했다.

셋째, 부활의 실체로 증거했다.

"내가 받은 것을 먼저 너희에게 전하였노니, 이는 성경대로 그리스도께서 우리죄를 위하여 죽으시고 장사지낸 바 되었다가 성경대로 사흘만에 다시 살아나사 게바에게 보이시고 후에 열두 제자에게와 그 후에 오백여 형제에게 일시에 보이셨나니 그 중에 지금까지 태반이나 살아 있고 어떤 이는 잠들었으며 그 후에 야고보에게 보이셨으며 그 후에 모든 사도에게와 맨 나중에 만삭되지 못하여 난 자 같은 내게도 보이셨느니라"(3-8절).

예수님께서는 실제로 부활하신 몸의 모습을 게바와 열두 제자와 오백여 형제와 야고보와 모든 사도와 바울 등 여러 차례 여러 사람들에게 나타내셨다. 심지어 요한복음 20:19-20에 보면 제자들이 유대인들을 두려워하여 문들을 닫고 있는 곳에도 예수님이 나타나셔서 옆구리를 보이셨다. 예수님의 부활은 곧 우리에게 소망과 평강과 승리를 가져다 준다.

넷째, 사도들이 증거했다.

사도 바울은 모든 자에게 예수님의 부활 사건을 증거했다. 고린도전서 15:12-19에 보면 "그리스도께서 죽은 자 가운데서 다시 살아나셨다 전파되었거늘 너희 중에서 어떤 이들은 어찌하여 죽은 자 가운데서 부활이 없다 하느냐 만일 죽은 자의 부활이 없으면 그리스도도 다시 살지 못하셨으리라 그리스도께서 만일 다시 살지 못하셨으면 우리의 전파하는 것도 헛것이요 또 너희 믿음도 헛것이며…만일 그리스도 안에서 우리의 바라는 것이 다만 이생 뿐이면 모든 사람 가운데 우리가 더욱 불쌍한 자리라"고 말씀했다.

사랑하는 성도 여러분! 예수님의 부활은 예수님께서 친히 말씀으로 증거했고, 천사들이 증거했으며, 부활의 실체로 증거했고, 사도들이 증거했다. 예수님의 부활을 믿고, 부활의 소망을 가지고 살면서 아직도 예수님을 믿지 않는 모든 사람들에게 부활의 예수님을 전하시는 성도 여러분이 되시기를 주의 이름으로 축원한다.

그리스도 부활의 의미
(고린도전서 15:17-20)

부활절을 맞이하여 한국의 4만교회와 1,200만 성도가 또 세계 10억 주의 백성들이 부활의 주님을 찬양드리고 있다. 오늘은 그리스도 부활의 의미를 상고하면서 함께 은혜를 나누고자 한다. 예수님의 부활의 의미는,

첫째, 성도 부활의 첫 열매가 되어 주신 것이다.

"이제 그리스도께서 죽은 자 가운데서 다시 살아 잠자는 자들의 첫 열매가 되셨도다"(고전 15:20). 성경에 보면 성도의 부활의 확증의 말씀들이 많이 있다. "나팔소리가 나매 죽은 자들이 썩지 아니할 것으로 다시 살고 우리도 변화하리라"(고전 15:52). "예수께서 가라사대 나는 부활이요 생명이니 나를 믿는 자는…영원히 죽지 아니하리니"(요 11:25-26) "내 백성들아 내가 너희 무덤을 열고 너희로 거기서 나오게 하고 이스라엘 땅으로 들어가게 하리라"(겔 37:12). "주의 거룩한 자로 썩지 않게 하실 것임이니이다"(시 16:10). "하나님은 나를 영접하시리니 이러므로 내 영혼을 음부의 권세에서 구속하시리로다"(시 49:15).

예수님의 부활 사건은 온 인류의 소망이다. 예수님의 부활은 곧 성도의 부활을 확증해 주신 것이다.

둘째, 원수 마귀를 짓밟고 승리하신 것이다.

강도도 무섭지만 그 보다 더 무서운 것은 원수 마귀이다. 만일 예수 그리스도께서 마귀에게 지셨다면 오늘 우리는 한 사람도 마귀를 이길 수가 없을 것이다. 예수님께서 마귀를 이기셨기 때문에 우리도 이길 수 있는 것이다. 그래서 우리는 절대로 마귀를 두려워 할 필요가 없다.

마귀는 육적인 질병 뿐만 아니라 영적인 고통도 가져다 준다. 요한계시록 9:5에 보면 마지막 때에 전갈이 쏘는 것 같은 고통의 때가 온다고 했다. 예수님께서 이러한 마귀를 이미 이겨 주셨으니 우리는 예수의 이름으

로 승리할 수가 있다.

셋째, 절망과 좌절에서 승리를 가져다 주신 것이다.

막달라 마리아는 일곱 귀신이 들어간 사람이다. 그녀는 일곱 귀신에게 사로 잡혀서 말할 수 없는 고통을 당하다가 예수님을 만나 고침을 받았다. 그런데 예수님께서 십자가에 못박혀 죽으신 모습을 보자 절망과 좌절속에 빠지게 되었다. 그러나 예수님의 무덤을 찾아가 예수님의 부활하신 사실을 확인한 후 그녀는 제일 먼저 예수님의 부활 소식을 전하는 자가 되었다.

예수님의 제자들도 예수님이 죽으신 후 자기들 신변에 위협을 느껴서인지 모두들 절망과 좌절에 빠져 숨어 다니면서 문을 잠그고 지내곤 하였는데, 부활하신 예수님을 만난 후 소망과 기쁨으로 가득차서 땅끝까지 복음을 전하는 자들이 되었다.

넷째, 죽음을 생명으로 바꾸어 놓으신 것이다.

영국의 유명한 탐정 소설가인 사이어스라고 하는 사람은 '그리스도의 부활을 목격한 자들은 아무도 죽음에 대해서 무서워하지 않는다'라고 말했다. 오늘 우리는 예수님의 부활 사건을 영으로 바라보면서 육신의 죽음을 두려워할 필요가 없다. 왜냐하면 우리의 육신은 예수님이 재림하실 때 홀연히 순식간에 썩지 아니할 것으로 변화될 것이기 때문이다. 우리에게는 영생(永生)이 있다. 예수 그리스도께서 이것을 우리에게 주셨다.

사랑하는 성도 여러분!

성도 부활의 첫 열매가 되어주시고 원수마귀를 짓밟고, 절망과 좌절에서 승리하시며, 죽음을 생명으로 바꾸어 놓으신 예수 그리스도의 부활의 은혜에 감사하면서 땅끝까지 복음을 전파하는 부활의 증인이 되시기를 주의 이름으로 축원한다.

부활의 축복
(고린도전서 15:51-58)

예수 그리스도의 부활은 하나님께서 우리 성도들에게 주신 무한한 축복이다. 예수 그리스도의 구속사역을 믿음으로 받아들인 자는 성령으로 주와 연합하여 공동체를 이룸으로써, 우리의 죄값을 대속한 주의 죽으심에 동참하여 모든 죄를 사함받고, 주의 부활에 동참하여 죽음으로부터의 해방과 영생의 시작인 부활의 축복을 얻게 된다. 부활의 주님을 만난 자들이 새 힘을 얻은 것처럼 금번 부활절을 통해서 절망 중에 있는 자들이 소망을 얻고, 어려운 현실에 처한 우리나라에 좋은 소식이 있기를 기원한다. 그러면 부활의 축복이란 무엇인가에 대해서 말씀을 상고하면서 함께 은혜를 나누고자 한다.

첫째, 승리를 주신 축복이다.

사도 바울은 본문에서 예수 그리스도의 재림과 더불어 성도들이 누리게 될 부활의 궁극적인 승리를 찬양하고 있다. 예수 그리스도의 부활은 ① 죄악에 대한 승리이다(롬 6:17-18). ② 사망에 대한 승리이다(고전 15:11). 바울은 부활로 인해 멸망할 이 사망을 비웃었다. ③ 사탄의 권세에 대한 승리이다. 누구든지 귀신을 무서워한다. 그 이유는 귀신이 사람보다 더 힘이 세기 때문이다. 그런데 하나님께서 예수 믿는 사람에게는 귀신을 이길 수 있는 능력을 주셨다.

둘째, 소망을 주신 축복이다.

"예수께서 안식 후 첫날 이른 아침에 살아나신 후 전에 일곱 귀신을 쫓아내어 주신 막달라 마리아에게 먼저 보이시니"(막 16:9). 예수님은 부활하신 자신의 모습을 제일 먼저 막달라 마리아에게 보여 주셨다. 막달라 마리아는 전에 일곱 귀신 들린 자로서 모든 사람에게 버림받은 자였으나 예수님께 고침받고 새로운 삶을 시작한 자였다. 그런데 그 예수님이 십자가에 달려 죽으시자 그 여인은 절망하고 좌절할 수밖에 없었다. 그래서 예수님은 그 여인에게 제일 먼저 부활하신 자신의 모습을 보여 주신 것이다.

예수님이 우리에게 주신 소망은 ① 산 소망이다. "찬송하리로다 우리 주 예수 그리스도의 아버지 하나님이 그 많으신 긍휼대로 예수 그리스도의 죽은 자 가운데서 부활하심으로 말미암아 우리를 거듭나게 하사 산 소망이 있게 하시며"(벧전 1:3). ② 죽음에서도 가지는 소망이다. "악인은 그 환난에 엎드러져도 의인은 그 죽음에도 소망이 있느니라"(잠 14:32). ③ 하늘에 쌓아둔 소망이다. "너희를 위하여 하늘에 쌓아둔 소망을 인함이니 곧 너희가 전에 복음 진리의 말씀을 들은 것이라"(골 1:5).

셋째, 영생을 주신 축복이다.

"내가 저희에게 영생을 주노니 영원히 멸망치 아니할 터이요 또 저희를 내 손에서 빼앗을 자가 없느니라"(요 10:28). 부활의 예수님은 우리에게 영생의 축복을 주셨다.

영생의 축복을 받은 자는 ① 영원히 멸망치 않는다. 어떤 분은 주일에 나오면 영생을 얻은 것 같고, 천국에 갈 확신이 있는 것 같은데, 한주간 동안 이 사업 저 사업하다가 속상한 일이 있으면 그만 영생이 없어진 것 같고, 멸망할 것만 같아 불안하다고 한다. 주의 약속은 변치 않는다. 영생이란 헬라어로 '조예'($\zeta\omega\eta$)인데 '영원한 생명, 영원한 삶, 영원한 천국 삶'을 의미한다. ② 하나님의 손에서 아무도 빼앗을 자가 없다. ③ 심판이 없다. "내가 진실로 진실로 너희에게 이르노니 내 말을 듣고 또 나 보내신 이를 믿는 자는 영생을 얻었고 심판에 이르지 아니하나니 사망에서 생명으로 옮겼느니라"(요 5:24). 예수 믿는 사람은 죄를 범했을 때 징계는 있을 수 있으나, 심판은 없다.

사랑하는 성도 여러분! 예수님은 죽은지 사흘만에 부활하심으로써 우리에게 승리와 소망과 영생의 축복을 주셨다. 이 예수님을 끝까지 잘 믿고 주의 일에 더욱더 충성하면서 부활의 증인으로서 영원히 승리하는 성도 여러분이 되시기를 주의 이름으로 축원한다.

예수 부활의 3대 승리
(고린도전서 15:51-58)

이 세계 모든 역사들은 정치가나 어떤 영웅들에 의해서 통치되는 것이 아니다. 절대적으로 하나님께서 창조의 권능의 손으로 통치하고 계신다. 또한 이 세계는 그 누구도 한치 앞을 예측할 수 없고, 우리의 생애나 국가의 장래에 대해서도 장담할 수 없는 현실이다. 그러나 영원히 변함이 없는 한가지 분명한 사실은 하나님의 놀라우신 약속과 축복으로 살아계신 하나님의 공의의 통치 아래 하나님의 뜻이 이 땅에 이루어지고 있다는 것이다.

오늘은 우리 주님께서 사망 권세를 깨뜨리시고 부활하신 부활절 주일을 지키는 날이다. 승리의 날이다. 영광의 날이다. 이처럼 의미있는 부활절을 맞이하여 병든 자는 건강해지고, 가난한 자는 부유해지며, 마음이 답답한 자는 기쁨이 충만해지고, 교회 등록은 했지만 아직 예수를 구주로 고백하지 못한 자나 교회 신자는 되었지만 아직 성령의 충만함을 받지 못한 자는 성령의 충만함을 받아 새롭게 거듭나는 역사가 있기를 주의 이름으로 축원한다.

그러면 예수 부활의 3대 승리가 무엇인가에 대해서 말씀을 상고하면서 함께 은혜를 나누고자 한다.

첫째, 사망 권세에 대한 승리이다.

"이 썩을 것이 썩지 아니함을 입고 이 죽을 것이 죽지 아니함을 입은 때에는 사망이 이김을 삼킨 바 되리라고 기록된 말씀이 응하리라"(54절). 죽음 앞에서는 그 누구도 피할 길이 없다. 사람이 이 땅에 태어나서 한 번 죽는 것은 하나님의 정하신 만고 불변의 법칙이기 때문이다. 그래서 인간은 오래 동안 죽음 앞에 공포를 가지고 살아왔다.

스위스의 프로테스탄트 신학자인 하이테크는 말하기를 "죽음 앞에 서는 자는 모든 것을 포기하라"고 했다. 잘 생기고, 똑똑하고, 달변 좋고, 통솔력 있고, 지위, 명예, 부귀영화 모든 것을 다 소유한 뛰어난 영웅이라 할지라도 '죽음'이라고 하는 두 글자 앞에서는 모든 것을 다 포기할 수 밖에 없다. 사실 째깍거리는 시계소리는 사람이 공동묘지를 향하여 행군하는 장단소리와 같다.

그러나 사망 권세에 대해 승리하신 예수를 믿는 자들은 이런 사망을 이길 수 있는 축복을 받았고, 죽음은 곧 주님이 예비하신 천국에 들어가는 관문이라는 믿음이 있기 때문에 죽음을 두려워하지 않는다. 사실 이 세상에서 죽음을 이기시고 승리하신 분은 오직 예수 그리스도밖에 아무도 없다.

요한계시록 14:13에 보면 "또 내가 들으니 하늘에서 음성이 나서 가로되 기록하라 지금 이후로 주 안에서 죽는 자들은 복이 있도다 하시매 성령이 가라사대 저희 수고를 그치고 쉬리니 이는 저희의 행한 일이 따름이라 하시라"고 말했다.

또 요한복음 11:25, 26에 보면 "예수께서 가라사대 나는 부활이요 생명이니 나를 믿는 자는 영원히 죽지 아니하리니 이것을 네가 믿느냐"라고 말했다. 이 믿음을 가진 자는 죽음을 이기신 예수님의 승리로 말미암아 영원한 생명을 소유하게 되고, 항상 승리하는 신앙생활을 하게 될 줄 믿는다.

둘째, 죄악의 권세에 대한 승리이다.

에덴 동산에서 왜 인류가 추방되어 나왔는가? 인간에게 왜 슬픔이 왔는가? 인간에게 왜 죽음이 왔는가? 다 죄 때문이다. 인류의 비극은 한마디로 죄 때문에 왔고, 질병, 고통, 한숨, 불안, 공포 모든 것이 다 죄 때문에 왔다.

시편 38:3에 다윗은 기도하기를 "주의 진노로 인하여 내 살에 성한 곳이 없아오며 나의 죄로 인하여 내 뼈에 평안함이 없나이다"라고 했다. 또 잠언 28:13에 보면 "자기의 죄를 숨기는 자는 형통치 못하나 죄를 자복하고 버리는 자는 불쌍히 여김을 받으리라"고 말씀했고, 이사야 3:9에는 "그들의 안색이 스스로 증거하며 그 죄를 발표하고 숨기지 아니함이 소돔과 같으니 그들의 영혼에 화가 있을진저 그들이 재앙을 자취하였도다"라고 말했다. 뿐만 아니라 요한계시록 21:8에 보면 "두려워하는 자들과 믿지 아니하는 자들과 흉악한 자들과 살인자들과 행음자들과 술객들과 우상숭배자들과 모든 거짓말하는 자들은 불과 유황으로 타는 못에 참여하리니 이것이 둘째 사망이라"고 했다.

여러분! 누가 이러한 죄를 해결해 줄 수 있겠는가? 인간은 유전죄, 자범죄, 고범죄, 자의에 의한 죄, 타의에 의한 죄, 크고 작은 죄 등 죄 때문에 가슴 속에 멍이 들고 불안과 공포 속에서 살아가고 있다. 그런데 예수님께서 십자가에 달려 죽으심으로 죄악의 권세를 깨뜨리셨다. 로마서 5:8-10에 보면 "우리가 아직 죄인 되었을 때에 그리스도께서 우리를 위하여 죽으심으로 하나님께서 우리에게 대한 자기의 사랑을 확증하셨느니라 그러면 이제 우리가 그 피를 인하여 의롭다 하심을 얻었은즉 더욱 그로 말미암아 진노하심에서 구원을 얻을 것이니 곧 우리가 원수되었을 때에 그 아들의 죽으심으로 말미암아 하나님으로 더불어 화목되었은즉 화목된 자로서는 더욱 그의 살으심을 인하여 구원을 얻을 것이니라"고 말했다.

사랑하는 성도 여러분! 우리가 죄인 되었을 때에 예수 그리스도께서 우리가 구원받은 줄 믿으시기 바란다. 예수님께서는 그의 죽으심과 부활 승리하심으로 말미암아 우리 인간의 죄문제를 해결해 주신 것이다.

셋째, 사탄의 권세에 대한 승리이다.

마귀는 예수님을 채찍질하고 골고다 언덕으로 끌고 가서 십자가에 못박고, 조롱하고, 침 뱉고, 네가 만일 하나님의 아들이라면 십자가에서 내려오라고 호령을 했지만 예수님께서 부활하신 그 순간 사탄 마귀들은 벌벌 떨고 그 발 앞에 굴복한 줄 믿으시기 바란다.

요한일서 3:8에 보면 "죄를 짓는 자는 마귀에게 속하나니 마귀는 처음부터 범죄함이니라 하나님의 아들이 나타나신 것은 마귀의 일을 멸하려 하심이니라"고 말했다. 마귀 우리 인간을 지옥으로 끌고 가기 위해서 타락시키고 멸망의 길을 가게 하지만, 우리는 예수의 이름으로 사탄의 권세에서 승리할 수 있다.

지금 사탄은 최후로 발악하고 있다. "근신하라 깨어라 너희 대적 마귀가 우는 사자같이 두루 다니며 삼킬 자를 찾나니 너희는 믿음을 굳게 하여 저를 대적하라"(벧전 5:8-9).

몇년 전만 해도 불과 칠, 팔천명 정도였던 무당이 지금 60만명으로 증가 되었다고 한다. 우리나라의 성직자들을 6만명으로 볼 때 10배나 더 많은 귀신문화들이 성행하고 있다. 게다가 사주팔자, 관상보는 자들 20만명까지 합치면 80만명인데, 하루에 무당과 사주팔자 보는 사람들에게 갖다 주는 돈이 800억이라고 발표하는 것을 들었다. 지금 우리가 사는 이 땅에도 얼마나 많은 귀신문화, 우상문화들이 성행되고 있는지 모른다. 금번 부활절을 기하여 우리 기독교인들이 다시 한 번 새롭게 거듭나서 이러한 귀신 문화를 물리쳐야 되겠다. 누가복음 10:19에 보면 예수님께서 "내가 너희에게 뱀과 전갈을 밟으며 원수의 모든 능력을 제어할 권세를 주었으니 너희를 해할 자가 결단코 없으리라"고 말했다. 우리는 이 사탄의 능력을 제어하는 권세를 활용해서 승리해야 한다.

사랑하는 성도 여러분! 예수님은 부활하심으로 말미암아 사망권세와 죄악의 권세와 사탄의 권세에서 승리하셨다. 부활절을 맞이하여 부활 승리하신 예수님을 생각하면서 사망권세와 죄악의 권세와 사탄의 권세에서 항상 승리하는 여러분이 다 되시기를 주의 이름으로 축원한다. 할렐루야!

위대한 승리
(고린도전서 15:57)

이 세상은 휴전없는 치열한 전쟁마당으로서 죽이고 죽임을 당하며 빼앗고 빼앗기며, 엎치락 덮치락 예선도 결승도 없는 형형색색의 끊임없는 전쟁으로 살벌해져가고 있다. 그런고로 에베소서 5:16 말씀에 이 세대를 가리켜 '악한 때'라고 하였고 '어두움의 때'라고 하였으며, 또한 바울은 디모데에게 "믿음의 선한 싸움을 취하라 영생을 취하라 이를 위하여 네가 부르심을 입었고 많은 증인 앞에서 선한 증거를 증거하였다"(딤전 6:12)고 하였다. 그러면 우리가 무슨 싸움에 승리하는 자가 되어야 되는가에 대하여 네 가지로 먼저 말씀드리고, 위대한 승리를 가져올 수 있는 비결에 대하여 다섯 가지의 내용으로 말씀드리겠다.

첫째, 자신과의 싸움에서 승리하는 자가 되어야 한다.

가장 먼저 싸워 이겨야 할 적은 멀리 있는 것이 아니라 바로 자기 자신 안에 있는 것을 알아야 한다. 범죄한 아담의 후손인 모든 인간은 부패성과 타락성, 자만성과 나태성, 미약성과 변질성, 우매하고 미련하고 부정하고 추악한 요소들이 누구에게나 가득 채워져 있는 것이다.

그런고로 사도 바울은 자신의 연약함을 발견한 그날부터 "믿음의 주요, 또 온전케 하시는 이인 예수님의 십자가 앞에 나아가 자신의 죄악을 깊이 참회하고 자신을 쳐서 십자가에 못박아 버리고 날마다 죽는 생활을 계속하였다"고 하였다. 인간이 자신을 다스릴 줄 아는 자는 큰 성을 다스리는 자보다 위대한 자이며 승리자가 되는 것이다. 그런고로 우리는 항상 자신을 알아야 한다. 자신을 아는 자는 적을 알 수 있게 되고 적을 아는 자는 승리를 가져올 수 있게 되는 것이다.

유명한 중국의 손자병법에 보면 "적을 알고 자기를 알면 백전백승의 승리를 가져오게 되고 자기만 알고 적을 모르면 일승일패의 동률을 가져오게 되고 적도 모르고 자기도 모르면 이런 사람은 싸움마다 참패하는 자가 되고 만다"고 하였다. 우리는 항상 적이 바로 내 안에 있음을 잘 알고 자기와의 싸움에서 승리하는 자가 되면 어떠한 싸움에서도 위대한 승리자가 될 수 있는 것이다.

둘째, 마귀와의 싸움에서 승리하는 자가 되어야 한다.

마귀는 하늘과 인류 앞에 가장 큰 대적인 영물로서 교묘한 거짓 수단을 무기로 삼아 때와 장소, 환경과 대상을 가리지 않고 성난 사자들처럼 삼킬 자를 찾아 미친듯이 도전해 오는 저주받은 타락한 천사인 것이다. 이 사탄을 가리켜 에베소서 2:2 말씀에는 공중에 권세잡은 자라고 하였고 용, 옛뱀, 귀신의 왕, 무저갱의 사자(계 9:11, 마 12:24)라고 칭하기도 하였다. 이 사탄은 인간이 범죄에 빠지도록 유혹하며(마 4:1), 하나님의 택하신 백성들을 훼방하며(살전 2:18), 하나님의 사업을 무너 뜨리는 일을 쉬지않고 감당하는 어두움의 존재인 것이다(계 12:4). 그러나 사탄은 하나님의 발 앞에 굴복되어 있는 자이며, 마침내는 하나님께서 심판하시는 형벌의 처소인 영원한 불과 유황못에 던지움을 받게되는 가장 비참한 존재인 것이다. 그런고로 하나님은 마귀를 대적하여 예수님의 이름으로 내어 쫓으며 이기는 자가 되라고 말씀하셨다.

셋째, 환난과 핍박 중에서 승리하는 자가 되어야 한다.

하나님의 사람들에게는 어느 시대나 환난이 따르고 악인들의 도전과 핍박이 몰아쳐오게 되어 있는 것이다. 그런고로 사도 바울은 "우리가 하나님 나라에 들어가려면 많은 환난을 겪어야 할 것"이라고 하였다.

친애하는 성도 여러분, 행여나 여러분 가운데 원치않는 환난의 먹구름들이 산더미처럼 몰아 닥치는 분이 있는가? 사랑하는 성도 여러분이 분명히 아셔야 할 것은 환난이란 결코 슬픔의 내용물이나 불행의 요소가 아니라 하나님을 더욱 가까이 하게되며 여러분을 더욱 더 위대하게 쓰시려고 하시는 하나의 훈련과정인 것을 알아야 한다. 시편 119:71에 "고난당한 것이 내게 유익이라 이로 인하여 내가 주의 율례를 배우게 되었나이다"고 하였고, "고난이 당하기 전에는 내가 그릇 행하였더니 이제는 주의 말씀을 지키나이다"라고 하였다(시 119:67). 세계를 빛낸 위대한 그릇들은 모두가 풀무불 같은 고난의 깊은 대장간 속에 들어가 형언할 수 없는 연단을 받은 후에 크고 아름답고 겸손하게 쓸모있는 위대한 그릇들로 축복을 받게 된 것이다.

넷째, 악인들의 훼방에서 승리하는 자가 되어야 한다.

이 세상에는 선하고 착한 사람이 수없이 있는가하면 악하고 패역한 불법의 사람들이 또한 각처에 들끓고 있는 것을 보게 된다. 그런고로 디모데후서 3:13 말씀에 악한 사람들과 속이는 자들은 더욱 악하여져서 속이기도 하고 속기도 한다고 하였다. 성품과 행위가 악한 자들은 은혜도 인정도 의리도 다 메마른 자들로서 분쟁과 분열을 조장하고 일삼으며, 거짓과 모사를 꾸며 쉬지않는 혀의 독으로 형제 사이에 이간하는 문제성이 있는 독종 인물들로 교회나 사회에 물의를 일으키는 일들을 종종 본다. 하나님은 이러한 자들에게서 떠나라고 하였으며 함께 동참하는 자가 되지 말라고 경고하였다.

그러면 우리가 위대한 승리자가 되려면 어떻게 해야 되는가에 대하여 다섯 가지로 말씀드리겠다.

① 말에나 일에나 다 예수 그리스도의 이름으로 행하고 그를 의지해야 한다. ② 사람의 말에나 환경에 흔들리지 말고 견고한 자가 되어야 한다(고전 15:58). ③ 항상 변함없는 충성심으로 주의 일에 힘쓰는 자들이 되어야 한다(고전 15:58). ③ 사랑과 인내와 온유로 행하고 감정에 치우치지 말아야 한다(딤전 6:11). ⑤ 말씀으로 토대를 삼고 성령으로 기동력을 삼아 믿음의 기도로 좌절없는 생활을 지속해야 한다.

흔들리지 않는 신앙
(고린도전서 15:57-58)

이 시대는 흔들리는 시대라고 할 수 있다. 민심도 풍습도 의식도 변하고 흑백논리도 하루만에 뒤엎어지고 엎치락 뒤치락 하는 그런 시대이다. 그래서 하나님은 이사야 선지자를 통해 이 시대를 예고하기를 "그 백성의 마음이 삼림이 바람에 흔들림같이 흔들렸더라"(사 7:2)고 말씀했다. 예수님도 많은 무리들이 모인 그들의 마음 상태를 보고 말씀하시기를 "너희가 무엇을 보려고 광야에 나갔더냐? 바람에 흔들리는 갈대냐?"(마 11:7)하고 저들의 흔들리는 마음을 지적하셨다. 마가복음 13:25에는 "별들이 하늘에서 떨어지며 하늘에 있는 권능들이 흔들리리라"고 말씀했다. 만물도 마음도 사상도 흔들리고 모든 것이 흔들리는 이런 세상이지만 우리의 신앙만은 절대로 흔들리지 않아야 되겠다. 그러면 우리가 흔들리지 않는 신앙을 가지려면 어떻게 해야되는가? 말씀을 상고하면서 은혜를 나누고자 한다.

첫째, 하늘에 속한 자의 형상을 입어야 된다.

"우리가 흙에 속한 자의 형상을 입은 것같이 또한 하늘에 속한 자의 형상을 입으리라"(고전 15:49). 흙에 속한 자는 흔들리는 인생을 살다가 흙으로 돌아가지만 하늘에 속한 자는 하늘에 소망을 품고 흔들리지 않는 인생을 살다가 하늘나라에 들어가는 것이다.

하늘에 속한 자의 형상을 입은 자는 ① 소속감이 분명해야 한다. 우리는 어디서나 누구 앞에서나 '나는 하나님의 사람이다' 라는 것을 분명하게 나타내고 고백해야 된다. 사도 바울과 베드로는 모든 사람 앞에 자기를 소개할 때 하나님께 속한 자임을 분명하게 밝혔다(고전 1:1, 벧후 1:1). ② 항상 하나님과 공감대를 형성해야 된다. 다시 말하면 기도로 하나님과 대화하며 일치성을 가져야 하고, 하나님께 찬양을 올리면서 하나님과 가까워지며, 또 하나님의 말씀이 마음속에 심겨져서 그 말씀을 사랑하고 묵상하고 그대로 좇아 행하면서 공감대를 형성해야 된다는 것이다.

둘째, 그리스도 예수 안에서 세움을 입어야 한다.

"우리 주 예수 그리스도로 말미암아 우리에게 이김을 주시는 하나님께 감사하노니"(57절). 여기에서 '예수 그리스도로 말미암아'라는 말씀은 대단히 중요한 말씀이다. 포도나무가지가 포도나무에 붙어 있을 때 열매를 맺듯이 우리가 그리스도 예수 안에 있을 때 하나님의 보호와 은총을 받을 수 있기 때문이다. 예수 그리스도는 우리의 피난처요, 우리의 보호자요 우리의 영원한 생명이다.

로마서 3:23, 24에 보면 "모든 사람이 죄를 범하였으매 하나님의 영광에 이르지 못하더니 그리스도 예수 안에 있는 구속으로 말미암아 하나님의 은혜로 값없이 의롭다 하심을 얻은자 되었느니라"고 말씀했다. 그러므로 우리는 만백성 앞에 예수님의 구속사역을 선포해야 된다. '예수는 나의 구주'라고 고백하고 '예수는 당신의 구주'라고 선포해야 된다. 우리가 그리스도 예수 안에 세움을 입었을 때 우리의 믿음이 강하여지고 또 이 세상 것들에 의해 우리의 신앙의 절대로 흔들리지 않는다는 것을 믿으시기 바란다.

셋째, 항상 주의 일에 힘쓰는 자가 되어야 한다.

"그러므로 내 사랑하는 형제들아 견고하며 흔들리지 말며 항상 주의 일에 더욱 힘쓰는 자들이 되라. 이는 너희 수고가 주 안에서 헛되지 않은 줄을 앎이니라"(58절). 자전거가 달릴 때 넘어지지 않듯이 우리가 열심으로 주의 일에 힘쓰면 우리의 신앙이 넘어지지 않는다. 우리가 항상 주의 일에 힘쓰는 자가 되려면 ① 자원하는 마음으로 해야 된다. 마지 못해 하게 되면 견고한 신앙이 될수 없다. 하나님은 자원하는 자를 크게 들어 쓰신다(사 6:8). ② 정열적으로 해야 한다. "부지런하여 게으르지 말고 열심을 품고 주를 섬기라"(롬 12:11). 하나님은 정열적인 것을 좋아하신다. 하나님은 게으른 것을 싫어하신다.

사랑하는 성도 여러분! 하늘에 속한 자의 형상을 입어 소속감을 분명히 하고 그리스도 예수 안에 세움을 입어 예수님의 구원사역을 선포하며, 항상 주의 일에 자원하는 마음으로 정열적으로 힘쓰는 자가 되어 흔들리지 않는 견고한 신앙의 소유자들이 다 되시기를 주의 이름으로 축원한다.

예수 승리
(고린도전서 15:57-58)

우리 인간은 다 종교성을 가지고 태어났기에 무신론자는 없다. 아무 신도 안 섬긴다는 것은 그 자체가 사탄에게 사로잡혀 있다는 것이다. 우리가 사는 이 시대는 하나님을 열심히 섬기는 주의 백성들과 어두움의 영에 무릎을 꿇고 경배하며 하나님께 나오지 못하는 포로된 영혼들로 구분되어진다. 부활의 주님을 경배하고 찬양할 수 있는 믿음을 주신 하나님께 감사한다.

역사가 아놀드 토인비는 말하기를 "이 지상에 가장 큰 비극은 단절이다"라고 했다. 전능하신 하나님과의 단절은 인생의 최대의 비극이다. 예수 그리스도의 부활은 주님이 우리 믿는 자에게 최대의 승리를 안겨준 날이다. "우리 주 예수 그리스도로 말미암아 우리에게 이김을 주시는 하나님께 감사하노니"(57절). 그러면 예수의 승리에 대해서 말씀을 상고하면서 함께 은혜를 나누고자 한다.

첫째, 죄의 권세에 대한 승리이다.

"사망의 쏘는 것은 죄요 죄의 권능은 율법이라"(고전 15:56). 이 죄 때문에 인간에게 비극이 오고 질병과 고통이 왔다. 죄는 ① 인간의 육신에 질병이나 고통을 안겨준다(시 38:3). ② 형통함을 막아버린다(잠 28:13). ③ 영혼에 화가 임하게 한다(시 3:9). ④ 둘째 사망 즉 불과 유황으로 타는 못에 참예하게 한다(계 21:8).

이와 같이 죄는 이 세상에서 가장 무섭고 더러운 것인데 이 죄를 예수님께서 해결해 주셨다. 인간은 죄가운데 태어났기 때문에 스스로 죄의 권세를 멸할 수 있는 방법과 수단이 없다. 그런데 예수님께서 이 죄의 권세를 이기셔서 우리 인간에게 죄의 권세로 부터의 탈출구를 만들어 주셨다. 이 죄를 해결해 주시기 위해서 예수님이 십자가를 지셨고 장사한지 3일만에 다시 살아나신 것이다.

고린도전서 15:17에 보면 "그리스도께서 다시 사신 것이 없으면 너희의 믿음도 헛되고 너희가 여전히 죄 가운데 있을 것이요"라고 말씀했다. 예수님의 부활은 인간의 모든 죄를 해결할 수 있는 길을 열어주셨다.

둘째, 사망의 권세에 대한 승리이다.

인간은 죽음에 대한 공포를 지니고 살아왔다. 죽음의 공포는 누구에게나 어느 민족에게나 있는 것 같다. 로마의 키케로는 그 딸 쥴리아의 죽음 앞에서 "이것이 네 생명이더냐?"하며 오열하면서 울었다고 하고, 공자는 마지막 죽음이 임박한 것을 알았을때 "태산이 무너지는 것 같구나"하고 탄식하면서 안절부절하다가 죽었다고 한다.

또 하이데커는 "죽음 앞에 서는 자는 모든 것을 포기하는 것이다"라고 했고, 베네딕트는 "인간은 나면서부터 묘지를 향해가는 행군자이다"라고 말했다. 그러나 부활의 주님을 모시고 그 생명을 소유한 자는 죽음을 두려워하지 않을 수 있다. 왜냐하면 예수님께서 요한복음 11:25-26에 "나는 부활이요 생명이니 나를 믿는 자는 죽어도 살겠고 무릇 살아서 나를 믿는 자는 영원히 죽지 아니하리니"라고 말씀했기 때문이다.

셋째, 사탄의 권세에 대한 승리이다.

"그도 또한 한 모양으로 혈육에 함께 속하심은 사망으로 말미암아 사망의 세력을 잡은자 곧 마귀를 없이 하시며"(히 2:14). "하나님의 아들이 나타나신 것은 마귀의 일을 멸하려 하심이니라"(요일 3:8). 사탄을 이기신 예수 그리스도의 승리는 곧 우리의 승리이다. 공산주의나 점장이는 사탄이 만든 작품이다. 우리 성도들은 마귀를 이기는 권세를 무장해야 한다. 누가복음 10:19에 보면 "내가 너희에게 뱀과 전갈을 밟으며 원수의 모든 능력을 제어한 권세를 주었으니 너희를 해할 자가 결단코 없으리라"고 말씀했다. 오늘날 이 시대는 허무주의 폭력, 살상이 난무하고 퇴폐적이고 비윤리적인 일들이 판을 치고 있다. 텅비어있는 그 마음속에 사탄이 자리잡기 쉽다.

사랑하는 성도 여러분! 죄의 권세, 사망의 권세, 사탄의 권세에서 항상 승리하는 성도 여러분이 되시기를 주의 이름으로 축원한다.

피종진 목사
능력요약설교 4 (사도행전~고린도전서)

1판 1쇄 발행	1999. 5. 20.
1판 10쇄 발행	2016. 5. 2.
엮은이	편집부
펴낸이	박성숙
펴낸곳	도서출판 예루살렘
주소	(10252) 경기도 고양시 일산동구 고봉로 776-92
전화 | 팩스	031)976-8972, 8973 | 031)976-8974
이메일	jerusalem80@naver.com
출판등록	1980년 5월 24일(제 16-75호)

ISBN 978-89-7210-244-1 03230

책값 뒤표지에 있습니다.

ⓒ 이 출판물은 저작권법에 의해 보호를 받는 저작물이므로
무단 전재와 복제를 할 수 없습니다.

도서출판 예루살렘은
하나님을 사랑하며 하나님 말씀대로 순종하며 살기를 원하는
청소년, 성도, 목회자들을 문서로 섬기며
이를 위하여 기도하며 정성을 다하여
모든 사역과 책을 기획, 편집, 출판하고 있습니다.

오직 성령이 너희에게 임하시면 너희가 권능을 받고
예루살렘과 온 유대와 사마리아와 땅끝까지 이르러 내 증인이 되리라(행 1:8)